"十二五"国家重点图书出版规划项目

中国社会科学院创新工程学术出版资助项目

总主编：金 碚

经济管理学科前沿研究报告系列丛书

THE FRONTIER RESEARCH REPORT ON
DISCIPLINE OF
FINANCE

李俊峰 主编

金融学学科前沿研究报告

经济管理出版社

ECONOMY & MANAGEMENT PUBLISHING HOUSE

图书在版编目（CIP）数据

金融学学科前沿研究报告.2013/李俊峰主编.—北京：经济管理出版社，2016.12
ISBN 978 - 7 - 5096 - 4711 - 0

Ⅰ.①金…　Ⅱ.①李…　Ⅲ.①金融学—研究报告—世界—2013—文集　Ⅳ.①F831 - 53

中国版本图书馆 CIP 数据核字（2016）第 270840 号

组稿编辑：张永美
责任编辑：张永美　赵亚荣
责任印制：黄章平
责任校对：赵天宇

出版发行：经济管理出版社
　　　　　（北京市海淀区北蜂窝 8 号中雅大厦 A 座 11 层　100038）
网　　址：www. E - mp. com. cn
电　　话：（010）51915602
印　　刷：玉田县昊达印刷有限公司
经　　销：新华书店
开　　本：787mm × 1092mm/16
印　　张：25
字　　数：562 千字
版　　次：2017 年 1 月第 1 版　2017 年 1 月第 1 次印刷
书　　号：ISBN 978 - 7 - 5096 - 4711 - 0
定　　价：79. 00 元

《经济管理学科前沿研究报告》
编辑委员会

序　言

为了落实中国社会科学院哲学社会科学创新工程的实施，加快建设哲学社会科学创新体系，实现中国社会科学院成为马克思主义的坚强阵地、党中央国务院的思想库和智囊团、哲学社会科学的最高殿堂的定位要求，提升中国社会科学院在国际、国内哲学社会科学领域的话语权和影响力，加快中国社会科学院哲学社会科学学科建设，推进哲学社会科学的繁荣发展具有重大意义。

旨在准确把握经济和管理学科前沿发展状况，评估各学科发展近况，及时跟踪国内外学科发展的最新动态，准确把握学科前沿，引领学科发展方向，积极推进学科建设，特组织中国社会科学院和全国重点大学的专家学者研究撰写《经济管理学科前沿研究报告》。本系列报告的研究和出版得到了国家新闻出版广电总局的支持和肯定，特将本系列报告丛书列为"十二五"国家重点图书出版项目。

《经济管理学科前沿研究报告》包括经济学和管理学两大学科。经济学包括能源经济学、旅游经济学、服务经济学、农业经济学、国际经济合作、世界经济、资源与环境经济学、区域经济学、财政学、金融学、产业经济学、国际贸易学、劳动经济学、数量经济学、统计学。管理学包括工商管理学科、公共管理学科、管理科学与工程三个学科。工商管理学科包括管理学、创新管理、战略管理、技术管理与技术创新、公司治理、会计与审计、财务管理、市场营销、人力资源管理、组织行为学、企业信息管理、物流供应链管理、创业与中小企业管理等学科及研究方向；公共管理学科包括公共行政学、公共政策学、政府绩效管理学、公共部门战略管理学、城市管理学、危机管理学、公共部门经济学、电子政务学、社会保障学、政治学、公共政策与政府管理等学科及研究方向；管理科学与工程包括工程管理、电子商务、管理心理与行为、管理系统工程、信息系统与管理、数据科学、智能制造与运营等学科及研究方向。

《经济管理学科前沿研究报告》依托中国社会科学院独特的学术地位和超前的研究优势，撰写出具有一流水准的哲学社会科学前沿报告，致力于体现以下特点：

（1）前沿性。本系列报告能体现国内外学科发展的最新前沿动态，包括各学术领域内的最新理论观点和方法、热点问题及重大理论创新。

（2）系统性。本系列报告囊括学科发展的所有范畴和领域。一方面，学科覆盖具有全面性，包括本年度不同学科的科研成果、理论发展、科研队伍的建设，以及某学科发展过程中具有的优势和存在的问题；另一方面，就各学科而言，还将涉及该学科下的各个二级学科，既包括学科的传统范畴，也包括新兴领域。

（3）权威性。本系列报告由各个学科内长期从事理论研究的专家、学者主编和组织本领域内一流的专家、学者进行撰写，无疑将是各学科内的权威学术研究。

（4）文献性。本系列报告不仅系统总结和评价了每年各个学科的发展历程，还提炼了各学科学术发展进程中的重大问题、重大事件及重要学术成果，因此具有工具书式的资料性，为哲学社会科学研究的进一步发展奠定了新的基础。

《经济管理学科前沿研究报告》全面体现了经济、管理学科及研究方向本年度国内外的发展状况、最新动态、重要理论观点、前沿问题、热点问题等。该系列报告包括经济学、管理学一级学科和二级学科以及一些重要的研究方向，其中经济学科及研究方向15个，管理学科及研究方向45个。该系列丛书按年度撰写出版60部学科前沿报告，成为系统研究的年度连续出版物。这项工作虽然是学术研究的一项基础工作，但意义十分重大。要想做好这项工作，需要大量的组织、协调、研究工作，更需要专家学者付出大量的时间和艰苦的努力，在此，特向参与本研究的院内外专家、学者和参与出版工作的同仁表示由衷的敬意和感谢。相信在大家的齐心努力下，会进一步推动中国对经济学和管理学学科建设的研究，同时，也希望本系列报告的连续出版能提升我国经济和管理学科的研究水平。

金 碚

2014 年 5 月

前　言

　　金融学是从经济学中分化出来的应用学科，从 19 世纪至今，不断发展的金融学科形成了两个主要的分支：宏观金融学研究与微观金融学研究。宏观金融学是宏观经济学（包括开放条件下）的货币版本，它主要研究货币和宏观意义上的金融系统的运转，着重于宏观货币经济模型的建立，并通过它们实现高就业、低通货膨胀与通货紧缩、虚拟经济与实体经济等。微观金融学则以金融资产定价和公司金融（理财）等问题为主要研究对象，对微观层次上的金融市场和金融机构以及个人投资等进行研究；对金融的微观分析大体包括金融市场与金融机构、公司财务、投资组合理论等。

　　《金融学学科前沿研究报告（2013）》主要包括 5 个部分，即国内外研究述评、期刊论文精选、出版图书精选、年度重大金融事项及会议综述和文献索引。

　　第一部分是国内外研究述评。本报告以 2013 年国内外高水平专业期刊发表的金融学理论文章以及相关书籍作为研究对象，在既定理论结构的基础上对金融学理论研究成果进行系统梳理和内容划分，并进行文献述评和比较分析研究，为金融学理论未来的研究趋势和方向提供建议。

　　第二部分是期刊论文精选。本报告对 2013 年国内外与金融学学科相关的期刊论文进行梳理和内容划分，得到与金融学学科相关的期刊论文 947 篇，其中：国内期刊文章 617 篇，国外期刊文章 330 篇。考虑到金融学理论发展的系统性、前瞻性、融合性、实用性等方面的要求，综合考虑研究内容、研究方法、研究视角等方面，通过金融学专家团队的一致评选，评选出 16 篇中文期刊优秀论文和 22 篇外文期刊优秀论文。

　　第三部分是出版图书精选。本报告整理了 2013 年国内外与金融学学科相关的图书，通过金融学专家团队的一致评选，评选出 21 本优秀中文图书和 10 本优秀英文图书。

　　第四部分是年度重大金融事项及会议综述。本报告对 2013 年国内外重要的会议以及重大的金融事项进行梳理和汇总，分国内和国际两部分进行阐述。国内重要金融事项包括十八届三中全会指明金融改革方向；利率市场化取得突破性进展；金融监管协调部际联席会议制度建立；扩大信贷资产证券化试点工作；银监会进一步规范银行理财产品，新一轮新股发行体制改革启动；新《证券投资基金法》实施；保监会打造第二代偿付能力监管制度体系；上海自贸区建设推动金融改革与创新；互联网金融获得蓬勃发展等。国际方面重点关注美联储在 QE 退出问题；日本央行推出超大规模货币宽松政策；欧洲银行单一监管机制设立；国际大型证券交易所竞相合并；比特币炒作事件挑战金融监管；新兴经济体金融市场剧烈动荡等。国际重要会议包括世界经济年会、达沃斯世界经济论坛年会、金砖国家领导人第五次会晤、G20 财长和央行行长会议、第五轮中美战略与经济对话等。

第五部分是文献索引。本报告的文献索引包括中文期刊和外文期刊两部分。中文期刊主要收录了《金融研究》、《经济研究》、《国际金融研究》、《财经问题研究》、《管理世界》等重要刊物的文章，共计 617 篇；外文期刊主要收录了 Journal of Finance、Journal of Economics、The Review of Financial Studies、Journal of Economic Literature、Review of International Economics 重要刊物的文章，共计 330 篇。

《金融学学科前沿研究报告（2013）》延续了过去版本的编写逻辑，以 2013 年国内外高水平专业期刊发表的金融学学科文章作为研究对象，并从研究内容、研究方法和研究视角等方面进行对比分析研究。同时，该报告涵盖范围较广，包含了金融学科的发展历程及现状、金融学科最新研究动态、金融学科本年度研究的热点及主要理论等内容，并在报告最后进行了大量的文献检索。

作为一本反映国内外金融学学科前沿的报告，该报告难免会有偏颇或疏漏之处。研究团队将携手前进，共同努力，为金融学学科的发展做出更大的贡献。

目　录

第一章 金融学学科2013年国内研究评述

第一节 金融学学科的发展历程与现状

金融学是一门古老的学科，其诞生溯源于人类货币、信用活动的产生和开展。长久以来，随着社会经济运行方式的转变和金融行业的发展，金融学科的研究从货币理论扩展至信用理论、银行理论、金融市场理论等，内涵不断丰富和拓展。金融学学科的研究也获得了长足的发展。传统的金融学学科体系大体分为宏观金融学和微观金融学。

宏观金融学的发展大概经历了以下几个阶段：第一个阶段是古典的货币需求理论阶段。古典经济学的二分法将经济分成实际经济领域和货币经济领域。凯恩斯则从宏观角度考察国民收入等宏观经济变量。弗里德曼创造的货币需求理论主要考虑哪些因素影响人们的货币需求，开创性地将货币阐述为一种资产。第二阶段是新凯恩斯主义的经济学派。与之前的凯恩斯学派不同的是，新凯恩斯学派认为名义总需求的变动可以对非均衡的产出以及就业率造成影响。第三个阶段的主要观点是金融约束理论。该理论认为由于金融管理部门特意为一些金融机构提供诸如市场准入门槛等的特权，使银行之类的金融机构可以获得较为稳定的利润，因此不会为了某些短期利益而损害整个社会的福利。第四个阶段为理性预期学派阶段。该学派的一个重要结论就是货币政策的无效性。由于人们会根据各种预期对经济提前进行判断，并采取各种手段主动预防金融风险，使得人们的预期会对市场经济的变化产生不可忽视的重要影响。

微观金融学思想源于Gabriel Crammer（1728）和Daniel Bernouli（1738）在不确定环境下的最初思考，200年后成为微观金融学的基础。微观金融学的发展经历了旧金融学、现代微观金融学和新微观金融学（Robert Haugen，1999）三个阶段。第一个阶段是19世纪60年代前，即"旧时代金融"，当时主要通过分析会计财务报表来研究金融。第二个阶段"现代微观金融学"则是以有效市场假设、资本资产定价理论和现代资产组合理论建立起来的金融经济学，着重分析价格发生机制和金融市场效率问题。第三个阶段是20世纪80年代"新金融"的产生，依赖行为金融学理论，主要研究投资者的有限理性以及无效率市场。

20 世纪初期及之前，金融学学科侧重研究货币信用活动的基本规律以及与此相联系的银行信贷理论。整个学科的侧重点偏重于宏观分析。直至 20 世纪中后期，随着以直接融资模式为主的资本市场的兴起和发展，金融资本主导社会经济运行的格局逐步形成，直接促进了"微观金融"的发展。数量化在金融学中日益占据重要的地位。金融学学科体系向微观化转变。同时，随着科学技术和新兴产业的迅猛发展，在深度分化基础上的高度交叉融合已成为当代学科发展的显著趋势。金融学学科也不例外，通过与各学科之间的交叉融合互补，当前已发展成多门交叉性的学科，例如金融工程学、金融管理学、行为金融学、法和金融学、金融技术学等，一直以来，金融学学科的研究与时俱进，方兴未艾，展示出极其强大的生命力。

第二节　金融学学科本年度研究的热点及主要理论

一、在宏观金融学方面，本年度研究的热点及主要理论观点包含以下五个方面：

（一）货币政策

货币政策传导机制是指从运用货币政策到实现货币政策目标的过程，货币传导机制是否完善，直接影响货币政策的实施效果以及对经济的贡献。20 世纪 80 年代，凯恩斯主义所提倡的财政政策不仅在理论上受到以卢卡斯、巴罗等为代表的新古典主义经济学家的严峻挑战，而且在 20 世纪 70 年代"滞胀"时期的实践中也备受质疑。在这样的背景下，凯恩斯主义经济学家不得不将宏观经济调控体系的重点转移到货币政策上来。这自然而然地需要学者对货币政策的微观传导途径尽可能地进行精确的分析和说明。关于货币政策工具到总支出的传导，已有的研究包括了 4 种传导渠道（Mishkin F. S.，2007）——利率渠道、汇率渠道、资产价格渠道和信贷传导渠道。上述对利率、汇率、资产价格和信贷等传导渠道的研究在 2000 年之前已经基本完成，近年来，关于传导机制的研究很大程度上仍然延续着原来的发展方向，演化出以下研究脉络：第一，非常规货币政策的传导机制与实践效果；第二，更细致地考虑货币政策通过金融部门作用到实体经济的传导渠道；第三，关于银行资本充足率对货币传导机制的影响。

2007 ~ 2013 年，为了应对美国次贷危机和全球金融危机的冲击，全球主要发达经济体的中央银行持续实施了大规模的非常规货币政策。如此大范围、大规模的非常规货币宽松政策在现代中央银行货币政策史上是绝无仅有的，学者对此进行了大量研究。扈文秀、王锦华、黄胤英（2013）认为，美联储量化宽松货币政策实施效果分为 4 个阶段：①从中央银行到金融机构、金融市场；②从金融机构、金融市场向股市传导；③从股市向企业、居民的传导——从虚拟经济向实体经济的传导；④从企业、居民到总产出、物价、就业的传导。陈静（2013）认为，量化宽松的货币政策通过改变央行资产负债表的规模和结构来达到修复货币传导机制、增加流动性、稳定金融市场、刺激经济增长的目的。量化宽松货币政策通过改变央行资产负债表从而刺激经济的机制主要分为以下两类：①量化宽松货币政策的央行资产负债表再平衡机制；②量化宽松货币政策的央行资产负债表组合效应机制。

考虑到我国金融体系是以商业银行为主体，利率市场化程度还不高，银行在货币政策传导中的作用比较突出，研究我国货币政策的银行风险承担渠道具有重要意义。张强、乔煜峰、张宝（2013）构建了动态面板模型，以我国 14 家商业银行的 Z - Score 作为衡量商业银行风险承担的指标，以法定存款准备金率、基准利率和货币供应量增长率作为衡量货币政策的指标，并考虑到相关控制变量，对 2002～2012 年我国货币政策的银行风险承担渠道进行实证检验。实证结果显示，我国货币政策的银行风险承担渠道是存在的，货币政策对银行风险承担有着显著的负向影响，银行风险承担对其信贷投放有着显著的正向影响。

马理等（2013）在以往学者研究的基础上，考虑到道德风险与逆向选择，增加对贷款市场的分析，建立起一个含有资本约束的商业银行的效用函数，然后讨论在货币政策与资本约束政策的双重约束下商业银行的行为选择。文章研究显示，随着资本充足性约束在银行管理领域更广泛与更严格的应用，银行资本约束正在对传统货币政策的传导渠道产生越来越大的影响。在商业银行体系的贷款总量控制中，资本约束政策体现出非常明显的"门限"（threshold）效应，降低了商业银行追求个体收益最大化时导致的集体非理性行为，从而有效地控制了经济的过度波动。结论显示，货币政策的调整具有短期效应与长期效应。从货币政策的短期效果过渡到长期效果，成本十分高昂，金融秩序会经历剧烈的动荡，存款市场与贷款市场都会出现激烈的恶性竞争。此时，若在已有的货币政策基础上添加资本约束，则可以诱导商业银行减小贷款资产的数量，增加债券投资，减少商业银行的经营风险。同时，在商品市场上，恰当的资本约束也有效地阻止了不合理产出的增加，起到了降低市场风险的效果。

（二）国际直接投资

国际直接投资（FDI）是一国的投资者（自然人或法人）跨国境投入资本或其他生产要素，以获取或控制相应的企业经营管理权为核心，以获得利润或稀缺生产要素为目的的投资活动。国际直接投资理论于 20 世纪 60 年代初期由海默提出，其后经过维农、巴克利、小岛清等的发展，到 20 世纪 70 年代后期终于由邓宁完成了国际直接投资的一般理论。这一理论在研究国际直接投资问题时，强调了与传统国际资本流动两个不相同的地方：其一是强调进行国际直接投资的企业可以获得较大的利益；其二是强调这类企业可以节省交易成本。20 世纪 80 年代以前，国际直接投资理论主要以发达国家特别是美国的跨国公司为研究对象，20 世纪 80 年代以后有学者专门研究发展中国家的对外直接投资理论。在经济理论界一般认为有代表性的国际直接投资理论主要有以下六种：①投资发展周期理论；②小规模技术理论；③技术地方化理论；④技术创新和产业升级理论；⑤产品周期理论；⑥投资诱发要素组合理论。近年来的研究主要集中在以下三个方面：①FDI 进入模式选择的影响因素研究；②FDI 对经济增长的影响；③服务业外商直接投资。

外商直接投资（FDI）进入东道国市场的模式主要包括跨国并购和绿地投资两种。大量文献表明，这两种进入模式对东道国经济存在显著不同的影响，因此弄清影响 FDI 进入模式选择的因素，对于指导政府制定政策引导 FDI 有着重要的现实意义。李善民、李昶（2013）通过构建三阶段实物期权模型，认为东道国工程建设速度、经济增长率、市场需求的不确定性影响 FDI 进入模式的选择；东道国对 FDI 的政策引导直接并显著地影响 FDI 进入模式的选择。模型分析同时表明，FDI 投资者通过跨国并购方式获得的目标企业相对于绿地投资方式获得的目标企业具有更大的规模。

文东伟（2013）从省区和行业层面考虑外商直接投资和出口开放对中国省区产业增长的影响。为避免货币价格因素的干扰，作者以就业增长来度量产业增长。文章结论表明外商资本和出口开放显著促进了中国省区产业增长，而低效率的国家资本则妨碍了地区产业规模的扩大。经验研究证实，省区产业增长受到省区地理位置和行业市场依存类型的共同影响。出口需求依存度高的行业，在距离海外市场更近、出口开放度更高的省区；产业增长更快国内需求依存度高的行业，在市场潜力更大的省区；产业增长更快进口需求依存度高的行业，在距离国际市场更近的省区，产业增长受到国际竞争压力更大的抑制。

国际直接投资早期主要集中在制造业，20 世纪 80 年代全球国际直接投资的重点开始逐步转向服务业，特别是近年来服务贸易的快速发展，使服务业 FDI 发展成为国际投资的新引擎。况伟大（2013）在存量模型基础上，构建了一个外资参与的房地产市场局部均衡模型，考察了外资对房价的影响。作者使用中国 35 个大中城市 1996~2010 年的房地产市场和 FDI 数据，发现 FDI 对中国大中城市房价具有显著的负向影响。另外，FDI 与房价的影响是非对称的，FDI 对房价的影响大于房价对 FDI 的影响。

（三）人民币国际化

所谓国际化货币就是在境外作为计价单位、交易媒介和价值贮存得到广泛使用的国别货币。人民币国际化可以降低汇率风险，减少美元外汇储备或美元外汇储备增量，增强中国金融机构的竞争力，降低中国企业交易成本，加强货币政策独立性和坐收铸币税等。

2009 年 7 月，《人民币跨境贸易结算实施细则》公布后，人民币国际化发展的逻辑框架逐渐清晰。简而言之，人民币国际化的逻辑框架即为境内、境外两个市场、两大循环和六个部分。李建军、甄峰、崔西强（2013）从贸易结算、金融市场交易和外汇储备三方面来测度目前人民币的国际化程度，结果显示，从三个指标来看人民币国际化程度仍然较低，不仅与世界主要货币差距明显，也落后于其他金砖国家货币。通过分析预测，作者认为未来的人民币国际使用量将十分可观。蒙震、李金金、曾圣钧（2013）认为随着国家对跨境人民币结算和对外直接投资的推广，人民币的交易媒介功能得到较为充分的体现，而价值储备和度量单位功能仍处于起步阶段，人民币国际化还有一段漫长的路要走。此外，作者通过计量模型分析得出，货币使用惯性是影响国际外汇储备币种结构的重要显著性因素；贸易规模、经济发达程度、军事力量是影响本国货币国际化的重要因素。货币币值的稳定性是促进货币国际化的显著性影响因子。

（四）金融稳定

金融稳定是指金融体系各组成部分内部及其相互之间的制度安排合理，有效发挥配置风险、资源配置等核心功能的运行状态。20 世纪 90 年代以来世界各国带来惨重损失的金融危机及由此导致的社会动荡仍频发生，引起学者对金融稳定的广泛关注。金融稳定方面的理论研究在国内外尚处于起步阶段。金融稳定的研究方向主要包括金融稳定的框架、中央银行与金融稳定、金融机构与金融稳定、金融市场与金融稳定、金融监管与金融稳定。

马勇（2013）将金融稳定因素纳入货币政策框架，对基于稳定的货币政策规则进行了系统的理论和实证分析。作者研究表明，相比传统仅仅盯住产出和通胀缺口的利率规则，纳入金融稳定考虑后的货币政策需要一个相对更高的利率规则值来抑制金融体系的过度风险承担。周兵、靳玉英、万超（2013）认为，无论三元悖论配置如何，汇率稳定性与金融开放性均对新兴市场国家的宏观经济的增长、金融稳定发挥正向作用，而货币政策独立性则不利于金融稳定。汇率稳定性和货币政策独立性的实际政策取向仅促进了宏观经济的增长，汇率稳定性与金融开放性的政策取向对宏观经济增长和金融稳定均有正向意义，而货币政策独立性与金融开放性的政策取向却不利于经济增长和金融稳定。

银行间市场是促进还是阻碍了金融稳定？既有研究认为，银行间市场作为银行之间相互拆借资金以满足流动性要求的制度安排，同时存在两种相反的效应：通过风险分担促进金融稳定，或者为金融传染扩散提供了渠道。刘冲、盘宇章（2013）通过理论模型表明，在异质性流动冲击下，银行间市场的风险分担机制能够使银行避免清算长期资产带来的损失，从而有效降低金融传染的可能性。

（五）金融监管

金融监管是指政府通过特定的机构（如中央银行）对金融交易行为主体进行的某种限制或规定。金融监管本质上是一种具有特定内涵和特征的政府规制行为。自 20 世纪 70 年代以来，如何实现金融资源的有效分配、如何协调金融监管和金融创新之间的相互关系等问题，一直是金融领域研究的热点话题。2007 年美国爆发的次贷危机以及 2008 年全球范围内的金融危机，极大地推动了现行国际金融监管框架的改革。近年来的研究集中在金融监管框架、金融监管目标实现程度以及国际金融监管的博弈中中国政策选择等。

由于国际金融监管改革具有明显的危机导向特征，因此当下正是国际金融监管改革进程的关键时期。现行的国际金融监管框架将面临重大调整，对全球金融业发展将产生深远影响。中国作为最大的新兴经济体，无疑应当在这场大国金融利益的博弈中准确定位和积极应对。王达（2013）认为，首先密切关注主要发达国家的金融监管改革可能对我国产生的溢出效应，并及时采取有效的应对措施；其次应当顺应时势推进和深化我国金融监管体制改革；最后应当积极参与美国主导下的全球金融市场 LEI 系统的构建。于维生、张志远（2013）通过构建国际金融监管演化博弈模型，分析在国际金融监管过程中金融监管主体的策略选择问题。模型求解和数值仿真结果表明：在国际金融监管中，金融监管主体注重短期利益会选择监管竞争策略，注重长期利益则会选择监管合作策略；由于很难改变多数监管主体追求短期利益的现状，致使在国际金融监管过程中"囚徒困境"问题依然存在；中国面对复杂多变的国际金融环境，应该积极参与国际金融监管合作，促进国际金融机构改革和国际金融监管体系的构建，提升中国在国际金融体系中的地位以及在国际金融监管规则制定中的话语权。

二、微观金融学方面，本年度的热点及主要理论观点包括以下几个方面：

（一）企业并购

企业并购是企业间的兼并和收购，指两家或者更多家的独立企业或者公司合并组成一家企业，通常为一家优势公司吸收一家或者更多的公司。并购活动背后隐藏着怎样的并购动机？并购是否真能使企业获得正的财富效应？不同的并购动因和并购绩效又有着怎样的联系？这些问题已成为学术界的重点研究对象。

Vojislav Maksimovic、Gordon Phillips 和 Liu Yang（2013）认为，公众公司比私人公司更多地参与企业并购，他们的行为受更多的信用利差和总市场估值影响。当并购者股票具有流动性和高估值时，公众公司实现更高的生产率，特别是在并购浪潮中。叶璋礼（2013）以 2008 年沪深上市企业为样本，发现横向并购短期绩效效应显著，但绩效上涨空间有限；纵向并购短期绩效效应不明显，但长期看来存在上升空间；同时也发现混合并购呈负面效应的不理想状态。Gordon M. Phillips、Alexei Zhdanov（2013）通过模型研究活跃的收购市场如何激励公司创新和研发。他们的模型显示，当小企业可以出售给更大的公司时，他们的最佳选择是更多的创新，大公司不应该参与小公司的"研发竞赛"，因为他们可以通过收购获得创新。竞争和行业的并购活动刺激企业研发，这些因素对小公司影响更大。

（二）资产定价

1973 年，Black 和 Scholes 在股票价格服从几何布朗运动的假设下，获得了著名的期权定价公式。在几何布朗运动假设下，股票收益率服从正态分布并且波动率是常数。然而，这些严格假设都偏离了实际情况，造成期权定价的误差以及"波动率微笑"（volatility smile）现象。大量研究表明，金融资产的收益率并非服从正态分布，而是呈现出尖峰、厚尾和非对称性等特征；波动率并非常数，而是具有时变性和波动率聚集（volatility clustering）特征；收益率与波动率之间存在着负向相关关系，即所谓的"杠杆效应"（lever-age effect）。为了刻画金融资产收益率和波动率的这些特征，众多学者对经典的 Black – Scholes 模型进行了扩展，提出了许多有影响的替代模型。如 Cox 和 Ross 提出的不变方差弹性（Constant Elasticity of Variance，CEV）模型，Merton 提出的跳跃—扩散模型，Hull 和 White，Stein 和 Heston 提出的随机波动率模型等。

近年来，学者在这些模型的基础上进一步研究。Gang Li 和 Chu Zhang（2013）对仿射跳跃—扩散模型的误差进行研究，他们发现除了状态变量的仿射扩散项可能导致误差外，状态变量的仿射漂移、跳跃强度和风险溢价也是误差的来源。Fulvio Corsi、Nicola Fusari 和 Davide La Vecchia（2013）开发了一个离散时间随机波动率期权定价模型，利用包含在已实现波动率的信息（RV）作为不可观测的对数收益率波动的代替。他们通过一种简单而有效的长期记忆过程模拟 RV 动态，其参数用历史数据估计。再假设一个指数仿射随机贴现因子，得到完全解析变化测量。最后标准普尔 500 指数期权的实证分析表明，他们的模型优于竞争时变和随机波动率的期权定价模型。Peter Christoffersen、Steven Heston、Kris Jacobs（2013）研究出允许方差溢价有新定价核的 GARCH 期权模型。尽管定价核在股票收益率和方差上是单调的，但其投影到股票收益是非单调的。负方差溢价使它呈 U 型。作者提出一个新的半参数的证据来确定风险中性和物理概率密度之间的 U 型关系。新的定价核大大提高了协调股票收益率的时间序列特性与期权价格的横截面数据的能力。它提供了一个统一的隐含波动率之谜的解释，长期期权对短期变化的过度反应和风险中性的收益率分布的相对物理分布的厚尾性。

（三）商业银行

作为经济金融体系的核心，银行业的持续稳健发展对实体经济的发展意义重大。而银行监管作为一种与市场自发行为相对应的政府干预行为，肩负着保护广大存款人和消费者的利益、维护公众对银行业的信心、维护金融稳定、促进经济发展的重要职责。

吴晓灵（2013）认为，存贷比指标监管和贷款规模控制扭曲了商业银行的经营行为，在中央银行可以主动吐出基础货币和有充分操作自主权的情况下，有条件取消这两项政策措施，给商业银行资产负债管理的自主权。在此基础上，中央银行应加快利率、汇率市场化进程，完善公开市场政策操作工具，通过调整自身资产负债结构来影响商业银行的资产负债管理行为。商业银行在此过程中，则应当实现真正的市场化转型，构建财务硬约束机制，强化以资本管理为先导的资产负债管理体系，提升资产负债管理的技术能力；同时，正本清源，冷静看待经营转型与金融创新，培育诚信务实的经营管理文化。

汪翀等（2013）认为，利率市场化和信贷规模管控是不匹配的政策组合。利率市场化的最终效果，是使资产的风险和收益相匹配，其配套的政策组合应该是具有风险敏感性的外部资本监管。但是，多重约束条件之间会产生相互影响，强有力的约束将导致其他约束功能的弱化，目前的情况显示，信贷规模管控就是这样一种强有力的约束。如果在利率市场化的大背景下，仍然继续实施诸如信贷规模管控这样的缺乏风险敏感性的监管措施，银行就会具有充分的动机实施逆向选择，届时监管规则不仅无法降低银行风险投资倾向，而且极有可能促使银行投资于高风险资产。

（四）公司治理

早在 300 多年前，亚当·斯密就在《国富论》中提出了股份制公司中因所有权和经营权分离而产生的一系列问题，并认为应该建立一套行之有效的制度来解决两者之间的利益冲突。公司治理的现代理论文献起源于 Berle 和 Means（1932）的开创性研究。他们认为，公司的管理者常常追求个人利益的最大化，而非股东利益的最大化。Berle 和 Means 所关注的企业的契约性质和委托代理问题，最终推动了经济学中代理理论（agency theory）的萌芽和发展。公司治理领域近些年的最新进展有：研究对象由上市公司到非上市公司，研究视角从正式制度到非正式制度，管理层薪酬决定理论到薪酬绩效理论。

郑志刚、殷慧峰、胡波（2013）研究表明，不同于上市公司主要依靠董事会等内部治理机制和信息披露等外部监管，控股股东的特征在我国非上市公司治理中的作用尤为突出。外部法律制度环境的改善将显著降低非上市公司的代理成本，而税务实施在非上市公司的治理中扮演重要的公司治理角色，成为目前我国经济转型阶段可资借鉴的重要的法律外制度。

陈冬华等（2013）探讨了作为非正式制度的重要组成部分的宗教传统对公司治理的影响。研究发现，上市公司所在地的宗教传统越强，其越少发生违规行为，也越少被出具非标准审计意见；宗教传统亦能够显著抑制上市公司的盈余管理。并且，上述关系在法律制度环境较好的地区更为明显，表明法律制度（正式制度）与宗教传统（非正式制度）存在一定的互补关系。

苏冬蔚、熊家财（2013）发现，大股东掏空导致 CEO 薪酬以及 CEO 强制性变更两者与公司业绩之间的敏感性均下降，同时，CEO 在职消费上升，表明大股东掏空不仅直接侵占中小股东利益，而且破坏公司治理并增加代理成本，因此，只有继续优化股权结构并加强监管力度，才能强化大股东、管理层和中小股东的利益关系，切实改善公司治理。Melanie Cao、Rong Wang（2013）表明，即使首席执行官为风险中性，最佳的薪酬绩效比也小于 1。此外，均衡薪酬绩效比的敏感性取决于一个公司的特质风险，并与系统性风险呈负相关关系。

（五）养老金融

养老金融是指围绕社会成员各种养老需求所进行的金融活动的总和，包括三方面内容：一是养老金金融，指为储备养老资产进行的一系列金融活动，包括养老金制度安排和养老金资产管理；二是养老服务金融，指为满足老年人的消费需求进行的金融服务活动；三是养老产业金融，指为养老相关产业提供投融资支持的金融活动。养老金融是金融和经济学中一个正在快速兴起的重要研究领域，目前主要集中在第一方面。

陈沁、宋铮（2013）发现城市化对城镇的老龄化程度与城镇养老基金的收支状况有显著的改善作用。在城市化的背景下，通过放松计划生育来提高生育率对养老金收支的改善效果在短期内并不明显，长期内则十分显著；而推迟退休年龄则在任何情况下都能极大地改善养老金收支。社保在一定程度上构成了城镇对农村的转移支付，并采取了"现收现付"的给付方式。赵子乐、黄少安（2013）建立一个包含人口迁移的两部门模型后发现，当进城农民获得市民身份时，转移支付会降低农民收入。当进城农民无法获得市民身份时，转移支付有可能增加农民收入，利率越低、市民占人口比例越高，转移支付的"增收"（增加农民收入）作用就越大，并且当市民占人口比例低于某个临界值时，转移支付的"增收"作用是负的，即降低农民收入，反之则反是。在"现收现付"的给付方式下，转移支付在短期内有较大的"增收"作用，但代价是长期的"增收"作用下降，甚至可能降为负值。王小龙、唐龙（2013）认为，养老双轨制对依赖于企业职工基本养老保险模式家庭的人均教育支出和人均消费支出存在显著的抑制效应，进而也抑制了城镇居民总需求。另外，城镇家庭社保模式并轨改革对城镇居民消费有很强的释放效应。

参考文献

［1］Cao M, Wang R. Optimal CEO Compensation with Search：Theory and Empirical Evidence：Optimal CEO Compensation with Search［J］. Journal of Finance, 2013.

［2］Fulvio Corsi, Nicola Fusari, Davide La Vecchia. Realizing smiles：Options pricing with realized volatility［J］. Journal of Financial Economics, 2013, 107（2）：284 – 304.

［3］Gang Li, Chu Zhang. Diagnosing affine models of options pricing：Evidence from VIX［J］. Journal of Financial Economics, 2013, 107（1）：199 – 219.

［4］Gordon M. Phillips, Alexei Zhdanov. R&D and the Incentives from Merger and Acquisition Activity［J］. Review of Financial Studies, 2013, 26（1）：34 – 78.

［5］Peter Christoffersen, Steven Heston, Kris Jacobs. Capturing Option Anomalies with a Variance – Dependent Pricing Kernel［J］. Review of Financial Studies, 2013, 26（8）：1963 – 2006.

［6］Vojislav Maksimovic, Gordon Phillips, Liu Yang. Private and Public Merger Waves［J］. The Journal of Finance, 2013, 68（5）：2177 – 2217.

［7］陈冬华，胡晓莉，梁上坤，新夫. 宗教传统与公司治理［J］. 经济研究, 2013（9）：71 – 84.

［8］陈静. 量化宽松货币政策的传导机制与政策效果研究——基于央行资产负债表的跨国分析［J］. 国际金融研究, 2013（2）.

［9］陈沁，宋铮. 城市化将如何应对老龄化？——从中国城乡人口流动到养老基金平衡的视角［J］. 金融研究, 2013（6）.

［10］扈文秀，王锦华，黄胤英. 美联储量化宽松货币政策实施效果及对中国的启示——基于托宾Q理论的货币政策传导机制视角［J］. 国际金融研究, 2013（12）.

［11］靳玉英，周兵. 新兴市场国家金融风险传染性研究［J］. 国际金融研究, 2013（5）.

［12］况伟大. FDI与房价［J］. 经济理论与经济管理, 2013（2）：51 – 58.

［13］李建军，甄峰，崔西强. 人民币国际化发展现状、程度测度及展望评估［J］. 国际金融研究, 2013（10）.

［14］李善民，李昶. 跨国并购还是绿地投资？——FDI进入模式选择的影响因素研究［J］. 经济研

究，2013（12）：134 – 147.

　　[15] 马理，黄宪，代军勋. 银行资本约束下的货币政策传导机制研究 [J]. 金融研究，2013（5）.

　　[16] 马勇. 基于金融稳定的货币政策框架：理论与实证分析 [J]. 国际金融研究，2013（11）.

　　[17] 蒙震，李金金，曾圣钧. 国际货币规律探索视角下的人民币国际化研究 [J]. 国际金融研究，2013（10）.

　　[18] 苏冬蔚，熊家财. 大股东掏空与 CEO 薪酬契约 [J]. 金融研究，2013（12）.

　　[19] 文东伟. FDI、出口开放与中国省区产业增长 [J]. 金融研究，2013（6）.

　　[20] 王达. 美国主导下的现行国际金融监管框架：演进、缺陷与重构 [J]. 国际金融研究，2013（10）.

　　[21] 王小龙，唐龙. 养老双轨制、家庭异质性与城镇居民消费不足 [J]. 金融研究，2013（8）.

　　[22] 吴晓灵. 金融市场化改革中的商业银行资产负债管理 [J]. 金融研究，2013（12）.

　　[23] 汪翀，喻志刚，苏健，张川. 多重约束下商业银行资产组合管理研究——以 × 银行为例 [J]. 国际金融研究，2013（5）.

　　[24] 叶璋礼. 中国上市公司并购绩效的实证研究 [J]. 统计与决策，2013（07）：165 – 168.

　　[25] 张强，乔煜峰，张宝. 中国货币政策的银行风险承担渠道存在吗？[J]. 金融研究，2013（8）.

　　[26] 郑志刚，殷慧峰，胡波. 我国非上市公司治理机制有效性的检验——来自我国制造业大中型企业的证据 [J]. 金融研究，2013（2）.

　　[27] 赵子乐，黄少安. 二元社会养老保障体系下的转移支付 [J]. 金融研究，2013（2）.

第二章　金融学学科 2013 年期刊论文精选

第一节

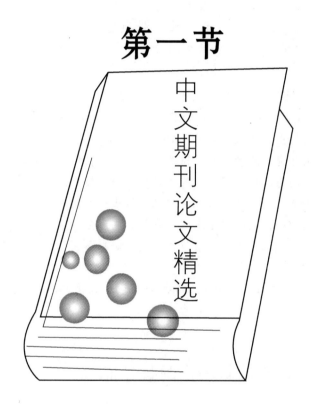

中文期刊论文精选

人民币汇率、短期国际资本流动与股票价格
——基于汇改后数据的再检验

赵进文　张敬思

（东北财经大学金融学院，大连　116025）

【内容摘要】本文首先引入风险溢价因素，建立了人民币汇率、短期国际资本流动和股票价格相互影响的模型。其次，运用 VAR 模型实证分析了 2005 年 7 月至 2011 年 12 月人民币汇率、短期国际资本流动、货币供给剪刀差和股票价格之间的动态关系。理论分析和实证结果揭示了其动态演化过程：人民币升值会导致短期国际资本获利流出，货币供给剪刀差扩大，股票价格下跌，从而短期资本继续流出，人民币贬值，进而短期资本逢低流入，货币供给剪刀差缩小，股票价格上涨。期间，国际金融危机和欧洲主权债务危机的爆发，导致主要变量非对称地作用于股票价格，危机时期各变量对股票价格的作用明显大于非危机时期。

【关键词】人民币有效汇率；短期国际资本流动；股票价格

一、问题提出

2005 年 7 月，我国启动汇率市场化改革，开始实行有管理的浮动汇率制度。自此人民币兑美元汇率步入渐进升值通道，截至 2011 年 12 月底，人民币兑美元已升值近 24%。在全球金融一体化、短期国际资本大规模流动的背景下，人民币升值增加了国内股票资产的额外收益，使其可能成为资金逐利的对象，但人民币升值是否必然导致股票价格上涨？

从国际经验看，货币升值和短期国际资本流动对本国股票价格有着双重影响。一方面，本国股票价格会随着本币升值和短期国际资本流入而上涨；另一方面，本币升值会诱发短期国际资本套利套汇，加剧股票价格波动，最终导致股票价格下跌，如果政策失误，甚至会引发危机。在 20 世纪 20 年代美元逐步走强的过程中，美国道琼斯指数从 1921 年的 75 点上涨到 1929 年的 370 点，年均增幅超过 30%，明显高于同期其他主要国家股市的

增长。1929 年，英国宣布加息，随后数亿美元流出美国，此举诱发道琼斯指数连续暴跌，并引发了严重的经济危机。在 20 世纪 80 年代，日元也出现类似的情形。"广场协议"后，日元大幅升值，吸引大量投机资金流入日本，加上国内十分宽松的货币政策，日本股市年均涨幅超过 25%。随着日元套利空间的缩小，国际、国内投机资本开始撤离，此时日本金融当局才开始意识到泡沫膨胀，于是加息以紧缩流动性，但为时已晚，紧缩的货币政策加速了金融泡沫的破灭，日本经济则经历了"失去的十年"。

从国内实际情况看，股票价格同样要面临货币升值和大规模资本流动所带来的挑战和风险。2002 年以来，特别是汇改后至今，我国股票价格经历了大幅波动。2008 年之前，伴随着人民币升值和短期国际资本流入，国内股市一路上扬并创出历史最高。2008 年至今，人民币总体仍是升值的，短期国际资本撤出后重新流入并创出新高，并且波动性加大。与此同时，国内股市先是大幅下挫，几经调整后有所上涨，但股票价格未伴随着人民币升值和短期国际资本流入达到新高而超越 2008 年初的水平。由此，我们认为：首先，由于资本账户管制，短期国际资本流动对国内股票价格的直接影响有限，主要通过影响国内流动性间接造成股票价格波动，而国内流动性要受到货币政策等因素制约。当短期资本流入导致国内流动性扩张而国内货币政策因经济环境不得紧缩时，短期资本流入对股票价格的间接影响较大；当短期资本流入而货币政策有条件紧缩、流动性趋紧时，短期资本流入对股票价格的间接作用也将被部分抵消。其次，人民币升值并不一定会导致股票价格上涨，还可能通过降低出口竞争力、紧缩经济以及未来升值预期减弱、资金获利外流而导致股票价格下跌。此外，2008~2013 年，由美国次贷危机引发了全球金融危机，此后欧洲主权债务危机全面爆发，外部环境的变化势必对短期资本流动和人民币汇率产生影响，进而对股票价格产生不同作用。

综上所述，在金融全球化的背景下，特别是 2008 年后，究竟哪些因素导致了国内股票价格的大幅波动？人民币汇率、短期国际资本流动对股票价格的影响方向究竟如何？突发性金融事件对股票价格是否有影响？澄清这一系列问题，对于实现人民币汇率市场化改革，把握人民币国际化进程意义重大。

本文其他部分的内容安排如下：第二部分是文献综述，第三部分是理论模型，第四部分是实证分析，第五部分是结论。

二、文献综述

目前，研究人民币汇率、短期国际资本流动和股票价格三者之间两两关系的文献较多，而同时研究三者之间动态关系的文献较少。从现有研究成果看，主要分为三类：第一类是研究本币汇率与股票价格的关系，第二类是研究短期国际资本流动与股票价格的关系，第三类是研究三者之间的动态关系。

第一类关于汇率与股票价格的关系。Doong 等（2005）的研究表明，1989～2003 年，韩国、泰国、马来西亚和印度尼西亚的汇率与股票价格存在双向格兰杰因果关系，并且即期汇率变动与股票价格基本上呈负相关关系。张碧琼、李越（2002）采用高频数据，运用自回归分布滞后模型证明人民币汇率分别与上证 A 股指数和恒生指数之间存在长期协整关系，但与上证 B 股指数不存在相互作用关系。邓燊、杨朝军（2007）认为汇改后存在人民币汇率到股票价格的单向格兰杰因果关系，同时我国汇市与股市之间存在长期稳定关系。吕江林、李明升和石劲（2007）研究了人民币短期升值对不同股票市场和股票种类的影响，结论表明：人民币升值后，股票价格会产生正向超常收益率，对 A 股和 B 股的影响要大于对 H 股的影响，对沪市 B 股的影响要大于对深市 B 股的影响。张兵等（2008）的研究表明汇率与股票价格存在协整关系，股票价格在长期内受到汇率的影响，并且存在时滞。

第二类关于短期国际资本流动与股票价格的关系。Edison 和 Carmen（2001）构造了一个关于资本流动和资产价格波动关系的模型，实证结果表明：在管制条件下，资本流动会导致资产价格波动幅度变大。Jansen（2003）以 1998 年亚洲金融危机为背景，通过实证分析认为投机资金对泰国股票价格的影响相对房价较弱。刘莉亚（2008）从个人渠道、企业渠道和非法渠道三个方面测算了境外投机资金，引入成本因素，建立理论模型并进行了计量分析，结果表明：资本流入对股票价格的影响并不明显。焦成焕（2010）结合股票定价模型和发展中国家的利率平价理论，分析了资本账户开放和资本流动对股票价格的传导机制，实证结果表明两者之间存在正相关关系，但影响程度较小。

第三类关于汇率、短期国际资本流动与股票价格的关系。Jose Luis Oreiro（2005）针对巴西和韩国构建了一个关于小型开放经济体的后凯恩斯宏观经济模型，从理论上分析了资本流动和本币升值对本国资产价格泡沫的影响，结论表明：当一个小型经济体在具有高度资本流动性、金融市场效率不高、净出口对产能利用率变化十分敏感的前提下时，实际汇率升值将导致股票价格泡沫。何孝星、余军（2008）则采用市场模型对恒生指数和中国企业指数进行了结构性变化检验，结论表明：随着资本市场对外开放的提高，短期国际资本对股票价格的推动作用将逐步衰减。同时，运用股息贴现模型对人民币升值和股票价格之间的关系进行理论分析，得出股票价格在人民币升值早期会出现较大幅度上涨、继而逐渐回落至升值前水平的结论。朱孟楠、刘林（2010）通过建立开放条件下的统一理论框架，运用 VAR 模型实证分析了汇改后短期国际资本流动、人民币名义汇率和资产价格之间的关系，结果表明，短期国际资本流入会导致人民币升值和股票价格上涨。

以上学者的研究存在两点不足：一是在理论建模时大多从汇率或者短期国际资本流动中的一个角度出发来论证同股票价格之间的关系，而将汇率、短期国际资本流动同股票价格三者相结合的文献则大多偏重于宏观层面和计量分析，缺乏微观理论支撑。二是大部分文献都是研究 2008 年以前的情况，2008 年之后的文献则未分离出金融危机、债务危机等重大金融事件的影响。本文试图将股票价格纳入人民币汇率和短期国际资本流动的框架下进行分析，其创新之处在于，将风险溢价因素视为投机者进行资金转移的重要因素，以投机者最大化期望投资效用的原则为微观基础，论证了风险溢价同人民币汇率和短期国际资本流动的内在联系，进而构建模型，从理论上进一步论证人民币汇率、短期国际资本流动与股票价格的相互关系。

三、理 论 模 型

首先建立一般情况下[①]人民币汇率、短期国际资本流动与股票价格三者之间的理论模型，其次对特殊情形下三者之间的关系进行补充讨论。

（一）人民币汇率、短期国际资本流动与股票价格关系的微观理论基础

为方便分析，假设不存在交易成本；决策仅涉及当期和未来 1 期，且每期期限较短；投机者是风险厌恶的。当投机者预计本国股票收益率由于本币升值而增加时，套利机会出现，于是通过本国股票市场寻求投资收益最大化并在投资后迅速将资金转移出本国，由此可得投资收益为 $\dfrac{F_0 e_1 r}{e_0}$，如果不转入资金，投资收益为 $F_0 r^*$，两者之差为：

$$K_1 = \frac{F_0 e_1 r}{e_0} - F_0 r^* \tag{1}$$

其中，F_0 为投机者的初始资金量，用外币表示，r 和 r^* 分别为本国股票、外国股票在投资期的收益率，e_1 为投资结束后的远期汇率，e_0 为准备投资时的即期汇率。为便于分析，本文采取的是间接标价法。整理式（1）得：

$$K_1 = \frac{F_0}{e_0}(e_1 r - e_0 r^*) \tag{2}$$

可增加投资收益的期望值为：

$$E(K_1) = \mu_k = \frac{F_0}{e_0}(E e_1 r - e_0 r^*) \tag{3}$$

可增加投资收益的方差为 $\sigma_k^2 = E(K_1 - \mu_k)^2$，将式（2）、式（3）代入得：

$$\sigma_k^2 = E\left[\frac{F_0}{e_0}(e_1 r - E e_1 r)\right]^2 = \frac{F_0^2 r^2}{e_0^2} E(e_1 - E e_1)^2 = \frac{F_0^2 r^2}{e_0^2} \sigma_\tau^2 \tag{4}$$

式中，σ_τ^2 是远期汇率的方差。因此有：

$$F_0 = \pm \frac{\sigma_k}{\sigma_\tau} \times \frac{e_0}{r} \tag{5}$$

式中，正号表示净资本流入，负号表示净资本流出。为便于说明，这里假定其符号

---

① 一般情况下指不存在资本账户管制，并且未发生金融危机等重大金融事件。

为正。

将式（5）代入式（3）得：

$$\mu_k = \frac{\sigma_k}{\sigma_\tau}\left(Ee_1 - e_0\frac{r^*}{r}\right) = \rho\sigma_k \tag{6}$$

式中，$\rho = \dfrac{\left(Ee_1 - e_0\dfrac{r^*}{r}\right)}{\sigma_\tau}$ 是风险溢价。[①] 特别地，当 $r = r^*$ 时，本国股票收益率和外国股票收益率等，风险溢价标准化为 $\rho = \dfrac{(Ee_1 - e_0)}{\sigma_\tau}$，此时投机者投资本国股票的动力在于预期本币升值。

本文沿用 Laurence S. Copeland（2005）的效用函数：$U(K_1) = c_1\mu_k - \dfrac{c_2}{2}\sigma_k^2$，$c_1$，$c_2 > 0$，即投机者根据可增加投资收益的均值和方差来最大化期望效用。为方便分析，将其简化为 $U(K_1) = \mu_k - \dfrac{1}{2}\sigma_k^2$，约束条件是 $\mu_k = \rho\sigma_k$。利用拉格朗日乘数法，结合式（5），可得投机者期望效用最大化的原则为：

$$F_0 = \frac{\rho}{\sigma_e} \times \frac{e_0}{r} = \frac{\left(Ee_1 - e_0\dfrac{r^*}{r}\right)e_0}{\sigma_\tau^2 r} \tag{7}$$

式（7）说明在其他条件一定的情况下，随着风险溢价的增加，国外资本净流入量也会增加，二者存在正相关关系。将其表达为一般的函数形式，即有：

$$F_\tau = f(\rho_\tau), \quad f'(\rho_\tau) > 0 \tag{8}$$

由式（7）两边对 e_0 求偏导可得：

$$\frac{\partial F_0}{\partial e_0} = \frac{Ee_1 - 2e_0\dfrac{r^*}{r}}{\sigma_e^2 r} \tag{9}$$

因此，只有当 $\rho > \dfrac{e_0}{\sigma_e} \times \dfrac{r^*}{r}$ 时，即风险溢价水平足够高时，也即本币即期汇率水平 $\left(e_0 < 2Ee_1\dfrac{r}{r^*}\right)$ 较低时，即期本币升值才会引发国外资本流入增加。如果本币即期汇率超过这一水平，那么国外资本流入将因风险溢价的减少而减少。

观察式 $\rho = \dfrac{(Ee_1 - e_0)}{\sigma_\tau}$，该式说明风险溢价是预期本币升值（贬值）的线性函数。这里，具体设定为 $\Delta e_\tau = Ee_{\tau+1} - e_\tau = \beta\rho_\tau$，$\beta > 0$。

图 1 给出了以上关于风险溢价与国外资金量关系的无差异曲线。

---

① 当风险溢价为正时，投机者的期望投资收益增加额也为正，反之则为负数。

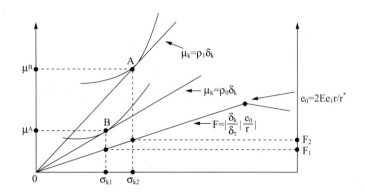

图 1　风险溢价变化条件下的投机者均衡

由图 1 可知，当风险溢价水平从 ρ_0 上升到 ρ_1 时，这意味着本币升值，投机者预期将资金转入本国会获得更大的投资收益，于是，愿意承担的风险从 δ_{k1} 上升到 δ_{k2}[①]，相应地，资金流入量从 F_1 上升到 F_2。资金流入量在 $e_0 = 2Ee_1 r/r^*$ 处达到最大，之后开始下降。

（二）人民币汇率、短期国际资本流动对股票价格的影响分析

设 p_t 为国内股票价格，D 为该资产在单位时间的固定收益，r_t 和 r_t^* 分别表示国内和国外股票的收益率，Δe 为预期本币升值（贬值）率。

根据利率平价理论，在均衡时有：

$$r_t^* - E\left[\left(\frac{p_{t+1} - p_t}{p_t} + \frac{D}{p_t} \right) \bigg| I_t \right] = \Delta e = \beta\rho_i,\ \beta > 0 \tag{10}$$

其中，$r_t = \dfrac{E(p_{t+1} \mid I_t) - p_t}{p_t} + \dfrac{D}{p_t}$，$I_t$ 为第 t 期所有信息的集合。利用数学期望的性质，式（10）可根据不同需要简化为：

$$p_t = \frac{E(p_{t+1} \mid I_t) + D}{1 + r_t^* - \Delta e} = \frac{E(p_{t+1} \mid I_t) + D}{1 + r_t^* - (Ee_{t+1} - e_t)} = \frac{E(p_{t+1} \mid I_t) + D}{1 + r_t^* - \beta\rho_t} = \frac{E(p_{t+1} \mid I_t) + D}{1 + r_t^* - \beta f^{-1}(F_t)} \tag{11}$$

对式（11）两边求关于 e_t 的偏导，得到：

$$\frac{\partial p_t}{\partial e_t} = \frac{-\left[E(p_{t+1} \mid I_t) + D \right]}{(1 + r_t^* - \Delta e)^2} < 0 \tag{12}$$

由式（8）可知，ρ_t 可以表示成 F_t，$\rho_t = f^{-1}(F_t)$，且 $f^{-1t}(F_t) > 0$，即再由式（11）两边对 ΔF_t 求偏导，可得：

$$\frac{\partial p_t}{\partial F_t} = \frac{\beta\left[E(p_{t+1} \mid I_t) + D \right]}{(1 + r_t^* - \beta\rho_t)^2} \times f^{-1t}(F_t) > 0 \tag{13}$$

---

①　纵轴的偏移表示承担风险。投机者承担的单位风险越大，其要求的单位风险溢价也越高，因此无差异曲线是向右上方倾斜且下凸的。

由式（12）、式（13）可知，即期本币升值将引发本国股票价格下跌。同时，本币升值也意味着风险溢价为正，在资本账户开放的条件下，这将诱发国际资本流入本国，导致股票价格上涨。

（三）股票价格、人民币汇率和短期国际资本流动的影响分析

由式（10）变形可得：

$$e_t = Ee_{t+1} - r_t^* + \frac{Ep_{t+1} + D}{p_t} - 1 \tag{14}$$

由式（14）两边对 p_t 求偏导得：

$$\frac{\partial e_t}{\partial p_t} = -\frac{Ep_{t+1} + D}{p_t^2} < 0 \tag{15}$$

式（10）还可表示为：

$$\rho_t = f^{-1}(F_t) = \frac{1}{\beta} r_t^* - \frac{1}{\beta}\left[\frac{E(p_{t+1} \mid I_t) - p_t}{p_t} + \frac{D}{p_t}\right] \tag{16}$$

由式（16）两边对 p_t 求偏导得：

$$f^{-1t}(F_t)\frac{\partial F_t}{\partial p_t} = \frac{1}{\beta}\frac{E(p_{t+1} \mid I_t) + D}{p_t^2} \tag{17}$$

整理得：

$$\frac{\partial F_t}{\partial p_t} = \frac{1}{\beta f^{-1t}(F_t)}\frac{E(p_{t+1} \mid I_t) + D}{p_t^2} > 0 \tag{18}$$

由式（15）、式（18）可知，当前资产价格上涨会引发本币贬值，同时引发投机资本流入。综合以上分析，理论上我们可以得出结论：短期内在其他因素不变的条件下，首先，当本币即期汇率初始水平较低时，即期本币升值对短期资本流入的影响为正，反之则反是。其次，即期本币升值对股票价格的影响为负；短期资本流入对股票价格的影响为正。最后，股票价格上涨会引发即期本币贬值，并导致短期资本流入。

以上是不存在资本账户管制和金融危机条件下人民币汇率、短期国际资本流动与股票价格三者之间关系的分析。然而，我国对资本账户的管制（特别是对证券市场准入资金额度的限制）还较为严格，同时，汇改后国际金融危机和欧洲主权债务危机先后爆发，势必改变人民币汇率和短期国际资本作用于股票价格的强度。因此，应结合我国实际对特殊条件下三者之间的关系进行更深一步的讨论。

首先，资本账户管制一方面导致短期国际资本流入我国股市的资金量占股市总资金量的比重不高，因此对股票价格的直接影响有限，另一方面导致基础货币投放增加，国内流动性扩张，这部分国内流动性可能流入股市，使得短期国际资本流入对股票价格产生较大的间接推助作用。其次，金融危机和债务危机的爆发增加了股票市场的不确定性，导致股票价格波动加剧，从而与非危机时期相比，形成对股票价格的非对称影响。总体来看，资本账户管制、金融危机和债务危机会改变三者之间相互作用的大小，但作用的方向与一般

情况下并无区别。接下来本文将对三者之间的关系进行实证分析。

四、实证分析

本部分将以 VAR 模型为基础，以格兰杰因果关系检验、脉冲响应函数以及马尔科夫区制转移模型具体分析人民币汇率、短期国际资本流动和股票价格三者之间的动态关系。

（一）变量选取及数据说明

本文以 2005 年 7 月至 2011 年 11 月为样本区间，选取上证 A 股指数作为股票价格的代表；选取人民币有效汇率作为分析人民币升值（贬值）同股票价格关系的变量，这不仅是因为人民币对美元汇率的弹性不够大，不能很好地说明汇率升值（贬值）和股票价格之间的相互影响，还因为其他国家和地区的汇率（特别是欧元）对国内股票价格的影响较大，仅考虑美元不能全面反馈这一作用；选取短期国际资本流动额来代表投机资金的数量，计算方法为：短期国际资本流动额 = 外汇占款增加额 − 贸易顺差额 − 外商直接投资额。本文的所有数据除人民币有效汇率来自于国际货币基金组织的数据库外，均来自于中经统计数据库。同时，运用 X − 11 方法对短期国际资本流动额进行了季节调整和对数处理，对上证 A 股指数进行对数处理。

（二）模型的建立

数据的平稳性与否直接关系到 VAR 模型和以 VAR 模型为基础的格兰杰因果关系检验的可靠程度，因此在建立 VAR 模型之前应进行数据平稳性检验。经检验，ΔLne、ΔLnp 和 Lnf 都是平稳序列，可以建立 VAR 模型。[①] VAR 模型以及以此为基础的格兰杰因果关系检验对于滞后期的选择非常敏感，因此滞后期的选择至关重要。通常来讲，月度数据一般选择滞后期为 6，以避免自相关和非一致性。然而本文的样本容量有限，滞后期越长，自由度的损失就越大，影响参数估计质量。据此，我们根据滞后期判断标准选择滞后期数。经判断，在 5 个评价指标中有 4 个认为应选择滞后期为 2，即建立三者的 VAR(2) 模型。通过检验可知 VAR 模型所有单位根的模型都小于 1，因此 VAR 模型是稳定的。

（三）格兰杰因果关系检验

在 VAR(2) 模型的基础上，为考察上证 A 股指数变动、人民币有效汇率变动及短期国际资本流动之间的相互影响，并验证资本账户管制是否能降低短期国际资本流动对股票

---

① 受篇幅所限，这里没有给出单位根检验结果。

价格的影响，对三者进行格兰杰因果关系检验。经检验可得如下主要结论：①

首先，人民币有效汇率变动与上证 A 股指数变动之间存在双向因果关系，只存在人民币有效汇率变动到短期国际资本流动的单向因果关系，这表明人民币升值可能会诱发短期国际资本流入，但短期国际资本流动对人民币有效汇率变动不能产生直接影响。

其次，短期国际资本流动与上证 A 股指数变动之间不存在显著的因果关系，这说明人民币升值可能导致短期国际资本流入，但短期国际资本流入或流出国内股票市场进而直接导致股票价格大幅剧烈波动这一结论可能得不到数据支持。这意味着我国资本账户管制较为严格，境外投机性资金并不能大量流入股市并对股票价格造成实质性影响，或者即使能够进入股市，由于资金量占比较小而对股票价格影响很小，这与理论分析是一致的，但该结论不能否定由资本账户管制所造成的短期资本流动对股票价格的间接影响。接下来本文将利用脉冲响应函数进一步分析三者之间的动态关系以及短期国际资本流动对股票价格的间接推动作用。

（四）脉冲响应分析

格兰杰因果关系检验仅仅说明一个变量是否有助于解释另一个变量，不能判断变量之间作用的方向。此外，理论分析指出，短期资本流动不能直接导致股票价格大幅波动，但短期资本流动可以导致基础货币投放发生变化，并通过乘数效应放大国内流动性变化，从而间接冲击国内股票价格。因此应进一步考察短期国际资本流动对股票价格的间接影响。由于货币供给中 M2 与 M1 之间增速的差额（M1、M2 剪刀差）反映了资金的变动情况，即剪刀差越大，说明资金流动性越小，股票价格可能越低，反之则反是，因此本文选取该变量作为衡量短期国际资本流动对股票价格造成间接影响的代理变量，记为 M。M 与 M1 增速数据同样来自于中经统计数据库，数据样本期与前文保持一致。经检验，序列是平稳序列，因此可以建立 ΔLne、ΔLnp、Lnf 和 M 的 VAR 模型。根据前文的方法，选择建立 VAR(2) 模型。经验证，该模型是稳定的。

为进一步验证理论模型，分析股票价格变动、人民币有效汇率变动、货币供给剪刀差和短期国际资本流动对其中一个变量受到意外冲击时的反应及其方向，本文给出了变量之间主要的脉冲响应图，如图 2 至图 5 所示。②

图 2 显示，给定人民币有效汇率一个正向冲击，即人民币升值时，上证 A 股指数下降，并且负影响在第 2 期达到最大，然后开始减弱，到第 9 期影响消失。这一结果印证了人民币升值对经济进而对股市的紧缩作用。同时由理论模型中式（11）前两个等式可知，即期本币升值降低了未来本币升值预期，使得股票价格继续上升的空间缩小，股票价格下跌。给定股票价格一个正向冲击，即上证 A 股指数上涨时，人民币贬值，其负影响在第 3 期达到最大后逐渐减弱，到第 5 期后几乎为 0。由式（14）可知，股票价格上涨使得资产

---

① 受篇幅所限，这里省略了格兰杰因果关系检验结果。
② 图 2 至图 5 中横轴表示所考察的期数，本文选取的长度为 10 个月。

收益增长的潜力得到释放，产生本币贬值的压力。另外通过比较不难看出，人民币有效汇率变动对上证 A 股指数变动的影响远大于上证 A 股指数变动对人民币有效汇率变动的影响。

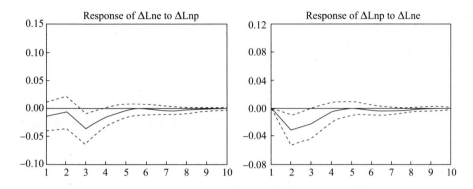

图2　上证 A 股指数变动与人民币有效汇率变动的脉冲响应函数图

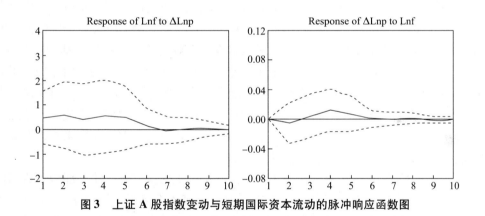

图3　上证 A 股指数变动与短期国际资本流动的脉冲响应函数图

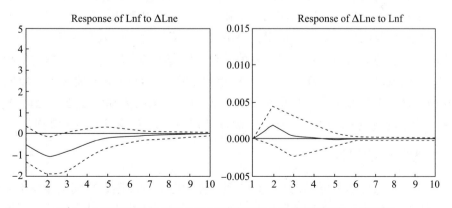

图4　人民币有效汇率变动与短期国际资本流动的脉冲响应函数图

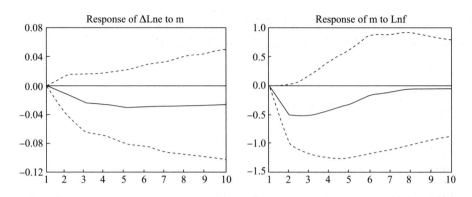

图5　短期国际资本流动、货币供给剪刀差与上证 A 股指数变动的主要脉冲响应函数图

图3显示，给定股票价格一个正向冲击，对短期资本流动的正向影响在第2期达到最大后开始逐步减弱。从式（16）可以看出，股票价格上涨增加了风险溢价水平，因此导致短期资本流入。给定短期资本流动一个正向冲击，对上证 A 股指数的影响在前3期为负，第3期后影响为正，在第4期达到最大后逐渐减弱，且正向作用大于负向作用。由式（11）后两个等式可以看出，短期资本流入意味着风险溢价增加，使得资产价格上升的空间扩大，股票价格上涨。同样通过比较，短期资本流动对上证 A 股指数变动的影响较弱。

图4显示，给定人民币有效汇率一个正向冲击，对短期资本流动的负向作用在第2期达到最大后逐步减弱，到第8期变为0。对理论模型式（9）的分析说明，如果即期人民币有效汇率水平过高，那么风险溢价水平会降低，这倾向于减少短期资本流入。给定短期资本流动一个正向冲击，人民币将升值。其正向作用大约持续4期。总体来看，图2至图4的分析结果与理论模型的分析是一致的。

图5显示，给定短期资本流动一个正向冲击，货币供给剪刀差缩小，即国内流动性增强。同时给定货币供给剪刀差一个正向冲击，即国内流动性降低，随之上证 A 股指数下跌。并且货币供给剪刀差对上证 A 股指数的负向影响持续性较强。因此，当短期资本流入时，货币供给剪刀差缩小，国内流动性增强，上证 A 股指数上涨。

综合图2至图5的分析结果，可得人民币有效汇率变动、短期国际资本流动与上证 A 股指数之间的动态传导机制为：人民币升值导致短期资本获利流出，这意味着货币供给剪刀差扩大，国内流动性减弱，随之上证 A 股指数下跌，短期资本继续流出，形成人民币贬值，从而短期资本逢低流入，货币供给剪刀差缩小，国内流动性增强，上证 A 股指数上涨。这一传导机制与汇改后，特别是与2008年以后上证 A 股指数的走势吻合。

（五）进一步的讨论

上文的一系列实证结果可以说明：由于资本账户管制的原因，短期国际资本流动对股票价格的直接影响较小，但短期国际资本流动会对国内流动性造成冲击，从而对股票价格造成持续性较强的间接影响。同时理论分析中提到，突发性金融事件会改变人民币有效汇率和短期国际资本流动作用于股票价格的方式，形成非对称效应。因此，我们将运用马尔科夫区制转移模型重点考察人民币汇率、国内资金流动以及短期国际资本流动对股票价格的非对称效应。

在考虑了人民币有效汇率、短期国际资本流动以及货币供给剪刀差之后，估计的计量模型为：

$$P_t = \alpha_1(s_i) + \alpha_2(s_i) + E_t + \alpha_3(s_i)M_t + \alpha_4(s_i)F_t + \sigma(s_i)\varepsilon_t \tag{19}$$

其中，大写的 P、E、F 和 M 分别表示上证 A 股指数、人民币有效汇率、短期国际资本流动的对数形式以及货币供给剪刀差，ε_t 为服从一元标准正态分布的独立同分布序列，σ 为残差的标准差，$\alpha_1(s_i)$、$\alpha_2(s_i)$、$\alpha_3(s_i)$、$\alpha_4(s_i)$ 和 $\alpha(s_i)$ 表示不同的状态，s = 1，2。

为在不同区制下精确考察各变量的短期波动对股票价格的影响，同时避免伪回归，本文利用 HP 滤波对各变量中的趋势成分进行剔除，并对剔除趋势后的变量进行单位根检验（限于篇幅略）。经检验剔除趋势后的序列都为平稳序列，因此可以保证回归是有效的。采用 Matlab 软件程序估计式（19）可得主要结果如下：

表1　马尔科夫区制转移模型参数估计结果

区制1（高波动）			区制2（低波动）		
参数	估计值	p 值	参数	估计值	p 值
$\alpha_1(1)$	0.1258	0.00	$\alpha_1(2)$	−0.1160	0.00
$\alpha_2(1)$	−3.2849	0.03	$\alpha_2(2)$	−1.3156	0.09
$\alpha_3(1)$	−4.1807	0.00	$\alpha_3(2)$	−1.9426	0.00
$\alpha_4(1)$	−0.0028	0.63	$\alpha_4(2)$	0.0028	0.39
$\alpha_\sigma(1)$	0.0137	0.00	$\alpha_\sigma(2)$	0.0039	0.00
p_{11}	0.97	0.00	p_{22}	0.94	0.00

从表1的结果可以看出：在股票价格的高波动阶段，系数 $\alpha_2(1)$ 比较显著，表明人民币汇率对股票价格的负向作用明显。在短期内，人民币汇率升值1%，股票价格将下降3.28%；系数 $\alpha_3(1)$ 的参数估计值为 −4.1807 且非常显著，这表明货币供给剪刀差与股票价格呈现出相反的变动趋势，货币供给剪刀差扩大1%，股票价格将下降4.18%，这与上文的论述是一致的，同时说明短期资本流动对股票价格的间接影响较大；系数 $\alpha_4(1)$ 在统计上和经济意义上均不显著，再次说明国际短期资本流动对股票价格的直接影响较弱。在股票价格的低波动阶段，系数 $\alpha_2(2)$ 的值有所减小，说明人民币汇率对股票价格的影响作用减弱；系数 $\alpha_3(2)$ 的值也相应减小，其作用的方向未改变；$\alpha_4(2)$ 的系数仍不显著，说明即使在股票价格的低波动阶段，短期国际资本流动对股票价格的直接影响仍不显著。通过对比可以发现，无论是在区制1还是区制2，货币供给剪刀差对股票价格的影响均大于人民币汇率对股票价格的影响，这说明国内股票价格的变动主要取决于国内流

动性的变化，从而说明资本账户管制导致短期国际资本流动对股票价格起着不可忽视的间接作用。

从图6给出的区制概率图中可以看出，区制1可能的概率区间为2007年2月至2009年11月以及2010年11月至2011年11月，结合表1中的区制转移概率，保持在区制1的概率为0.97，具有很强的稳定性。2007年2月至2009年11月，恰好是美国次贷危机逐步升级进而金融危机蔓延全球的时期，而2010年11月至样本期的2011年11月，正是欧洲主权债务危机升级并越来越严重的时期。因此在危机时期，外部经济环境对国内股票市场的冲击较为明显。同时，在危机期间，短期国际资本流动的波动程度增加，国内货币供给的不确定性随之增加。当危机开始并逐步升级时，货币供给剪刀差有扩大的趋势，流动性趋于定期化，活动能力下降，使得股票价格得不到资金支撑而下跌；当为缓和危机而实施宽松的货币政策时，经济逐步企稳，货币供给剪刀差有缩小的趋势，流动性趋于活期化，股票价格因得到流动性支撑而上涨。货币供给的不确定性增加导致股票价格的波动程度增加。区制2的持续概率为0.94，稳定性也较高。在该区制内，国际上未发生重大经济金融事件，人民币汇率对国内股票价格的影响减弱，同时货币供给的不确定性较少，因此对流动性进而对股票价格的冲击程度也相应减弱。2010年10月，世界经济企稳，短期资本流入创历史新高，国内股票价格却仅有小幅上涨，原因是国内面临着较严重的通货膨胀预期，稳健的货币政策出台，货币供给剪刀差扩大，流动性趋于定期化，很大程度上抑制了短期资本流入对股票价格的间接冲击。

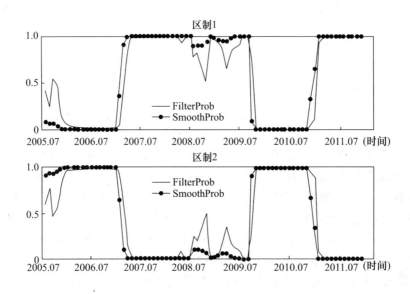

图6　不同区制下的平滑概率和滤波概率

此外，可以根据公式 $\dfrac{1}{1-p_u}$ （u=1，u=2）计算出两个区制的平均持续时间分别为

31.17 个月和 15.48 个月。这说明在样本期内大部分时间股票价格的波动受到了突发性金融事件的干扰，波动程度较大。从 p_{11} 和 p_{22} 可计算出区制 1 向区制 2 转移的概率为 $1 - p_{22} = 0.06$，区制 2 向区制 1 转移的概率为 $1 - p_{11} = 0.03$，转移概率都较小。

以上的实证结果显示，无论是在哪个区制，短期国际资本流动对国内股票价格均没有显著的直接影响。为保证模型的稳定性，将该变量去掉并重新估计，最终显示结论不受影响，因此模型的估计结果是稳定的。

五、结论

本文通过引入短期国际资本流动的风险报酬因素，运用理论模型分析了股票价格变动、人民币升值（贬值）和短期国际资本流动的相互关系，并运用 VAR 模型进行了检验。在此基础之上，运用马尔科夫区制转移模型重点讨论了人民币汇率、货币供给剪刀差以及短期国际资本流动对国内股票价格的影响，研究发现：第一，短期内人民币有效汇率对上证 A 股指数的影响为负，上证 A 股指数对人民币有效汇率的影响同样为负；短期国际资本流动对上证 A 股指数的影响为正，上证 A 股指数对短期国际资本流动的影响为正。第二，短期资本流动的隐蔽性较强。虽然短期资本流动对上证 A 股指数产生的直接作用较小，但短期资本流动会导致国内流动性的结构发生变化，从而间接造成股价波动。同时人民币有效汇率和国内流动性是造成上证 A 股指数波动的主要因素，并且国内流动性对上证 A 股指数的影响涵盖了短期资本流动对上证 A 股指数的间接影响。第三，不同时期人民币有效汇率、国内流动性与短期国际资本流动对上证 A 股指数的影响存在明显的非对称效应。在有重大金融事件发生时，三者对上证 A 股指数的影响相比经济平稳时较强。

本文的实证研究表明，人民币有效汇率升值将导致短期国际资本流出和股票价格下跌，这一结论与 2008 年以前一些学者根据人民币名义汇率得出的研究结论恰好相反，而且在危机时期，这种作用还会被放大。政策层在判断短期资本流动和股票价格时，特别是当外部经济环境恶化时，需要充分关注人民币有效汇率的负向作用，同时密切跟踪短期国内外资金流向，防范股票价格大幅波动带来的风险。

参考文献

[1] 邓燊，杨朝军. 汇率制度改革后中国股市与汇市关系——人民币名义汇率与上证综合指数的实证研究 [J]. 金融研究，2007（12）：55 - 63.

[2] 张碧琼，李越. 汇率对中国股票市场的影响是否存在？从自回归分布滞后模型得到的证明 [J]. 金融研究，2002（7）：26 - 35.

[3] 朱孟楠，刘林. 短期国际资本流动、汇率与资产价格——基于汇改后数据的实证研究 [J]. 财贸经济，2010（5）：5 - 13.

［4］焦成焕. 资本账户开放对股票价格传导机制研究［J］. 技术经济与管理研究，2010（6）：150－153.

［5］刘莉亚. 境外"热钱"是否推动了股市、房市的上涨？［J］. 金融研究，2008（10）：48－69.

［6］吕江林等. 人民币升值对中国股市影响的实证分析［J］. 金融研究，2007（6）：23－33.

［7］何孝星，余军. 资本账户开放、本币升值与居民资产结构调整——分析中国股市上涨的三重视角［J］. 金融研究，2008（1）：42－51.

［8］张兵等. 汇率与股价变动关系——基于汇改后数据的实证研究［J］. 经济研究，2008（9）：70－81.

［9］Haii J. Edison and Carmen M. Reinhart. Capital Controls during Financial Crisis：The Case of Malaysia and Thailand［J］. International Finance Discussion Papers，2002（662）.

［10］Jose Luis Oreiro. Capital Mobility，Real Exchange Hate Appreciation，and Asset Price Bubbles in E-merging Economies：A post Keynesian Macroeconomic Model for a Small Open Economy［J］. Journal of Post Keynesian Economics，2005，28（2）：317－344.

［11］Laurence S. Copeland. Exchange Hate and International Finance（4th Edition）［M］. Pearson Education Limited，2005：363－375.

［12］Jansen W. J. What do Capital Inflows do？Dissecting the Transmission Mechanism for Thailand，1980－1996［J］. Journal of Macroeconomics，2003，8（1）：74－85.

［13］Doong，Shuh－Chyi Yang，Sheng Yung and Wang Alan T. The Dynamic Relationship and Pricing of Stocks and Exchange Rates：Empirical Evidence from Asian Emerging Markets［J］. Journal of American Academy of Business，2005，7（1）：118－123.

RMB Exchange Rate, Short – term International Flows and Stock Price – Re – examination Based on Datas after Exchange Rate Reform

Zhao Wenjin   Zhang Jingsi

（School of Finance，Dongbei University of Finance and Economics，Dalian 116025）

Abstract：By introducing the risk premium factor，the paper firstly established the model of the relationship among RMB exchange rate，short – term international capital flows and stock price. Secondly，we analyzed the dynamic relationship among RMB exchange rate，short – term international capital flows，money supply scissors difference and stock price by using VAR model from July 2005 to December 2011. Theoretical analysis and empirical results show that RMB appreciation led to the outflow of short – term international capital, the expansion of money supply scissors difference and the decline of stock prices. Then short – term international capital outflows and RMB depreciates thus short – term international capital inflows and money supply scissors difference becomes narrow, stock price increases. During the period, the international financial crisis and European sovereign debt crisis led to the asymmetric effect on the stock price though main variables. In times of crisis the effect on stock prices was significantly greater than the non – crisis period.

Key Words: RMB Exchange Rate; Short – term International Capital Flows; Stock Price

房地产市场对货币政策传导
效应的区域差异研究
——基于 GVAR 模型的实证分析

张 红[1,2] 李 洋[1]

（1. 清华大学建设管理系房地产研究所，北京 100084；

2. 清华大学恒隆房地产研究中心，北京 100084）

【内容摘要】 房地产市场在货币政策传导中发挥着日益重要的作用，尤其体现在区域层面。本文采用 2001~2010 年中国 30 个省、市、地区的数据，构建全局向量自回归模型，分析了货币政策与区域经济和房地产市场的动态关系，并探讨了房地产对货币政策传导效应的区域性差异。结果表明，各地区对货币供应量冲击呈现相似的响应特征，货币供应量的增长会推动各地区工业产出和房地产投资，但在长期上会抑制社会消费和房价，且中部地区的受影响程度最低。利率上涨冲击对各地区经济和房地产市场具有异质性影响，东部地区的响应特征更贴近紧缩性货币政策目标。房地产对货币政策传导效应存在明显的区域差异，东部地区的传导效应显著高于中西部地区，而货币供应量的传导效应超过利率。

【关键词】 货币政策；区域经济；房地产市场；全局向量自回归模型

一、引言

房地产市场在货币政策传导过程中扮演着至关重要的角色，特别是在近年来全球性或区域性金融危机期间。一直以来，国内外学者试图解析房地产市场在货币政策传导机制中的作用（Aoki，2004；Mishkin，2007；Elboume，2008；王松涛和刘洪玉，2009），部分国外研究也尝试比较统一货币区内房地产市场对货币政策的传导效应差异，如欧元区（Giuliodori，2005；Iacoviello and Minetti，2008）和美国（Negro and Otrok，2007）。然而，绝大多数研究主要集中于国家总量层面，从区域经济角度探讨货币政策房地产传导效应的文献较为有限。由于房地产市场与区域经济基本面密切相关，因此，有必要深入研究货币政策在区域经济和房地产市场中的传导过程。

传统观点认为货币政策能够在同一货币区产生一致性效应，这一研究思路直到最优货币区理论的提出才有根本性转变。根据 Mundell（1961）的最优货币区理论，由于各地区自然环境、要素禀赋和历史背景的不同，货币政策必然存在着区域性的差别，对于美国、中国等大国而言尤为显著。自 2007 年末美国次贷危机爆发以来，为应对国内外经济形势的变化，我国央行的货币政策在三年间先后经历了从紧、适度宽松和稳健等阶段。通过对利率水平和货币供应量的调节，货币政策在全国层面上基本达到预先设定的目标，保证了国民经济的健康发展和物价水平的总体稳定。但值得注意的是，局部地区的政策调控效果和预期有一定差异，部分城市房价和通胀水平快速上升，这引起了国内学术界对于货币政策区域效应和房地产市场传导作用的广泛讨论（武康平和胡谍，2010；魏玮和王洪卫，2010；王先柱等，2011）。

随着我国城市化进程的推进，房地产已成为国民经济的支柱产业。一方面，房地产具有不可移动性，受区域经济基本面影响大，房地产开发投资和房地产贷款均呈现出显著的区域性特征。如表 1 所示，"十一五"期间，东部地区的房地产贷款和房地产开发投资占全国总量均在六成以上。另一方面，房地产又属于资金密集型行业，吸纳了大量的银行信贷，是货币政策传导的重要渠道。据统计，2009 年末，全国中外资金融机构人民币个人房地产贷款金额达 4.4 万亿元，同比增长 47.9%，在各项贷款中的占比为 11.0%。房地产市场在我国货币政策向区域经济的传导过程中发挥着不可替代的作用。以往的国内外研究大多从货币政策的区域效应和房地产货币政策传导机制两方面来展开，能将两者进行有效结合的研究还比较欠缺，因此，本文将结合区域经济与房地产市场两方面，探讨房地产对货币政策传导过程的区域效应。

表1　各地区房地产开发投资和房地产贷款比例（2006～2010 年）

区域	房地产开发投资					房地产贷款				
	2006 年	2007 年	2008 年	2009 年	2010 年	2006 年	2007 年	2008 年	2009 年	2010 年
东部	67.0	66.0	63.5	61.8	61.6	71.8	77.0	66.2	74.8	66.2
中部	15.0	15.0	17.0	18.3	18.2	11.2	9.0	8.5	10.6	13.6
西部	18.0	19.0	19.5	19.9	20.2	17.0	14.0	25.3	14.6	20.2

注：单位为百分比。其中，东部地区包括东北三省在内。

资料来源：中国人民银行历年《中国区域金融运行报告》。房地产贷款数据来自人民银行调查统计部门分行业贷款统计表，包括房地产业和建筑业贷款。

二、文献回顾

在货币政策的区域效应方面，国外学者率先采用向量自回归（Vector Autoregression，VAR）模型开展实证研究。Carlino 和 Defina（1999）采用 VAR 模型分析了统一的货币政策对美国各地区经济的影响效果，并通过脉冲响应函数（Impulse Response Function，IRF）检验了货币政策影响程度与该地区制造业比例和小银行比例有关。Owyang 和 Wall（2004）对上述模型加以拓展，将美国的货币政策分为 pre－Volcker 和 Volcker－Greenspan 两个时期，研究发现，在 Volcker－Greenspan 时期，拥有大银行的地区衰退要缓和一些，而制造业比例大的地区则受影响较严重。除了对美国货币政策区域效应的研究外，国外学者同时证实了欧盟、澳大利亚和日本等地区的货币政策均存在着显著的区域效应。国内学者结合我国自身国情，对货币政策的区域效应进行了大量研究，并主要从利率渠道和信贷渠道的角度来分析。宋旺和钟正生（2006）基于最优货币区理论，利用 VAR 模型和 IRF 检验了货币政策在东、中、西部存在的区域效应，由于各地区产业结构和企业规模构成的差异，利率渠道和信贷渠道是造成我国货币政策区域效应的主要原因。刘玄和王剑（2006）基于相似方法的研究发现，东部地区在货币政策传导速度和深度上都明显优于中西部地区，金融发展水平、企业规模和产权性质、开放程度的地区差异是导致货币政策传导存在地区差异的主要因素。孔丹凤等（2007）基于省级数据构建 VAR 模型，发现沿海省份对货币政策的响应要强于内陆省份，而货币政策区域效应与各省国有企业的百分比负相关，与工业企业的贷款比例和第一产业的 GDP 占比正相关。

国内外学术界对货币政策的资产价格传导机制也进行了系统的理论分析和实证研究，并在近年来开始关注房地产市场货币政策传导效应的研究。Mishkin（2007）阐述了房地产市场在货币政策传导机制中的作用，直接作用通过利率渠道影响房地产市场的房地产使用成本、价格预期和房地产供应等因素，间接作用通过信贷渠道和资产负债表渠道来影响房地产需求和房地产消费，同时也包括房价的财富效应和信心效应。Iacoviello 和 Minetti（2008）采用 VAR 模型研究了欧洲 4 个国家的货币政策信贷渠道在房地产市场中的传导机制，货币政策传导效应与各国房地产金融体系的结构性特征有关。Giuliodori（2005）对1979 年第三季度到 1998 年第四季度之间的数据采用 VAR 模型和 IRF 检验发现，英国货币政策变动对消费的冲击有 60%～70% 通过房地产市场进行传导。Elbourne（2008）通过结构向量自回归（Structural Vector Autoregression，SVAR）模型对英国房地产市场货币政策传导效应的研究发现，房价仅能解释货币政策冲击下 15% 左右的居民消费变化。国内对于房地产市场和货币政策传导机制的研究也普遍集中于宏观总量的角度。丁晨和屠梅曾（2007）运用向量误差修正模型（VECM）考察了房价在货币政策传导机制中的作用，结果表明房价在货币政策传导机制中的作用较为显著，对货币政策传导效率高。王松涛和刘洪玉（2009）采用 SVAR 模型分析了房地产价格和房地产投资在货币政策传导机制中的作用。研究发现，房价可以解释利率冲击下私人消费下降的 45%。武康平和胡谍（2010）通过构建施加短期和长期两种约束的 SVAR 模型证实了房地产市场是我国货币政策传导的重要渠道，房价的过快上涨对我国的消费和非房地产投资存在明显的挤出效应。赵昕东（2010）采用 SVAR 模型估计了通货膨胀率、GDP 增长率和 M2 增长率的冲击对房地产价格的影响以及房地产价格对供给冲击、需求冲击和货币政策冲击的动态响应。也有部分国内学者从区域层面探讨了货币政策对房地产市场的影响。梁云芳和高铁梅（2007）发现，信贷规模对东、西部地区房价的长期趋势和短期波动都有较大影响，但对中部地区影响较小，而实际利率对东、中、西部地区房价短期波动影响较小。魏玮和王洪卫（2010）研究发现，数量型货币政策工具对西部地区房价的累积效应最为显著，而利率对东部地区房价的累积效应最大。王先柱等（2011）分别从供给和需求两个层面分析了货币政策对房地产市场的影响及其在区域层面上的差异，并验证了房地产市场货币政策调控存在门槛效应。

纵观国内外已有文献，关于货币政策区域效应和货币传导机制这两方面的研究成果近年来较为丰富，但同时存在一些有待解决的问题。首先，针对货币政策区域效应的研究主要遵循 Carlino 和 Defina 的思路，从各地区的产业结构、企业规模角度探讨利率渠道和信贷渠道产生的区域效应，而房地产（资产价格渠道）是否也对货币政策区域效应造成影响，且影响程度有多大？其次，现有房地产市场与货币政策传导机制集中于国家宏观层面的研究，而房地产在不同货币政策中对于各地区的产出和消费的传导效应是否存在区域性差异，且这种差异具有什么特点？最后，从研究方法上来看，货币政策的区域效应和传导机制研究大多通过 VAR 及其拓展模型来开展，那么，是否存在一种综合模型能够同时涵盖这两个研究问题？

三、货币政策房地产传导区域效应的分析框架

通过对现有文献的总结归纳，本文提出了一个货币政策房地产传导机制在区域层面上的分析框架，如图 1 所示。货币政策冲击将首先影响区域房地产市场，进而影响到区域经济基本面，并最终传导至全国的宏观经济，具体分为 3 个阶段，依次表示为①、②和③。

第 1 阶段描述了货币政策如何通过利率渠道和信贷渠道来影响区域房地产市场，其中主要货币政策工具分别为利率和货币供应量。利率渠道以凯恩斯主义的利率传导为基础，认为货币政策的传导通过利率途径完成；信贷渠道以信息经济学为基础，认为金融市场在不完美条件下银行信贷的可得性在货币政策传导过程中占据重要地位（蒋瑛琨等，2005）。首先，从利率渠道角度来看，利率会对房地产市场供需状况以及房价变化的预期产生直接影响，利率提高会导致资金使用者成本增加和房地产需求下降，需求的减少进一

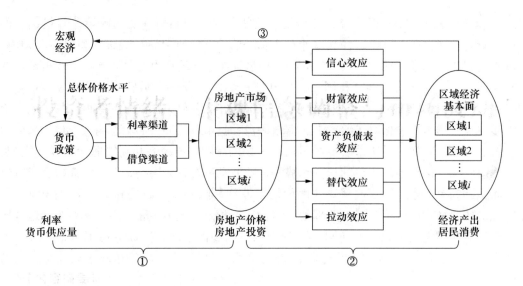

图1　基于区域层面的货币政策房地产传导机制分析框架

步引起房地产投资和房地产价格的下降。其次，信贷渠道作为一种间接渠道，对货币政策在房地产市场的传导效应体现更为显著，住房需求与购房家庭的资产负债密切相关，通过首付款要求、预付交易费用及最低收入还贷比例等形式体现（Bernanke and Gertler，1995）。信贷渠道的另一种表现形式为金融加速器模型（Bernanke et al.，1996），即信贷市场内生性变化（如净资产和抵押品）的作用会对房地产市场产生放大的冲击效应。在第1阶段中，由于各地区房地产市场发展水平以及房地产金融体系完善程度的不同，货币政策对房地产投资和房地产价格的影响不尽相同，这导致了货币政策在第1阶段的传导过程中产生区域效应。同时，房地产市场在区域层面上存在价格信息传递现象，即溢出效应。各地区房价之间存在着长期稳定的关系，具有明显的价格互动作用（Vansteenkiste and Hiebert，2011）。

第2阶段展示了区域层面上房地产市场在经济基本面中所发挥的作用，主要是通过房地产价格和房地产投资这两种衡量指标。具体而言，房价对居民消费的影响是通过财富效应、信心效应和资产负债表效应，而房地产投资对经济总产出具有拉动效应，而对其他私人投资产生替代效应或挤出效应。考虑到各地区在企业规模、产业结构和金融体系方面存在差异，房地产市场向区域经济传导的差异性将通过第2阶段中区域经济变量的动态关系予以识别。

第3阶段仅反映了各区域经济向全国层面上宏观经济的汇总以及货币当局应对宏观经济变化而对货币政策工具进行设置和调整的过程，其中货币当局所关注的宏观经济指标主要是总体价格水平。通过多种传导途径，房地产市场在货币政策向区域经济以至宏观经济的传导过程中发挥着十分重要的作用，其区域差异性也主要通过第1阶段和第2阶段的传导过程予以体现。

本文尝试将货币政策房地产传导机制研究拓展到区域层面上，并考虑房价在不同地区之间产生的价格传递作用，全面分析货币政策、区域经济与房地产市场三者之间的动态关系。下面我们将结合区域经济和房地产市场，采用 2001～2010 年 30 个省、市、地区的月度数据，构建全局向量自回归（Global Vector Autoregression，GVAR）模型探讨东、中、西部地区的货币政策房地产传导效应的差异性问题。

四、GVAR 模型的构建

（一）基本设定

GVAR 模型最早由 Pesaran 等（2004）提出，并由 Dees 等（2007）拓展。与传统 VAR 模型相比，GVAR 模型构建了一个由各个经济体 VAR5T 模型构成的全局系统，通过考虑不同经济体之间的内在联系，分析全局变量冲击对各经济体内生变量的影响以及不同经济体之间的溢出效应。Vansteenkiste 和 Hiebert（2011）采用 GVAR 模型分析了欧洲地区的房价溢出效应，其中涉及各国房价对利率冲击的异质响应特征。目前，国内学者采用 GVAR 模型对区域问题的研究较为有限。张延群（2012）详细阐述了 GVAR 模型的理论方法，并应用于中国与世界经济之间影响关系的研究。耿鹏和赵昕东（2007）运用 GVAR 模型分析了产业的内生联系和外生冲击。

按照 GVAR 模型的建模思路，本文首先设定 N 个地区，各地区模型的内生变量表示为 $k_i \times 1$ 的向量，对应于其余 $W-1$ 个地区变量的加权平均值用 K 表示。同时，模型包含时间趋势项。基于以上设定，各地区的 VART 模型构建如下：

$$X_{i,t} = \alpha_{i0} + \alpha_{i1} t + \varphi_i X_{i,t-1} + A_{i0} X_{i,t}^* + A_{i1} X_{i,t-1}^* + \varepsilon_{it} \tag{1}$$

其中，φ_i 是滞后系数项的 $k_i \times k_i$ 矩阵，A_{i0} 和 A_{i1} 是表示地区变量系数的 $k_i \times k_i^*$ 矩阵，ε_{it} 是 $k_i \times 1$ 矢量，表征地区层面的异质性冲击。假定 ε_{it} 服从均值为 0 的独立同分布且协方差矩阵为正定矩阵 $\sum ii$。各地区 VARX* 模型的方差—协方差矩阵具有时间不变性，假设可以放松，但对于本文的分析，这种时间不变性的假定并不存在过度约束问题。

已知 X_{it}、X_{it}^* 可以通过权重矩阵计算得出，权重矩阵反映不同地区之间的相互影响程度。通过将 X_{it}^* 处理为弱外生序列，这些地区模型能够得到一致性的估计。在协整模型中，即使未剔除滞后的短期反馈，弱外生性假设意味着不存在从 X_{it} 到 X_{it}^* 的长期反馈。在这种情况下，如果 X_{it} 可在长期作用于 X_{it}^*，则意味着单个地区模型中的误差调整机制未进入到 X_{it}^* 模型，这些变量的弱外生性能够在各个地区模型中得到检验。

在 GVAR 模型分析之前，首先对不同地区之间的传导途径加以设定，既具有独立性又具有关联性。传导途径分为 3 类：①各地区经济变量受到其他地区对应变量的当期值和滞后值的影响；②各地区变量受全局外生变量的共同影响，如全国性的货币政策变量；③第 i 个地区还会受到第 j 个地区当期冲击的影响，这反映在误差协方差矩阵 Σij 中。

所有地区的 VARX* 模型与其中的内生变量 X_{it} 以及对应的弱外生变量 X_{it}^* 共同构建了一个完整的系统。然而，由于数据限制，即使是较少数量的 N，对模型系统估计可能并不适用。为了解决该问题，我们采用与 Pesaran 等（2004）一致的方法，考虑到各地区相对于总体面板较小，将其他地区变量作弱外生处理，分别估计截面数据模型的参数值。因此，对应于各地区的 VARX* 模型，大规模的 GVAR 模型定义如下：

$$GX_t = a_0 + a_1 t + HX_{t-1} + \varepsilon_t \tag{2}$$

$$a_0 = \begin{Bmatrix} a_{00} \\ a_{10} \\ \cdots \\ a_{N0} \end{Bmatrix}, \quad a_1 = \begin{Bmatrix} a_{01} \\ a_{11} \\ \cdots \\ a_{N1} \end{Bmatrix}, \quad \varepsilon_1 = \begin{Bmatrix} \varepsilon_{0t} \\ \varepsilon_{1t} \\ \cdots \\ \varepsilon_{Nt} \end{Bmatrix}, \quad G = \begin{Bmatrix} A_0 W_0 \\ A_1 W_1 \\ \cdots \\ A_N W_N \end{Bmatrix}, \quad H = \begin{Bmatrix} B_0 W_0 \\ B_1 W_1 \\ \cdots \\ B_N W_N \end{Bmatrix}.$$

其中，$A_i = (I_{ki}, -A_{i0}$；$B_i = (\phi_i, A_{i1})$；W_i 是一个表示各个特定地区对应权重值的 $(k_i \times k_i^*) \times k_i$ 矩阵。W_i 是连接矩阵，使得特定地区的模型可以用全局变量 X_t 的矢量形式表示。在各地区 VARX* 模型中，与经济学理论一致的变量之间长期均衡关系能够得到识别和检验。这种长期均衡关系既可以为该地区内生变量之间，也可以是内生变量与弱外生变量之间的均衡关系。通过距离矩阵或贸易矩阵，各地区 VARX* 模型连接成为 GVAR 系统，并在 GVAR 框架下运用分析技术，如协整关系检验、结构冲击识别、弱外生性检验、脉冲响应分析、方差分解等。由于 GVAR 模型是将各地区 VART* 模型在一致的框架下进行连接，各变量之间符合经济学理论的长期关系和短期关系都可以在 GVAR 模型框架下得到统计学检验。

（二）变量与数据选取

自 20 世纪 90 年代以来，以东、中、西部为基础的区域划分成为中国区域经济研究的切入点[①]。按照该划分方法，并剔除数据缺失严重的西藏，本文以国内 30 个省、市、地区作为研究对象，因此，变量 N = 30。同时，本文选取货币供应量和利率作为全局货币政策变量（具有弱外生性），各地区的价格指数、经济产出、居民消费、房地产价格和房地产投资作为内生经济变量。

货币政策工具可以分为数量型工具和价格型工具，我国央行常用的数量型货币政策工具包括公开市场操作、法定存款准备金率等，常用的价格型货币政策工具包括存贷款利率等。考虑到我国的实际国情，本文采用广义货币供应量作为数量型货币政策工具的变量，并引入市场化程度较高的银行间同业拆借利率作为价格型货币政策工具的代理变量，因

---

① 东部地区包括北京、天津、河北、辽宁、上海、江苏、浙江、福建、山东、广东和海南；中部地区包括山西、吉林、黑龙江、安徽、江西、河南、湖北和湖南；西部地区包括重庆、四川、贵州、云南、西藏、陕西、甘肃、青海、宁夏、新疆、广西和内蒙古。

此，货币政策的代理变量包括了广义货币供应量（M2）和银行间同业拆借利率（IBR）两个变量。

在各地区模型的经济变量选取上，价格指数根据各地区城镇居民消费价格指数的同比和环比数据，以 2001 年 1 月为基期构造定基比序列，从而得到居民消费价格指数的时间序列；受到各地区经济产出和居民消费的统计数据所限，我们采用工业增加值（IND）和社会消费品零售总额（CONS）作为代理变量，反映该地区的经济产出和居民消费情况；在房地产市场方面，使用商品住宅销售额除以销售面积计算得到商品住宅的销售均价来代表房地产价格（HP），并选取房地产开发投资完成额（REI）来表示房地产投资水平。

考虑数据可得性，本文采用月度数据，样本期自 2001 年 1 月至 2010 年 12 月，共计 120 组数据。其中，广义货币供应量、银行间同业拆借利率来自中国人民银行网站，各地区城镇居民消费价格指数、工业增加值、社会消费品零售总额、城镇商品住房销售额及销售面积和房地产开发投资完成额来自 EPS 全球统计数据库。由于工业增加值、社会消费品零售总额、房地产开发投资和商品住宅销售价格等数据具有显著的季节性，在 Eviews5.0 中对相关变量使用 X - 11 方法剔出季节性。为了克服变量序列之间的异方差性，本文对利率之外的所有变量取自然对数。

（三）各地区之间的权重矩阵

为构建对应的变量 X_{it}^*，GVAR 模型需要权重矩阵来连接各地区 VART* 的模型，以反映不同地区经济和房地产市场的互动程度。考虑到房地产市场具有空间固定的属性，不同地区的房价之间存在显著的溢出效应，因此，适合采用省会城市之间的距离矩阵进行测算。借鉴 Vansteenkiste 和 Hiebert（2011）的方法，我们根据各地区省会城市之间的距离构造矩阵，然后利用倒数形式做权重处理，转换为反映各地区彼此影响程度的连接矩阵，如表 2 所示。表 2 列举了其中 15 个城市的距离权重矩阵，每个数值反映了行城市对列城市的影响程度。

表 2　各地区之间的距离权重矩阵

城市	北京	上海	南京	杭州	广州	长春	合肥	南昌	郑州	武汉	成都	贵阳	昆明	兰州	西宁
北京	—	0.04	0.04	0.04	0.04	0.14	0.04	0.04	0.09	0.04	0.05	0.04	0.04	0.05	0.05
上海	0.08	—	0.14	0.25	0.07	0.08	0.09	0.08	0.07	0.07	0.04	0.05	0.04	0.04	0.04
南京	0.09	0.17	—	0.18	0.07	0.09	0.26	0.10	0.10	0.10	0.05	0.05	0.05	0.04	0.04
杭州	0.07	0.27	0.16	—	0.08	0.08	0.11	0.11	0.07	0.08	0.05	0.05	0.05	0.04	0.04
广州	0.04	0.04	0.03	0.04	—	0.05	0.04	0.07	0.04	0.05	0.04	0.06	0.06	0.04	0.04
长春	0.09	0.03	0.03	0.03	0.03	—	0.02	0.03	0.04	0.03	0.03	0.03	0.03	0.03	0.03
合肥	0.09	0.11	0.25	0.13	0.08	0.08	—	0.13	0.12	0.15	0.05	0.06	0.06	0.05	0.05
南昌	0.06	0.08	0.08	0.09	0.12	0.06	0.10	—	0.08	0.18	0.06	0.07	0.06	0.05	0.04

续表

城市	北京	上海	南京	杭州	广州	长春	合肥	南昌	郑州	武汉	成都	贵阳	昆明	兰州	西宁
郑州	0.13	0.06	0.07	0.05	0.06	0.09	0.08	0.07	—	0.10	0.07	0.06	0.06	0.07	0.06
武汉	0.08	0.07	0.08	0.07	0.10	0.07	0.12	0.19	0.12	—	0.07	0.07	0.07	0.06	0.05
成都	0.05	0.03	0.03	0.03	0.07	0.05	0.03	0.04	0.06	0.05	—	0.13	0.13	0.11	0.10
贵阳	0.05	0.03	0.03	0.03	0.11	0.05	0.03	0.05	0.05	0.05	0.14	—	0.20	0.06	0.06
昆明	0.04	0.02	0.02	0.02	0.08	0.04	0.02	0.04	0.04	0.04	0.11	0.16	—	0.05	0.05
兰州	0.07	0.03	0.03	0.05	0.03	0.06	0.03	0.03	0.06	0.04	0.12	0.06	0.07	—	0.35
西宁	0.06	0.02	0.02	0.02	0.04	0.06	0.02	0.03	0.05	0.03	0.10	0.06	0.07	0.32	—

五、实证分析

（一）模型估计结果

经 ADF 单位根检验可知，货币供应量的时间序列并不平稳，经过 1 阶差分后变换为平稳序列，而各地区经济变量的检验结果同样表明为 I（1）序列。对各变量时间序列进行 Johansen 协整检验发现，各变量之间存在显著的协整关系。鉴于本文主要关心系统内生变量的动态互动关系，当几个变量存在协整关系时，采用变量水平值构建 VAR 模型不会出现识别错误，因此，本文采用各变量水平值进入 GVAR 系统。

根据赤池信息准则和施瓦兹准则，各地区 VARX* 模型选取 2 个月作为滞后阶数构建，并对 VARX* 模型矩阵系数进行识别，得到 GVAR 系统参数估计结果[①]。基于模型估计结果，进一步采用广义脉冲响应函数（Generalized Impulse Response Function，GIRF）分析货币政策冲击对区域经济以及房地产市场的动态作用。

（二）广义脉冲响应分析

在 GVAR 模型估计和稳定性检验后，采用 GIRF 分析货币政策冲击对区域经济和房地产市场的影响以及不同地区经济变量之间的动态关系。GIRF 由 Pesaran 和 Shin（1998）提出，该方法消除了 Sims（1980）方法中变量排序对脉冲响应分析结果的干扰，更适用于包含数十个变量的大型 VAR 系统。图 2 至图 4 列举了广义脉冲响应函数的分析结果。其中，图 2 是货币供应量的 1 个标准差正向冲击；代表了扩张性货币政策冲击，图 3 是利

[①] 本文采用 GVARToolbox1.1 软件（Smith and GaleSi，2011）进行模型分析。由于篇幅有限，GVAR 参数估计结果并没有列出，可向作者索要。

率的 1 个标准差正向冲击，代表了紧缩性货币政策；图 4 是房价的 1 个标准差正向冲击。

1. 货币供应量冲击对区域经济和房地产市场的影响

图 2 描述了区域经济及房地产市场对数量型货币政策（M2）冲击的响应结果。对应于货币供应量的 1 个标准差冲击（0.7%），各地区工业增加值在 3 个月后为正向响应，而社会消费品零售额在当期达到最大值，随后表现为持续的负向响应，表明货币供应量增加会推动工业产出，但由于通胀因素在长期抑制社会消费。全国工业产出在 3 个月后达到最大响应值 0.8%，而社会消费则达到最小值 -0.5%。东、中、西地区呈现相似特征，均在 1 个季度后达到最大响应强度并逐渐稳定，但在响应强度上存在差异。例如，在消费方面，西部地区受影响程度最大（-0.9%），东部地区次之（-0.4%），而中部地区的响应强度最弱（-0.3%）。可见，在区域经济层面，货币供应量的冲击对于西部地区的影响要强于中东部地区。这表明，我国区域发展战略实行的是非均衡梯度推进战略，即使在使用总量扩张性的货币政策时，现金及贷款流向也会表现出明显的地区差异性。2010 年央行数据显示，东部、西部和东北部地区分别净投放现金 4661.3 亿元、528.8 亿元和 393.2 亿元，而中部地区净回笼现金 1492.1 亿元。可见，长期的政策倾向性使央行货币资金对中部地区影响并不大，受到货币供应量冲击作用不明显。

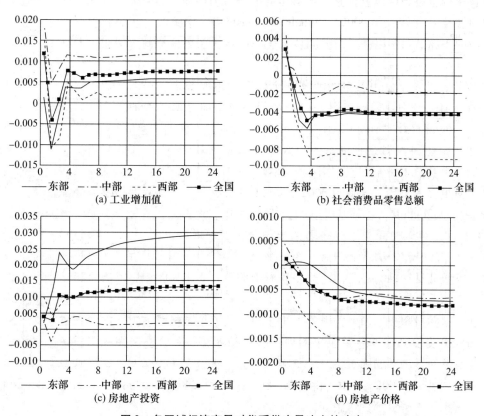

图 2　各区域经济变量对货币供应量冲击的响应

在房地产市场上，货币供应量增加会推动房地产投资的上升，而房地产价格与社会消费品零售额的响应曲线类似，由于通货膨胀影响而受到抑制。对应于货币供应量冲击，全国房地产投资的响应值在 1% ~ 1.5% 区间，而房价的响应值最低为 -0.07%。货币供应量冲击对东部地区房地产投资影响程度最高（3.0%），且统计上显著，西部次之（1.2%），而中部最弱（0.4%）。同时，西部地区的房价受到货币供应量冲击的影响程度超过了中部和东部地区，这主要是由于西部地区的居民消费结构更容易受到通胀因素的影响，从而抑制了对房地产的需求，导致房价的下降。

2. 利率冲击对区域经济和房地产市场的影响

图 3 描述了区域经济及房地产市场对利率冲击的响应情况，与货币供应量冲击下的脉冲响应函数不同，区域经济和房地产市场对利率冲击的响应具有更显著的差异性。对应于 1 个标准差利率的正向冲击（0.3%），全国工业产出在 1 个月后达到最大值 0.7%，社会消费品零售总额达到最小值 -0.5%。从各地区来看，东部地区的工业产出和西部地区的居民消费与其他地区以及全国的响应特征不一致。具体来看，中、西部的工业产出持续为正向响应，而西部地区的社会消费在 4 个月后也由降转升，这与紧缩性货币政策的调控目标相悖。长久以来，中、西部地区的制造业和服务业处于初级阶段，产业规模结构滞后于

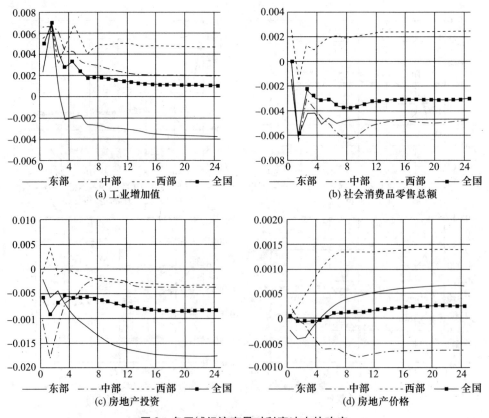

图 3　各区域经济变量对利率冲击的响应

东部地区，经济增长很大程度上依赖国家政策资金的投入，导致价格型货币政策的传导效果出现偏差。相比之下，东部地区经济受到利率政策的冲击最大，这与该区域的产业结构有关。相关研究表明，第二产业密集度较高的区域，利率敏感性较强，而第二产业在我国东部地区的密集度最高（宋旺和钟正生，2006；王先柱等，2011）。

在利率冲击下，全国房地产投资持续下降，最低值为 -0.8%，各地区也表现为负响应，一个季度内中部地区的响应强度最高（-1.8%），而东部地区的累计响应值最大。全国房地产价格在一个季度内呈现负响应，之后转为正向响应，影响程度在统计上并不显著。从各地区来看，利率上调会引起中部地区房价的下降，西部地区房价的持续上涨，东部地区则先降后升。

总体上看，与货币供应量的冲击不同，利率对东、中、西部地区的经济基本面与房地产市场产生了异质性影响。由于东部地区的第二产业比重和房地产相关贷款比例大，金融业的市场化程度高，区域经济和房地产市场受到利率上调的影响更为显著，其动态响应过程更符合政策预期效果，因此，在以利率调整为主的紧缩性货币政策下，东部地区的响应曲线更接近于货币政策的调控目标，而中、西部地区则表现出不同程度的偏差。

3. 房地产价格冲击对区域经济的影响

图 4 描述了区域经济对房地产价格冲击的响应情况。对应于房价 1 个标准差单位的正向冲击，东、中、西部地区的工业增加值在 1 个季度内产生正向响应，分别达到最大值 0.8%、0.2% 和 0.2%，这表明房价上涨对各地区工业产出在短期内产生拉动效应，且东部尤为明显，但在 1 个季度后东部地区的工业增加值会转为负响应值，验证了挤出效应的存在。不同地区的社会消费对房价冲击的响应较为相似，东部的最大响应值为 0.65%，而中、西部地区的消费对房价冲击响应较弱，最高仅为 0.1%、0.3%。总体来看，房价上涨对东部地区的工业产出在短时间内具有拉动效应，但长期表现为挤出效应，抑制工业产出的增长。房价对居民消费有显著的财富效应和信心效应，且东部地区对房价冲击的响应强度在整体上要高于中部地区和西部地区。

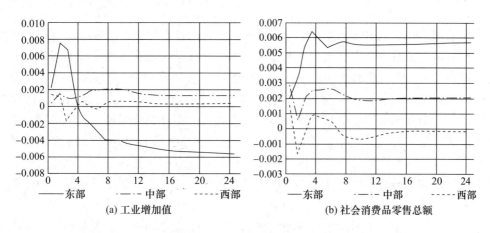

(a) 工业增加值　　　　　　　　　　　(b) 社会消费品零售总额

图 4　各区域经济变量对房地产价格冲击的响应

（三）房地产对货币政策的传导效应

根据广义脉冲响应分析结果，我们采用 Elbourne（2008）的方法估计房价对货币政策的传导效应，并比较不同地区间的传导效应差异。以东部地区为例，对应于 1 个标准差的利率上涨冲击，社会消费和房地产价格最多分别下降 -0.60% 和 -0.04%，而 1 个标准差房价冲击（0.16%）最多引起社会消费 0.66% 的同向变化。因此，在利率冲击对社会消费的影响中，房价传导的部分约占 27.4%。基于该方法，表 3 比较了各地区房地产对货币政策的传导效应。

表3　各区域房地产价格对货币政策传导效应　　　　　　单位:%

货币政策变量	房地产传导效应	东部	中部	西部
利率（IBR）	社会消费	27.4	5.7	6.8
货币供应量（M2）	社会消费	31.2	8.6	12.5

从不同类型货币政策来看，房地产价格对于货币供应量的传导效果整体上优于对利率的传导效果，这表明我国货币政策中的数量型货币政策通过房地产价格传导效应更强。另外，从地区分布来看，东部地区的房地产价格对货币政策传导效应最强，在利率和货币供应量方面分别达到 27.4% 和 31.2%，西部地区次之，中部地区最弱。可见，房地产价格在货币政策传导方面存在显著的区域性差异，东部地区的房价货币政策传导效应显著强于中、西部地区。

六、结　论

本文采用 2001~2010 年中国 30 个省、市、地区的月度数据，通过构建 GVAR 模型分析了货币政策冲击对东、中、西部地区工业产出、居民消费和房地产市场的影响，并在此基础上探讨了房地产价格对货币政策传导效应的区域性差异。结论包括：①货币供应量的增加一方面会推动工业产出和房地产投资的增长，另一方面会抑制居民消费和房地产价格；②各地区对货币供应量增长呈现相似的响应特征，但在响应强度上有所区别，中部地区的受影响程度最低；③利率上涨冲击对各地区产出、消费和房地产市场的影响并不一致，具有区域异质性特征，东部地区的响应特征接近于紧缩性货币政策的调控目标；④在房地产对货币政策传导效应方面，数量型货币政策的传导效果要优于价格型货币政策，东部地区的传导效果总体上要高于中、西部地区。

本文所探讨的中国货币政策与区域经济和房地产市场之间的动态关系在一定程度上反映了近年来区域发展不平衡、经济结构失衡和货币政策不对称等问题。中国目前正面临着区域发展差距不断扩大和居民消费严重不足的现实，如何利用财政货币政策等宏观调控政策缩小区域经济和房地产市场上的结构性差异，促进各地区和各产业之间的协调发展，已成为理论界亟待解决的研究课题。本文认为，首先，在货币政策制定过程中应提高各地区金融部门和研究机构的参与度，充分考虑各地区经济发展形势及个体差异；其次，在货币政策执行层面上应允许各地区采用较为灵活的货币政策工具以适应区域经济和房地产市场的发展现状，对于经济发展过热和房价上涨过快的地区，可通过区域差异化的政策工具，尤其是采用信贷调控手段，抑制过度投资和投机行为，提高金融系统的稳定性；最后，货币政策还应当根据国家的区域发展战略，与土地、财政、税收等政策工具配合实施，促进货币政策向宏观经济的有效传导。

参考文献

[1] 丁晨，屠梅曾. 论房价在货币政策传导机制中的作用 [J]. 数量经济技术经济研究，2007 (4)：106－114.

[2] 耿鹏，赵昕东. 基于 GVAR 模型的产业内生联系与外生冲击分析 [J]. 数量经济技术经济研究，2009 (12)：32－45.

[3] 蒋瑛琨，刘艳武，赵振全. 货币渠道与信贷渠道传导机制有效性的实证分析 [J]. 金融研究，2005 (5)：70－79.

[4] 孔丹凤，Cortes B.，秦大忠. 中国货币政策省际效果的实证分析：1980～2004 [J]. 金融研究，2007 (12)：17－26.

[5] 刘玄，王剑. 货币政策传导地区差异：实证检验及政策含义 [J]. 财经研究，2006 (5)：70－79.

[6] 梁云芳，高铁梅. 中国房地产价格波动区域差异的实证分析 [J]. 经济研究，2007 (8)：133－142.

[7] 宋旺，钟正生. 我国货币政策区域效应的存在性及原因——基于最优货币区理论的分析 [J]. 经济研究，2006 (3)：46－58.

[8] 王松涛，刘洪玉. 以房地产市场为载体的货币政策传导机制研究——SVAR 模型的一个应用 [J]. 数量经济技术经济研究，2009 (10)：61－73.

[9] 王先柱，毛中根，刘洪玉. 货币政策的区域效应——来自房地产市场的证据 [J]. 金融研究，2011 (9)：42－53.

[10] 魏玮，王洪卫. 房地产价格对货币政策动态响应的区域异质性——基于省际面板数据的实证分析 [J]. 财经研究，2010 (6)：123－132.

[11] 武康平，胡谍. 房地产市场与货币政策传导机制 [J]. 中国软科学，2010 (11)：32－43.

[12] 张延群. 全球向量自回归模型的理论、方法及其应用 [J]. 数置经济技术经济研究，2012 (4)：136－449.

[13] 赵昕东. 中国房地产价格波动与宏观经济——基于 SVAR 模型的研究 [J]. 经济评论，2010 (1)：65－71.

[14] Aoki K.，Proudman J. and G. Vlieghe. Housing prices，consumption and monetary policy；A financial accelerator approach [J]. Journal of Financial Intermediation，2004，13 (4)：414－435.

[15] Bernanke B. and M. Gertler. Inside the black box: The credit channel of monetary policy transmission [J]. Journal of Economic Perspectives, 1995, 9 (4): 27 – 48.

[16] Bernanke B. , Gertler M. and S. Gilchrist. The financial accelerator and flight to quality [J]. Review of Economics and Statistics, 1996 (78): 1 – 15.

[17] Carlino G. and R. Defina. The differential regional effects of monetary policy: Evidence from the U. S. states [J]. Journal of Regional Science, 1999, 39 (2): 339 – 358.

[18] Dees S. , di Mauro F. , Pesaran, M. H. and L V. Smith. Exploring the international linkages of the euro area: a global VAR analysis [J]. Journal of Applied Econometrics, 2007 (22): 1 – 38.

[19] Elbourne A. The UK housing market and the monetary policy transmission mechanism: an SVAR Approach [J]. Journal of Housing Economics, 2008, 17 (1): 65 – 87.

[20] Giuliodori M. Monetary policy shocks and the role of house prices across European countries, M Scottish [J]. Journal of Political Economy, 2005, 52 (4): 519 – 543.

[21] Iacoviello M. and R Minetti. The credit channel of monetary policy – Evidence from the housing market [J]. Journal of Macroeconomics, 2008, 30 (1): 69 – 96.

[22] Mishkin F. Housing and monetary transmission mechanism [J]. NBEH Working Paper, 2007.

[23] Mundell R. A theory of optimum currency areas [J]. American Economic Review, 1961, 51 (4): 57 – 64.

[24] Negro M. and C. Otrok. 99 luftballons: Monetary policy and the house price boom across U. S. states [J]. Journal of Monetary Economics, 2007, 54 (7): 1962 – 1985.

[25] Owyang M. and H. Wall. Structural breaks and regional disparities in the transmission of monetary policy, M. Federal Reserve Bank of St Louis [J]. Working Paper, 2004 (2003 – 008B) .

[26] Pesaran M. H. and Y. Shin. H. Generalized impulse response analysis in linear multivariate models [J]. Economic Letters, 1998, 58 (1): 17 – 29.

[27] Pesaran M. H. , Schuermann T. and S. M. Weiner. M. Modeling regional interdependencies using a global error – correcting macroeconometric moder [J]. Journal of Business & Economic Statistics, 2004, 22 (2): 129 – 162.

[28] Sims, C. Macroeconomics and reality [J]. Econometrica, 1980 (48): 1 – 48.

[29] Vansteenkiste L. and P. Hiebert. Do housing price developments spillover across euro area countries? Evidence from a global VAR [J]. Journal of Housing Economics, 2011 (20): 299 – 314.

The Regional Differences of Monetary Policy Transmission Effect on the Real Estate Market – an Empirical Analysis Based on GVAR Model

Zhang Hong　Li Yang

(Tsinghua University Construction Management Department of Real Estate Research Institute;
Hang Lung Real Estate Research Center, Tsinghua University, Beijing 100084)

Abstract: Real estate market has played increasingly important role in monetary policy transmission, especially on regional level. In this paper, we use 2001 ~ 2010 monthly data of 30 provincial districts in China, establish the global vector autoregression (GVAR) model to analyze the dynamic relationships among monetary policy, regional economy and real estate market, and then explore the regional disparities in the transmission of monetary policy through real estate. The result indicates that, each region presents the similar feature in response to the money supply shock which promotes the industrial output and real estate investment, but inhibits the household consumption and real estate price, and the central region has the lowest response level. The interest rate shock imposes heterogeneous impacts on regional economy and real estate market, the response of the eastern region is consistent with the objectives of contractionary monetary policy. Real estate presents evident regional disparities in monetary policy transmission process, the conduction effect in the eastern region is higher than other regions, and the conduction of money supply is superior to that of interest rate.

Key Words: Monetary Policy; Regional Economy; Real Estate Market; GVAR

政府？市场？谁更有效

——中小企业融资难解决机制有效性研究

郭　娜

（天津财经大学大公信用管理学院，天津　300222）

【内容摘要】中小企业融资难问题一直都是制约我国中小企业发展的重要因素。近年来，政府部门也出台了一系列相关政策并积极推动实施来解决这一难题。然而，在诸多措施中，何种方法对于缓解中小企业融资难更为有效，至今仍没有明确的答案。本文利用枣庄市中小企业融资状况问卷调查所获得的数据，采用规范的实证分析方法对这一问题进行了研究。本文研究发现，积极推动担保机构发展和完善信用评级机制等市场手段较之政府支持手段对缓解中小企业融资难问题更为有效。研究结论为我国政府相关政策制定提供了理论依据，并对解决我国中小企业融资难问题具有重要政策启示。

【关键词】中小企业融资；政府手段；市场手段；解决机制

一、引言

近年来，我国的中小企业在促进经济增长、活跃市场经济、保障就业以及促进技术进步等方面一直发挥着非常重要的作用，社会各界对中小企业的发展问题也十分关注。然而，由于中小企业自身的局限性和融资外部环境的制约，融资难已经成为制约我国中小企业发展的主要瓶颈（张捷和王霄，2002）。中小企业融资难问题在世界各国普遍存在，即使在金融资源丰富、中小企业支持体系齐全的发达国家也依然存在（郭田勇，2003）。在我国这样一个信贷市场以大型银行为主导且资本市场尚不健全的国家，中小企业融资难这一世界性难题就显得格外突出。在现阶段如何破解中小企业融资难题，并实施有效的政策来解决融资难是摆在我们面前的重要问题。

国外许多学者对中小企业融资难这一问题给予了很大关注，且大部分研究集中于分析中小企业融资难的形成原因（Stiglitz and Weiss，1981；Berger and Udell，1998），也有部分文献对缓解中小企业融资难的解决机制进行了探讨，主要分为以下几种观点：部分学者认为，长期化和交易对象集中化的关系型借贷可以帮助改善中小企业贷款的可得性和贷款条件，并有效地缓解中小企业的融资困难（Berger and Udell，1995；Angelini et al. 1998）；也有一些学者认为，中小金融机构在对中小企业提供服务方面具有信息和成本上的优势，因此大力发展中小金融机构有助于缓解中小企业融资困境（Banerjee，1994）；还有一些学者认为征信制度构建和征信机构发展将有助于增加贷款人对中小企业信贷记录的了解，减轻信息不对称程度进而帮助中小企业顺利地进行融资（Love and Mylenko，2003）；另外，也有一些学者在融资信息和融资环境建设方面提出了相应的观点，譬如 Wattanaprutti-paisan（2003）分别从信贷需求方和信贷供给方两方面提出改进建议；Berger 和 Udell（2006）则探讨了政府政策和国家金融结构对中小企业信贷可得性的影响。

20 世纪末，随着我国中小企业在经济生活中地位的日益上升，许多学者开始关注中小企业融资问题。其中，部分学者研究了中小企业的资本结构与融资渠道问题（毛晋生，2002；梁冰，2005；张杰和尚长风，2006）；部分学者多角度地探讨了中小企业融资难的成因（王性玉和张征争，2005；沈洪明，2006）；部分学者从银行角度出发研究了银行信贷与中小企业融资之间的关系（林毅夫和李永军，2001；徐忠和邹传伟，2010）；还有一些学者则探讨了民间金融发展对于中小企业融资的积极意义（郭斌和刘曼路，2002）。这些前期研究在多个方面多角度地探讨了中小企业融资的相关问题，并从制度、政府、银行和市场等方面提出了诸多政策建议。与这些政策建议相呼应，近年来，我国政府也十分重视中小企业的发展问题，国务院和各部委陆续出台了一系列支持中小企业发展的法律法规和指导意见，各级政府和金融机构在为中小企业提供金融服务方面也进行了相应改革。然而在现阶段，对于这些政策的实施效果和作用结果，并没有人进行研究和探讨，这就无法为政策的进一步有效实施提供理论参考。有鉴于此，为了正确评价政策的实施效果，探究出政府手段和市场手段在解决中小企业融资难问题上的有效性，并据此提出具有针对性的政策建议。本文采用发放问卷并结合走访的方式调研了枣庄市 1100 家中小企业，并获得了 962 份有效问卷。我们利用问卷调查所获得的数据，采用规范的实证分析方法对这一问题进行了深入研究。本文的研究结论为我国政府解决中小企业融资难问题制定有效的政策和实施有针对性的措施提供了理论依据，同时也指明了解决中小企业融资难问题的改革方向，结论具有重要的政策启示。

本文以下内容是这样构成的：第二部分是样本数据，第三部分是描述性统计分析，第四部分是实证分析，第五部分为结论和政策建议。

二、样本数据

枣庄市位于山东省的南部，是山东省设立的第四个地级市，总面积 4563 平方千米，人口391万人，2010年全年生产总值为1362亿元，财政总收入130亿元。其经济发展和经济规模在全国所有地级市中处于中等发达水平，根据国家统计局数据计算，2010年全国283个地级市的国内生产总值（GDP）平均值为1344.83亿元，枣庄市国内生产总值恰处于平均值上，故而本文选取枣庄市为研究样本恰好可以代表全国所有地级市的平均发展水平。

本次问卷调查是以山东省枣庄市的中小企业为调查对象，调查范围涉及枣庄市的7个行政区域。本次调查共发放问卷1100份，共计回收962份有效问卷，问卷回收率87.45%。其中，峄城区156份，市中区196份，山亭区95份，薛城区64份，台儿庄区49份，高新区9份，滕州市393份。在所调查的企业中，绝大部分为我国工业和信息化部于2011年6月18日发布的《中小企业划型标准》所规定的中型、小型和微型三种类型的中小企业。根据新的划型标准，我们的有效问卷中有10.92%的企业属于微型企业；76.91%的企业属于小型企业；9.57%的企业属于中型企业。

三、描述性统计分析

首先，我们考察了现阶段中小企业融资的难易程度情况，共有814家企业回答了这一问题。[①] 其中，回答融资容易的企业为343家，占回答该问题企业数的42.14%；回答融资困难的企业为471家，占回答该问题企业数的57.86%。由此可以看出，大部分的中小企业在经营过程中会面临到融资约束问题。统计结果如表1所示。

表1 中小企业融资状况

选项	融资容易	融资困难
企业数量（家）	343	471
百分比（%）	42.14	57.86

由表1可以看出，中小企业融资难是我国现阶段切实存在的现象，那么，造成这一现象的原因是什么？中小企业自身又如何看待这一问题？我们设置了四个选项，共有846家企业回答了该问题，统计结果如图1所示。

---

① 根据我们对中小企业借贷特征的统计分析可知，中小企业在银行借贷方面具有一定的稳定性，因此本文的融资难易程度调查结果在很大程度上代表了平时企业融资的普遍状况。感谢匿名审稿人在此处提出的宝贵意见。

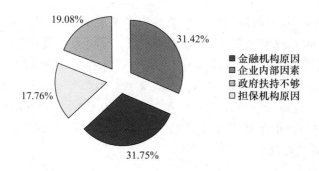

图 1   中小企业融资难原因

由图 1 可以看出，中小企业自身将融资难的原因大部分归结为"金融机构原因"（31.75%）和"企业内部因素"（31.42%），接下来依次为"政府扶持不够"（19.08%）和"担保机构原因"（17.76%）。从统计结果来看，这些因素都占有比较大的比例，客观而论，中小企业的融资难问题也是这四种因素共同作用的结果。现阶段，我国对中小企业融资难问题的解决机制包含两大方面内容：一个是政府的直接支持手段，包括政府提供贴息补贴等帮助形式和引导四大国有商业银行支持中小企业发展等；另一个就是市场解决机制，包括中小企业通过担保机构进行担保贷款及采用信用评级的方式来减弱银行的信息不对称风险等。

（一）政府手段

1. 政府帮助

我国政府对中小企业发展的管理和调控起到十分重要的作用（王性玉和张征争，2005）。政府在提供有效的法律保护、各种政策和补贴、提供信贷支持、鼓励中小金融机构和担保机构发展等诸多方面发挥着不可或缺的作用。我们对当地政府的主要支持方式进行了调查，该题目为多选题，共有 898 家企业回答了该问题，统计结果如表 2 所示。

表 2   地方政府支持方式与中小企业融资状况

支持方式	E		A		D	
企业数量（家）	364		172		169	
百分比（%）	40.53		19.15		18.82	
融资状况	容易	困难	容易	困难	容易	困难
企业数量（家）	141	193	86	58	71	79
百分比（%）	38.74	53.02	50.00	33.72	42.04	46.75

注：该表格选项顺序按照选择该选项企业数量由多到少进行排列。选项中的 A 代表提供补贴或拨款，D 代表提供担保服务，E 代表协助企业与银行打交道。

由表 2 可以看出，地方政府对中小企业融资最主要的支持方式为"协助企业与银行打交道"，占所有地方政府支持方式的 40.53%，其次为"提供补贴或拨款"172 家（19.15%）和"提供担保服务"169 家（18.82%）。然而，这些政府支持方式对缓解中小企业融资困境起到了多大的帮助作用？由表 2 我们可以看出，得到政府"提供补贴或拨款"支持的中小企业融资容易所占的比例最大为 50.00%，融资困难的企业占比仅为 33.72%；其次为"提供担保服务"，融资容易的企业占比为 42.04%，融资困难的企业占比为 46.75%，两者差距较小。

2. 银行支持

商业银行是中小企业最主要的融资机构，中小企业在遇到资金困难时首选融资方式为到银行和信用社等金融机构贷款，选择该选项的中小企业占有非常大的比例（767 家，85.70%）。然而在这 767 家中小企业中，有 59.84% 的企业存在着融资难问题。那么，为什么会出现中小企业银行贷款难呢？接下来，我们调查了"中小企业从银行贷款困难的原因"，共有 594 家企业回答了该问题，该题目为多选题，统计结果如表 3 所示。

表3 中小企业向银行贷款困难原因

困难原因	C	B	A	E	F	D
企业数量（家）	337	278	241	116	79	16
百分比（%）	56.73	46.80	40.57	19.53	13.30	2.69

注：该表格选项顺序按照选择该选项企业数量由多到少进行排列。其中，百分比为回答该选项企业数占所有回答该问题企业数的比例。选项中的 A 代表抵押品要求过高，B 代表信用审查过严，C 代表贷款手续太繁琐，D 代表缺乏民营中小银行，E 代表贷款利率和其他成本太高，F 代表难以获得第三方担保。

由表 3 的统计结果可知，大部分中小企业认为"贷款手续太繁琐"是从银行获得贷款难的首要原因，占所有回答该问题企业数的 56.73%；其次为"信用审查过严"278 家（46.80%）和"抵押品要求过高"241 家（40.57%）。由此可见，银行手续的繁琐、信贷审查和抵押品要求过高问题依然是影响中小企业从银行获得贷款的重要因素。近年来，我国政府积极引导四大国有商业银行支持中小企业发展、为中小企业提供贷款。那么，该政策的实施对中小企业融资起到了预期的作用吗？下面我们对中小企业申请贷款的银行性质与中小企业融资状况进行统计研究，该题目为多选题，统计结果如表 4 所示。

表4 申请贷款银行性质与中小企业融资状况

银行性质	四大国有商业银行		股份制商业银行		地方性商业银行		城乡信用社	
企业数量（家）	696		18		51		466	
融资状况	容易	困难	容易	困难	容易	困难	容易	困难
企业数量（家）	278	372	10	8	23	25	221	240
百分比（%）	39.94	53.45	55.56	44.44	45.10	49.02	47.42	51.50

由表4的统计结果我们可以看出，向"四大国有商业银行"申请贷款的中小企业数量最多，共有696家中小企业选择；其次为向"城乡信用社"申请贷款，为466家；而选择"股份制商业银行"和"地方性商业银行"的中小企业则相对较少，分别为18家和51家，这或许与当地"股份制商业银行"和"地方性商业银行"分支机构数量较少有关。然而，向这些不同性质的商业银行申请贷款与中小企业融资状况之间又有着怎样的联系？由表4我们可以看出，向"四大国有商业银行"申请贷款的中小企业融资困难比例最大，为53.45%，其次为"城乡信用社"，融资困难企业占比为51.50%，最后是"地方性商业银行"和"股份制商业银行"，融资困难企业占比分别为49.02%和44.44%。

（二）市场手段

1. 担保机构

企业信用由两部分组成：一部分来自企业的自生信用能力，另一部分则来自担保机构的辅助信用能力。担保机构具有降低银企交易成本、降低信息不对称程度和信用放大等优势，因此，担保机构在国外的实践中对解决中小企业融资难问题起到了重要推动作用。我国自20世纪90年代末出现中小企业信用担保机构以来，担保机构一直都在迅速发展。然而，在我国多年的实践中，信用担保机构发展是否起到了缓解中小企业融资难的作用？我们调查了"企业银行贷款的担保方式"，共有684家企业回答了该问题，该问题为多选题，统计结果如表5所示。

表5 中小企业贷款的担保方式选择

担保方式	B	A	E	D	C
企业数量（家）	482	239	170	131	116
百分比（%）	70.47	34.94	24.85	19.15	16.96

注：该表格选项顺序按照选择该选项企业数量由多到少进行排列，其中百分比为回答该选项企业数占所有回答该问题企业数的比例。选项中的A代表信用贷款无需担保，B代表房产及设备抵押，C代表其他担保物担保，D代表专业担保公司担保，E代表其他企业或第三方担保。

由表5的统计结果可以看出，在向银行贷款的过程中，中小企业首选的担保方式为"房产及设备抵押"482家（70.47%）；其次为"信用贷款无需担保"239家（34.94%）和"其他企业或第三方担保"170家（24.85%）；最后才是"专业担保公司担保"131家（19.15%）和"其他担保物担保"116家（16.96%）。由此可见，中小企业在选择担保方式的过程中还是首先立足于自身条件，尽量采用自己的房产或设备进行抵押，担保公司在企业的担保选择中处于比较靠后的位置。那么担保机构能够发挥其应有的作用来缓解中小企业融资难题吗？我们对该问题进行了调查，共有241家企业回答，统计结果如图2所示。

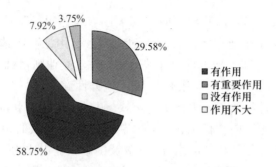

图2　担保机构在中小企业融资中起到的作用

由图2的统计结果我们可以看出，大部分中小企业认为担保机构对缓解中小企业融资难起到了"重要作用"（29.58%）和"有作用"（58.75%）。然而，又是什么原因使得近八成面临融资难题的中小企业不愿意求助于担保机构来获得担保贷款？我们考察了中小企业未曾向信用担保机构申请担保贷款的原因，共有613家企业回答了该问题，该问题为多选题，统计结果如表6所示。

表6　中小企业未向担保机构申请担保贷款原因

未申请原因	B	A	C	E	D	F
企业数量	326	295	291	173	168	103
百分比	53.18%	48.12%	47.47%	28.22%	27.41%	16.80%

注：该表格选项顺序按照选择该选项企业数量由多到少进行排列，其中百分比为回答该选项企业数占所有回答该问题企业数的比例。选项中的 A 代表信用担保机构较少，申请成功率低；B 代表担保手续繁琐；C 代表担保费用较高；D 代表担保申请获批时间较长；E 代表获得担保的条件严格；F 代表有其他融资途径。

由表6的统计结果可知，"担保手续繁琐"成为中小企业不愿向担保机构申请贷款担保的第一大原因，选择该选项的企业为326家，占所有回答该问题企业数的53.18%，也就是说一半以上的中小企业认为担保机构存在担保手续繁琐的问题而不愿求助于担保机构；其次是"信用担保机构较少，申请成功率低"295家（48.12%）和"担保费用较高"291家（47.47%），由此可以看出，担保机构的申请成功率低和担保费用高也成为中小企业不愿求助于担保机构并获得担保贷款的重要原因。

2. 信用评级

我国中小企业融资难的局面不仅仅是由于宏观经济政策和外部融资环境所导致，更是与中小企业自身的信用缺失有着很大的关系。沈洪明（2006）在研究中指出，目前我国中小企业还存在着诸如拖欠款、违约、披露虚假信息等严重影响企业信誉的行为，由于这些企业信用的原因最终导致中小企业较难获得银行的贷款支持，企业信用是解决中小企业融资难的核心与关键。信用等级作为判断贷款信用可信度的标准，是赢得金融机构和担保机构信任并获得资金筹措的有效手段，会减少银行信贷的不确定性（毛晋生，2002）。因此，接下来我们重点分析信用评级对于中小企业融资状况所产生的影响，共有 806 家回答了该问题，统计结果如表 7 所示。

表7 中小企业信用评级与融资状况

信用评级	未评级		A		AA		AAA	
企业数量（家）	247		76		267		216	
融资状况	容易	困难	容易	困难	容易	困难	容易	困难
百分比（%）	28.74	54.66	40.79	51.32	48.95	50.56	54.16	45.83

由表 7 可以看出信用评级在中小企业融资中所起到的重要作用，信用评级作为判断贷款信用可信度的公认市场化标准能够减轻银行和企业之间信息不对称程度，进而能够对中小企业的融资约束起到很大的缓解作用。未评级企业融资容易的比例相对较低（28.74%），而评级企业的融资可获性则大大增强，随着信用等级的不断提升（从 A 级到 AAA 级），融资容易中小企业所占的比例也在不断增大。

四、实证分析

（一）模型设定

结合以上描述性统计分析和本文的研究需要，我们建立了横截面 Logit 模型来研究中小企业融资难解决机制的有效性问题，计量模型的表达形式如下：

$$Y_i = \alpha + \beta Solution_i + \gamma INFOR\_ basic_i + \varepsilon_i \tag{1}$$

在式（1）中，Y_i 表示被解释变量中小企业融资状况虚拟变量，企业融资困难设定为 1；企业融资不困难设定为 0；i = i，2，L，N 是横截面，代表样本中的企业个体。解释变量中的 $Solution_i$ 表示中小企业融资难问题的解决机制变量，分别包括：政府手段中的政府帮助（Government）指标和银行支持（Bank）指标；市场手段中的担保机构（Guarantee）指标和信用评级（Rating）指标。解释变量中 $INFOR\_ basic_i$ 为代表企业基本情况的控制变量。根据 Rajan 和 Zingales（1995）、张杰和尚长风（2006）等的前期研究成果，他们认为企业规模、盈利能力、破产成本与年龄、行业等因素是影响中小企业融资行为的主要因素。因此，结合此次调查数据的实际情况和描述性统计分析结果，本文在选取控制变量时加入了代表这些因素的企业基本情况"硬信息"变量，指标包括企业规模、现有资本、职工人数、管理人员数、公司治理、企业年龄、利润总额、盈利能力、行业性质、所有制类型；同时，结合中小企业融资中出现的具体情况，我们还加入了反映中小企业"软信息"的企业诚信和核心主导产品指标①（模型中的变量说明如表8所示）。

表8　计量模型中变量含义

变量名	变量说明
被解释变量	
融资状况	企业融资的难易程度（虚拟变量）：企业融资困难为1；企业融资不困难为0
解释变量	
政府手段	
政府帮助	政府在企业融资过程中是给予帮助（虚拟变量）：给予帮助为1；否则为0
银行支持	企业目前申请贷款的金融机构（虚拟变量）：申请工农中建贷款的为1；否则为0
市场手段	
担保机构	企业是否尝试通过担保机构贷款（虚拟变量）：通过担保机构贷款为1；不通过为0
信用评级	企业是否进行了信用评级（虚拟变量）：企业进行了信用评级为1；未信用评级为0
控制变量	
企业规模	企业资产总额：2010年企业的资产总额；表明企业的生产规模
现有资本	企业现有资本：2010年企业的资本规模；表明企业的抗风险能力和破产清偿能力
职工人数	企业现有职工人数：2010年企业的职工人数；表明企业的整体规模和人员规模
管理人员数	企业管理人员人数：2010年企业的管理人员人数；表明企业的管理水平
公司治理	本家族主要管理人员占企业管理层比例（虚拟变量）：大于40%为1；小于40%为0
企业年龄	企业经营年限：企业到2010年为止所成立的年限；表明企业所处发展阶段
利润总额	企业利润总额：2010年企业的利润总额；反映企业未来把握投资机会的能力
盈利能力	企业净资产收益率（虚拟变量）：净资产收益率大于20%为1；小于20%为0
行业性质	企业所属行业（虚拟变量）：企业行业属于制造业为1；属于非制造业为0
所有制类型	企业登记类型（虚拟变量）：企业登记类型是私营企业为1；其他企业类型为0
企业诚信	最近几年企业贷款偿还情况（虚拟变量）：全部按时偿还为1；否则为0
核心主导产品	企业是否有核心主导产品（虚拟变量）：有核心主导产品为1；无核心主导产品为0

（二）实证结果

本文样本采用此次调研的2010年枣庄市中小企业融资状况的横截面数据，下面我们将采用Logit模型来实证分析中小企业融资难解决机制的有效性问题，表9所示为Logit模

---

① "硬信息"和"软信息"的相关概念请参见Stein（2002）、徐忠和邹传伟（2010）。

型的回归结果，所有回归方程均在 1% 显著水平下通过了 LR 检验。[①]

表 9　中小企业融资难解决机制有效性回归结果

解释变量	基本模型	（1）	（2）	（3）	（4）
政府手段					
政府帮助		0.0578			
银行支持			0.5213 **		
市场手段					
担保机构				− 0.3505 ***	
信用评级					− 0.1465 **
控制变量					
企业规模	0.0001 **	0.0001 **	0.0001 **	0.0001 **	0.0001 **
现有资本	− 0.0001 **	− 0.0001 **	− 0.0001 **	− 0.0001 **	− 0.0002 **
职工人数	− 0.0004	− 0.0005	− 0.0005	0.0003	0.0007
管理人员数	− 0.0206 *	− 0.0421	− 0.0197 *	− 0.0248 **	− 0.0091 *
公司治理	− 0.2945	− 0.3146	− 0.4974 *	− 0.4246	0.2099
企业年龄	0.0137 *	0.0108 *	0.0122 *	0.0033 *	0.0071 *
利润总额	− 0.0359	− 0.0259	− 0.0351	− 0.0172	− 0.0301
盈利能力	− 0.0915 ***	− 0.2032	− 0.0825 **	− 0.0349 **	− 0.0304 *
行业性质	− 0.1041	− 0.0053	− 0.0887	− 0.1404	− 0.0065
所有制类型	0.0133 **	0.0237 **	0.0346 **	0.0356 **	0.0992 **
企业诚信	− 1.2270 ***	− 1.7326 **	− 1.3643 ***	− 1.2870 ***	− 1.6117 **
核心主导产品	− 0.7717 **	− 0.4215	− 0.7752 **	− 0.3971 **	− 0.6536 **
Inversc Mills					0.3542 **
LR 检验	41.59 ***	42.18 ***	48.84 ***	36.64 ***	34.63 ***

注：***、**、*分别表示在 1%、5%、10% 水平下显著。

1. 解决机制

通过表 9 的回归结果可以看出，代表政府手段的"政府帮助"指标回归系数为正，但是并不显著，说明在融资过程中政府给予帮助的中小企业在获得融资方面并没有表现出比未获得政府帮助的中小企业有明显的优势。结合前面描述性统计分析所得的结论，为了使政府支持政策起到更好的效果，我们认为地方政府应该采取包括"提供补贴或拨款"

---

① 在研究信用评级对中小企业融资状况影响的模型（4）中，由于企业财务状况和盈利能力等指标会对信用评级产生影响，因此模型中会存在自选择偏差问题（self‑selectionbias）。为了控制模型估计中的自选择偏差，我们在对模型（4）进行回归时，采用了 Heckman 两步法来解决这个问题，回归结果见表 9。感谢匿名审稿人在此处提出的宝贵意见。

和"提供担保服务"等更加有效的方法来缓解中小企业融资难题。代表另一种政府手段的"银行支持"指标回归系数为正，且5%水平显著，说明向四大国有商业银行申请贷款的中小企业相比于样本中其他企业更加容易面临融资约束。[①] 相反，代表市场手段的"担保机构"指标回归系数为负，且1%水平显著，说明通过担保机构贷款的中小企业相比于不通过担保机构贷款的中小企业更容易获得融资资金，这从侧面反映出我国信用担保机构经过多年的发展实践对缓解中小企业融资难问题起到了一定的积极作用。但通过前面表6的统计结果我们可以知道，"担保手续繁琐"、"信用担保机构较少，申请成功率低"和"担保费用较高"等因素也成为阻碍我国中小企业向担保机构申请贷款担保的重要原因，因此我国政府也应多从这些方面着眼来改善担保机构的服务质量进而为中小企业融资更好地服务。代表市场手段的另一种指标"信用评级"回归系数为负，且5%水平显著，说明进行了信用评级的中小企业比未进行信用评级的中小企业更容易获得融资。这在一定程度上表明，信用评级作为判断贷款信用可信度的公认市场化标准对于减轻银行企业之间的信息不对称，缓解中小企业融资约束具有一定的推动作用。信用评级是社会对企业信用状况的一种认可程度，不论是对于银行发放贷款还是企业获得贷款都有着十分重要的参考作用。

2. 控制变量

表9的回归结果显示，在所有回归方程中，"企业规模"指标回归系数均为正向，且在大部分回归方程中5%水平显著，表明资产规模大的企业相比于资产规模小的企业更加容易面临融资约束。"现有资本"指标回归系数为负向，且在大部分回归方程中5%水平显著，这说明资本规模大的企业比资本规模小的企业更容易获得融资。"职工人数"指标在所有回归方程中均不显著，说明中小企业的人员规模对企业融资状况基本没有影响。"管理人员数"指标回归系数为负向，且在大部分回归方程中10%水平显著，这表明管理水平高的中小企业更加容易获得融资资金。代表企业公司治理状况的"公司治理"指标在所有回归方程中基本不显著，说明中小企业的家族主要管理人员占企业管理层的比例与其融资状况并没有显著的相关关系，这也从侧面反映出，银行在授信时基本上不会考虑中小企业的公司治理状况。代表企业所处发展阶段的"企业年龄"指标回归系数为正向，且在所有回归方程中10%水平显著。根据企业金融成长周期理论，处于成长阶段的企业，其外部融资约束比较紧，因此较容易面临融资约束（Berger and Udell，1998）。"利润总额"指标在所有回归方程中均不显著，说明中小企业的利润总额与企业融资状况没有显著的相关关系。"盈利能力"指标回归系数为负向，且在大部分回归方程中5%水平显著，这表明盈利能力强的中小企业比盈利能力弱的中小企业更加容易获得融资资金，这也从侧面反映出，中小企业的盈利能力是借款者所重点关注的指标，盈利能力强的企业比较不容

[①] 本文还采用剔除了30.41%选择两个或两个以上选项的中小企业样本进行稳健性检验，稳健性检验中"银行支持"指标的回归系数符号和显著性与原始回归中的回归系数符号和显著性大体相同，说明本文的回归结果具有一定的稳健性。限于篇幅，本文没有给出稳健性分析结果，但有兴趣者可向作者索取。

易面临融资约束。"行业性质"指标在所有回归方程中基本不显著，这说明中小企业的行业属性与企业融资状况并没有显著的关系，借款者对中小企业不存在"行业歧视"。代表企业登记类型的"所有制类型"指标回归系数为正向，且在所有回归方程中5%水平显著，说明在现阶段私营的中小企业较之国有中小企业更容易面临融资约束，转轨经济中特有的"所有制歧视"在我国显著存在（张捷和王霄，2002）[①]。代表企业"软实力"之一的"企业诚信"指标回归系数为负向，且在大部分回归方程中1%水平显著，说明诚信状况好的中小企业较之样本中其他企业更容易获得银行贷款。代表企业市场竞争力的"核心主导产品"指标回归系数为负向，且在所有回归方程中5%水平显著，说明具有核心主导产品的中小企业较之样本中其他企业更容易获得融资资金，这在一定程度上表明中小企业是否具有市场竞争力也是借款者所重点关注的方面。

五、结论及政策建议

通过以上描述性统计分析和实证分析结果，我们可以得出这样的结论：积极推动担保机构发展和完善信用评级机制等市场手段较之政府支持手段对缓解中小企业融资难更为有效。从目前的情况来看，中小企业的融资难问题依然困扰着我国中小企业的长期发展。因此，针对本文主要结论，我们提出以下两点具有针对性的政策建议：

（1）大力发展担保机构，提高担保机构服务质量。通过实证分析我们可以知道，担保机构经过多年的发展实践对中小企业融资难问题起到了缓解作用。然而在被调查企业中，只有194家企业曾经在近三年内选择担保公司进行担保，所占比例很小。根据我们描述性统计分析结果可知，"担保手续繁琐"、"信用担保机构较少，申请成功率低"和"担保费用较高"等因素成为了阻碍中小企业与担保机构建立联系的原因。因此，我国的担保机构不仅要增加数量更要在服务质量上提升，这样才能切实有效地发挥担保机构效能进而缓解中小企业融资难问题。

（2）不断完善信用评级机制，降低企业评级门槛。通过本文的实证结果我们可知，信用评级作为判断贷款信用可信度的公认市场化标准对于中小企业的融资约束具有很强缓解作用。信用评级机制在大型企业中较为普遍，而在中小企业中还不是十分常见。因此，在中小企业自身注重信用为先和诚信经营理念的同时，国家应该重视中小企业信用评级制度的完善和社会征信体系的构建，不断完善信用评级机制，不断降低评级门槛，通过用评级减轻银行与企业之间的信息不对称来缓解中小企业融资约束。

[①] 根据张捷和王霄（2002）的研究，"规模歧视"是指由于借款者以及借贷双方的规模差异所产生的融资偏差，反映了市场经济下产生中小企业融资壁垒的一般因素；"所有制歧视"是指由于借款者以及借贷双方产权差异所产生的融资偏差，是分析中国中小企业融资壁垒时应加以考虑的特殊因素。

参考文献

［1］郭斌，刘曼路. 民间金融与中小企业发展：对温州的实证分析［J］. 经济研究，2002（10）.

［2］郭田勇. 中小企业融资的国际比较与借鉴［J］. 国际金融研究，2003（11）.

［3］梁冰. 我国中小企业发展及融资状况调查报告［J］. 金融研究，2005（5）.

［4］林毅夫，李永军. 中小金融机构发展与中小企业融资［J］. 经济研究，2001（1）.

［5］毛晋生. 长周期下的融资供求矛盾：我国中小企业融资渠道的问题研究［J］. 金融研究，2002（1）.

［6］沈洪明. 转型经济条件下民营中小企业融资和企业信用［J］. 管理世界，2006（10）.

［7］徐忠，邹传伟. 硬信息和软信息框架下银行内部贷款审批权分配和激励机制设计——对中小企业融资问题的启示［J］. 金融研究，2010（8）.

［8］王性玉，张征争. 中小企业融资困境的博弈论研究［J］. 管理世界，2005（4）.

［9］张杰，尚长风. 资本结构、融资渠道与中小企业融资困境——来自中国江苏的实证分析［J］. 经济科学，2006（3）.

［10］张捷，王霄. 中小企业金融成长周期与融资结构变化［J］. 世界经济，2002（9）.

［11］Angelini, P., Salvo, R D. and Ferri, G. Availability and Cost for Small Businesses：Customer Relationship and Credit Cooperatives［J］. Journal of Banking and Finance, 1998, 22：925 – 954.

［12］Baneijee, A. V., Besley, T. and Guiimane, T. W. The Neighbor's Keeper：The Design of a Credit Cooperative with Theory and a Test Quarterly［J］. Journal of Economics, 1994, 109：491 – 515.

［13］Berger, A. N. and Udell, G. F. Relationship Lending and Lines of Credit in Small Business Finance［J］. Journal of Business, 1995, 68：351 – 382.

［14］Berger, A. N. and Udell, G. F. The Economics of Small Business Finance：the Role of Private Equity and Debt Markets in the Financial Growth Cycle［J］. Journal of Banking and Finance, 1998, 22：613 – 673.

［15］Berger, A. N. and Udell, G. F. A More Complete Conceptual Framework for SME Finance［J］. Journal of Banking and Finance, 2006, 30：2945 – 2966.

［16］Love L. and Mylenko N. Credit Reporting and Financing Constrains［J］. World Bank Policy Research Working Paper, 2003（3142）.

［17］Rajan R G. and Zingales L. What do We Know About Capital Structure? Some Evidence from International Data［J］. Journal of Finance, 1995, L（5）：1421 – 1460.

［18］Stein J. C. Information Production and Capital Allocation：Decentralized Versus Hierarchical Firms［J］. Journal of Finance, 2002, 57（5）：1891 – 1921.

［19］Stiglitz J. E. and Weiss A. M. Credit Rationing in Markets with Imperfect Information［J］. American Economic Review, 1981, 71（3）：393 – 410.

［20］Wattanapruttipaisan T. Four Proposals for Improved Financing of SME Development in ASEAN［J］. Asian Development Review, 2003, 20（2）：1 – 45.

The Government？Market？Who Is More Effective —A Study on the Effectiveness of the Financing Difficulties of Small and Medium Sized Enterprises

Guo Na

（College of Credit Management，Tianjin University of Finance Economics，Tianjin 300222）

Abstract：SME' difficulties in financing have always been a significant factor of restricting their development. In recent years some relative government departments issue a series of policies and put them into act to solve this problem. Among all these measures， however， which one is most effective？ There's no accurate answer till now. This paper uses the data coming from questionnaires of SME in Zaozhuang and researches with them empirically. According to the result， enhancing the development of guarantees and perfect credit rating system are more effective than direct governmental instruments. The conclusions of the research provide theoretical basis for our government's policy – making and have important relations for solving the financing problem of SME.

Key Words：Financing of SME；Governmental Instruments；Market – based Instruments；Solving Mechanism

媒体的公司治理作用

——共识与分歧

李培功 徐淑美

（厦门大学管理学院，厦门 361005）

【内容摘要】 随着媒体在监督企业违规行为，保护中小投资者权益方面发挥日益重要的作用，媒体的公司治理作用逐渐成为主流财务学研究关注的焦点和重要内容。一方面，倡导者坚定地认为，作为法律外公司治理机制的重要环节，通过事前监督、事中深入调查和追踪报道，媒体能够有效提高企业在事后改正违规行为的概率；另一方面，反对者则坚持，由于受到政府和其他利益集团的影响，媒体很难做出客观、中立和公正的报道，由此产生的报道偏差可能削弱媒体的公司治理作用。更进一步，反对者指出，通过改变受众的信息分布，有偏差的报道甚至会危害整个社会资源的配置效率。本文将重点从媒体发挥公司治理作用的动机、机制、条件、效果以及"媒体报道偏差学派"对媒体公司治理作用的质疑入手，详细梳理近年来主流财务理论关于媒体公司治理作用的不同观点和最新研究成果，并在此基础上指出在我国制度背景下研究媒体公司治理作用的可能拓展方向。

【关键词】 媒体；公司治理；报道偏差

一、引言

从安然到世通，从银广夏到亿安科技，在现实世界中，大量实例表明媒体在揭露企业舞弊行为，促使违规企业改正侵害中小投资者利益行为方面发挥了重要而积极的作用。然而与之形成鲜明对比的是，在理论研究中，媒体的公司治理作用却一直没有得到学术界的足够重视。产生这一现象的主要原因可能是经济理论对信息传播作用的忽视（Dyck and Zingales, 2002）。在理论经济学的模型设定上，投资者要么被定义为知情交易者，要么是非知情交易者。尽管在某些情况下，通过支付信息搜寻成本，非知情交易者可以获取所需的信息，但是在整个过程中，理论模型都没有考虑公共信息提供者——媒体所发挥的重要作用。为此，Zingales（2000）在他那篇著名的评述性文章中呼吁学术界将媒体作为新世纪财务学研究的重要基础之一。

除上述理论原因之外，媒体报道偏差则是造成媒体公司治理作用不被重视的另一个重要原因。根据 Gentzkow 等（2005）对美国近代报纸产业的研究，早期的美国报纸普遍存在报道偏差现象，几乎所有的报纸都依附于某个政党，因而这些报纸的报道往往缺乏客观性和中立性，报道内容也多涉及政党间和政治家的相互攻击。在这种情况下，早期的学者并没有将媒体看作是向市场提供客观中立新闻报道的信息中介，反而将其视为"努力向市场提供娱乐性和趣味性报道（的企业组织）"（Mencken，1920；Lippmann，1922）。随后的学者继承了这一观点，并对媒体的公司治理作用表示怀疑（Jensen，1979；Graber，1984；DeAngelo et al.，1994，1996；Hamilton，2004）。

安然事件后，鉴于媒体在其间发挥的重要影响，媒体的公司治理作用再次引起学术界的关注，一批重要文献相继产生。与此同时，媒体的公司治理作用也得到包括实务界和政府机构在内的社会各界的广泛关注，媒体是否具有公司治理作用以及如何更好地发挥媒体的公司治理作用成为讨论的焦点。接下来，本文将从媒体发挥公司治理作用的动机、机制与条件、效果以及对媒体公司治理作用的质疑等角度展开全面论述。

二、媒体发挥公司治理作用的动机

通过对信息的收集、加工和传播，媒体能够降低公众收集和处理信息的成本，向公众提供多元化的观点（Besley and Burgess，2002）。当媒体进入市场经济环境，便同时具有了"社会公器"和盈利主体的双重身份，也使得对媒体报道动机的分析变得更加复杂。一方面，媒体不掌握上市公司的控制权，也不能分享企业的经营成果，从这一点看，媒体并没有足够的激励去监督上市公司；另一方面，读者是否注意到并愿意接受媒体对上市公司治理问题的报道也具有较大的不确定性。正是这种监督与收益之间关联的间接性造成了对媒体报道动机分析的复杂性。事实上，媒体是否主动发挥监督作用，一方面取决于媒体自身所处的外部环境是否有利于其发挥舆论监督的作用；另一方面，监督和揭露企业中存在的公司治理问题能否为媒体赢得社会声誉，赚取商业利益，是媒体是否愿意发挥公司治理作用的另一个重要影响因素（Miller，2006；醋卫华和李培功，2012）。

在媒体面临的众多外部环境中，媒体与政府的关系无疑是最为重要的一环。一方面，政府可以通过所有权和行政权对媒体报道施加影响，如秘鲁事件及尼克松政府对水门事件的压制等（Gentzkmv et al.，2005）。事实上，这种情况在全球范围内依然广泛存在，即便是那些声称新闻自由受到良好保护的国家也不例外（Gentzkow and Shapiro，2006）。据 Djankov 等（2003）对全球 97 个国家和地区媒体所有权类型的统计，有超过 29% 的报纸、60% 的电视台和 72% 的电台是由政府拥有和控制的。在这种情况下，由于受到政府所有权的影响，媒体对特定事件的报道可能引起政府的不满，或者因报道得罪了其他利益集团而引发这些利益集团通过政府向媒体施压。此时，由于媒体从监督中获得的边际收益远远低于因政府干预和政治压力带来的边际成本，媒体进行监督的动机会大大降低；另一方面，通过立法管制，政府不仅可以决定媒体言论权利能否得到充分保障，也可以改变媒体市场的竞争格局，从而在根本上影响媒体报道的生产。就全球范围来看，政府对媒体的管制主要采取的措施包括内容审查、经营牌照授权、委任及撤换主编、财政补贴、外资进入壁垒等（Djankov et al.，2003）。在 Stigler（1971）之前，经济学传统观点普遍认为，在市场失灵时，政府管制应该介入市场。而媒体报道恰好是一种典型的公共产品，存在极强的外部性，按理应该属于政府管制的范畴。然而有趣的是，即使是那些公共利益理论（Theory of Public Interest）最坚定的信奉者也鲜有支持政府对媒体实施管制的言论（Shleifer，2005）。因为他们相信，与其他行业不同，政府管制不仅会影响媒体的言论自由，降低公众获得多元观点的可能性（Djankov et al.，2003），还会造成信息市场脆弱，提高信息生产成本（波斯纳，1997）。至于市场结构，政府对传媒市场的进入管制阻碍了传媒企业的市场竞争，而市场竞争的减弱一方面降低了公众获取准确信息的可能性，另一方面也弱化了媒体发挥监督作用的动机（Gentzkow and Shapiro，2006）。

在不存在政府管制或者在政府管制逐渐放松的情况下，媒体是否会主动对违规公司进行事前监督则主要取决于媒体对成本和收益的权衡（Miller，2006）。根据 Jensen（1979）的研究，考察媒体的报道动机可以采用与分析其他行业时相似的研究范式，即在新古典经济学框架下分析媒体面临的供给与需求及其成本与效益。一方面，媒体具有明显的规模报酬递增特征，以报纸为例，因为需要调查采访等事前投资，因此生产一份报纸的成本极高，但是随着需求的增加，生产额外报纸的边际成本却很低。正是由于这一特征，媒体可以通过报道社会大众普遍感兴趣的话题来扩大需求，摊低成本，提高收益。这也使得社会大众普遍关注的企业违规行为天然成为媒体监督和报道的重要内容（Dyck et al.，2008）；另一方面，媒体具有极强的外部性特征，在第一家媒体报道后，信息很快会为全社会所共知。因此对媒体而言，成为第一个报道者至关重要。据 Stephens（1988）描述，早期的媒体为了先于竞争对手获得信息，有时会不惜采取袭击竞争对手所乘坐的火车、贿赂邮递员故意拖延竞争对手邮件以及射杀竞争对手的信鸽等极端方式。为什么成为第一个报道者对媒体来说如此重要？除了因为先于竞争对手而带来的需求和收益增长之外，赢得和巩固社会声誉才是媒体争先报道的最重要动机（Gentzkow and Shapiro，2006）。以上两个特征也使得媒体在竞相挖掘报道企业违规行为方面具有较为强烈的动机。

三、媒体发挥公司治理作用的机制与条件

一般认为，媒体可以降低信息搜索成本，缓解 Downs（1957）提出的"理性忽视悖

论"，协助市场参与者做出更加明智的选择，提高社会资源的配置效率。虽然媒体可以降低公众获取信息的成本，但是信息在受众中的广泛传播并不是企业自愿改善公司治理水平的充分条件。那么，究竟是什么机制确保了媒体公司治理作用的发挥呢？Dyck 和 Zingales（2002）为我们描绘了发达资本主义国家媒体发挥公司治理作用的三条可能路径：首先，媒体报道能够促使政府着手政策法规的完善与改革，通过立法震慑和处罚违反公司治理准则的企业及其高管人员。其次，媒体报道能够影响经理人和董事会成员在未来雇主和股东心目中的声誉和形象。为了保住现有的职位，并在未来职场中获取更优厚的薪酬，经理人和董事会成员很可能会改正违反公司治理准则的行为。最后，媒体报道还会影响经理人和董事会成员在社会公众心目中的声誉和形象。道理很简单，即使不能"留名青史"，也很少有人愿意"遗臭万年"。六年后，Dyck 等（2008）更是明确提出，媒体的公司治理作用是通过影响企业或经理人的声誉实现的。借鉴 Becker（1968）模型对犯罪行为的分析，Dyck 等（2008）给出了媒体发挥公司治理作用的条件：当且仅当从违反公司治理准则的行为中获得的私人收益小于由此引致的潜在声誉成本和法律处罚时，企业管理者才会真正采取行动改正违规行为；反之，企业和管理者就会维持现状，继续从事违规行为。以上条件可以用如下公式表示：

$$E(私人收益) < E(声誉成本) + E(法律处罚)$$
$$= \sum_i p_i \times RC_i + \pi P$$

其中，RC_i 是企业管理者违反公司治理准则的行为受到受众群体 i 谴责而引致的声誉成本；p_i 是受众群体 i 接收到媒体信息并将该信息转化为自己信念的概率；P 是因违反公司治理准则而引致的惩罚损失；π 是违反公司治理准则的行为受到法律惩罚的概率。媒体正是通过影响 RC_i、p_i、P 以及 π 这四个参数来发挥公司治理作用的。根据以上分析不难发现，在下列条件成立的时候，媒体的公司治理作用能够得到更加充分的发挥：①媒体影响的受众尽可能地广泛；②社会公众的价值观需要尽可能一致。只有当社会成员拥有相似的价值体系时，违反这一价值共识的行为才会受到谴责，进而使得违反社会价值的个体产生羞耻感。

然而，对于像中国这样的转型经济国家，声誉机制在约束企业管理者行为方面的作用可能十分有限。这是因为，目前我国国有股权在公司股权结构中仍占有庞大比重，上市公司也尚未形成由董事会根据公开程序和完全竞争的方式独立选择经理层的聘任机制；对于民营企业的经理人，由于经理人市场还不成熟，在创业与职业经理人两者之间的转换成本较低，致使经理人市场缺乏稳定性，这在很大程度上导致声誉机制失去作用。借鉴行政治理理论，李培功和沈艺峰（2010）首次提出，在转型经济国家，媒体的公司治理作用是通过引发行政机构的介入实现的。借助媒体，政府可以修正行政治理机制自身的某些内在缺陷，而政府的介入无疑不论对国有企业还是民营企业而言，都会引发巨大的压力。因此，在转型经济国家，媒体的公司治理作用是通过引发行政机构的介入，进而提高违规企业的行政成本实现的，这一发现得到戴亦一等（2011）的支持。

在监督和促进企业改正违规行为之外，从更为广义的公司财务语境出发，媒体的公司治理作用还表现在改善投资者的信息环境上（徐莉萍和辛宇，2011）。Chen 等（2009）明确指出，在改善投资者的信息环境方面，媒体主要发挥两方面的作用：其一，媒体有助于缓解管理者与公司外部投资者之间的信息不对称，降低投资者因处于信息劣势地位而导致的投资低效问题；其二，媒体有助于缓解由于信息在投资者之间的非均匀分布而导致的信息风险。所谓信息风险是指，当一部分投资者拥有比其他投资者更多关于公司未来前景的信息时，处于信息劣势的投资者就可能蒙受损失。

四、媒体公司治理作用的效果

媒体公司治理作用的效果实际上就是对媒体公司治理作用机制和实现途径的实证检验。早期因受限于数据，相关研究普遍采用案例分析的方法。其中最有代表性的案例要数1992 年股东积极主义者 Monks 在《华尔街日报》以刊登广告的方式谴责西尔斯百货公司董事会不作为的事件。广告刊登后，希尔斯公司董事会几乎全盘接受了 Monks 提出的改革建议。正是这一事件，让社会各界看到了媒体公司治理作用的实际效果。当然，并不是所有的案例都支持媒体的公司治理作用。以五粮液公司为例，贺建刚等（2008）发现，在媒体大量负面报道后，公司大股东并没有采取积极措施改正侵害中小投资者利益的行为。这些相互冲突的案例暗示，媒体的公司治理作用不仅是一个实证问题，而且只有通过不断积累的经验证据才可能做出更准确的判断（Dyck et al.，2008）。

尽管早在 2002 年，Dyck 和 Zingales（2002）就曾对媒体公司治理作用的效果进行过一般性的描述，但是真正使用较为科学严谨的实证方法对媒体公司治理作用效果展开研究的文献是从 Miller（2006）开始的。使用 263 家违反美国公认会计准则的上市公司为研究对象，Miller 发现，有 75 家公司在被美国证券交易委员会公开处罚前受到媒体的质疑和批评，占全样本的比例高达 28.5%。由此，Miller 推断，媒体在监督资本市场会计舞弊行为方面发挥了积极的作用。与之相似，Dyck 等（2010）也证实媒体在揭露资本市场重大舞弊行为中发挥了积极作用。通过斯坦福证券集体诉讼中心数据，Dyck 等发现，在全部216 个研究样本中，以处罚金额加权计算，由媒体揭露的会计舞弊行为占全样本的比例高达 23.5%，在所有外部监督机制中排名第一。

在此基础上，Dyck 等（2008）首次将媒体监督与企业改正违规行为两者联系起来，完成了对媒体公司治理作用的完整检验。通过俄罗斯知名投行 TroikaDialog 定期发布的《公司治理行动快报》，Dyck 等收集到 98 家存在重大公司治理隐患的上市公司，他们发现，如果违规企业受到国外媒体（《华尔街日报》和《金融时报》）的报道，那么它们会积极地改正违规行为；反之，如果这些公司的违规行为只是被俄罗斯当地媒体报道，这些违规企业倾向于对报道视而不见。与 Dyck 等（2008）的发现相似，Joe 等（2009）使用美国资本市场数据同样证实了媒体的公司治理作用。他们发现，在全部 75 家获评"最差董事会"的企业中，有 34 家企业随后在公司治理方面进行了改善。

在改善投资者信息环境方面，Tetlock（2010）研究指出，新闻日后 10 天的收益反转较无新闻日收益反转低 38%，而新闻日后 10 天由交易量导致的收益动量显著，无新闻日的收益动量则不显著。这些发现表明，新闻能够缓解由于信息在投资者之间非对称分布而导致的信息风险问题。徐莉萍和辛宇（2011）考察了媒体在股权分置改革及流通股股东分类表决制度安排下所发挥的治理功能。他们发现，在其他条件不变的情况下，媒体关注程度越高，信息环境和信息质量越有保证，中小流通股股东所面临的信息风险就越小，相应地，其所要求的对价也会较低。

五、对媒体公司治理作用的质疑

对媒体公司治理作用的质疑主要源自媒体报道偏差现象。媒体报道偏差的概念最早可能可以追溯到 Hayakawa（1940）。他用这一概念界定媒体"通过选取对被报道对象有利或者不利的特定细节进行报道"的现象。Gentzkow 和 Shapiro（2006）给出了一个更具操作性的定义，即媒体报道偏差就是对报道内容的取舍、对词句语气的斟酌以及对不同信息来源的选择。

早期对媒体报道偏差的研究主要侧重于从对个别案例的描述中总结规律。从结论来看，这些研究不仅没有将媒体看作是向市场提供客观中立报道的信息中介，反而视其为"努力向市场提供娱乐性和趣味性的（企业组织）"，为了追求利润，"媒体倾向于向读者提供趣味性和轰动性的报道"，正是这种追求轰动效应的动机导致媒体报道偏差的产生（Lippmann，1922）。Jensen（1979）甚至认为，媒体与小说、连续剧和体育赛事等没有本质差别，都是向受众提供娱乐服务。然而，在 Baron（2006）看来，将媒体简单视为提供娱乐性和趣味报道的中介显然有失偏颇。在总结前人研究的基础上，Mullainathan 和 Shleifer（2005）从供给和需求的视角对媒体报道偏差的来源进行了全面的诠释。具体来说，媒体报道偏差既可能源自媒体报道的供给方，反映记者、编辑或者媒体所有者的个人动机和偏好；也可能源自媒体报道的需求方，反映媒体对受众、广告商、政府及其他利益集团偏好和需求的迎合。

由于媒体报道偏差不仅违背了其客观公正报道事实真相的承诺，更糟糕的是，通过采取特定的报道策略操纵舆论迎合利益集团的偏好，媒体报道偏差能够改变受众的信念分布，影响社会微观经济主体的决策与行为，进而影响整个社会资源配置的效率和社会整体的福利水平，因此媒体报道偏差能够引发严重的经济后果（Moss，2004）。就微观层面而言，这种经济后果主要表现在两个方面：第一，受众在阅读报道时会受媒体报道偏差的影响，做出偏离基于事实报道的最优决策的次优选择；第二，一旦受众将媒体报道偏差视为媒体报道的常态，就会产生"柠檬市场"问题。他们会开始怀疑媒体报道的内容，同时降低对媒体报道的需求（Baron，2006）。果真如此，媒体的公司治理作用将会被大大削弱。这是因为，一方面，受众会认为媒体在进行监督时具有选择性，那些没有被媒体负面报道的企业也可能存在严重的公司治理问题，只是因为广告投入或者关系等原因被媒体压住不报（Ellman and Germano，2009；Dyck and Zingales，2003）；另一方面，由于媒体报道本身有偏，受众会对报道内容存疑，从而使得媒体报道对违规企业所产生的舆论压力大打折扣（Dyck et al.，2008）。

在经验证据上，DeAngelo 等（1994，1996）发现，美国媒体在对报道对象的选择上存在主观性。在垃圾债券市场剧烈波动的时代，两家财务状况相近的公司 FCH 和 FE 均因重仓持有垃圾债券而面临巨大的财务风险。但在同一时期，《华尔街日报》对 FE 公司进行了 47 次负面报道，而针对 FCH 公司的负面报道只有 1 篇。DeAngelo 等（1996）据此评论说，媒体往往挑选那些投资政策"在政治上不正确"的企业，或者 CEO 言论比较偏激的企业进行负面报道。Reuter 和 Zitzewitz（2006）就媒体迎合广告商而产生的报道偏差行为进行了研究。他们发现，在所有向 Money Magazine 投放广告超过 100 万美元的基金公司中，有 83.8% 的基金公司在该杂志随后评选的"基金 100 强"中至少占据一席；相反，在那些没有投放广告的基金公司中，只有 7.2% 的公司入选"基金 100 强"。Gurun 和 Butler（2012）研究了一种较为常见的媒体报道偏差现象——地方媒体对当地企业过度的正面报道。在排除其他竞争性解释后，Gurun 和 Butler（2012）将此现象解释为地方媒体对当地企业广告收入的依赖。借助"交换补偿"理论，Dyck 和 Zingales（2003）检验了记者在报道过程中可能出现的报道偏差。他们发现，为了换取持续不断的内部信息，记者往往会对提供内部信息的企业做出对其有利的报道。在公司治理语境下，Miller（2006）发现，媒体倾向于报道涉案金额重大的违规上市公司，他把这一现象诠释为媒体追求轰动效应。Core 等（2008）研究了媒体报道对上市公司 CEO 薪酬政策的影响。研究结果表明，媒体对美国上市公司 CEO 薪酬政策的负面报道并没有引发这些公司对 CEO 薪酬政策的调整。Core 等将媒体公司治理作用失败的原因归结为媒体对 CEO 薪酬的报道偏差。

六、不足与未来的研究方向

从以上对媒体公司治理作用研究的不同观点和最新文献来看，学术界对媒体公司治理作用的研究已经取得了重要进展，获得了诸多共识，特别是在媒体发挥公司治理作用的机制和条件方面。然而，我们同时也应该看到，在媒体发挥公司治理作用的动机和效果方面，学术界还存在一定的分歧，特别是就媒体报道偏差对其公司治理作用的影响方面，某些学术观点不仅针锋相对，而且短期内难以调和。

除了理论观点和实证结论上的冲突，从学术研究的角度来看，目前学术界对媒体公司治理作用的研究尚存在以下不足之处：①就研究范围和研究对象而言，尽管已经有一些研究开始关注新兴市场国家和转型经济国家（如俄罗斯和中国），但是绝大多数的主流文献仍是围绕欧美等发达资本主义国家展开，对转型经济和新兴市场经济国家关注不足，不少研究仍是直接借鉴国外的理论体系，缺乏对本土特有制度背景的分析；②就研究设计而言，尽管最近的文献已经逐渐放宽传统研究中关于媒体客观、中立报道的假设，开始关注媒体报道偏差现象，但是由于媒体报道偏差本身就难以度量，因此为数不多的几篇实证研究仍将工作重点放到证实媒体报道偏差是否存在上，而对于媒体报道偏差是否影响其公司治理作用这一问题，目前的研究尚未取得实质性进展；③就研究框架和逻辑体系而言，目前针对媒体公司治理作用的研究往往局限在一个侧面、一个环节，没有建立起对媒体公司治理作用研究的完整框架。事实上，对媒体公司治理作用的研究，在逻辑上至少应该包含以下三个方面：第一，媒体是否对资本市场违规行为进行了积极的事前监督；第二，媒体是如何对违规行为进行监督的，换句话说，媒体对违规企业的报道是否存在报道偏差；第三，违规行为主体是否就媒体报道内容做出改正。

基于以上论述，未来对媒体公司治理作用的研究应该充分考虑我国转型经济的独特制度背景，特别是政府与媒体的互动关系，同时结合我国传媒产业发展的体制变革和市场结构演化，以存在媒体报道偏差的事实为基础，放松目前研究中对媒体客观、中立报道的传统假设，从媒体监督、报道偏差和公司财务行为调整这一完整框架出发，着重关注媒体发挥公司治理作用的动机、机制和效果，特别是媒体报道偏差可能对其公司治理作用的影响，以拓展文献对媒体公司治理作用的认识，同时就如何更好地发挥媒体的公司治理作用提供可行的政策建议。具体而言，以下几个方面值得进一步研究：①新媒体的公司治理作用，特别是互联网和社交网络。这类媒体至少具备两方面的特征：其一，基于互联网技术的新媒体不仅传播速度迅速而且覆盖面广阔，很容易在短期内形成全国性的声势和舆论压力，而以微博、微信等为代表的自媒体也使得行政干预变得代价高昂；其二，由于缺乏自律，新媒体中也充斥着各种谣言，有些更是刻意为之用以打击和中伤竞争对手的无端指责，而这是传统纸质媒体较少出现的问题。以上两个特征使得新媒体与传统媒体在监督动机和监督方式、作用条件和作用机制等方面产生了较大的差异，新媒体的公司治理作用效果如何值得深入研究；②充分考虑我国现阶段的制度背景和媒体所处的市场环境。这主要体现在，一方面媒体仍受到我国各级政府较为严厉的管制，在法制尚不健全、行政干预又较强的环境中进行监督，媒体的监督动机可能产生异化，容易因为受到行政压力而放弃对某些违反公司治理准则的公司的报道；另一方面，经过转制，我国媒体逐渐开始参与市场竞争，但是不可否认的是我国媒体仍处在市场化进程的初期，还存在许多乱象，如通过公关公司在网络媒体删除不利于自己的言论、通过广告投入压制媒体的负面报道或制造正面报道，或通过收买等方式以谣言的形式中伤竞争对手等。这种行政干预的现实约束和市场化改革中的乱象使得我国媒体的公司治理作用受到一定制约。这些因素如何影响媒体的公司治理作用，产生了怎样的结果同样值得进行进一步的深入研究。

参考文献

[1] 醋卫华，李培功．媒体监督公司治理的实证研究 [J]．南开管理评论，2012（1）：33－42．

[2] 戴亦一，潘越，刘思超．媒体监督、政府干预与公司治理——来自我国上市公司财务重述的证据 [J]．世界经济，2011（11）：121－144．

[3] 贺建刚，魏明海，刘峰．利益输送、媒体监督与公司治理——五粮液公司案例研究 [J]．管理世界，2008（10）：141－150．

[4] 李培功，沈艺峰．媒体的公司治理作用：中国的经验证据 [J]．经济研究，2010（4）：14－27．

[5] 李培功．媒体的公司治理作用：理论与经验证据 [D]．厦门大学博士学位论文，2011．

[6] 徐莉萍，辛宇．媒体治理和中小投资者保护 [J]．南开管理评论，2011（6）：3－47．

[7] 张雅慧，万迪昉和付雷鸣．股票收益的媒体效应：风险补偿还是关注弱势 [J]．金融研究，2011（8）：143－156．

[8] 郑志刚，丁冬，汪昌云．媒体的负面报道、经理人声誉与企业业绩改善——来自我国上市公司的证据 [J]．金融研究，2011（12）：163－176．

[9] Anderson S. P. and S. Coate. Market Provision of Broadcasting：A Welfare Analysis [J]. Review of Economic Studies, 2005, 72 (4)：947－972.

[10] Antweiler W. and M. Z. Frank. Is All that Talk Just Noise? The Information Content of Internet Stock Message Boards [J]. Journal of Finance, 2004, 59 (3)：1259－1294.

[11] Balan D. P. DeGraba and A. L. Wickelgren. Ideological Persuasion in the Media [J]. NBER Working Paper, 2009.

[12] Baron D. P. Persistent Media Bias [J]. Journal of Public Economics, 2006, 90 (1－2)：1－36.

[13] Becker G. S. Crime and Punishment：An Economic Approach [J]. Journal of Political Economy, 1968, 76 (2)：169－217.

[14] Berry T. D. and K. M. Howe. Public Information Arrival [J]. Journal of Finance, 1994, 49 (4)：1331－1346.

[15] Besley R. and R Burgess. The Political Economy of Government Responsiveness：Theory and Evidence from India [J]. Quarterly Journal of Economics, 2002, 117 (4)：1415－1451.

[16] Besley T. and A. Prat. Handcuffs for the Grabbing Hand? Media Capture and Government Accountability [J]. American Economic Review, 2006, 96 (3)：720－736.

[17] Bhattacharya U. N. , Galpin R. Ray and X. Yu. The Role of the Media in the Internet IPO Bubble [J]. Journal of Financial and Quantitative Analysis, 2009, 44 (3)：657－682.

[18] Chen C. d Pantzalis and J. C. Park. Press Coverage and Stock Prices' Deviation from Fundamental Value [J]. Woiicing Paper, 2009.

[19] Core J. E. , W. R Guay and D. F. Larcker. The Power of the Pen and Executive Compensation [J]. Journal of Financial Economics, 2008, 88 (1)：1－25.

[20] Coyne C. J. and P. T. Leeson. Read All about It！Understanding the Role of Media in Economic Development [J]. Kyklos, 2004, 57 (1)：21－44.

[21] D'Alessio D. and M. Allen. Media Bias in Presidential Elections：A Meta－analysis [J]. Journal of Communication, 2000, 50 (4)：133－156.

［22］ DeAngelo H. L . DeAngelo and S. Gilson. The Collapse of First Executive Corporation: Junk Bonds, Adverse Publicity, and the Run on the Bank' Phenomenon ［J］. Journal of Financial Economics, 1994, 36 （3）: 288 – 336.

［23］ DeAngelo H. , L DeAngelo and S. Gilson. Perceptions and the Politics of Finance: Junk Bonds and the Seizure of First Capital Life ［J］. Journal of Financial Economics, 1996, 41 （3）: 475 – 511.

［24］ Di Telia R. and L Franceschelli. Government Advertising and Media Coverage of Corruption Scandals ［J］. Harvard University Working Paper, 2010.

［25］ Djankov S. C. Mcleish T. Nenova and A. Shleifer. Who Owns the Media ［J］. Journal of Law and Economics, 2003, 46 （2）: 341 – 381.

［26］ Downs A. An Economic Theory of Democracy ［M］. Boston: Addison – Wesley Inc. , 1957.

［27］ Dyck A. , A. Morse and L Zingales. Who Blows the Whistle on Corporate Fraud ［J］. Journal of Finance, 2010, 65 （6）: 2213 – 2253.

［28］ Dyck A. , N. Volchkova and L. Zingales. The Corporate Governance Role of the Media: Evidence from Russia ［J］. Journal of Finance, 2008, 63 （3）: 1093 – 1135.

［29］ Dyck A. and L. Zingales. The Corporate Governance Role of the Media ［M］. In: Islam, R （Eds. ）, The Right to Tell: The Role of the Media in Economic Development, Washington, D. C. : The World Bank, 2002.

［30］ Dyck A. and L. Zingales. Media and Asset Bubble ［J］. University of Chicago Working Paper, 2003.

［31］ Dyck A. and L. Zingales. Private Benefits of Control: An International Comparison ［J］. Journal of Finance, 2004, 59 （2）: 537 – 600.

［32］ Ellman M. and F. Germano. What do the papers sell? A model of Advertising and Media Bias ［J］. Economic Journal, 2009, 119 （537）: 680 – 704.

［33］ Gentzkow M. , E. L Glaeser and C. Goldin. The Rise of the Fourth Estate: How Newspapers Became Informative and Why it Mattered ［J］. University of Chicago Working Paper, 2005.

［34］ Gentzkow M. and J. Shapiro. Media Bias and Reputation ［J］. Journal of Political Economy, 2006, 114 （2）: 280 – 316.

［35］ Gentzkow M. and J. Shapiro. Competition and Truth in the Market for News ［J］. Journal of Economic Perspectives, 2008, 22 （2）: 133 – 154.

［36］ Graber D. Processing the News: How People Tame the Information Tide ［M］. New York: Longman Press, 1984.

［37］ Grosecloae T and J. Milyo. A Measure of Media Bias ［J］. Quarterly Journal of Economics, 2005, 120 （4）: 1191 – 1237.

［38］ Gurun U. and A. W. Butler. Don't Believe the Hype: Local Media Slant, Local Advertising, and Firm Value ［J］. Journal of Finance, 2012, 67 （2）: 561 – 598.

［39］ Hamilton J. All the News That's Fit to Sell ［M］. Princeton: Princeton University Press, 2004.

［40］ Hayakawa S. L. Language in Thought and Action ［M］. San Diego: Harcourt Brace Jovanovich, 1940.

［41］ Jensen M. Toward a Theory of the Press ［M］. In: Brunner, IC （Eds. ）, Economics and Social Institutions, Boston: Martinus Nijhoff, 1979.

［42］Joe J. , H. Louis and D. Robinson. Managers' and Investors' Responses to Media Exposure of Board Ineffectiveness ［J］. Journal of Financial and Quantitative Analysis, 2009, 44 (3): 579 – 605.

［43］Lippmann W. Public Opinion ［M］. New York: Free Press, 1922.

［44］Mencken H. L, 1920, "A Gang of Pecksniffs", New York: Arlington House Publishers.

［45］Miller, G. The Press as a Watchdog for Accounting Fraud ［J］. Journal of Accounting Research, 2006, 44 (5): 1001 – 1033.

［46］Monks R. and N. Minow. Corporate Governance ［M］. Cambridge. Blackwell, 1995.

［47］Morris S. and H. S. Shin. Social Value of Public Information ［J］. American Economic Review, 2002, 92 (5): 1521 – 1534.

［48］Moss A. C. A Content Analysis Study of Objectivity of Business Reports Relating to the Internet Stock Bubble on American News Networks by News Journalists, Company Officials and Financial Analysts ［J］. Unpublished PhD Thesis, Capella University, 2004.

［49］Mullinaithan S. and A. Shleifer. The Market for News", American Economic Review, 2005, 95 (4): 1031 – 1053.

［50］Prat A. and D. Stromberg. The Political Economy of Mass Media ［J］. London School of Economics Working Paper, 2011.

［51］Reuter J. and E. Zitzewitz. Do Ads Influence Editors? Advertising and Bias in the Financial Media ［J］. Quarterly Journal of Economics, 2006, 121 (1): 197 – 227.

［52］Riffe D. , S. Lacy and F. G. Fico. Analyzing Media Messages: Using Quantitative Content Analysis in Research ［M］. New Jersey: Lawrence Erlbaum Associates Publishers, 2005.

［53］Rinallo D. and S. Basuroy. Does Advertising Spending Influence Media Coverage of the Advertiser ［J］. Journal of Marketing, 2009, 73 (6): 33 – 46.

［54］Shleifer A. Understanding Regulation ［J］. European Financial Management, 2005, 11 (4): 439 – 451.

［55］Stephens M. A History of News: From the Drum to the Satellite ［M］. New York: Viking Penguin, 1988.

［56］Stigler G. J. The Theory of Economic Regulation ［J］. Bell Journal of Economics, 1971 (2): 3 – 21.

［57］Tetiock P. Does Public Financial News Resolve Asymmetric Information? ［J］. Review of Financial Studies, 2010, 23 (9): 3520 – 3557.

［58］Thompson J. B. The Media and Modernity: A Social Theory of Media ［M］. Stanford: Stanford University Press, 1996.

［59］Zingales L. In Search of New Foundations ［J］. Journal of Finance, 2000, 55 (4): 1623 – 1653.

The Role of Corporate Governance in the Media – Consensus and Disagreement

Li Peigong   Xu Shumei

(School of Management, Xiamen University, Xiamen 361005)

Abstract: Media is one of the important sources of corporate governance mechanism to monitor the corporate violation behavior and protect the interests of minority shareholders, and its corporate governance role is rising to be the focus of mainstream financial economists. On the one hand, the proponents posit that media, as an important extra – legal corporate governance mechanism, can ex post urge violating firms to address their misbehaviors by ex ante monitoring and in – event thorough investigation. On the other hand, opponents claim that media can hardly make objective, unbiased and independent reports because of the pressure and intervene from the government and other interest groups, and therefore the biased reports may harm its corporate governance role. Furthermore, they point out that the biased reports, by influencing the distribution of ex ante belief and information of investors, can jeopardize the efficiency of overall resource allocation. This paper analyzes the motivation, mechanisms, economic consequences, and challenges of the corporate governance role of the media and reviews from the mainstream financial theory, the contradicted views and latest literature on the corporate governance role of the media. Based on which this paper points out the future research directions within the context of China's institutional background.

Key Words: Media; Corporate Governance; Media Bias

投资者情绪、主观信念调整与市场波动

张宗新　　王海亮

（复旦大学金融研究院，上海　200433）

【内容摘要】本文通过构建数理模型，论证投资者情绪、主观信念调整和市场波动之间的内在机理。在研究过程中，引入主观信念变量，通过理论建模和实证研究对投资者情绪和市场波动机制进行解析，对主观信念调整引致的市场异常波动路径进行刻画，即建立了"信念调整→投资者情绪→市场波动"的逻辑分析框架。在实证研究中，本文运用主成分分析法建立投资者情绪指数，应用多元回归法和脉冲响应函数检验投资者情绪、主观信念与股市波动之间的关系。实证结果表明，投资者情绪对信念存在正面冲击，不同信息偏好将导致不同的情绪波动频率，对基本面信息的偏好往往更有助于情绪稳定；投资者情绪对市场收益率和波动率存在显著的正面冲击。

【关键词】投资者信念；情绪；风险溢价；市场波动

一、引言

在对金融市场异象的研究中，行为金融学侧重以投资主体为研究对象，既融合了传统金融学以数学模型为基础的资产定价理论，又引入投资者的信念、情绪、行为等因素对资产定价的影响。投资者信念，作为一种主观概率或一种主观期望，受到投资者自身特性和外部信息冲击的影响。经过贝叶斯学习过程对信息的处理，投资者不断调整信念，产生先验信念和后验信念。信念调整反映到市场中导致投资者情绪的变化，并最终影响到投资决策的选择。通过这个过程，投资者信念作用于市场，而市场收益率波动又会反作用于信念。

在行为金融领域，关于投资者情绪及市场波动的经典理论模型较为丰富。DeLong 等（1990）通过建立两类投资者（理性投资者、噪声交易者）的财富效用函数，推导出

DSSW 资产价格模型，指出噪声交易者创造并承担风险，相比风险厌恶者获得更高的风险回报。Barberis 等（1998）建立 BSV 资产价格模型，考察了对不同强度及不同比重的信息，投资者是反应不足还是过度反应。国内的学者中，张圣平（2002）将投资者偏好、信念、信息联系起来，通过建立不同情境下的理论模型，分析证券价格的形成过程。王美今等（2004）在 DSSW 模型基础上进行改进，将噪声交易者进一步分为受情绪影响的噪声交易者及其他交易者，并通过 GARCH 实证检验，得出在投资者处理信息时情绪系统性地影响均衡价格。张强、杨淑娥（2009）在 DSSW 模型基础上进行改进，提出风险资产收益随投资者情绪波动而波动，且收益水平受噪声交易者情绪水平及其波动剧烈程度的影响。杨阳、万迪昉（2010）应用中国股市数据进行实证研究，发现投资者情绪对股票市场的收益并无显著影响，而股票收益却对投资者情绪作用显著；同时投资者情绪对预期收益波动的冲击存在非对称效应，即牛市阶段股票收益与投资者情绪正相关，而熊市阶段则为负相关。此外，传统文献对投资者情绪与资产定价的研究，重点关注情绪对市场指数的影响，而关于情绪对不同风格、不同行业股票价格的影响机制的研究相对较少。

从以上文献看，国内学者以往研究着重考察投资者情绪对市场收益的影响，而较少关注情绪、信念与市场波动机制方面的关系。本文在借鉴国内外既有学术成果的基础上，建立了投资者信念、情绪和市场波动的理论模型，并构建了投资者情绪指数和主观信念代理变量（股票型基金仓位），对中国股市的收益率和市场波动率进行实证检验，同时进一步分析不同风格股票受情绪影响的异同。本文研究的出发点，是拓展传统行为金融对市场情绪和市场波动的理论模型，通过投资者情绪、信念和市场波动的内在传导机制，考察投资者信念调整对中国股票市场波动的传导路径。

二、理论模型

为说明投资者情绪、主观信念调整和市场波动的内在机理，在此，我们假设投资者对风险证券的价格存在自认为合理的预期，而不断更新的风险证券价格，作为信息集，又反作用于投资者预期。与 DSSW 模型相同，假设市场上没有卖空机制，存在两类投资者，分别为机构投资者 A 和散户投资者 B，他们在市场上的比例分别为 γ 和 $1-\gamma$。存在两种资产：无风险资产和风险资产（以股票为代表）。无风险资产支付固定的红利 r；股票也定期支付相同的红利 r，股票供给弹性为 1。与 DSSW 模型不同之处在于，我们并非直接通过最大化预期效用来考察预期价格与当前价格之间的关系，而是创造性地将经典 DSSW 模型与贝叶斯学习过程有机结合，把主观信念调整引入模型，更清晰地考察其在投资者处理信息并影响情绪的过程中所起的传导作用。这是本模型的创新之一。假设对于不同的投资者，股票价格 P 先验地服从条件正态分布 $P_t / \mu - N(\mu, \sigma^2)$。$\sigma^2$ 已知，μ 未知。本文参照 Grossman（1976）、Kyle（1989）等经典模型关于证券信息与收益之间的假设，即股价受到两

种信息 ξ_t 和 ε_t 的影响，并对两种信息进行了统计学意义上的定性描述。ξ_t 代表基本面信息，来源真实可靠，$\xi_t \sim N(\mu_\xi, \sigma_\xi^2)$。$\varepsilon_t$ 代表噪声，包括一些并不真实可靠的传闻等，$\varepsilon_t \sim N(0, \sigma_\varepsilon^2)$。$\xi_t$ 和 ε_t 分布已知，且相互独立。假设 $\sigma_\varepsilon^2 > \sigma_\xi^2$，即噪声波动比基本面信息更频繁。

由于不同偏好导致两类投资者先验信念不同，进而反映到投资者对待损益的态度上。设投资者先验信念为 $\mu_i = \omega_i \xi + (1 + \omega_i)\varepsilon$，$i = A$，$B$。$\omega_i$ 代表不同投资者对不同信息的重视程度，$\omega_i \in (0, 1)$。假设机构和散户对两类信息的偏好不同，机构投资者 A 更偏好 ξ_t，而散户 B 更偏好 ε_t，因此假设先验信念服从正态分布，$\mu_i \sim N(\mu_{0,i}, \sigma_{0,1}^2)$，其中，$\mu_{0,i} = \omega_i \mu_\xi$，$\sigma_{0,1}^2 = \omega_i^2 \sigma_\xi^2 + (1 - \omega_i)^2 \sigma_\varepsilon^2$。

两类投资者均采用贝叶斯学习过程来估计股票未来价格，即均为贝叶斯理性。通过分析 n 个历史数据 p_0，p_1，$\cdots$，p_n 不断更新先验信息，进而调整信念，产生新的后验信念，即：

$$\mu_i \mid p_0, p_1, K, p_{t-1} \sim N(E(p_{t+1,i}), \sigma_{t+1}^2, i), \quad i = A, B \tag{1}$$

经过推导，得：

$$E(p_{t+1,i}) = \frac{\sigma^2}{n\sigma_{0,i}^2 + \sigma^{2\mu_{0,i}}} + \frac{n\sigma_{0,i}^2}{n\sigma_{0,i}^2 + \sigma^2}\overline{P}_m, \quad m = 0, 1, \cdots, n-1 \tag{2}$$

其中，$\overline{P}_m$ 是 i 交易者已知的 m 个历史价格的平均值。

$$\sigma_{t+1,i}^2 = \frac{\sigma_{0,i}^2 \sigma^2}{n\sigma_{0,i}^2 + \sigma^2} \tag{3}$$

对上式求导，

$$\frac{\partial \sigma_{t+1,i}^2}{\partial w_i} = \frac{2\sigma^2 \sigma^2 (\omega_i \sigma_\xi^2 + \omega_i \sigma_\varepsilon^2 - \sigma_\varepsilon^2)}{\{n[\omega_i^2 \sigma_\xi^2 + (1 - \omega_i)^2 \sigma_\varepsilon^2] + \sigma^2\}^2} \tag{4}$$

由前文假设可知，$0 < \omega_B < 1/2 < \frac{\sigma_\varepsilon^2}{\sigma_\xi^2 + \sigma_\varepsilon^2}$，可见 ω_B 与 $\sigma_{t+1,B}^2$ 负相关。即若散户投资者能给予基本面信息更多关注，则有助于减少其信念的频繁波动。这个结论符合实际，且有一定的指导意义。对于 ω_A，只要其小于 $\frac{\sigma_\varepsilon^2}{\sigma_\xi^2 + \sigma_\varepsilon^2}$，当其越趋近于 $\frac{\sigma_\varepsilon^2}{\sigma_\xi^2 + \sigma_\varepsilon^2}$ 时，机构投资者 A 的信念波动越平稳。即机构投资者信念调整与其对基本面信息关注度密切相关。

下面，我们来推导股票的短期价格 P_t。假设投资者效用函数为 $U = -e^{-aw}$，a 为风险厌恶系数，W 为投资者 t + 1 期的财富。

最大化预期效用 $E(U) = -e^{-aE(W_1 P_0, P_1, \cdots, P_{n-1}) + \frac{a}{2}D(W_1 P_0, P_1, \cdots, P_{n-1})}$ 等价于求 $W - \frac{a}{2}\sigma_w^2$ 最大化。

$$W - \frac{a}{2}\sigma_w^2 = c_0 + X_t[r + E(p_{t+1}) - p_t(1 + r)] - \frac{a}{2}(X_t)^2 \sigma_{E(p_{t+1})}^2 \tag{5}$$

最大化后得，风险证券最优持有量：

$$X_t = \frac{r + E(p_{t+1}) - p_t(1+r)}{a\sigma^2_{E(p_{t+1})}}$$

由于风险资产总供给 $\gamma X_{t,A} + (1-\gamma)X_{t,B} = 1$，令 $a_A = a_B = 1$，得到：

$$p_t = \frac{r}{1+r} + \frac{\gamma\sigma^2_E\varepsilon(p_{t+1}, \ B) \cdot E(p_{t+1,A}) + (1-\gamma)\sigma^2_E(p_{t+1,A}) \cdot E(p_{t+1,B}) - \sigma^2_{E(p_{t+1,A})}\sigma^2_{E(p_{t+1,B})}}{(1+r)[\gamma\sigma^2_{E(p_{t+1,B})} + (1-\gamma)\sigma^2_{E(p_{t+1,A})}]}$$

$$\tag{6}$$

我们考察信念波动对股票短期价格的影响：

$$\frac{\partial p_1}{\partial\sigma^2_{E(p_{t+1,A})}} = \frac{\gamma\sigma^2_{E(p_{t+1,B})}\{(1-\gamma)[E(p_{t+1,B}) - E(p_{t+1,A})] - \sigma^2_{E(p_{t+1,B})}\}}{(1+r)[\gamma\sigma^2_{E(p_{t+1,B})} + (1-\gamma)\sigma^2_{E(p_{t+1,A})}]^2}$$

$$\frac{\partial p_t}{\partial\sigma^2_{E(p_{t+1,B})}} = \frac{(1-\gamma)\sigma^2_{E(p_{t+1,A})}\{\gamma[E(p_{t+1,A}) - E(p_{t+1,B})] - \sigma^2_{E(p_{t+1,A})}\}}{(1+r)[\gamma\sigma^2_{E(p_{t+1,B})} + (1-\gamma)\sigma^2_{E(p_{t+1,A})}]^2} \tag{7}$$

观察以上两式可知，若机构 A 信念波动与股价正相关，则须有：

$$E(p_{t+1,B}) - E(p_{t+1,A}) > \frac{\sigma^2_{E(p_{t+1,B})}}{1-\gamma} > 0 \tag{8}$$

则 $E(p_{t+1,A}) - E(p_{t+1,B}) < 0$，即散户 B 信念波动与股价负相关；反之亦然。进而得到以下结论：机构和散户两者中，对未来预期更悲观（对下期股价预期 $E(p_{t+1})$ 低于另一方）的一方，其信念波动与价格正相关。对未来预期更乐观一方，其信念波动与价格负相关。若机构希望使其信念波动（机构投资者信念波动与其情绪波动相同，见下文）与股价正相关，则其预测的下期股价至少应小于散户所预期的下期股价与

$$\frac{1}{(1-\gamma)\left[\frac{1}{\omega^2_B\sigma^2_\xi + (1-\omega_B)^2\sigma^2_B} + \frac{n}{\sigma^2}\right]}$$ 之差。此时机构 A 必须知道市场上散户比例 $(1-\gamma)$、

散户的信息偏好 ω_B。

下面，我们把情绪指标引入短期价格公式中。张强、杨淑娥（2009）将情绪定义为预期价格与资产基础价值间的差，且资产基础价格为常数 1。这与现实存在偏差，即资产基础价格并不一定恒为常数。不同于既有文献，本文将情绪定义为下期期望价格与先验信念均值的差，先验信念服从正态分布 $\mu_i \sim N_{\mu_{0,i}, \sigma^2_{0,i}}$。对于机构人，其情绪为：

$$\rho_{t,A} = E(p_{i+1,A}) - \omega_A\mu_\xi \tag{9}$$

散户情绪往往受机构上一期情绪影响，故散户情绪中加入了机构滞后一期的情绪指标。

$$\rho_{t,B} = q\rho_{t-1,A} + E(p_{t+1,B}) - \omega_B\mu_\xi, \ q > 0 \tag{10}$$

则机构 A 情绪波动相当于其信念波动。假设 $E(p_{t+1,B})$ 和 $E(p_{t,A})$ 不相关，可得散户 B 情绪波动 $\sigma^2_{\rho B} = \sigma^2_{E(p_{t+1,B})} + q^2\sigma^2_{\rho A}$。可见，由于受到机构情绪影响，散户情绪波动比其自身信念波动更频繁。联立以上各式可得：

$$p_t = \frac{r}{1+r} + \frac{\gamma(\sigma_{P_B}^2 - q^2\sigma_{\rho_A}^2)\left(\overline{P}_m - \frac{\sigma^2\rho_{t,A}}{n\sigma_{0,A}^2}\right) + (1-\gamma)\sigma_{\rho_A}^2\left[\overline{P}_m + \frac{\sigma^2(q\rho_{t-1,A} - \rho_{t,B})}{n\sigma_{0,B}^2}\right] - \sigma_{\rho_A}^2(\sigma_{\rho_s}^2 - q^2\sigma_{\rho_A}^2)}{(1+r)\left[\gamma\sigma_{\rho_B}^2 + (1-\gamma-\gamma q^2)\sigma_{\rho_A}^2\right]}$$

(11)

可见，投资者当期情绪水平（无论是机构还是散户）均与股票当期价格负相关；机构投资者上期情绪水平与当期股价正相关。另外，投资者情绪波动对价格也有直接影响。

如果我们用 P_t，减去 P_{t-1}，则可以得到下式：

$$\Delta P_t = \frac{\gamma(\sigma_{P_B}^2 - q^2\sigma_{P_B}^2)\Delta\rho_{t,A} + (1-\gamma)\sigma_{\rho_A}^2\left[\Delta\rho_{t,B} + \frac{\sigma^2 q\Delta\rho_{t-1,A}}{n\sigma_{0,B}^2}\right]}{(1+r)\left[\gamma\sigma_{\rho_B}^2 + (1-\gamma-\gamma q^2)\sigma_{\rho_A}^2\right]}$$

(12)

从上式可以看出情绪变化量对股票价格变化的影响。通过比较 $\Delta\rho_{t,A}$ 和 $\Delta\rho_{t,B}$ 的系数大小来判断哪种投资者的情绪变化对股价变化冲击更大。略去计算过程，可得到以下结论：$\omega_A + \omega_B < \frac{\sigma_\varepsilon^2}{\sigma_\xi^2\sigma_\varepsilon^2}$，且 $\gamma > 1/2$ 是机构投资者情绪变化比散户情绪变化对股价涨跌影响更大的充分而非必要条件。

综上所述，市场信息带来投资者信念的调整，并通过投资者情绪反映到市场波动中。下面，我们采用国内数据对我国投资者信念、情绪与股票市场收益波动进行多元回归实证分析，并考察不同风格资产波动率与市场整体信念、情绪的关系。

三、变量与数据

1. 投资者情绪指标（SENT）

本文通过引入六个情绪代理变量，采用主成分分析法（PCA），构建投资者情绪指标（SENT）。代理变量包括：

（1）封闭式基金折价率。该指标是投资者情绪基本代理变量之一，本文采用封闭式基金月末折价率加权平均值。

（2）市场换手率。该指标是场内投资者情绪代理变量，本文采用市场整体交易量和流通市值之比衡量市场换手率，以此说明股市交易频繁程度，换手率越高，市场情绪水平越高。

（3）投资者新增开户数。该指标是场外人士的市场情绪，该指标越高表示场外人士入市动力越强，市场情绪越高。

（4）上涨下跌家数比。该指标采用统计区间内上涨家数与下跌家数的月度比值。

（5）A 股平均市盈率。市场估值水平高低是投资者情绪变化的市场表现，在此引入市盈率指标作为 A 股市场情绪代理变量之一。

（6）上证指数振幅。本文采用上证指数的振幅作为市场情绪代理变量。

表1　情绪代理变量主成分分析

特征向量	1	2	3	4	5	6
封闭式基金折价率	0.008	0.791	-0.406	-0.019	0.452	0.061
换手率	0.583	-0.125	-0.216	-0.029	0.116	-0.764
市盈率	0.276	0.252	0.811	-0.360	0.269	-0.006
上涨下跌比	0.349	0.018	0.212	0.876	0.163	0.196
上证指数振幅	0.476	-0.396	-0.283	-0.304	0.342	0.572
新增开户数	0.485	0.370	-0.071	-0.093	-0.752	0.219
百分比	0.390	0.201	0.152	0.142	0.077	0.039
累计百分比	0.390	0.591	0.743	0.885	0.961	1.000
特征值	2.342	1.203	0.914	0.849	0.460	0.232

以上所有数据来自 wind 金融数据库，均为 2006 年 6 月至 2011 年 11 月的月度数据。本文采用主成分分析法将上述 6 个情绪变量进行降维处理，在损失较少数据信息的基础上，提取出其中相同的受到情绪影响的部分，把多个情绪指标转化为投资者情绪综合指标。前 4 个主成分的累计解释百分比达到 88.5%，可以很好地解释大部分信息。因此选取前 4 个主成分，按照各自解释百分比进行加权构造投资者情绪综合指标（SENT）。

2. 信念调整变量：基金仓位（FUNDS）

股票型基金仓位在一定程度上可以代表机构投资者信念。基金仓位变动反映出机构投资者的期望收益在受到信息冲击后的调整。本文将仓位估计问题设定为以下最优：

$$\text{minTE} = \frac{1}{T}\sum_{t=1}^{T}\left(IR_t - \sum_{i=1}^{N}\phi_i XR_{it}\right)^2 \tag{13}$$

$$s.\,t.\,0.6 \leqslant \sum_{i=1}^{N}\phi_i \leqslant 0.95, \phi_i \geqslant 0, i = 1,2,3,\cdots,N$$

其中，TE 为某基金 T 个交易日内净值增长率与加权指数收益率之间跟踪误差的平均值（在此设 T = 20）；IR_t 为第 t 期的基金净值收益率；XR_{it} 为指数 i 第 t 期的收益率；$\sum_{i=1}^{N}\phi_i$ 为要估计的基金仓位。通过模型（13）对开放式股票型基金的仓位估计结果如图 1 所示。

3. 主观风险溢价（PREMIUM）

投资者主观风险溢价的变化，是解释股市异常波动的重要因素（Campbell et al.，2004）。本文采用沪深 300 指数月度收益波动率与上证国债指数月度收益波动率比值来间接测量投资者主观风险溢价，即公式表达为：

$$\text{Premium} = \frac{\sigma_{stock}}{\sigma_{bond}} \tag{14}$$

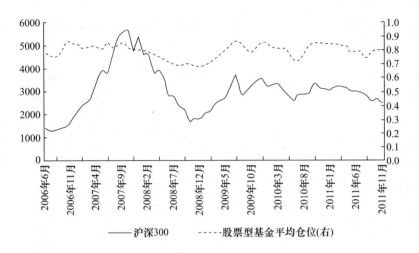

图1　股票型基金仓位与沪深300股指走势

其中，σ_{stock}，σ_{bond}分别为沪深300指数月度收益波动率与上证国债指数月度收益波动率。通过式（14）计算出的中国证券市场主观风险溢价时间序列如图2所示，该图显示投资者的主观溢价水平和投资者情绪时间序列呈现负相关性。

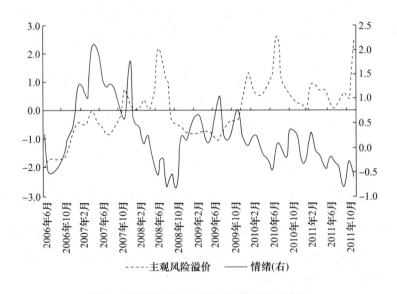

图2　主观风险溢价与投资者情绪时间序列

4. 宏观经济变量

由于本文的数据频度为月度数据，与季度GDP数据频度不一致，在此采用工业增加值同比增速（INDUSTRY）、国内信贷同比增速（CREDIT）、超额流动性（LIQUIDITY）作为宏观控制变量。其中：

$$LIQUIDITY_t = M2_t - GDP_t - CPI_t \tag{15}$$

式中，$M2_t$ 为 t 期 M2 货币供应量的同比增速，GDP_t 为 t 期所属季度国内生产总值同比增速，CPI_t 为 t 期消费者物价指数同比增幅。

5. 股票收益率和波动率

本文股票收益率（RETURN）及波动率（VOLATILITY）均指上证综指月度收益率及波动率。另外，不同风格资产多元回归中，指数标的采用申万风格指数。其中，资产收益率为对数收益率；波动率为连续 12 个月收益率标准差。

四、实证检验与分析

（一）投资者情绪对市场收益率和波动性的冲击

为检验投资者情绪和主观风险溢价如何对市场收益率和波动率造成冲击，在此使用多元线性回归和脉冲响应函数进行验证。首先，采用 ADF 检验法对相关观测变量进行单位根检验，以防止"伪回归"问题。ADF 单位根检验显示，股票型基金仓位、投资者情绪、市场收益率、国内信贷同比增速、超额流动性以及所有申万风格指数收益率均为零阶单整 I(0)；市场波动率、主观风险溢价以及所有申万风格指数收益波动率均为一阶单整 I(0)，一阶差分后接受平稳性假设，符合零阶单整 I(0)。

本文分别以市场收益率、市场波动率为被解释变量，其余变量为自变量进行多元回归，回归结果如表 2 所示。模型检验结果显示，在以市场收益率为因变量的回归中，波动率在 1% 水平上存在显著的负向冲击，可见随着股市波动率提高，系统性风险增加，投资者避险情绪上升，进而导致市场期望回报率降低，这进一步验证了 DSSW 模型所提出的噪声交易者的情绪变化方向及幅度与资产定价相关，市场收益与投资者情绪往往存在正反馈机制。本文实证表明，投资者情绪变量系数显著为正，这一结果与国外文献及我们之前的理论模型结论一致，即投资者情绪对市场收益率存在较强的推动作用：当投资者情绪高涨时，市场趋于乐观，股票市值偏离内在价值，股市收益率提高（Brown and Cliff，2005）。可见，投资者预期反作用于市场，最终导致预期自我实现并对资产价格波动产生影响。Lee 等（2002）、Hu 和 Wang（2012）均认为投资者情绪是系统性风险因素之一，是资产定价过程中需要考虑的重要因素。本文实证结果显示，中国股市资产定价中同样需要将投资者情绪列为重要的系统性风险因素。同时，从代表机构投资者主观信念水平的基金持仓（FUNDS）变量看，投资者情绪转化为持仓行为从而对股市收益率具有推动效应。此外，从宏观经济控制变量检验结果看，反映经济基本面的工业增加值（INDUSTRY）变量并不显著，这说明中国股市收益率和波动率更主要受到情绪推动而非经济面直接驱动，正如前文模型所论证，基本面信息变化是通过改变机构投资者信念从而对证券市场趋势产生间接作用；信贷增速（CREDIT）检验结果显著且为负，这在很大程度上是由于近年我国货币当局执行逆周期信贷政策取向所引致；而超额流动性（LIQUIDITY）系数较为显著且为正，说明中国股市的流动性效应都非常明显，对股市收益率和波动率有直接的驱动效果。

表 2 各组模型显示，代表投资者主观信念水平的股票型基金仓位变量在 5% 水平上均显著且系数为正，说明投资者主观信念和市场收益率与波动率水平密切相关，市场收益增加会驱动机构投资者提升持仓水平，同时这也会助推市场波动性增加，这也从另一个角度佐证了国内外学术界对机构投资者难以稳定市场的质疑（祁斌等，2006；何佳等，2007）。同时，从基金仓位和市场波动关系看，基金仓位调整与市场波动发生共振效应，这说明基金行为信息含量高，不仅能有效提高股市对新信息的调整，同时能显著增加市场波动。基金仓位作为机构投资者信念的代表，对股市收益率及波动率均存在显著影响，但是对模型（1）、模型（2）及模型（4）、模型（5）分别比较发现，通过模型变换投资者情绪（SENT）这一变量会显著提高模型整体的解释力度，这说明基金仓位并不能完全反映市场情绪，而只是反映了市场中部分机构投资者的情绪。这与前文理论模型假设相符，即市场中的非机构投资者的情绪对市场影响不可忽视，相反，非机构投资者情绪（即散户情绪）作用甚至大于机构投资者情绪。此外，模型（4）、模型（5）中投资者情绪对波动率存在正的显著性作用。即投资者情绪水平越高，市场波动性越大，这也与前文理论模型的推导结论相一致。

表 2　上证综指收益波动率、投资者情绪及基金仓位影响因素回归分析

	RETURN			D（VOLATILITY）		
	（1）	（2）	（3）	（4）	（5）	（6）
D（VOLATILITY）	− 4. 617 ***	− 3. 895 ***	− 3. 895 ***	—	—	—
CREDIT	− 1. 127 ***	− 0. 999 **	− 1. 008 **	− 0. 112 ***	− 0. 092 *	− 0. 096 **
D（INDUSTRY）	− 0. 330	0. 299	− 0. 307	− 0. 054	− 0. 058	− 0. 022
FUNDS	0. 665 **	0. 908 ***	0. 632 **	0. 068 **	0. 070 **	0. 076 ***
LIQUIDITY	0. 799 ***	0. 672 **	0. 734 ***	0. 061 **	0. 048	0. 045
D（PREMIUM）	0. 027	0. 013		0. 007 ***		0. 007 ***
RETURN	—	—	—	− 0. 047 ***	− 0. 051 ***	− 0. 032 ***
SENT	0. 083 ***		0. 080 ***	0. 005 ***	0. 005 ***	
C	− 0. 376 **	− 0. 564 ***	− 0. 366 **	− 0. 038 **	− 0. 042 **	− 0. 045 **
R − spuared	0. 4623	0. 2296	0. 4448	0. 4223	0. 2462	0. 3415
F − statistic	7. 0003 ***	2. 8814 **	7. 7458 ***	5. 9525 ***	3. 1569 ***	5. 0142 ***

注：***、**、* 分别代表在 1%、5%、10% 水平下显著。

为更直观地观测投资者信念、情绪与市场波动率之间关系和机制，我们在多元回归分析之后进一步通过脉冲响应函数进行验证。图3显示出滞后两期的市场收益对波动率变化达到最大的正冲击，图4则反映出投资者情绪对市场波动率短暂的负向冲击后是持续减弱的正向冲击。后三幅图说明市场参与者与市场本身收益与波动之间是相互作用的，长期来看，市场波动会推高情绪水平，情绪水平的提高又会加剧市场波动，即两者之间存在正反馈机制。从图5波动率变化对投资者情绪冲击看，波动率始终对情绪有着显著的正向冲击性，说明市场波动率变化越大，市场参与者操作越频繁，即情绪水平越高。图6揭示出市场波动率对收益率存在负冲击，并在2期后震荡减弱，这说明市场波动率变化会导致投资者主观信念调整，进而对市场收益率产生传递效应。图7显示滞后两期的主观风险溢价变化短期内对投资者情绪存在显著的正向冲击，而图8显示投资者情绪对主观风险溢价变化几乎没有任何冲击，这两幅图直观地验证了我们在前文理论模型中的假设：新信息首先影响投资者信念进而传导至市场情绪，而不是相反的路径。

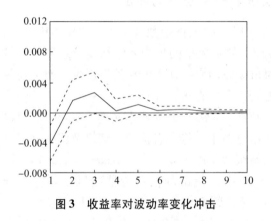

图3　收益率对波动率变化冲击

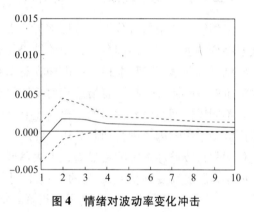

图4　情绪对波动率变化冲击

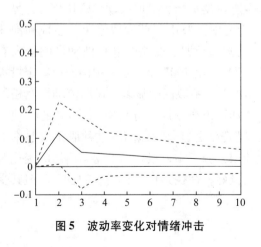

图5　波动率变化对情绪冲击

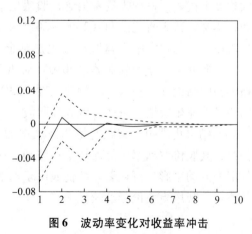

图6　波动率变化对收益率冲击

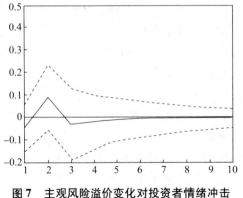

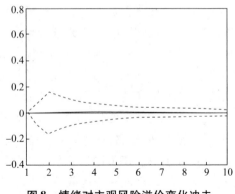

图7 主观风险溢价变化对投资者情绪冲击　　　图8 情绪对主观风险溢价变化冲击

（二）投资者情绪对不同风格资产收益率和波动性的冲击

采用申万风格指数分类，按照多元回归方法以不同风格指数波动率 AVOLATIUTY 为被解释变量进行多元回归分析，检验结果见表3。侧重风格的投资者情绪检验结果与市场回归结果（见表2）基本相符：市场收益率对市场波动率存在负的显著性影响，而主观风险溢价的一阶差分与投资者情绪均对不同风格资产产生显著正作用。

不同风格回归研究得出的结论与既有文献存在一定差异，为此本文进一步对不同风格资产波动率影响因素进行回归分析。在市值风格分析中，投资者信念、情绪及股票型基金仓位对大盘股波动率影响更显著，即大盘股对情绪敏感度更高，这与 Baker 等（2006）得出的小盘股更易受到情绪影响的结论不同。剖析中国股市的投资者情绪风格效应"异象"，一方面，说明在中国市场上，投资者情绪对大盘股的反应比对中小盘股更有效，大盘股更易形成一致预期，而中小盘的一致预期会较分散，基金持股和仓位（FUNDS）在很大程度上代表了机构投资者信念，股票型基金仓位变量与大盘股波动率密切相关；另一方面，本文的特定研究区间（2006～2011年）恰为中国股市"蓝筹股泡沫"生成和泡沫破裂阶段，这与现实中大盘股往往也是基金等机构重仓股、受基金仓位波动影响较大有关，这一研究结论与刘莉亚等（2010）对2001年8月至2007年5月对中国股市特定投资风格的检验结论并不一致。超额流动性（LIQUIDITY）系数回归显著，说明流动性宽松往往向市场传递乐观情绪进而导致大盘股波动率增加。市盈率风格分析中，低 PE 的"便宜股"回归结果更理想。其收益率与波动率的负相关性更显著。即随着这种股票收益率不断提高，其股价波动率更易保持平稳波动。业绩因素分析中，投资者信念、情绪的变化对绩优股的波动率影响更显著。绩优股由于基本面良好，往往是价值投资者的首选，但其受到的市场主观风险溢价影响较显著。

表3 不同风格资产波动率影响因素回归分析（I）

	市值风格			市盈率风格			市净率风格		
	大盘股	中盘股	小盘股	高PE	中PE	低PE	高PB	中PB	低PB
RETURN	−0.057***	−0.037***	−0.031**	−0.030***	−0.042***	−0.059***	−0.053***	−0.058***	−0.035***
CREDIT	−0.139***	−0.134***	−0.118***	−0.143***	−0.139***	−0.128***	−0.096**	−0.156***	−0.138***
FUNDS	0.065**	0.028	0.021	0.046*	0.049*	0.056*	0.050*	0.063**	0.049*
D(INDUSTRY)	−0.081	−0.103	−0.092	−0.104	−0.107	−0.054	−0.068	0.084	−0.086
LIQUDITY	0.082***	0.047	0.042	0.072**	0.066**	0.068**	0.032	0.083***	0.0064**
D(PREMIUM)	0.008***	0.006***	0.005***	0.006***	0.007***	0.009***	0.005***	0.008***	0.007***
SENT	0.008***	0.007***	0.006***	0.008***	0.006***	0.009***	0.005***	0.010***	0.009***
C	−0.032*	−0.002	0.002	−0.016	−0.018	−0.026	−0.024	−0.028	−0.019
R−squared	0.4886	0.3811	0.3849	0.3789	0.4054	0.4787	0.4078	0.5417	0.3984
F	7.7786***	5.0151***	5.0949***	4.9684***	5.5520***	7.4769***	5.6081***	9.6251***	5.3922***

注：***、**、*分别代表在1%、5%、10%水平下显著。

表4 不同风格资产波动率影响因素回归分析（II）

	高低价股风格			业绩因素		
	高价股	中价股	低价股	亏损股	微利股	绩优股
RETURN	−0.071***	−0.038***	−0.046***	−0.039***	−0.038***	−0.062***
CREDIT	−0.132***	−0.125***	−0.194***	−0.156***	−0.181***	−0.133**
FUNDS	0.074***	0.039	0.075***	0.057**	0.067**	0.062*
D（INDUSTRY）	−0.073	−0.095	−0.127*	−0.103	−0.138*	−0.069
LIQUDITY	0.078***	0.060**	0.102***	0.077***	0.092**	0.074**
D（PREMIUM）	0.006***	0.007***	0.005**	0.004*	0.005***	0.008***
SENT	0.008***	0.007***	0.009***	0.008***	0.010***	0.009***
C	−0.040***	−0.013	−0.032*	−0.023	−0.027	−0.030
R−squared	0.5244	0.4387	0.4173	0.3507	−0.3712	−0.4015
F	8.9788***	6.3630***	5.8311***	4.3985***	4.8070***	5.4617***

注：***、**、*分别代表在1%、5%、10%水平下显著。

（三）基于GMM的稳健性检验

为了保证检验结果的稳健性，本文采用GMM方法对表2中的6个模型进行了估计。GMM稳健性检验结果基本证实前文结论，即收益波动率对股票指数的收益率存在显著的负向作用，情绪对收益率存在显著的正向作用（见表5）。

表5 稳健性检验：基于 GMM 的估计结果

	RETURN			D（VOLATILITY）		
	（7）	（8）	（9）	（10）	（11）	（12）
D（VOLATILITY）	−5.348 ***	−2.315 **	−4.775 ***	—	—	—
CREDIT	4.675	1.661	2.873 *	0.874 *	0.608 **	0.895
D（INDUSTRY）	−4.048	0.318	−2.048	−0.757	−0.431	−0.698
FUNDS	−2.325	−1.901	−2.794 **	−0.435 *	−0.582 ***	−0.070
LIQUIDITY	−2.828	−0.739	−1.034	−0.529	−0.221	−0.580
D（PREMIUM）	−0.093	−0.145 ***		−0.017		−0.042 **
RETURN	—	—	—	−0.187 ***	−0.198 ***	−0.140 *
SENT	0.239 **		0.268 ***	0.045 **	0.055 **	
C	2.153 *	1.446 *	2.416 **	0.403 **	0.503 ***	0.114
J统计量	2.09E − 39	0.049	0.010	−5.44E − 37	0.010	0.024

注：***、**、*分别代表在1%、5%、10%水平下显著。

五、结论及政策含义

本文通过构建理论模型论证投资者情绪、信念调整和市场波动之间的内在机理，考察投资者主观信念调整对投资者预期改变和市场冲击的过程。论文的理论分析和实证检验表明，市场上新信息通过改变参与者信念（预期）进而影响投资者情绪水平，并最终导致市场波动这一路径来逐渐被市场认知并反映。具体表现为，主观信念调整引致投资者情绪变化，即投资者信念对情绪存在正向冲击，而情绪对投资者信念几乎没有影响；投资者情绪对市场波动率及收益率均有着显著的正影响，即情绪与基金行为对股市收益率具有推动效应，这验证了投资者情绪对市场收益的正反馈效应的存在，并且情绪水平越高，股价偏离内在价值越远，股市波动性越大。同时，从情绪和资产风格视角，本文研究发现蓝筹股板块更易受到情绪波动性冲击，这与2006～2011年中国股市"蓝筹股泡沫"生成和泡沫破裂的过程密切相关。

本文的政策含义在于：首先，监管部门应合理引导投资者行为，并关注投资者预期形成对市场稳定的积极效应，避免投资者主观信念的非理性过度调整引发市场的异常冲击，抑制投资者非理性产生的追涨杀跌情绪动能，积极引导投资者价值投资理念的形成。其次，积极培育机构投资者并发挥机构投资者的市场稳定功能，平复市场的非理性波动。从基金信念调整与投资者情绪与市场波动机制看，作为中国资本市场最重要的机构投资者，公募基金并没有发挥市场稳定效应，相反，基金仓位调整与市场波动发生共振效应。因此，有必要加大机构投资者入市，并加强其行为规范，切实发挥机构投资者的市场稳定作用。再次，提高市场的有效程度，从根本上加强对股市弱势投资群体的保护。从本质而言，投资者非理性情绪和市场过度波动不但增大了市场波动，推高了整体系统性风险，不利于中小投资者保护，而且更是市场低效率的基本表现。因此，有必要从根本上强化股市治理，提高证券市场信息透明度及提升市场效率，培育投资者的合理预期，推动资产价格的合理形成机制。

参考文献

［1］何佳等. 机构投资者一定能够稳定股市吗？——来自中国的经验证据［J］. 管理世界，2007（8）.

［2］孔东民. 信念、交易行为与资产波动［J］. 金融学季刊，2009，5（2）.

［3］梁丽珍. 投资者情绪、流动性与资产收益［M］. 中国财政经济出版社，2009.

［4］刘莉亚等. 投资者情绪对资本市场稳定性的实证研究——来自截面效应的分析［J］. 财经研究，2010（3）.

［5］祁斌，黄明，陈卓思. 机构投资者与股市波动性［J］. 金融研究，2006（9）.

［6］王美今. 中国股市收益、收益波动与投资者情绪［J］. 经济研究，2004（10）.

［7］杨阳，万迪昉. 不同市态下投资者情绪与股市收益、收益波动的异化现象——基于上证股市的实证分析［J］. 系统工程，2010，28（1）.

［8］易志高，茅宁. 中国股市投资者情绪测量研究：CICSI 的构建［J］. 金融研究，2009（11）.

［9］张圣平. 偏好、信念、信息与证券价格［M］. 上海三联书店，上海人民出版社，2002.

［10］张强，杨淑娥. 噪声交易、投资者情绪波动与股票收益［J］. 系统工程理论与实践，2009（3）.

［11］Baker M. and J. Wurgler. Investor Sentiment and the Cross – Section of Stock Returns Author［J］. The Journal of Finance，2006，61（4）：1645 – 1680.

［12］Barberis N.，A. Shleifer and R. Vishny. A Model of Investor Sentiment［J］. Journal of Financial Economics，1998，49（3）：307 – 343.

［13］Brown，Gregory W and Michael T Cliff. Investor Sentiment and Asset Valuation［J］. Journal of Business，2005，78（2）：405 – 440.

［14］Campbell John Y.，Tuomo Vuolteenaho. Inflation Illusion and Stock Prices［J］. American Economic Review，2004，94（2）：19 – 23.

［15］DeLong J. Bradford，Andrei Shleifer，Lawrence H. Summers and Robert J. Waldmann. Noise trader risk in financial markets［J］. Journal of Political Economy，1990（98）：703 – 738.

［16］Gerhard Kling，Lei Gao. Chinese Institutional Investors' Sentiment［J］. Journal of International Financial Markets，Institutions & Money，2008（18）：374 – 387.

［17］Grossman，Sanford J. On the Efficiency of Competitive Stock Market Where Traders Have DiveiBe Information［J］. Journal of Finance，1976（31）：573 – 585.

［18］Hu Changsheng，Wang Yongfeng. Investor Sentiment and Assets Valuation［J］. Systems Engineering Procedia，2012（3）：166 – 171.

［19］Jianfeng Yu，Yu Yuan. Investor Sentiment and the Mean – variance Relation［J］. Journal of Financial

Economics, 2011 (100): 367 – 381.

[20] Kenneth L. Fisher and Meir Statman. Investor Sentiment and Stock Returns [J]. Financial Analysts Journal, 2000, 56 (2): 16 – 23.

[21] Kyle A. S. Informed Speculation With Imperfect Competition [J]. Review of Economic Studies, 1989 (56): 317 – 356.

[22] Lee W. Y., Jiang C. X. and Indro D. C. Stock Market Volatility, Excess Returns, and the Role of Investor Sentiment [J]. Journal of Banking & Finance, 2002 (26): 2277 – 2299.

[23] Maik Schmeling. Institutional and Individual Sentiment: Smart Money and Noise Trader Risk [J]. International Journal of Forecasting, 2007 (23): 127 – 145.

Investor Sentiment, Subjective Belief Adjustment and Market Volatility

Zhang Zongxin   Wang Hailiang

(Financial Research Institute of Fudan University, Shanghai 200433)

Abstract: In this paper, we construct a mathematical model to demonstrate the inherent mechanism of investor sentiment, the subjective belief adjustment and market volatility. After introducing a subjective belief variable, we resolve the mechanism of investor sentiment and market volatility through theoretical modeling and empirical studies, and portray the unusual market fluctuations caused by the adjustment of subjective belief, which means building the analysis framework from belief adjustment, investor sentiment to market volatility. In the empirical study, we use principal component analysis to establish investor sentiment index and test the relationship among sentiment, belief and market volatility by multiple regression method and impulse response function. The empirical results show that investor sentiment has positive impact on belief; different information preference will lead to different sentiment swing frequency; preferences to fundamental information contribute more to sentiment stability; investor sentiment has a significant positive impact on market returns and volatility.

Key Words: Investor Belief; Sentiment; Risk Premium; Market Volatility

产权性质、信息质量与公司债定价
——来自中国资本市场的经验证据

方红星[1]　施继坤[2]　张广宝[2]

（1. 东北财经大学会计学院/中国内部控制研究中心，大连　116025；

2. 东北石油大学经济管理学院，大庆　163318）

【内容摘要】本文利用 2007～2011 年沪、深两市公开发行的公司债数据，分析产权性质和信息质量对公司债券初始定价的影响。研究发现：国有产权能够发挥隐性担保作用，通过直接和间接作用路径降低投资者面临的违约风险，从而使公司债券获得较低的信用利差；上市公司自愿披露正面内部控制鉴证报告能够向外界释放高信息质量的积极信号，降低投资者面临的信息风险，从而使公司债券获得较低的信用利差，但这种作用在国有上市公司中却不显著，说明政府的隐性担保可能会使投资者忽视对上市公司信息质量的必要关注，存在诱发道德风险的可能。这些发现有利于深入剖析我国公司债定价存在的深层次问题，从而推动公司债券市场的改革与发展。

关键词：公司债券；产权性质；信息质量；内部控制鉴证；信用利差

一、引言

大力发展公司债券是当前金融改革的热点问题，提高公司债券融资在直接融资中的比重是我国债券市场发展的一项战略目标，而公司债券的合理定价是决定公司债券市场发展的核心问题。公司债券发行询价对象是配售股东及网下机构投资者，其发行定价反映了一级市场对债券的估值水平。公司债券的初始定价对于二级市场流通定价具有重大的指导意义。那么，在网下询价过程中，机构投资者关注的公司债券定价影响因素有哪些？公司债券是否如设计之初所预期，能够真正发挥市场的定价作用？在我国特有的制度背景下，发债公司自身的产权性质和信息质量是否会影响公司债券的初始定价？如果存在影响，二者的作用机理如何？这些都是值得深入研究和探讨的重要问题。

本文立足于我国公司债券市场，以信用利差度量公司债发行定价，以自愿披露正面意见的内部控制鉴证报告度量信息质量，尝试从产权性质和信息质量两个视角综合考察影响我国公司债券初始定价的主要因素，通过路径分析方法验证了产权性质和信息质量对公司债定价作用机制的推断，并运用多元回归分析综合检验了二者对公司债定价的影响效果。对上述问题的理论分析和实证检验，有利于丰富有关公司债券研究的文献，拓展我国公司债券定价的相关理论，积累基于中国制度背景的相关经验证据。

二、文献回顾

公司债券定价包括无风险收益率和风险收益率两个部分。无风险收益率通常指国债收益率，而风险收益率即投资者要求的风险补偿率，通常称之为信用利差。公司债券的价格表现及其在一定时期内的投资表现往往取决于信用利差的变化情况。在理论模型构建方面，公司债券定价通常包括结构模型和简化模型两种方法。结构模型以 Merton（1974）为代表，在 Black 和 Scholes（1973）提出的期权定价模型的基础上构建了利率期限风险结构模型，为公司债券定价提供了一个理论框架，但该模型通常会低估观察到的违约利差（即"信用利差之谜"）。此后，许多学者探索拓展这一模型以试图提高其对信用利差的预测能力，主要包括引入债券契约条款、信用风险、流动性、税收和宏观因素等。债券发行特征是影响公司债定价的基础性因素，大量研究表明，债券发行特征会显著影响公司债券的定价行为（Bonfim，2009；Qi et al.，2010）。相比之下，简化模型考虑了非流动性和系统性信用风险，能够更好地拟合观察到的违约利差（Campbell and Taksler，2003）。简化模型也称为违约强度模型，由 Jarrow and Turnbull（1995）最早提出，认为违约强度过程可能依赖外生的宏观状态变量，也可受到其他公司违约的"传染"。Duffle and Lando（2001）模型表明，在不完全信息环境下，当企业预期未来现金流价值（即企业价值）不可完全观察到时，就会增大真实企业价值实际上接近违约边界的概率。

在实证检验方面，Mansi 等（2011）利用美国公司债数据，采用债券信用利差来捕捉债务初始发行成本，探讨了财务分析师预测特征对信用利差的影响。Jiang（2008）调查研究了突破三种盈余基准是否以及如何影响企业债务成本采用信用评级和初始债券信用利差作为公司债定价的依据。结果表明，公司突破盈余基准会获得更好的信用评级和更低的信用利差。Garcia - Meca（2009）以西班牙上市公司为样本，研究了产权性质对债券发行成本的影响，发现政府持股的公司有更低的债券发行成本（即信用利差），并由此推断政府持股会带来隐性的债务担保，进而降低公司债的成本。而 Boubakri 和 Ghouma（2010）以西欧和东亚 19 个国家或地区的公司债券为研究对象，却没有发现政府控制对债券信用利差或评级产生任何影响。可见，国外有关产权性质对公司债券定价影响的研究结论并不一致。

由于我国资本市场起步较晚，银行贷款一直是我国企业最重要的债务融资方式。所以学界对债务契约展开的相关研究主要集中在对银行信贷契约的研究，对债券契约尤其是公司债券的相关研究凤毛麟角。王国刚（2007）指出，企业债券实质上是政府债券，而非公司债券，要发展公司债券市场，必须将公司债券与企业债券相分立，形成不同的制度体系、运作机制和监管体系。

一些国内学者尝试运用实证方法研究公司债的相关问题。高强、郎恒甫（2010）研究和比较了企业债券和公司债券在历史价格、无风险利率、宏观经济、公司基本面和利息支付等方面的信息有效性，通过寻求债券回报率的预测因素来揭示市场有效程度。付雷鸣等（2010）运用事件研究法对公司债发行所产生的公告效应进行了研究。结果表明，在事件窗口中，公司债发行会产生负的公告效应，但在公告发布前的累积超额收益率为正，而在公告发布后的累积超额收益率为负。何平、金梦（2010）利用2007～2009年发行的企业债或公司债数据，建立了"真实利息成本（TIC）"回归模型，以信用评级和其他相关因素对债券的真实利息成本进行计量回归，研究发现信用评级对发行成本具有解释力，但他们将企业债券和公司债券纳入同一定价框架中进行研究的做法值得商榷，故其结论难以令人信服。

由此可见，目前我国鲜有学者专门针对公司债券定价问题开展实证研究。本文基于制度经济学和信息经济学相关理论，从产权性质和信息质量两个视角实证检验和深入探究二者对公司债券定价的作用机理和影响效果，从研究内容及方法上丰富和拓展了现有的相关研究。

三、理论分析与研究假说

公司债券定价最终可以通过投资者要求的风险收益率（即信用利差）加以体现。公司债券的风险越高，投资者要求的信用利差越高。本文将采用信用利差来度量公司债券定价水平。影响信用利差的因素按照风险来源进一步分解为违约风险（信用风险）、预期流动性风险和宏观环境波动风险等（Fabozzi and Modigliani，2010），而影响上述风险的因素既涉及公司特征及其债券发行特征等微观因素，也包括外部环境变化等宏观因素（Boubakri and Ghouma，2010），这构成了研究信用利差影响因素的基本分析框架。基于我国特有的制度背景，本文将研究视角定位于公司债券的一级市场，重点考察公司特征中的产权性质和信息质量对公司债券初始定价的作用机理和影响效果。

长期以来，国有经济在我国国民经济中占据主导地位。政府控股的企业普遍承担着战略性和社会性的政策负担（林毅夫和李志赟，2004），当其陷入困境的时候更容易得到政府的多方救济。所有权结构也决定了国家必须承担这些企业经营失败的责任，从而形成国有企业的"预算软约束"。此外，由于我国证券市场的建立和发展更多依赖国家行政干预而非市场机制，在实践中，证券资本市场一度成为国有企业融资、解困的工具。在我国政府主导下的债券市场中，政府是债券市场规则的制定者，是债券产品创新的推动者，是债券市场的监管者，而又通过控股国企转身成为债券市场的参与者。高度的政府信用可以强化投资者的信心，降低债务契约履约的不确定性，从而降低交易费用。因此，国有企业可以轻而易举地凭靠产权性质"借得"信用声誉，政府成为其发行的公司债券的隐性担保人。一旦发生因经营不善等原因导致的债券到期无力偿还的情况，政府很可能会为其"输血"乃至"埋单"。

一方面，产权性质作为上市公司的一个外显特征，能够直接为投资者所感知，从而正面引导投资者对其发行公司债券的违约风险水平做出乐观估计，使债券投资者相信，因其享有政府提供的隐性担保，国有上市公司发生债券到期违约的概率更低，在定价上会被要求更低的风险补偿率，其债券初始发行的信用利差也就越低。相比之下，民营企业尽管是中国经济发展的重要力量，但一直以来由于缺乏政府的政策支持和隐性担保，企业的融资需求难以得到满足（祝继高和陆正飞，2011），且融资成本相对较高。这是产权性质作为公司外显特征影响投资者对债券定价的直接作用路径。

另一方面，大多数市场参与者都会依赖商业评级机构出具的信用评级来判断公司债券的违约风险水平。政府直接控股的企业通常会获得较高的主体信用评级，从而使其发行的公司债券同样会获得较高的信用评级。因此，产权性质通过影响评级机构对公司债券的信用评级来影响广大投资者对债券违约概率的判断，从而影响债券投资者对公司债券的定价。这就形成了产权性质对公司债定价影响的间接作用路径。

通过上述分析可知，产权性质会影响公司债券的定价，其作用机制可以分为直接影响效应和间接影响效应两条路径，对此我们将在下文中采用路径分析方法加以检验。根据以上分析，我们提出研究假设1：

假设1：在其他条件不变的情况下，与非国有上市公司相比，国有上市公司发行的公司债券具有较低的信用利差。

信息对于资本市场至关重要，它引导价格的形成，并通过价格引导资源配置（Kothari et al.，2005）。会计信息是公司契约各方与资本市场联系的桥梁和纽带。现有理论和经验研究都已表明信息质量的提高有助于降低上市公司的股权融资成本（Francis et al.，2005），从而提高股票的市场定价。财务信息是债权人用来评价公司质量的重要标准。当依据财务信息判断公司质量较差时，债券投资者就会要求更高的风险溢价，而且作为优先求偿人的债权人有权进行清偿项目或重新就借款契约进行谈判。因此，经理人员可能有动机去发布误导性的财务报告以隐瞒负面消息，从而攫取个人私利或潜在的股东收益。

在债券市场上，债权人高度重视信息质量以遏制管理层操纵这些报告的动机。拥有良好信息环境的公司会让资本市场参与者做出对公司真实价值更为准确的估计，高质量信息能够降低债券投资者面临的信息风险，因此会产生一定的信息增量作用。Amir 等（2010）认为，投资者对公司债券的定价会考虑信息质量和审计师监管的强度，更好地披露和监管会导致更高的估值。这是因为二者能够降低公司与投资者间的信息不对称，从而有利于投资者更准确地估计公司的未来现金流，降低投资决策的信息风险。由此可见，公司自身的财务信息质量对公司债定价具有直接的作用路径，对此我们将在下文中通过路径分析加以检验。

学术界采用多种方法来度量信息质量，综合考虑我国公司债券发行条件和内部控制自愿披露的制度背景，本文认为上市公司自愿披露正面意见的内部控制鉴证报告是高信息质量的一种合理可行的代理变量。自愿披露内部控制鉴证报告行为在一定程度上会影响上市公司的信息结构，有利于投资者做出正确的投资判断，其向市场传递的积极信息应该会对公司债券的定价产生重要影响。据此，我们提出研究假设2：

假设2：在其他条件不变的情况下，与低信息质量公司相比，高信息质量公司发行的公司债券具有较低的信用利差。

四、研究设计

（一）样本选择和数据来源

在我国，公司债券不同于企业债券，公司债券的发行定价过程更符合市场化要求。将二者同时纳入样本中进行研究的做法既不合理，也不科学。基于此，本文选取2007～2011年在沪、深证券交易所发行的公司债券作为研究样本，并按照如下标准筛选：①由于公司债券的发行人包括沪、深两市上市公司及发行境外上市外资股的境内股份有限公司，根据样本可比性，故剔除非上市公司发行的公司债券15只；②由于模型中多数变量需要用到其上一年的财务数据和其他披露信息，故剔除上市公司IPO当年发行的公司债券2只；③在债券契约特殊条款中，75只债券约定"回售"、2只约定"赎回"、1只约定"提前偿付"，为保证样本的清洁，我们将约定"赎回"和"提前偿付"条款的3只债券予以剔除。最终样本涉及2007～2011年133家上市公司发行的150只公司债券。从发债公司的产权性质来看，国有上市公司发行的公司债券有109只，其中，对应公司自愿披露内部控制鉴证报告的有39只，占比35.78%；非国有上市公司发行的公司债券有41只，其中，对应公司自愿披露内部控制鉴证报告的有12只，占比29.27%。可见，公司债券样本对应其国有和非国有产权性质而言，自愿披露内部控制鉴证报告所占比例不存在显著的系统性差异。

债券发行数据和公司财务数据均来自wind数据库。内部控制鉴证报告等信息通过阅读2006～2010年度报告进行手工搜集、整理。我们采取滞后一期的方法，确保收集到债券信用利差数据日期前，其他变量数据能够被投资者所获悉，以减轻可能的内生性问题。本文分别采用AMOS17.0和SPSS19.0进行路径分析与多元统计分析。

（二）关键变量定义

1. 信用利差（Spread）

考虑到我国公司债券定价时的基准利率为同期无风险债券收益率（以国债利率来度量），则公司债的发行定价公式可以简化为：发行价格（即票面利率）＝国债利率＋信用利差。鉴于信用利差能够很好地反映债券定价对投资者的风险补偿程度，体现债券本身的投资价值，因此影响信用利差的因素也是决定债券发行价格的关键因素。信用利差（Spread）可以通过债券票面利率与同期可比的国债收益率之间的百分点差额求得。

2. 产权性质（State）

本文沿用我国现有主流文献的通常做法，采用上市公司最终（或终极）控制人的性质划分考察产权性质。此处，State 是代表产权性质的虚拟变量，如果上市公司实际控制人为中央或地方政府，取值为1，否则为0。

3. 信息质量（ICA）

对于信息质量的度量，理论和实务界一直没有统一的定论。我们通过对以往相关研究文献的梳理发现，信息质量的度量方法通常可以概括为间接分析法和直接认定法两大类。前者主要依赖于上市公司披露的财务报告信息，以 Jones 模型为代表的用操纵性应计度量盈余管理程度的计量模型一度成为度量信息质量的经典方法。Francis 等（2005）指出，用盈余管理程度不能很好地反映企业的信息风险。他们以 DD 模型残差的标准差作为衡量信息风险的代理变量。上述方法对技术处理和公司上市年限要求较高，并不适用于对发债公司信息质量的度量。后一种方法则是通过可以被外界感知的反映上市公司信息质量的其他信息对信息质量进行度量，如果上市公司发生财务重述、年报获得了非标准审计意见，或者受到证监会和沪、深交易所处罚，表明上市公司信息质量较低。但能够获得证监会审批发行公司债的上市公司显然不会有这三种情况发生。因此，我们有必要寻求一种简单、直观且易于被外界感知的度量方法。

公司债券发行条件中明确了对发行主体内部控制质量的要求。在资本市场中，上市公司披露的内部控制信息是投资者判断公司内部控制有效性、盈余可靠性、违规可能性与自身投资风险性的重要依据（邱冬阳等，2010）。我国监管法规要求董事会披露年度内部控制自我评估报告。但在缺乏第三方监督的情况下，投资者和债权人对这些自我评估报告的可信度可能存在疑问。内部控制鉴证作为一种制度安排，其产生和发展的根本动因在于改进财务信息质量。根据信号传递理论，高质量的公司更有动机自愿向外界传递公司具备高质量的信号。内部控制质量越高的公司越有可能基于信号传递的意图披露由外部审计师出具的内控鉴证报告（林斌等，2009）。此外，内控鉴证本身也有助于发现公司内部控制存在的问题，帮助公司提高内部控制质量，进而改进财务信息质量。因此，如果公司自愿披露了独立第三方（审计师）的正面鉴证意见，我们应该能够合理地推断该公司的内部控制和财务信息质量是否较高，这将有助于投资者更准确地估计上市公司的未来现金流，降低投资者面临的信息风险，进而做出恰当的投资决策。因而，我们用自愿披露正面意见的内控鉴证报告作为高信息质量的代理，ICA 表示信息质量高低的虚拟变量，如果上市公司自愿披露正面意见的内控鉴证报告，取值为1，否则为0。

4. 违约风险（Credit）

我们借鉴国际通常做法，将公司债发行信用评级分别赋值为：AAA = 2，AA + = 3，AA = 4，AA - = 5，数值越高表明评级越差，说明公司债发行公司的违约风险越大。债券信用评级不仅关系到债券可否顺利发行，也关系到债券票面利率，直接影响到企业未来的融资成本（何平等，2010）。因此，我们预期用信用评级度量的违约风险与信用利差正相关。

（三）路径分析

根据以上理论分析和研究假设，为了更好地厘清产权性质与信息质量对公司债定价影响的作用机理，我们针对上述关键变量构建了检验路径分析理论模型（见图1）。理论模型共包含6个变量，其中观测变量4个，非观测变量2个（el 和 e2）。外因观测变量分别为产权性质（State）和信息质量（ICA），内因观测变量包括违约风险（Credit）和信用利差（Spread）。依据前述理论，State 与 Credit、State 与 Spread 以及 ICA 与 Spread 的关系是单向递归的①，故采用递归模型，并运用极大似然法进行模型估计。

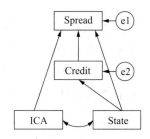

图1　路径分析理论模型

表1　路径分析效果表

路径效果	直接效果	间接效果	总效果值	R^2
State— > Credit	- 0. 457***		- 0. 457	20. 9%
Credi— > Spread	0. 640***		0. 640	55. 8%
ICA— > Spread	- 0. 184***		- 0. 184	
State— > Spread	- 0. 143**	- 0. 293	- 0. 436	

注：***、** 分别表示在1% 和5% 水平上显著。

---

① 在路径分析的初始模型构建中，我们对 ICA 与 State、ICA 与 Credit 两组变量也进行了路径分析检验，结果发现，这两组变量之间并不存在显著影响关系，这也与后面的多元回归分析结果相一致。

表 1 报告了 State、ICA、Credit 与 Spread 间的标准化的路径系数，State 对 Credit 影响的直接效果值为 -0.457，Credit 对 Spread 影响的直接效果值为 0.640，State 对 Spread 影响的直接效果值为 -0.143，由于 State 对 Spread 的间接效果值为 -0.293，因而，State 对 Spread 影响的总效果值达到 -0.436。由此可见，State 对 Spread 的影响有两条作用路径，假设 1 得到初步支持。ICA 对 Spread 影响的直接效果值为 -0.184，假设 2 得到初步支持。从路径分析的决定系数 R^2 可知，State 可以解释 Credit 20.9% 的变异量；Credit、State 和 ICA 可以联合解释 Spread 55.8% 的变异量。路径分析结果很好地验证了先前对产权性质和信息质量影响公司债券定价的作用机理，为后文的多元回归分析奠定了基础。

（四）模型设计

由于公司债券定价是一个综合考虑上市公司及其发行债券特征等微观因素和外部环境变化等宏观因素的过程，因此，我们在模型中还控制了如下变量：

1. 发行规模（Isize）

Isize 为公司债本次发行金额的自然对数值，用以控制规模因素对信用利差的影响，发行规模越大的债券具有越高的流动性，说明上市公司的融资能力越强，投资者越容易接受较低的收益率。因此，预期发行规模与信用利差负相关。

2. 回售条款（Put）

Put 表示公司债发行时募集说明书中是否约定回售特殊条款[①]的亚变量。如果债券发行人在债券募集说明书中约定回售条款，当债券触发回售条款时，债券持有人可以依照债券募集说明书中约定的回售条款，将其所持有的债券依照事先确定的较高的回售价格回售给发行人。债券回售条款是对债券持有人权益的一种保护，故预期公司债券发行时约定回售条款与信用利差负相关。

3. 盈利能力（ROA）

ROA 为总资产回报率，通常用以度量上市公司的盈利能力。一般情况下，总资产回报率越高，表明公司的盈利能力越强，预示着公司有更高的现金流，发生债务违约的可能性越小。因此，预期总资产回报率（ROA）与信用利差负相关。

4. 行业特征（IND_i）

样本中涉及采掘业、制造业等 7 个行业，因此有必要在回归模型中控制行业因素的影响。我们以建筑业为参照系，在模型中加入其余行业变量，即 IND_i（i = 1，2，…，6），当样本属于某一行业时，取值为 1，否则为 0。

---

① 一般来说，对于包含有利于投资者选择权条款（如回售条款等）的债券，市场参与者在期限相同的国债收益率基础之上要求获得的风险溢价水平相对较低，但对于包含有利于发行人选择权条款（即赎回条款或提前偿付条款等）的债券则要求较高。目前，我国公司债券发行时募集说明书中的特殊条款主要包括回售、调整票面利率、提前偿付或赎回。而回售往往伴随着利率的调整，上市公司一般选择在债券发行后第三年或第五年发布是否上调债券票面利率进而要求持有人选择是否回售。因此，我们这里所说的回售条款包括调整利率特殊条款。

5. 宏观因素（$Year_j$）

研究期内，受国际金融危机等全球经济环境变化的影响，我国资本市场宏观经济波动也较大，这将对公司债券在一级市场上的初始定价产生影响，为此我们控制了公司债券发行的年份 $Year_j$（$j = 1, 2, 3, 4$），当其中某一年份取值为 1 时，其他年份取值为 0。

根据理论分析和变量定义，我们构建如下 OLS 回归模型估计公司债券的信用利差：

$$Spread = \beta_0 + \beta_1 State + \beta_2 ICA + \beta_3 Credit + \beta_4 Isize + \beta_5 Put + \beta_6 ROA + \beta_{7-12} IND_i + \beta_{13-16} Year_j + \varepsilon$$

五、实证检验结果与分析

（一）描述性统计

各变量按照产权性质分组后的描述性统计表明：Spread 在非国有上市公司组的均值和中位数分别是 3.624 和 3.450，明显高于国有上市公司组的均值和中位数（2.486 和 2.420）。为了进一步验证 Spread 组间差异的显著性，我们对其进行了样本组间差异检验，包括独立样本 T 检验和 Maim – Whitney U 检验，结果表明，国有上市公司，其信用利差显著低于非国有上市公司，说明国有产权性质承担了隐性担保作用，能够显著降低上市公司信用利差，机构投资者给予这类上市公司发行的公司债券较高的定价，因而假设 1 得到了初步验证。

各变量按信息质量分组的描述性统计表明：Spread 在未自愿披露内部控制鉴证报告组的均值和中位数分别是 2.955 和 1740，明显高于自愿披露正面意见的内部控制鉴证组的均值和中位数（2.489 和 2.600）。为了进一步验证 Spread 组间差异的显著性，我们也着重对其进行了样本组间差异检验，结果表明，自愿披露正面意见内部控制鉴证报告的上市公司，其信用利差显著低于未披露内部控制鉴证报告的上市公司，说明自愿性内部控制鉴证报告起到了信号传递作用，减少了信息不对称，能够显著降低上市公司发行公司债的信用利差，因而假设 2 得到了初步验证。

（二）相关性分析

Pearson 和 Spearman 相关分析结果表明：解释变量 State 和 ICA 分别与 Spread 在 1% 和 5% 水平上显著负相关。State 与 Credit 相关系数达到 – 0.453，且在 1% 水平上显著，与我们预期的产权性质通过降低违约风险进而影响信用利差的作用机理相吻合，即国有产权通过隐性担保作用降低投资者面临的违约风险，使得这类债券获得较低的信用利差。

控制变量除 ROA 外，均与被解释变量 Spread 显著相关，说明在检验产权性质和信息质量对信用利差的影响时，有必要控制公司债券发行的主要特征。此外，如表 2 所示，各变量方差膨胀因子（VIF）的最大值是 2.368，表明不存在严重的多重共线性问题。

（三）多元回归分析

为了验证假设 1 和假设 2，我们选择全样本进行多元线性回归，并采用测试变量逐渐进入的方式以便更加细致地考察变量之间的关系，回归结果如表 2 所示。通过该表可以看到：

表 2　多元线性回归结果

被解释变量	Spread（公司债券发行时的信用利差）									
样本类型	全样本						国有上市公司		非国有上市公司	
模型	（1）		（2）		（3）		（4）		（5）	
	系数	VIF	系数	VIF	系数	VIF	系数	VIF	系数	VIF
常数项	1.975***		1.488***		1.961***		1.681***		2.703***	
State	-0.348**	1.486			-0.328**	1.490				
ICA			-0.338***	1.098	-0.325***	1.101	-0.188	1.172	-0.679**	1.524
Isize	-0.430***	1.600	-0.395***	1.648	-0.387***	1.651	-0.380***	1.688	-0.616**	1.438
Put	-0.303**	1.345	-0.301**	1.345	-0.301**	1.345	-0.218	1.392	-0.219	1.473
Credit	0.632***	2.236	0.733***	2.002	0.662***	2.268	0.533***	2.368	0.825***	1.533
ROA	0.008	1.466	0.014	1.353	0.005	1.471	0.09	1.631	-0.009	1.347
IND_i 和 $Year_j$	控制		控制		控制		控制		控制	
Adj. R^2	65.1%		65.7%		66.7%		65.8%		42.8%	
F 值	19.51		20.03		19.65		14.89		4.36	
P 值	0.000		0.000		0.000		0.000		0.004	
样本数量	150		150		150		109		41	

注：***、**、* 分别表示在 1%、5% 和 10% 水平上显著。

首先，将产权性质变量纳入回归模型中，结果（1）显示 State 系数为 -0.348，且在 5% 水平上显著。这说明相对于非国有上市公司而言，国有上市公司具有较低的信用利差。

其次，将信息质量的代理变量加入模型中，结果（2）显示 ICA 系数为 -0.338，且在 1% 水平上显著。这说明上市公司自愿披露正面内部控制鉴证报告能够向机构投资者传递上市公司高信息质量的积极信号，有利于投资者更准确地估计公司的未来现金流，从而降低投资者面临的信息风险。因此，机构投资者会给其发行的公司债券以较高的定价。

最后，将上述两个变量同时加入回归模型中。回归结果（3）显示两个变量 State 和 ICA 的系数分别为 -0.328 和 -0.325，且仍在 5% 和 1% 水平上显著。该回归结果与我们的预期结论相一致。假设 1 和假设 2 均得以验证。模型在三个回归结果中的调整后 R^2 分别达到 65.1%、65.7% 和 66.7%，说明该模型拟合优度较高，具有很好的解释能力。

（四）基于产权分组的进一步考察

我们将全样本按照产权性质进行了分组，分别对国有上市公司和非国有上市公司两个子样本进行回归并采用 Bootstrap（自抽样法）检验组间差异的显著性。表 2 的回归结果（4）显示 ICA 在国有上市公司样本回归模型中的系数仅为 −0.188，且没有通过统计意义上的显著性水平测试；回归结果（5）则显示 ICA 在非国有上市公司样本回归模型中的系数上升至 −0.679，且在 5% 水平上显著。两组回归系数差异为 0.491，经由 Bootstrap 测试得到的经验 P 值为 0.018，且在 5% 水平上显著异于零。

这一方面说明国有产权对公司的隐性担保作用削弱了信息质量与公司债券信用利差的负向显著关系。受到国家支持，国有产权的特殊性使得国有企业本身存在一些声誉效应，甚至即使财务报表数据不真实，也有政府"埋单"，这在一定程度上抵消了审计师在验证财务报表真实性中的作用（王兵等，2009），可能使得投资者忽视发债公司信息质量。但在缺乏政府隐性担保的前提下，信息质量与公司债券的信用利差的负向相关关系显著成立，这也意味着非国有上市公司的债券投资者更加关注债券发行主体的信息质量，从而规避和降低由于信息风险给债券投资带来的损失。另一方面也说明，对于非国有上市公司来说，要想获得成本较低的债券融资，保持较高的会计信息质量更重要。

六、稳健性检验

为了使研究结论更加稳健，我们做了如下三方面的检验：①对于发行多只公司债的公司，我们基于加权平均债券信用利差估算公司总体的信用利差，即采用流通在外的某一公司债的数额占公司流通在外的所有交易债券的总额的比重作为权重，重新对总样本及国有上市公司和非国有上市公司两个子样本分别进行多元线性回归。研究发现，与我们报告的使用所有债券的回归结果相比，采用加权平均信用利差按照发行公司数量合并样本后具有相似的结果，研究结论没有实质性差异。②考虑到财务信息质量度量方法不同可能会对结果造成的影响，我们发现仅有债券代码为"112038"的"11 锡业债"，其 2010 年的财务报表审计意见为"带强调事项段无保留意见"，故将该债券剔除，结论不变。③在估计方法上，为了更好地验证变量间内在结构关系的合理性，我们针对多元线性回归方程中的所有变量构建结构方程模型重新进行了分析，研究结果没有发生显著变化。基于上述分析，我们认为，本文的结论是比较稳健的。

七、研究结论与政策建议

本文研究结果表明：总体而言，与非国有上市公司相比，国有上市公司的政府背景起到了隐性担保的作用，其在债券初始定价时的信用利差显著较低；作为高信息质量的代理变量，上市公司自愿披露正面内部控制鉴证报告能够向市场传递公司内部控制和信息质量的积极信号，有利于投资者对公司的价值和风险做出更准确的估计，进而显著降低公司债券在一级市场上的发行成本；但针对不同产权性质做进一步考察，我们却没有在国有上市公司样本中发现信息质量对融资成本的治理作用，说明政府的隐性担保可能会使投资者忽视对上市公司信息质量的必要关注，存在诱发道德风险的可能。

本文研究结论具有下列重要政策含义：

（1）从产权性质来看，国有企业因其承担大量政策性负担，有动机要求政府给予融资等方面的优惠，政府也在我国经济转型时期为其直接或间接融资行为提供了隐性担保。在政企"互利"的背后，却存在诱发国企高管道德风险的可能（如利益侵占和非效率投资等），将严重损害投资者和债权人的利益；同时，这也违背了公司债券本身的特征，不利于社会资源的有效配置。规范市场秩序和保证市场良性发展的关键，在于解除政府在证券市场上的隐性担保责任，从而提高证券市场的运行效率与功能效率（张宗新等，2001）。因此，主管公司债券发行的审批机构应该摘掉"有色眼镜"，减少对符合公司债发行条件的民营企业的融资歧视。这将有利于满足民营企业不断扩大的资金需求，促进其与国有企业在融资平台上的公平竞争，从而提高资源配置效率。此外，债券市场健康发展也需要建立风险分担机制，把风险识别和风险承担交给投资者，把信息揭示和风险提示交给中介服务机构，从社会层面防止由于政府隐性担保而滋生的道德风险（沈炳熙、曹媛媛，2010）。

（2）从信息质量来看，自愿披露正面意见的内部控制鉴证报告能够向市场传递管理层对内部控制和信息质量的信心，在一定程度上消弭上市公司与投资者间的信息不对称，从而正面影响投资者对公司价值和风险的估计，不失为代表信息质量的可取变量。我国债券市场的发展需要发挥市场的约束机制，其中包括发行人可靠透明的信息披露和注册会计师的独立审计（鉴证），以及内部控制的建设和监管。本文研究结论支持了内部控制鉴证及相应信息披露监管的合理性和必要性，有利于引导上市公司正确看待内部控制建设和信息披露，从而提高其披露内部控制鉴证报告的内在动机。因此，监管当局应该进一步规范上市公司信息披露和监管政策，以保证发行人信息披露的持续、全面和真实，以便债券投资者能够对市场信息做出及时反应，并通过市场手段实现约束效应。

（3）从定价机制来看，与国际上公司债券定价研究相一致，我国公司债一级市场初始定价的影响因素基本反映了投资者所关注的债券特征和风险因素，在一定程度上体现了市场定价机制的功效，说明我国公司债初始定价较为合理，这对于引导二级市场债券定价至关重要。同时，作为债券市场的广大投资者，在关注产权性质带来隐性担保的同时，也要关注上市公司的内部控制建设和信息质量，以防止因隐性担保而诱发的道德风险，规范和引导公司做出正确的投资决策。

参考文献

［1］付雷鸣，万迪昉，张雅慧．中国上市公司公司债发行公告效应的实证研究［J］．金融研究，2010（3）：130－143.

［2］高强，邹恒甫．企业债券与公司债券的信息有效性实证研究［J］．金融研究，2010（7）：99－116.

［3］何平，金梦．信用评级在中国债券市场的影响力［J］．金融研究，2010（4）：15－28.

［4］林斌，饶静．上市公司为什么自愿披露内部控制鉴证报告？——基于信号传递理论的实证研究［J］．会计研究，2009（2）：45－52.

［5］林毅夫，李志赟．政策性负担、道德风险与预算软约束［J］．经济研究，2004（2）：17－27.

［6］邱冬阳，陈林，孟卫东．内部控制信息披露与IPO抑价——深圳中小板市场的实证研究［J］．会计研究，2010（10）：13－39.

［7］沈炳熙，曹媛媛．中国债券市场：30年改革与发展（第二版）［M］．北京大学出版社，2010.

［8］王国刚．论"公司债券"与"企业债券"的分立［J］．中国工业经济，2007（2）：5.

［9］王兵，辛清泉，杨德明．审计师声誉影响股票定价吗——来自IPO定价市场化的证据［J］．会计研究，2009（11）：73－81.

［10］张宗新，姚力，厉格菲．中国证券市场制度风险的生成及化解［J］．经济研究，2001（10）：60－66.

［11］祝继高，陆正飞．产权性质、股权再融资与资源配置效率［J］．金融研究，2011（1）：131－148.

［12］Amir E. , Y. Guan et al. Auditor Independence and the Cost of Capital before and after Sarbanes – Oxley：The Case of Newly Issued Public Debt［J］. European Accounting Review, 2010, 19（4）：633－664.

［13］Black F. and Scholes. The Pricing of Options and Corporate Liabilities［J］. Journal of Political Economy, 1973, 81（3）：637－654.

［14］Bonfim D. Credit Risk Drivers：Evaluating the Contribution of Finn Level Information and of Macroeconomic Dynamics［J］. Journal of Banking & Finance, 2009（33）：281－299.

［15］Boubakri N. and H. Ghouma. Control/ownership Structure, Creditor Rights Protection, and the Cost of Debt Financing：International Evidence［J］. Journal of Banking & Finance, 2010, 34（10）：2481－2499.

［16］Campbell J. , Taksler G. Equity Volatility and Corporate Bond Yields［J］. Journal of Finance, 2003（58）：2321－2349.

［17］Duffie D. and Lando D. Term Structures of Credit Spreads Within Incomplete Accounting Information［J］. Econometrica, 2001（69）：633－664.

［18］Fabozzi, F. J. and Modigliani, F. , 2010, Capital Market；Institutions and Tools, China Renmin University Press.

［19］Francis J, La Fond Rolsson P and Schipper K. The Market Pricing of Accruals Quality［J］. Journal of Accounting and Economics, 2005（39）：295－321.

[20] Jarrow R A., Turnbull S M. Pricing Derivatives on Financial Securities Subject to Credit Risk [J]. Journal of Finance, 1995 (50): 53 – 85.

[21] Jiang J. Beating Earnings Benchmarks and the Cost of Debt [J]. The Accounting Review, 2008, 83 (2): 377 – 416.

[22] Kothari S., Leone A. and Wasley C. Performance Matched Discretionary Accrual Measures [J]. Journal of Accounting & Economics, 2005 (39): 163 – 197.

[23] Mansi S. A., W. F. Maxwell et al. Analyst Forecast Characteristics and the Cost of Debt [J]. Review of Accounting Studies, 2011, 16 (1): 116 – 142.

[24] Merton R. C. On the Pricing of Corporate Debt: the Risk Structure of Interest Rates [J]. Journal of Finance, 1974 (29): 449 – 470.

[25] Qi Howard, Sheen Liu and Chunchi Wu. Structural Models of Corporate Bond Pricing with Personal Taxes [J]. Journal of Banking & Finance, 2010 (34): 1700 – 1718.

[26] E. Garcia – Meca. Ownership Structure and the Cost of Debt [J]. European Accounting Review, 2009, 20 (2): 389 – 416.

Property Right, Information Quality and Corporate Bond Pricing – The Empirical Evidence from China's Capital Market

Fang Hongxing   Shi Jikun   Zhang Guangbao

(School of Accounting/China Internal Control Research Center, Dongbei University of Finance and Economics, Dalian 116025; School of Economics and Management, Northeast Petroleum University, Daqing 163318)

Abstract: Utilizing data of corporate bonds issued publicly by the listed companies in Shanghai and Shenzhen Stock Exchanges, this paper studies the effect of ownership type and information quality on initial pricing of corporate bonds in China. It is found that state – owned ownership burdens implicit guarantee, which could lower the credit spread of corporate bonds significantly by direct and indirect paths to default risk. While listed companies voluntarily disclose the positive internal control assurance reports can play a signal function to the public about higher information quality. Investors will give a higher price of corporate bonds issued by these listed companies, because of the lower information risk, but this is not significant in the sample of state – owned listed companies, which maybe mean that governments, implicit guarantee make investors ignore the necessary attention to information quality of listed companies, inducing moral hazard. These findings are useful for deepening the analysis on profound issues in corporate bond market pricing, and will promote its reform and development.

Key Words: Corporate Bond; Ownership Type; Information Quality; Internal Control Assurance; Credit Spread

城市化将如何应对老龄化？

——从中国城乡人口流动到养老基金平衡的视角

陈 沁[1] 宋 铮[2]

（1. 复旦大学经济学院，上海 200433；

2. 芝加哥大学布斯商学院，芝加哥 60637）

【内容摘要】本文使用 2000 年第五次人口普查与 2010 年第六次人口普查数据，推算农村人口分年龄、性别的城乡迁移率。使用推算出的城乡人口迁移率，本文对 2010～2100 年的全国人口情况与老龄化情况进行了模拟，并引入城镇养老保险框架，讨论中国城镇养老基金在城市化过程中的演化。本文发现，城市化对城镇的老龄化程度与城镇养老基金的收支状况有显著的改善作用。在城市化的背景下，通过放松计划生育来提高生育率对养老金收支的改善效果在短期内并不明显，长期内则十分显著；而推迟退休年龄则在任何情况下都能极大地改善养老金收支。

【关键词】城市化；老龄化；城镇养老保险；人口迁移

一、引言与文献综述

快速发展的中国正在面临老龄化的挑战。人口年龄结构的变化正逐渐压缩中国的劳动力优势，而伴随老龄化而来的养老保险给付压力更为中国未来的发展增加了不确定性。随着出生率较高的一代人的逐渐退休，参与城镇基本养老保险的职工与离退休人员比例自 1989 年的 5.4∶1 一路跌至 2010 年的 3.2∶1，意味着供养一名退休老人的职工人数下降了 40%（中国国家统计局，2011）。老龄化使得中国的劳动力市场和养老保障制度都面临着严峻的考验。

但在强调老龄化对于中国的潜在冲击时，无论是讨论劳动力总量萎缩的问题还是养老保险制度的收支不平衡问题，我们都往往将目光集中在城市。但一个经常被忽略的事实是：中国的农村人口仍处在一个相对更年轻、出生率也更高的阶段。更重要的是，中国正在经历快速的城市化，大批农村人口正在转变为城市人口。在农村人口流入城市的过程中，我们不难发现以下两个特点：①流入人口相对于城镇人口的劳动年龄人口比例更高（Liang and Zai，2001）。②大多数流入人口并没有被纳入城镇养老保险体系中（郑秉文，2008）。那么，中国的乡—城流动人口将会对中国的城市化以及城镇养老制度产生什么样的影响？农村的劳动力储备是否能推迟或减缓中国的老龄化进程？人口流动会在多大程度上影响养老基金的平衡？本文试图对这些问题进行回答。一系列的文献已经对中国的城乡人口流动问题或老龄化和城镇养老基金账户平衡问题分别进行了研究，但将两个重要问题联系在一起，在动态的城市化变动视角下对全国范围内的老龄化与养老基金情况进行研究的文献尚不多。本文通过2000年与2010年两次全国人口普查数据对人口的乡—城迁移速度进行了估计和预测，首先通过人口普查数据计算中国的乡—城流动人口的每年净流量及其年龄、性别结构，再根据计算结果建立一个长期的人口预测模型，并在此基础上校准中国城镇养老保险系统的一些参数，最后估计并分析中国城镇的老龄化状况与养老保险基金的收支情况。

事实上，在老龄化问题最严重的发达国家，纳入外来的青壮年劳动力能够有效缓解老龄化对于养老保险体系及整个财政的资金压力这一问题学者们已经达成了共识。比如Razin和Sadka（1999，2000）发现，虽然短期内移民可能是流入国的福利净享有者，但如果有养老保险制度，移民可能有益于社会的各个阶层，包括高收入与低收入者。Gal（2008）认为，将移民与劳动力市场改革以及养老金制度改革结合起来，将缓解英国及美国上升的养老金支出压力。另一些文献使用了一般均衡或会计模型分析移民对流入国的财政的贡献，如Storesletten（2000）将移民纳入一般均衡模型，发现美国能够通过每年引入160万40~44岁的高技能移民来解决该国的财政问题；Auerbach和Oreopoulos（1999，2000）使用了代际会计方法，他们认为，移民对美国财政的影响主要由他们的后代决定。使用类似方法的还有Lee和Miller（2000）、Storesletten（2003）以及Karin（2005），他们分别对美国、瑞典与奥地利的外来移民与流入国财政收支进行了会计上的分析。其中，Lee和Miller（2000）与Karin（2005）使用了代际会计方法，而Storesletten（2003）采用了净现值法。对美国与瑞典的分析发现，财政与社会保障问题的解决需要引进较年轻的高技能人口；对奥地利的研究则表明，如果流入人口结构与特征始终保持稳定，移民将会对奥地利产生正的财政收益。Rowthorn（2008）则提出了不同的观点，他认为，移民对于发达国家的财政影响也许没有那么重要。Song等（2012）系统地计算了中国的城乡人口迁移，并分析了中国养老金改革对代际的福利影响。本文使用的方法与Auerbach和Oreopoulos（2000）、Johnson（2003）、Song等（2012）所使用的人口分析方法接近。

本文余下的内容分为以下几部分：①数据；②计算城乡迁移人口的规模和年龄结构；③人口预测；④城镇养老保险运行模拟；⑤敏感性检验；⑥结论和讨论。

二、数据

本文的计算将使用 2000 年第五次人口普查与 2010 年第六次人口普查数据。在公布人口普查数据公报时，国家统计局已经对普查数据进行了修正，其中主要是漏登率的修正（乔晓春，2002）。在 2000 年普查中，共登记了 12.4 亿人口，但在第五次人口普查的主要数据公报（第一号）中，不包括港澳台地区的全国总人口被公布为 12.7 亿人。在 2010 年的调查中，全国共登记 13.3 亿人，在此基础上国家统计局公布的全国总人口为 13.4 亿人。除此之外，国家统计局对于城镇人口比率（城市化率）同样有所修正。根据 2000 年与 2010 年普查的分年龄、性别的统计数据可以计算出城市化率分别为 36.9% 与 50.3%，但在两次人口数据公报中，城市化率被分别调整为 36% 与 49.7%。在本文中，我们将保持 2000 年和 2010 年普查的人口年龄、性别结构不变，并将两次普查的人口总量与城市化比率调整至与两次人口普查数据公报相同。

本文将采用两次人口普查的生育率与死亡率数据，其中死亡率可以直接采用普查数据，生育率则需要做一些说明。从两次普查的生育率对比中我们发现：①农村生育率在各个年龄段都要高于城市生育率；②2000 年与 2010 年的普查生育率较为接近，这从侧面说明了生育率的稳定性。此外，2000 年普查与 2010 年普查的生育率可能都在一定程度上被低估了。Goodkind（2004）估计，在 2000 年普查中，约有 3700 万名 9 岁以下的人口没有被普查覆盖。张为民和崔红艳（2003）的研究发现，有 3000 万名儿童被普查遗漏。Retherford 和 Choe 等（2005）、Zhang 和 Zhao（2006）使用相似的方法，认为 2005 年普查的生育率同样应当向上调整。因此，在本文的模拟中，我们将对公布的生育率数据向上调整一个固定幅度，这样调整的有效性在后文的模拟中得到了证实。

三、城乡迁移人口的规模和年龄结构

城乡人口迁移是中国经济的一个重要特点，同时也是本文所要分析的关键变量。本文使用的城乡人口迁移概念包括两个组成部分：首先是原户籍登记处为农村的人口，现在离开其户口登记地点并迁移到城市来；其次是人口并未迁移，但其居住位置在人口调查的城乡分类定义中由农村变为城市。

在本节中，我们将通过对比 2010 年度普查人口与预测人口的方法推测出城乡迁移人口的规模和年龄结构。预测人口采用 2000 年普查得出的人口年龄、性别结构等数据，假定（经过调整后的）出生率与死亡率在 2000~2010 年保持线性变化，我们便可算出 2010

年城乡的"自然"人口，"自然"人口假设仅有城乡内部的自然出生与死亡，而没有城乡间的人口迁移（包括城乡的重新定义）。用 2010 年"自然"人口的城乡分年龄、性别数据对比 2010 年的普查数据，其中的差异便是 2000～2010 年的城乡迁移人口。

一个关键的问题在于我们能否通过人口模型推演的方式来获得较准确的"自然"人口。Goodkind（2004）发现，通过 1990 年的人口普查数据推演得到的 2000 年"自然"人口与 2000 年的普查数据拟合得很好（除了 9 岁以下的人口），即使成年段中"自然"人口与普查人口中存在一些矛盾，也能够通过邻近年龄的平滑来达到这个年龄段的总量平衡。我们将通过类似的方法在 2000 年普查的基础上推得 2010 年的"自然"人口，并将比对 2010 年的普查数据。该方法与 Song 等（2012）类似，不同之处在于，Song 等（2012）使用了 2000 年第五次人口普查与 2005 年 1% 人口抽样调查数据，而本文使用了 2010 年第六次人口普查数据[①]。

在 2010 年"自然"人口的计算中，上标 $h \in \{u, r\}$，$i \in \{f, m\}$，$j \in \{0, 1, 2, \cdots, 100\}$ 分别代表了城市、乡村、女、男以及年龄（0～100 岁）。$p_t^{h,i,j}$ 指在第 t 期普查的各组人口数量，例如，$p_{2000}^{u,f,10}$ 代表在 2000 年普查中城市 10 岁女性人口的数量。人口数量已经经过了总量调整。$\hat{p}_t^{h,i,j}$ 代表通过人口模型推演得出的第 t 期"自然"人口，计算方法为：

$$\hat{p}_t^{h,i,0} = \sum_h \sum_{j \in [15,49]} \theta_{t-1}^{h,i} b_{t-1}^{h,j-1} \hat{p}_{t-1}^{h,f,j-1} \tag{1}$$

$$\hat{p}_t^{h,i,j} = \sum_i (1 - m_{t-1}^{h,i,j-1}) \hat{p}_{t-1}^{k,i,j-1}, \quad j > 0 \tag{2}$$

其中，$b_t^{h,j}$ 代表在 t 期，育龄妇女在该年龄的出生率；$m_t^{h,i,j}$ 代表分年龄的人口死亡率；$\theta_t^{h,i}$ 代表出生时的性别比例。特别地，由于预测的第 0 期即为普查数据，因此有 $\hat{p}_t^{h,i,0} = p_t^{h,i,0}$。

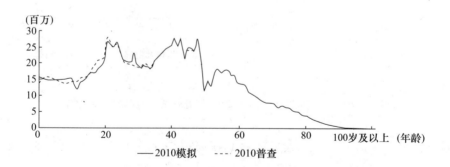

图1　2010 年模拟全国人口与 2010 年普查全国人口的年龄结构

在计算中我们将做以下调整与假设。首先，预测中使用的为普查公布数字的 1.2 倍。

---

① 与 2010 年第六次人口普查不同，2000 年第五次人口普查将离开户籍登记地半年以内的流动人口登记在原籍，这将使两次普查的农村人口口径相差 2% 左右，本文对此进行了调整。

采用1.2作为调整系数主要是因为2000年人口普查给出的育龄妇女总和生育率为1.2，而一系列文献表明真实的育龄妇女总和生育率应当在1.4以上（Cai，2008；Morgan and Guo，2009）。此外，将报告出生人口与之后的小学入学人数相比，也可发现2000年普查的出生率被低估了16%。因此，1.2是一个较为合理的调整值，图1也表明调整系数1.2可以得到较好地拟合0~10岁人口的真实普查人口。此外，分析结果也对于不同的调整值很稳健。

在理想情况下，2010年的人口总量与结构的模拟值应当与2010年调查得出的情况相同（不区别城乡）。图1显示，除15~18岁的人口略微偏低之外，2010年的模拟人口几乎完美地拟合了2010年普查人口。此外，Goodkind（2004）指出的2000年普查中的幼儿人口漏报在图1中似乎没有显示出来，这是由于我们已经将出生率向上调整到了1.2倍，若没有这样的调整，2010年模拟的儿童阶段人口都将低于2010年普查数字。

图2列出了2010年不发生人口迁移情况下产生的"自然"人口与真实普查人口的城乡对比。可以发现，模拟的"自然"农村人口在0~50岁都要显著低于2010年普查，而模拟的"自然"城镇人口则在同一个年龄段偏高。这暗示了大量人口从乡村迁移到了城市。

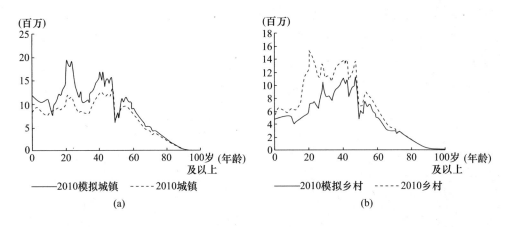

图2 2010年模拟城乡人口与2010年普查城乡人口的年龄结构

假设分性别、年龄的乡—城人口迁移率在模拟中保持不变，那么迁移率必须满足方程：

$$p_{2010}^{r,i,j} = \hat{p}_{2010}^{r,i,j} \cdot \prod_{k=1}^{10}(1 - r^{i,j-k}) \tag{3}$$

其中，$r^{i,j}$为分年龄、性别的农村人口迁出率。该式的含义为，2010年i岁j性别的农村人口为该年龄、性别的"自然"人口经过10年的人口迁移后的结果。图3（a）与图3（b）分别画出了迁移人口分性别与年龄的迁移与迁移率。在计算分年龄迁移率时，为了保证迁移率方程有解，本文假设10岁以下农村人口迁出率为0。

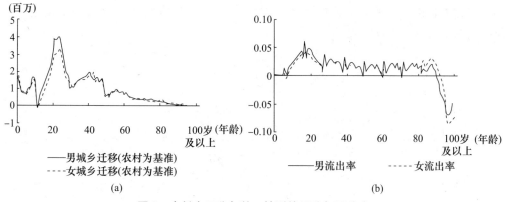

图3　农村人口分年龄、性别的迁移与迁移率

从图中可以看出，农村人口的迁移率在 15～30 岁较高，每年接近 5%；之后在 40～70 岁逐渐降低；70 岁之后再次上升。从 2000～2010 年的迁移总量中我们能够计算出，城乡净迁移人口为 1.91 亿人，约为 2000 年农村人口的 24.3%，即每年从农村迁移向城市的人口比率约为 2.8%（迁移率定义为农村人口每年的城市化人口占当年农村人口的百分比）。胡英（2003）估计了 1990～2000 年的城乡人口迁移规模，发现，1996～2000 年城乡人口迁移保持了相当的稳定，在 1750 万～1950 万人浮动，这与我们估计的年均 1910 万人比较接近。

四、人口预测

使用图 3（a）与图 3（b），结合 2010 年调查中的人口、死亡率以及出生时的人口性别比例，并将 2010 年的普查生育率向上调整 20%。我们对中国的未来城乡人口进行了预测。我们发现，在 2024 年达到人口上限 15 亿人之后，中国的总人口便开始下降，直到 2100 年的 5.7 亿人左右。图 4 列出了城镇与农村总人口在有或没有城乡迁移假设下的分别预测。在模拟中我们假设迁移到城镇的乡村人口的生育率、死亡率与城镇相同。在有城乡迁移的假设下，城镇人口将从 2010 年的 50.3% 分别上升至 2020 年的 60%、2032 年的 70% 与 2049 年的 80%。在没有城乡迁移的情况下，城市人口将逐渐下降直至 2100 年的 36%。这样强烈的对比揭示了城乡人口迁移的重要性。

在城乡人口中我们进一步考虑人口的赡养率，即每名劳动年龄人口对应的退休人口数量。根据现有退休年龄，我们将劳动年龄区间定义为男性 18～59 岁，女性 18～54 岁。本文对城乡赡养率的预测分别在图 5（a）与图 5（b）中列出。

在 2054 年，在没有城乡迁移的情况下，城镇人口赡养率将达到 125%，一名劳动年龄人口要赡养 1 名以上的退休人口（图 5（a））；而在有城乡迁移的情况下，此时城镇人口赡养率仅为 95%。在图 5（b）中，由于大量的乡—城人口，尤其是青壮年农村人口的迁移，农村人口的赡养率上升很快，将在2050年达到最高值93％，这反映了完善农村养老保险的重要性。

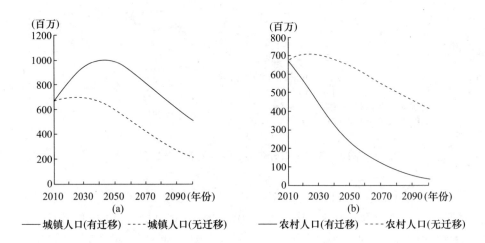

图4　2010～2100年城乡人口预测（有城乡人口迁移与无人口迁移的情况下）

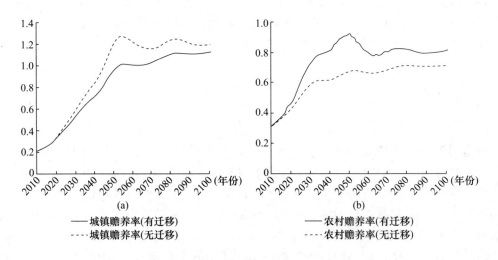

图5　有迁移与无迁移下的城镇人口赡养率和农村人口赡养率

五、城镇养老保险运行模拟

根据 Lee 和 Miller（2000）、Auerbach 和 Oreopoulos（1999，2000）以及 Storesletten

（2003）所使用的方法，本节对养老保险的运行模拟包括收支平衡度的计算、放松计划生育政策以及退休年龄延迟三个部分。由于此时本文计算的是全国范围内的人口乡城净流动，此时养老保险个人账户的跨省转移或迁移人口向农村回流都不会影响账户的计算。

社会养老保险收支情况的计算需要劳动参与率、养老保险覆盖率、养老金缴纳占工资的比例以及退休人口养老金的替代率这四个参数。劳动参与率为城镇职工总数占所有城镇劳动年龄人口的比例。养老保险覆盖率为参与社会养老保险人数占城镇职工总数的比例。由于户籍的限制，从农村流入城市的大部分青壮年人口并未被城镇养老保险所覆盖，乡城迁移人口对于城镇养老保险收支的影响在当前情况下较为有限。本文将城镇人口中的户籍人口与外来人口区分开来，分别设置不同的参保比例。养老金缴纳比例为养老金的缴纳数额（包括政府补贴）占参加养老保险人口的工资总额的比例（工资总额为城镇职工平均工资与参与养老保险职工人数的乘积）。养老金替代率为参保退休职工的养老金占当年城镇平均工资的比例。需要注意的是，参数在校准时已经扣除了财政对于社保基金的补贴，这部分补贴占养老基金收入的15%左右（如2010年两级财政共补贴1910.35亿元，占当年养老基金总收入11490.8亿元的14%）。后文的模拟也将扣除该补贴进行计算。表1列出了2006～2010年的相关数据（中国国家统计局，2011），所有的参数都在本文的人口预测数据下进行了校准。

表1　养老金模型参数

	2006 年	2007 年	2008 年	2009 年	2010 年
劳动参与率（%）	75.1	75.4	75.2	75.5	76.6
高年龄覆盖率（%）	73.7	79.2	101.4	95.7	
低年龄覆盖率（%）	43.0	44.4	45.1	48.6	
养老金缴纳份额（%）	18.2	17.7	17.3	17.1	16.1
养老金替代率（%）	50.7	48.7	48.2	47.5	45.8
养老金受益人人数（万）	4635.4	4953.7	5303.6	5806.9	6305.0

对于未来的劳动参与率与养老保险覆盖率我们做如下假设。首先，为了计算养老金收支的运行，我们必须知道劳动参与率和养老金覆盖率的乘积，即劳动年龄人口中参与缴纳养老金的人口比例。在2010年，劳动参与率为76.6%，通过检验2000年与2010年人口普查中的分年龄劳动参与率，我们发现人口老龄化对劳动年龄人口的劳动参与率几乎没有影响，因此我们假设该值保持稳定。

另外，本文对劳动年龄人口和退休人口分层次计算其养老保险参与率。这样做的原因是：无论是否已经停止缴纳养老保险，在1997年养老金系统改革前已经至少工作了15年的城镇职工都将能够无偿获得退休金，本文将这部分人口称之为"高年龄参保人"。本文将在1997年养老金系统改革时工作时间少于15年，或未参与工作的城镇职工称为"低年龄参保人"。由于城乡迁移人口的年轻人口比例较高，他们几乎全部属于"低龄参保人"，其参保率低于"高龄参保人"。2006~2009年，养老金受益人与退休年龄人口几乎以相同速度增加，注意到此时退休的人口都是"高年龄参保人"，这证明了其养老保险覆盖率也较高。因此，如果对1997年以前达到40岁的"高年龄参保人"假定一个较高且恒定的养老保险覆盖率，对其他人口假定一个较低且不断变化的初始养老金覆盖率，那么根据2006~2009年的退休年龄人口、领取养老金的退休人员人口和参与养老保险的工作年龄人口变化，我们将高年龄参保人的养老保险参与率定为100%，而将随时间变化的低年龄参保人的养老金覆盖率定为50%，并根据其趋势，假设低年龄参保人的覆盖率将线性增长至2030年的80%，并从此保持不变。

2011年的CHFS数据显示，城镇户籍人口的养老保险参保率约为80%，而乡城迁移人口的参保率约为30%。根据2000~2010年的人口城市化情况，结合微观数据（如CHIPS、CHFS）的城镇人口参保率，我们发现近年来非户籍人口参保率出现了快速上升。将2010年户籍人口参保率设置为70%，非户籍人口参保率设置为20%，将能够较好地拟合2009~2010年的养老金收支情况，且也能够反映出户籍人口与非户籍人口在参保率上的差异大小。本文的基准假设是：2010年户籍人口参保率为70%，非户籍人口为20%，他们的参保率都将在2030年线性上升至80%。我们也将进一步检验不同上升速度的非户籍人口参保率将对城镇养老保险产生何种影响。此外，由于缴费不满15年的参保人员在退休后不能享受养老保险待遇，退休年龄前15年内迁移至城镇的农村人口将无法获得退休后的养老给付，因此，模型中从农村向城镇的转移人口中仅有小于45岁的男性和小于40岁的女性可以参加养老保险。

2010年中国城镇职工养老保险的政策缴费率为28%，与世界上其他国家相比处于一个较高的水平。但从表1的计算可知，该年真实的缴费率为16.1%，仅为政策缴费率的57.5%。真实缴费率和政策缴费率的差异存在多种原因，如非正规就业、企业单位的漏缴等。本文将真实缴纳率与政策缴纳率的比值设为"征缴率"，并做一个较为间接的假设，使用"征缴率"的变化来代替缴费率的变动。本文的基准假设是"征缴率"将在2010年之后逐渐提高，并在2030年达到100%，使真实缴费率达到28%。

（一）收支平衡度计算

模拟发现，城乡迁移对于养老金系统的依赖率降低也有明显的效果。在有城乡迁移的假设下，养老金依赖率将较平缓地上升，养老金赡养率超过135%的时间从2046年推迟到2073年（见图6）。为了计算养老保险的收支平衡情况，我们定义收支平衡度为：

$$收支平衡度 = \frac{总缴纳 - 总支出}{总缴纳}$$

根据表1，假定缴纳率稳定在20%，替代率稳定在50%，可得图7。从图中可清楚地看到乡一城迁移人口对于养老金系统的贡献。扣除财政补贴后，在没有城乡迁移的假设下，养老金收支的债务差距将迅速扩大，收支平衡度在2054年达到-86%，此时每1元的养老金收入必须配套0.86元的补贴才能够满足当年的养老金给付。而在有城乡迁移人口的情况下，债务差距增加的幅度被大大平滑，在 2054 年的收支平衡度为 −50%，比无迁移的情况高出近 36%。而在模拟后期，乡—城迁移人口对于养老金的相对贡献减少，这主要是由于中国的城市化已经接近尾声，根据上一部分的模拟，在 2049 年中国的城市化率将达 80% 以上，此时能够从农村转移出来的年轻人口已经相当有限了。

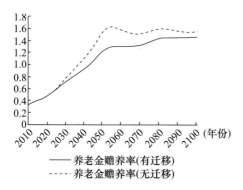

图6 有迁移与无迁移下的养老金系统赡养率

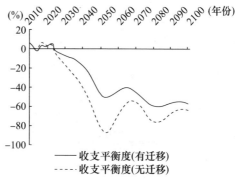

图7 有迁移与无迁移养老金系统收支平衡度

（二）放松计划生育政策讨论

从上文的赡养率和收支平衡度预测中可以看出，在长期内，由于生育率低于更替水平，迁移人口的贡献将随着人口更替出现萎缩，子代的养老金缴纳将很难弥补父代的养老金支出。这提示我们，在现收现付制度的养老金制度下，城市化对养老基金的短期补充效应十分明显，但长期来看还必须考虑其出生率的变动。在 2010 年第六次人口普查中总和生育率仅有 1.18，远低于更替水平，不到 1968 年的 20%。中国的生育率的确随着计划生育政策的执行一路下降，那么，逐渐取消或放松计划生育等生育约束性政策是否可以通过提高总和生育率来延缓老龄化进程，进而解决城镇养老保险基金的收支难题呢？

现有的文献认为，即使放松甚至取消计划生育政策，生育率可能也不会有太大的上升。这是因为在中国当前的城镇低生育率现象中，计划生育的作用可能已经不占据主要地位。如 Zheng 等（2009）与许静（2010）的阐释，即使计划生育政策取消，生育率在低生育意愿下也不会有明显的上升，更不会从当前的低水平上升到更替水平（2.1）。Cai（2010）则认为，尽管计划生育政策使中国的生育率开始下降，将生育率保持在低位的主要原因却是社会经济的变化与生育意愿的转变。事实上，东亚几乎所有的国家和地区都在没有计划生育的情况下保持在低生育状态。

如同东亚各国与各地区所经历的一样，中国可能已经出现了社会经济发展所带来的自发生育约束，生育率下降的原因已经不再是计划生育政策。因此，即使计划生育政策放松甚至取消，也很难相信中国将出现生育率的大幅上升。作为一项较为乐观的假设，本文假设从 2010 年开始，城镇与农村生育率（在第六次人口普查中分别为 0.88 与 1.15）将在

20 年内重新上升至一个较高的水平,上升的上限为第六次人口普查的农村总和生育率,即 1.44。

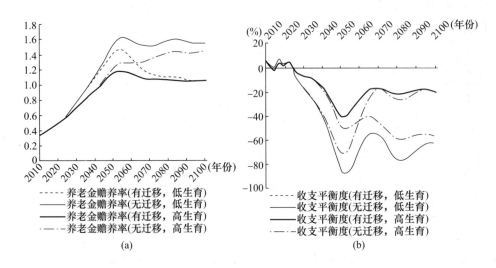

图8 有、无迁移与高、低生育率混合方案下的城镇赡养率和收支平衡度

通过比较低生育、有迁移的方案与高生育、无迁移的方案,我们发现出生育率提高对延缓老龄化的好处将在 2060 年左右超过城乡迁移(见图8)。在 2060 年左右,无城乡迁移且城市生育率提高的方案开始逐渐好于有城乡迁移且生育率不改变的方案,此时的收支平衡度约为 - 40%,在模拟的最后时期,生育率提高对收支平衡度的改善在 40% 左右。

但是,出生率提高带来的好处需要很长的时间来显现。在图8(b)的模拟方案中,提高生育率所带来的好处在 2030 年左右才开始出现,在 2050 年之后才开始逐渐扩大。而在有城乡迁移的方案中,迁移人口对养老金收支的好处在模拟的一开始便得以体现。另外,考虑到 2008 年东亚较发达地区的生育率最高为新加坡的 128%,中国的城镇生育率在 20 年内重新上升至 1.43 的可能性并不大,因此计划生育放松所能带来的真实收益可能会更低。

(三)退休年龄延迟

退休年龄的延迟在养老基金收支压力越发严重的欧洲国家已经成为了较为常规的做法,如希腊、法国等。推迟退休年龄的政策是在人口寿命增加的基础上进行的,中国人口预期寿命从 1990 年的 68 岁增加到 2008 年的 73.1 岁,在 60 岁的平均余命也从 1990 年的 18.2 岁增加到 2010 年的 21.8 岁。之前确定的养老基金给付方案可能已经偏离了收支平衡的预期。要不要延迟退休年龄?退休年龄延迟对养老金给付的改善有多大?这已经成为了社会普遍关心的一个问题。我们将在有人口迁移和无人口迁移的模式下,分别假设男性退休年龄将在一定年限后推迟到 65 岁或 70 岁，而女性则推迟到 60 岁或 65 岁，并观察在不同的退休年龄推迟方案中养老基金的收支情况。

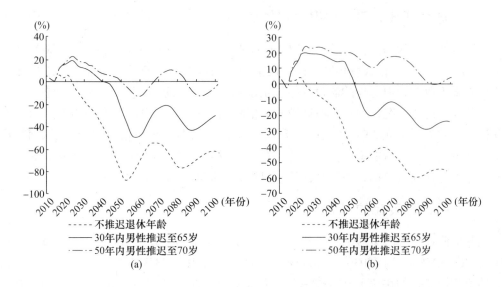

图 9 无、有人口迁移下各推迟退休年龄方案中的收支平衡度

图 9（a）与图 9（b）分别表示了在无人口迁移和有人口迁移这两种模式下，不同的推迟退休年龄方案对于养老基金收支的影响。30 年内推迟到 65 岁的方案即从 2010 年起，每年将男女退休年龄各推迟 2 个月。到 2040 年时，男性于 65 岁退休，女性于 60 岁退休。50 年内推迟到 70 岁的方案则意味着 5 年推迟一岁退休年龄，在 2060 年达到男 70 岁退休，女 65 岁退休。可以看出，推迟退休年龄使得养老金收支平衡度有了极大的改善。在无迁移人口的模式中，推迟退休年龄至 65 岁的方案将养老金收支先回到正值，到 2040 年之后才开始持续收不抵支，债务峰值也仅为不推迟退休年龄方案的一半；如果推迟至 70 岁，养老金收支在今后的一个世纪几乎都能够保持平衡。在有人口迁移的模式中，推迟到 65 岁退休甚至能让养老基金收不抵支的开始时间延迟至 2050 年，推迟至 70 岁退休的方案则完全避免了养老金收支不抵的情况。将图 9（a）与图 9（b）相比可以看出，由于推迟退休年龄使得劳动年龄人口将要在缴费窗口中存续更长的时间，迁移人口的作用在推迟退休年龄的方案中更加明显。

六、敏感性检验

在第四部分中我们使用基准假设，模拟了城市化对中国城镇养老保险基金的贡献。这一部分我们将对一些较强的基准假设进行敏感性检验，讨论城市化在不同基准假设下对养老金收支的影响。

（一）城乡迁移人口参保率变化的讨论

在第四部分，我们假设城乡迁移人口的养老保险参保率将从 2010 年的 20% 上升至 2030 年的 80%，与户籍人口相同。该假设依赖于当前的城乡迁移人口参保率迅速提高的趋势在未来不改变，但这样的假设可能过于乐观。当城乡迁移人口的参保率存在一个低于城镇户籍人口的上限时，城市化对城镇养老保险的补充能力也随之减弱（见图 10）。在城乡迁移人口的参保率在 2030 年仅能上升到 40%，为同期城镇户籍人口的一半的假设下，城镇中将不仅存在大量的未参保职工，还存在大量无养老保险的迁移退休人员，这提示了我们扩大养老保险覆盖面，将城乡迁移人口纳入城镇养老保险的紧迫性。

（二）征缴率变化的讨论

在基准假设下，政策缴纳率虽然不变，但由于征缴率上升至 100%，真实缴纳率将从 2010 年的 16.1% 上升到 2030 年的 28%。但事实上，由于 28% 的缴纳率已经是一个相对较高的值，征缴率的快速上升也是一个较为乐观的假设。当征缴率不能达到 100% 时，真实缴纳率将低于政策缴纳率 28%。在征缴率无法上升而导致真实缴费率保持不变时，中国的城镇养老保险基金将面临极大的收支缺口（见图 11）。到 2050 年时，即便有城乡迁移人口，每 1 元的养老金收入必须配套 1.5 元的补贴才能够满足当年的养老金给付。与图 7 比较可以发现，城乡迁移人口在 2050 年对城镇养老保险基金的贡献相当于真实缴费率上升 6% ~ 7%。

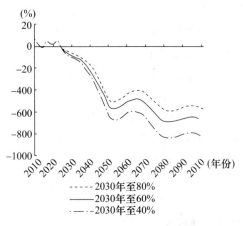

图 10 不同城乡迁移人口的参保率变动假设下的收支平衡度

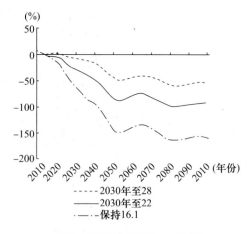

图 11 有城乡迁移时，不同真实缴费率假设下的收支平衡度

七、结论与讨论

当一些老龄化的发达国家必须仰仗外国移民来缓解福利给付压力时，中国仍然拥有年龄结构较年轻的大量农村人口，他们中的绝大部分仍然没有被城镇养老保险所覆盖。这意味着农村人口的城市化将在缓解城市老龄化压力上起到重要作用。本文对这个命题进行了详细的分析。

本文首先比较了2010年第六次普查人口与2010年的"自然人口"（在没有城乡迁移假设下的推测人口数据）的区别，并以此为依据计算了这10年中的乡—城迁移人口。这部分计算给出了农村人口分年龄、性别的迁移率。我们发现，农村人口在15～49岁的年龄段具有较高的迁移率，为5%～15%不等，在其他年龄阶段的迁移率较低。

在此基础上，本文计算了人口城市化对中国分城乡的人口规模和年龄结构的影响。本文发现，在纳入迁移人口之后，城镇人口的赡养率的增速显著下降，2040～2060年，农村人口的移入使得城镇人口的赡养率比没有移民流入的情况降低了0.3左右，这意味着对于每三名工作年龄人口，他们需要赡养的退休年龄人口将减少一人。中国的老龄化趋势将在农村人口城市化的作用下被有效缓解与推迟。

其次，本文模拟了乡—城人口迁移对于城镇养老保险收支的影响，并发现人口迁移对中国维持一个稳定的社会保障系统同样具有重要意义。2040～2060年，有城乡迁移的养老金依赖率比没有城乡迁移的情况要低0.3左右。另外，乡—城迁移人口将使得快速增加的养老金债务规模变得相对平稳，并将没有迁移情况下收支最不平衡的年份的收支平衡度提高约36%。这为中国城镇养老保险制度平稳度过老龄化的冲击提供了有利的条件。

在放松计划生育和推迟退休年龄的分析中，本文发现生育率的提高在短期内效果不明显，但能在长期内缓解老龄化并改善养老金收支。而无论是否有城乡迁移，推迟退休年龄都能在很大程度上改善养老金收支的不平衡程度，并且由于劳动年龄人口的缴费窗口扩大，迁移人口对养老基金收支的作用将更加明显。在有城乡迁移的模式下，若将退休年龄在2040年推迟至65岁，养老金的收支不抵时间将被推迟到2050年，债务差距将始终保持在30%以下，明显好于不推迟退休年龄的模拟情况。

同时，本文存在两点局限：第一，本文的讨论取决于几项重要假设。要使城乡迁移人口在缓解城镇老龄化中发挥更大作用，我们必须致力于迁移人口参保率的快速提高，以及征缴率的提高。第二，本文仅在一个经济增长的外生假定下模拟了城乡迁移人口的作用，而并没有使用一个一般均衡模型，将城乡迁移带来的影响内生化到模型中。这方面可进一步参考Song等（2012）与汪伟（2012）。

回到本文开头的问题，中国是否能平稳度过受老龄化冲击的未来数十年？本文可能将会给出肯定的答案，而解决问题的关键，也许正隐藏在中国现在这世界上最大规模的人口迁移——伟大的中国城市化进程之中。

参考文献

［1］胡英．城镇化进程中农村向城镇转移人口数量分析［J］．统计研究，2003（7）．

［2］乔晓春．从·"主要数据公报"看第五次人口普查存在的问题［J］．中国人口科学，2002（4）．

［3］汪伟．人口老龄化、养老保险制度变革与中国经济增长——理论分析与数值模拟［J］．金融研究，2012（10）：29－45.

［4］许静．中国低生育水平与意愿生育水平的差距［J］．人口与发展，2010（1）：27－37.

［5］张为民，崔红艳．对中国2000年人口普查准确性的估计［J］．人口研究，2003（4）．

［6］郑秉文．改革开放30年中国流动人口社会保障的发展与挑战［J］．中国人口科学，2008（5）：2－17.

［7］郑真真．中国育龄妇女的生育意愿研究［J］．中国人口科学，2004（5）：75－80.

［8］Auerbach A J O P. The Fiscal Effects of U. S. Immigration：A Generational－Accounting Perspective［J］. Tax Policy And The Economy，2000（14）：123－156.

［9］Auerbach A J，Oreopoulos P. Analyzing the Fiscal Impact of US Immigration［J］. American Economic Review，1999，89（2）：176－180.

［10］Bank T W，China D R C O. China 2030：Building a Modern，Harmonious，and Creative High－Income Society［J］. Washington，DC：The World Bank，2012.

［11］Cai Y. China's Below－Replacement Fertility：Government Policy or Socioeconomic Development？［J］. Population And Development Review，2010，36（3）：419.

［12］Cai Y. An Assessment of China's Fertility Level Using the Variable－R. Method［J］. Demography，2008，45（2）：271－281.

［13］Chan K W，Hu Y. Urbanization in China in the 1990s：New Definition，Different Series，and Revised Trends［J］. The China Review，2003，3（2）：49－71.

［14］Gal Z. Immigration in the United States and the European Union. Helping to Solve the Economic Consequences of Ageing？［J］. Sociologia，2008，40（1）：35－61.

［15］Goodkind D M. China's Missing Children：The 2000 Census Underreporting Surprise［J］. Population Studies，2004，58（3）：281－295.

［16］Lee R，Miller T. Immigration，Social Security，and Broader Fiscal Impacts［J］. American Economic Review，2000，90（2）：350－354.

［17］Uang Z. The Age of Migration in China［J］. Population and Development Review，2001，27（3）：499－524.

［18］Mayr K. The Fiscal Impact of Immigrants in Austria—A Generational Accounting Analysis［J］. Empirica，2005，32（2）：181.

［19］Merli M G，Smith H L Has the Chinese Family Planning Policy been Successful in Changing Fertility Preferences？［J］. Demography，2002，39（3）：557－572.

［20］Morgan S P，Zhigang G，Hayford S R. China's Below－Replacement Fertility：Recent Trends and Future Prospects［J］. Population and Development Review，2009，35（3）：605－629.

［21］Razin A，Sadka E. Migration and Pension with International Capital Mobility［J］. Journal of Public Economics, 1999, 74 (1): 141 – 150.

[22] Razin A, Sadka E. Unskilled Migration: A Burden or a Boon for the Welfare State? [J]. Scaninavian Journal of Economics, 2000, 102 (3): 463 – 479.

[23] Retherford R D, Choe M K, Chen J, et al. How Far Has Fertility in China Really Declined? [J]. Population and Development Review, 2005, 31 (1): 57 – 84.

[24] Rowthorn R. The Fiscal Impact of Immigration on the Advanced Economies [J]. Oxford Review of Economic Policy, 2008, 24 (3): 561 – 581.

[25] Song Z, Storesletten K, Wang Y et al. Sharing High Growth Across Generations: Pensions and Demographic Transition in China [J]. American Economic Journal: Macroeconomics, 2015, 7 (2): 1 – 39.

[26] Storesletten K. Fiscal Implications of Immigration—A net Present Value Calculation [J]. Scandinavian Journal of Economics, 2003, 105 (3): 487 – 506.

[27] Storesletten K. Sustaining Fiscal Policy Through Immigration [J]. Journal of Political Economy, 2000, 108 (2): 300 – 323.

[28] Guangyu Zhang, Zhongwei Zhao. Reexamining China's Fertility Puzzle: Data Collection and Quality over the Last Two Decades [J]. Population and Development Review, 2006, 32 (2): 293 – 321.

[29] Zhenzhen Z, Cai Y, Feng W, et al. Below – Replacement Fertility And Childbearing Intention In Jiangsu Province, China [J]. Asian Population Studies, 2009, 5 (3): 329 – 347.

Urbanization Will Be How to Deal with Aging? —From the Perspective of China's Urban and Rural Population Flow to the Pension Fund Balance

Chen Qin   Song Zheng

(School of Economics, Fudan University, Shanghai 200433;
Booth School of Business, University of Chicago, Chicago 60637)

Abstract: Using the 2000 and 2010 census, we calculate the rural – urban migration rate by age and gender. A demographic projection of total amount and age structure can be simulated based on the rural – urban migration rate. We include the demographic projection into the frame of Chinese Urban Pension System, and discuss the contribution and benefit evolution of Chinese pension under the process of urbanization. This paper finds that urbanization would make a significant improvement, which equals to the effect of 30% increase of real contribution rate, to the aging future and the balance of Chinese Urban Pension System. An increasing fertility rate lead by a relaxing family planning only has a modest effect on balance of pension system in the short term, while the effect is strong in the long term. The postpone retirement age in any case, can greatly improve the balance of pension.

Key Words: Urbanization; Aging; Pension; Migration

金融发展、产权性质与商业信用的信号传递作用

江　伟[1]　曾业勤[2]

（1. 暨南大学管理学院会计学系，广州　510632；

2. 华盛顿大学商学院财务学系，西雅图　98195）

【内容摘要】利用中国工业企业数据库，本文提出并检验了企业提供的商业信用净额具有信号传递作用的观点。本文的研究结果支持了我们提出的论点，即企业提供的商业信用净额越多，其获得的银行贷款越多，而且在民营企业以及金融发展水平较高的地区，企业提供商业信用的信号传递作用要更强；进一步研究发现，在民营企业以及金融发展水平较高的地区，企业也会提供更多的商业信用净额。本文的研究意义不仅有助于我们全面了解商业信用对企业的融资作用，而且对于缓解中小企业融资难的实践也具有一定的启示意义。

【关键词】商业信用净额；银行贷款；信号传递

一、引言

作为一种被广泛使用的交易方式，商业信用受到学术界的大量关注，学者们从价格歧视、降低交易成本以及获取融资等角度对商业信用的出现提出了理论解释（Meltzer，1960；Ferris，1981）。其中受关注最多、争议最大的就是商业信用的融资作用。目前学术界对商业信用的融资作用存在着两种相反的观点：一种观点认为，商业信用与银行贷款之间是一种相互替代的关系，在金融市场不完善导致信贷配给的情形下，企业可以通过上游企业提供的商业信用来获得替代性的融资（Petersen and Rajan，1997；Fisman and Love，2003）；另一种观点则认为，商业信用与银行贷款之间是一种相互补充的关系，受到融资约束的企业可以从上游企业提供的商业信用来向银行传递该企业质量的信息，从而便利其

获取银行贷款（Biais and Gollier，1997；Cook，1999）。

国外对商业信用融资作用的争论对于解释中国经济的高速增长也有着重要的影响。Allen 等（2005）认为，以民间借贷、商业信用等构成的非正规金融为中国民营企业提供了替代性的融资方式，从而弥补了中国法律体系与金融发展的不足，并推动了中国经济的高速增长。然而 Ayyagari 等（2010）的经验研究结果却表明，银行贷款而不是商业信用对中国企业的业绩与成长具有显著的影响。Ayyagari 等（2010）与 Allen 等（2005）之间的争论也引发了大量学者探讨商业信用对于中国企业融资与成长的影响①。例如 Ge 和 Qiu（2007）、Cull 等（2009）以及陆正飞和杨德明（2011）的研究结果支持商业信用的替代融资观点，但是 Du 等（2009）以及 Li 和 Lu（2010）的研究结果不支持商业信用对我国企业成长具有促进作用的观点。因此，对于商业信用是否促进了我国的企业发展乃至经济增长仍是一个悬而未解的问题。

尽管国内外学者对商业信用融资作用的研究取得了丰硕的研究成果，但是这些研究存在以下不足之处：①大多数上述研究的对象为公众公司，但是商业信用的融资动机更适合于解释非上市的、中小企业的融资行为（Rajan and Zingales，1997）。②现有对商业信用替代或互补融资作用的研究中，主要是考察企业获得的商业信用（即应付账款）与银行贷款之间的关系，而忽略了企业提供的商业信用（即应收账款）对银行贷款的抵押作用和信号传递作用（Wilson and Summers，2002）。③现有对企业获得商业信用（即应付账款）与提供商业信用（即应收账款）的研究基本上是分割的，没有考虑企业在进行商业信用的决策时，会考虑应付账款与应收账款之间的期限匹配问题（Fabbri and Klapper，2009）。

针对上述国内外研究的现状及其存在的不足，本文将利用"中国工业企业数据库"，提出并检验企业提供的商业信用净额对其获得银行贷款的信号传递作用，并进一步考察在金融发展水平不同的地区以及产权性质不同的企业，这一信号传递作用的大小。

二、理论分析与研究假设

企业对客户提供的商业信用可以对贷款银行发挥直接的信号传递作用和间接的信号传递作用。在直接的信号传递方面，当向银行申请贷款时，企业通过向银行提供的财务报表信息来传递其质量好坏的信号，这些财务报表包括了企业的应收账款和应付账款状况，可以反映贷款企业的销售情况与财务状况等信息，银行可以结合企业在贷款银行开设的交易账户来对这些信息进行证实（Mester et al.，2007）。例如，在其他条件相同的情况下，企

---

① 徐晓萍和李猛（2009）以及余明桂和潘红波（2010）从市场竞争的角度对我国企业商业信用的使用进行了解释，刘凤委等（2004）则考察了信任对我国企业商业信用模式的影响。

业的应收账款比重越大，可能反映企业的销售情况越好，现金流入与流出越稳定，并具有向客户提供较多商业信用的能力（Wilson and Summers，2002），也预示着企业未来有更多可以回收的现金（Wu et al.，2011），从而可以降低银行的信贷风险，提高银行进行贷款的意愿。在间接的信号传递方面，企业也可以通过提供商业信用的方式来向客户传递其产品质量和财务状况的信息。例如，企业对客户提供的商业信用越多，可能反映该企业的产品质量越好，以及希望与客户建立良好商业关系的意愿（Wilson and Summers，2002）；即使企业的财务状况暂时出现问题，他们也可能通过扩大信用销售的方式来传递其未来较好的财务信息，从而维持现有的销售水平（Rajan and Zingales，1997）。由于企业与客户在商业往来中的密切交流与相互监督，他们彼此掌握着外部投资者比如银行所不具有的内在信息（Brennan et al.，1988）。当企业为了申请贷款而向银行提供其给客户的商业信用信息时，企业原本通过应收账款向客户传递的信号也间接传递给了银行，并可能被银行所理解和信任（Biais and Collier，1997），从而促使银行愿意提供信贷资金。

虽然以上分析表明，企业提供的商业信用同样对贷款银行具有信号传递作用，但是企业对于接受和提供商业信用的决策并不是孤立的，他们会根据市场竞争状况和自身财务状况对商业信用进行期限匹配，即对应收账款和应付账款进行时间和金额上的匹配，以达到营运资金管理和风险管理的目的（Fabbri and Klapper，2009）。因此，银行可能不会根据企业提供的商业信用总额（即应收账款总额）来考察其传递的信号，而会考察企业提供的商业信用净额（即应收账款与应付账款之间的差额）。以上理论分析同样适用于中国的制度环境，由此本文提出假设1：

假设1：企业提供的商业信用净额与其银行贷款之间呈显著的正相关关系。

我国处于转轨经济的特征，决定了我国绝大多数的银行是国有的，并且国有银行的信贷决策不可避免地要受到政府行政指令的干预（LaPorta et al.，2002），由此导致国有银行对民营企业存在着信贷歧视问题（Brandt and Li，2003；江伟和李斌，2006a）。信贷歧视问题使得民营企业难以获得银行贷款，因此，与国有企业相比，民营企业更有动机通过提供商业信用来向贷款银行传递其质量好坏的信号，从而便利其获得银行贷款。基于上述原因，本文提出假设2：

假设2：与国有企业相比，民营企业提供的商业信用净额与其银行贷款之间的正相关关系会有所增强。

由于我国各地区在金融发展水平方面呈现出较大的差异（樊纲、王小鲁和朱恒鹏，2010），导致在处理企业提供商业信用的信号传递作用时，各地区银行的意愿和能力也存在着差别。原因在于：一方面，在金融发展水平较高的地区，国有银行的市场化改革更加深入，与其他银行之间的相互竞争也更加激烈，这使得这些地区的银行更加关注对盈利目标的追求（Brandt and Li，2003；余明桂和潘红波，2008），从而促使他们可能更加重视贷款企业提供商业信用所具有的信号传递作用；另一方面，在金融发展水平越高的地区，银行越有能力通过企业的日常交易账户和收集到的其他信息对企业进行监控（Diamond，1984；江伟和李斌，2006b），从而鉴别企业提供商业信用所直接传递的信号，也越有能力判别和理解企业提供商业信用对客户的信号传递作用，以及对银行所间接传递的信号。Wu 等（2011）的研究结果就表明，在金融发展水平较高的地区，银行监控企业和防范风险的能力会有所提高。由此本文提出假设 3：

假设 3：在金融发展水平比较高的地区，企业提供的商业信用净额与其银行贷款之间的正相关关系会有所增强。

三、研究设计

（一）样本的选取

本文的研究样本来自中国工业企业数据库，该数据库由中国国家统计局调查收集而成，样本区间为 1998 ~ 2007 年。与国内外学者大多采用上市公司为样本的研究相比，该数据库更加适合于研究企业尤其是非上市企业、中小企业和民营企业商业信用的融资作用。该数据库包括的工业企业可以被分为采掘业、制造业以及电力、燃气与水的生产和供应业三大类，本文又根据中国国家统计局 2002 年执行的二位标准行业分类号把样本分为39 个子行业。

由于该数据库从 2004 年才开始披露企业应付账款方面的信息，因此，本文的样本区间为 2004 ~ 2007 年。我们采用以下标准对样本企业进行了筛选：①剔除有重复代码的观测值，财务、经营与所有权结构信息有缺省的观测值，以及有明显信息错误的观测值；②不能满足至少连续两年有主营业务收入数据的企业（用于计算企业成长性）。通过以上标准的筛选，我们最后得到共计 761572 个样本观测值。为了消除异常值的影响，本文对所有连续变量上下 1% 分位数分别进行了缩尾调整（winsorize）处理。

（二）研究变量的定义

本文主要考察企业提供的商业信用净额对其获得银行贷款的信号传递作用，被解释变量为银行贷款（Debt）或短期银行贷款（Sdebt），本文采用企业总负债与其非银行负债项目之间的差额来间接度量企业获得银行贷款的多少。解释变量为商业信用净额（NAR 或者 DNAR）、企业所有权性质以及地区金融发展（FD）。借鉴 Li 等（2009）以及江伟和李斌（2006a）等的研究结果，本文分别引入资产负债率（Leverage）、年龄（Age）、成长性（Growth）、盈利能力（Profit）、可抵押资产比率（Collateral）、存货比率（Inventory）、规模（Size）、行业集中度（Herfin）、地区经济增长率（GDP_ Growth）、地区人均 GDP（GDP_ PC）等作为控制变量。以上各变量的定义如表 1 所示。

表1 研究变量的定义

变量		变量定义
银行贷款（Debt）		（企业总负债 – 非银行负债项目）/总资产
短期银行贷款（Sdebt）		（企业短期负债 – 非银行负债项目）/总资产
商业信用净额	NAR	（应收账款 – 应付账款)/总资产
	DNAR	哑变量，如果企业的应收账款大于应付账款，取1，否则取0
所有权性质	民营企业（Private）	哑变量，如果为民营企业，取1，否则取0
	集体企业（Collective）	哑变量，如果为集体企业，取1，否则取0
	股份制企业（Joint – venture）	哑变量，如果为股份制企业，取1，否则取0
	外商投资企业（Foreign）	哑变量，如果为外商投资企业，取1，否则取0
地区金融发展水平（FD）		金融业市场化指数（樊纲等，2010）
资产负债率（Leverage）		总负债/总资产
年龄（Age）		企业成立期限加1后的自然对数
成长性（Growth）		（当年主营业务收入 – 前一年主营业务收入）/前一年主营业务收入
盈利能力（Profit）		（利润总额 – 所得税）/总资产
可抵押资产比率（Collateral）		固定资产/总资产
存货比率（Inventory）		存货/总资产
销售毛利率（GPM）		（主营业务收入 – 主营业务成本）/主营业务成本
产品清算成本（Liqui_ Cost）		完工产品/存货
资本—劳动力比率（Capital_ Labor）		总资产/平均员工人数
企业规模（Size）		当年年末总资产的自然对数
行业集中度（Herfin）		以行业前50位企业计算的赫芬达尔指数
地区经济增长率（GDP_ Growth）		地区GDP年增长率
地区人均GDP（GDP_ PC）		地区人均GDP的自然对数

（三）描述性统计

表2列出了样本观测值的描述性统计。从表2可以看出，样本企业商业信用净额比率（NAR）的均值为3.62%，样本中约有58.48%的观测值的商业信用净额（DNAR）大于零；样本中国有企业、民营企业、集体企业、股份制企业以及外商投资企业的比重分别为7.72%、38.29%、11.4%、20.71%、21.88%；样本企业银行贷款比率（Debt）的均值为40.62%，短期银行贷款比率（Sdebt）的均值为36.25%。

表 2　描述性统计

变量	均值	最小值	最大值	标准差
Debt	0.4062	0	0.9803	0.2432
Sdebt	0.3625	0	0.9683	0.2513
NAR	0.0362	− 0.5893	0.6263	0.2107
DNAR	0.5848	0	1	0.4928
SOE	0.0771	0	1	0.2669
Private	0.3829	0	1	0.4861
Collective	0.1140	0	1	0.3178
Joint – venture	0.2072	0	1	0.4053
Foreign	0.2188	0	1	0.4134
FD	7.9914	0	12.0100	2.3848
Leverage	0.5582	0	0.9999	0.2547
Age	1.9797	0	4.6821	0.8743
Growth	0.3443	− 0.7734	5.5955	0.8848
Profit	0.0645	− 0.1654	0.7632	0.1321
Collateral	0.3531	0.0081	0.8889	0.2136
Inventory	0.1896	0	0.7193	0.1624
GPM	0.1530	0.0777	0.6100	0.1184
Liqui_ Cost	0.4571	0	1	0.3484
Capital_ Labor	4.9041	2.3932	7.5726	1.0423
Size	4.7579	2.3979	7.9334	1.1037
Herfin	0.3436	0.0393	0.6411	0.4574
GDP_ Growth	0.1237	0.0510	0.2160	0.0221
GDP_ PC	9.7137	7.7590	11.1030	0.6282

表3列出了不同所有权性质和不同地区金融发展的企业商业信用净额比率。从表3可以看出，集体企业的商业信用净额比率（NAR）最高，均值为8.16%，其次为民营企业，均值为4.64%，接下来分别为股份制企业和国有企业，均值分别为3.91%和1.77%，外商投资企业的商业信用净额比率最低，均值为0.28%。另外，从表3也可以看出，在地区金融发展水平比较高的地区，企业商业信用净额比率（NAR）的均值为4.91%，要高于低金融发展地区企业的商业信用净额比率（Debt）均值2.66%。

表3　不同所有权性质和地区企业的商业信用净额比率（均值）

	Debt	Sdebt	NAR	DNAR
国有企业	0.4637	0.3815	0.0177	0.5769
民营企业	0.4043	0.3577	0.0464	0.6284
集体企业	0.3883	0.3344	0.0816	0.6684
股份制企业	0.4196	0.3611	0.0391	0.6049
外商投资企业	0.3000	0.2686	0.0028	0.5449
低金融发展地区	0.3799	0.3258	0.0266	0.5690
高金融发展地区	0.3917	0.3544	0.0491	0.6259

四、实证结果及分析

（一）对假设 1 ~ 假设 3 的实证检验

借鉴 Cook（1999）的研究方法，本文分别使用以下模型（1）~ 模型（3）对假设 1 ~ 假设 3 进行实证检验。由于本文的样本观测值中存在着银行贷款比率（Debt）为零的情况，因此，本文采用 Tobit 而不是 OLS 方法来对以下模型进行回归分析。与此同时，本文采用了稳健（robust）标准误差来克服存在的异方差问题。

$$\text{Debt} = \beta_0 + \beta_1 \text{NAR(or DNAR)} + \sum_{j=2}^{5} \beta_j \text{Ownership} + \beta_6 \text{Leverage} + \beta_7 \text{Age} + \beta_8 \text{Growth} +$$
$$\beta_9 \text{Profit} + \beta_{10} \text{Collateral} + \beta_{11} \text{Inventory} + \beta_{12} \text{Size} + \beta_{13} \text{Herfin} + \beta_{14} \text{GDP\_ Growth} +$$
$$\beta_{15} \text{GDP\_ PC} + \sum_{j=16}^{53} \beta_j \text{IND}_i + \sum_{j=54}^{56} \beta_j \text{Year}_i + \varepsilon_{i,t} \qquad (1)$$
$$(i = 1, 2, 3, \cdots, 56)$$

模型中 β_0 代表常数项，$\beta_1 \sim \beta_{56}$ 代表系数。Ownership 表示企业的所有权性质，代表民营企业（Private）、集体企业（Collective）、股份制企业（Joint – venture）以及外商投资企业（Foreign）。如果假设 1 成立，则模型（1）中 β_1 的符号应该为正且显著。

$$\text{Debt} = \beta_0 + \beta_1 \text{NAR(or DNAR)} + \sum_{j=2}^{5} \beta_j \text{Ownership} \times \text{NAR(of DNAR)} +$$
$$\sum_{j=6}^{9} \beta_j \text{Ownership} + \beta_{10} \text{Leverage} + \beta_{11} \text{Age} + \beta_{12} \text{Growth} + \beta_{13} \text{Profit} + \beta_{14} \text{Collateral} +$$
$$\beta_{15} \text{Inventory} + \beta_{16} \text{Size} + \beta_{17} \text{Herfin} + \beta_{18} \text{GDP\_ Growth} + \beta_{19} \text{GDP\_ PC} +$$

$$\sum_{j=20}^{57} \beta_j IND_i + \sum_{j=58}^{60} \beta_j Year_i + \varepsilon_{i,t} \qquad (2)$$
$$(i = 1, 2, 3, \cdots, 60)$$

模型中 β_0 代表常数项，$\beta_1 \sim \beta_{60}$ 代表系数，Ownership 表示企业的所有权性质。如果假设 2 成立，则模型（2）中民营企业（Private）对应的表达式的符号应该为正且显著。

$$Debt = \beta_0 + \beta_1 NAR(or\ DNAR) + \beta_2 NAR(or\ DNAR) \times FD + \beta_3 FD +$$
$$\sum_{j=4}^{7} \beta_j Ownership + \beta_8 Leverage + \beta_9 Age + \beta_{10} Growth + \beta_{11} Profit + \beta_{12} Collateral +$$
$$\beta_{13} Inventory + \beta_{14} Size + \beta_{15} Herfin + \beta_{16} GDP\_Growth + \beta_{17} GDP\_PC +$$
$$\sum_{j=18}^{55} \beta_j IND_i + \sum_{j=56}^{58} \beta_j Year_i + \varepsilon_{i,t} \qquad (3)$$
$$(i = 1, 2, 3, \cdots, 58)$$

模型中 β_0 代表常数项，$\beta_1 \sim \beta_{58}$ 代表系数，Ownership 表示企业的所有权性质，FD 表示地区金融发展。如果假设 3 成立，则模型（3）中 β_2 的符号应该为正且显著。

表 4 列出了对假设 1 的检验结果。本文首先分别检验了企业提供的应收账款与获得的应付账款对其银行贷款的影响。从表 4 第（1）列和第（2）列的检验结果可以看出，应收账款比率（AR）及其平方项（AR^2）与银行贷款（Debt）之间都呈显著的负相关关系，这一结果表明，企业提供的应收账款总额对其获得银行贷款不具有促进作用。从表 4 第（3）列和第（4）列的检验结果可以看出，应付账款比率（AP）及其平方项（AP^2）与银行贷款（Debt）之间也都呈显著的负相关关系，这一结果表明，企业获得的应付账款总额对其获得银行贷款并不具有信号传递作用，两者之间的负相关关系可能表明企业获得的应付账款总额与银行贷款之间的替代关系。总之，以上结果表明，企业提供的应收账款与获得的应付账款对其银行贷款都不具有促进作用。表 4 的第（5）列和第（6）列列出了对企业提供商业信用净额（NAR 和 DNAR）的检验结果。从中可以看到，NAR 和 DNAR 的参数估计值分别为 0.5427 和 0.1654，且都在 1% 的水平上显著，表明企业提供的商业信用净额越多，越能从银行获得更多的贷款，从而支持了本文提出的假设 1。

表 4　对假设 1 的检验结果

	（1）	（2）	（3）	（4）	（5）	（6）
常量	0.0291***	0.0312***	-0.0045***	-0.0019***	-0.1288***	-0.1875***
	(0.005)	(0.005)	(0.000)	(0.002)	(0.004)	(0.004)
AR	-0.2386***	-0.1913***				
	(0.001)	(0.003)				
AR^2		-0.0804***				
		(0.006)				

	(1)	(2)	(3)	(4)	(5)	(6)
AP			-1.0111***	-0.9599***		
			(0.000)	(0.001)		
AP^2				-0.0885***		
				(0.000)		
NAR					0.5427***	
					(0.001)	
DNAR						0.1654***
						(0.000)
Private	-0.0184***	-0.0187***	0.0004***	0.0002***	-0.0492***	-0.0372***
	(0.001)	(0.001)	(0.000)	(0.002)	(0.001)	(0.001)
Collective	-0.0062***	-0.0068***	0.0008***	0.0003	-0.0308***	-0.0205***
	(0.001)	(0.001)	(0.000)	(0.002)	(0.001)	(0.001)
Joint-venture	-0.0091***	-0.0097***	0.0008***	0.0003***	-.0346***	-0.0256***
	(0.001)	(0.001)	(0.000)	(0.002)	(0.001)	(0.001)
Foreign	-0.0608***	0.0615***	0.0006***	-0.0001	-0.0715***	-0.0697***
	(0.001)	(0.001)	(0.000)	(0.000)	(0.001)	(0.001)
Leverage	0.7727***	0.7728***	0.9981***	0.9976***	0.8387***	0.8095***
	(0.001)	(0.001)	(0.000)	(0.000)	(0.001)	(0.001)
Age	0.0125***	0.0123***	0.0002***	0.0001***	0.0023***	0.0064***
	(0.000)	(0.000)	(0.000)	(0.000)	(0.000)	(0.000)
Growth	-0.0022***	-0.0022***	0.0001***	0.0000	-0.0004***	-0.0017***
	(0.000)	(0.000)	(0.000)	(0.000)	(0.001)	(0.000)
Profit	0.0178***	0.0175***	-0.0005***	-0.0001***	0.0178***	0.0049***
	(0.001)	(0.001)	(0.000)	(0.000)	(0.001)	(0.002)
Collateral	-0.0020***	-0.0022***	-0.0001	-0.0002***	0.2432***	0.1583***
	(0.001)	(0.001)	(0.001)	(0.000)	(0.001)	(0.001)
Inventory	-0.1697***	-0.1716***	0.0008***	-0.0001**	0.1445***	0.0280***
	(0.001)	(0.001)	(0.000)	(0.000)	(0.001)	(0.001)
Size	0.0065***	0.0064***	0.0001***	-0.0001***	0.0183***	0.0154***
	(0.001)	(0.001)	(0.000)	(0.000)	(0.000)	(0.000)
Herfin	-0.0048	-0.0049	0.0002	0.0001	0.0000	-0.0012
	(0.004)	(0.004)	(0.002)	(0.000)	(0.003)	(0.004)

	(1)	(2)	(3)	(4)	(5)	(6)
GDP_ Growth	0.1857***	0.1874***	-0.0017***	0.009***	0.0694***	0.0902***
	(0.016)	(0.016)	(0.001)	(0.001)	(0.012)	(0.014)
GDP_ PC	-0.0060***	-0.0062***	0.004***	0.0001***	-0.0182***	-0.0139***
	(0.000)	(0.000)	(0.000)	(0.000)	(0.000)	(0.000)
行业	控制	控制	控制	控制	控制	控制
年份	控制	控制	控制	控制	控制	控制
Log pseudo likelibood	328218.8	328366.8	2486971.9	2550543.1	507259.4	395632.5
样本数	761572	761572	761572	761572	761572	761572

注：表中括号内的数字为稳健标准误差值；*、**、***分别表示显著性水平为10%、5%和1%。

表5列出了对假设2和假设3的检验结果，其中第（1）列和第（2）列列出了采用商业信用净额（NAR）为解释变量的检验结果。从第（1）列可以看出，NAR的参数估计值为0.5530，且在1%的水平上显著，商业信用净额与民营企业之间交乘项 NAR×Private 的参数估计值为0.0362，且在1%的水平上显著。这一结果表明，与国有企业相比，信贷歧视问题使得民营企业难以获得银行贷款，民营企业可能更有动机通过提供商业信用来向贷款银行传递其质量好坏的信号，因此，民营企业提供的商业信用净额与其银行贷款之间的正相关关系有所增强，从而支持了本文提出的假设2。从第（2）列可以看出，NAR的参数估计值为0.7008，且在1%的水平上显著，商业信用净额与地区金融发展之间交乘项 NAR×FD 的参数估计值为0.0170，且在1%的水平上显著。这一结果表明，在金融发展水平比较高的地区，银行可能更有意愿和能力处理企业提供商业信用的信号传递作用，因此，这些地区企业提供的商业信用净额与其银行贷款之间的正相关关系有所增强，从而支持了本文提出的假设3。表5第（3）列和第（4）列列出了采用商业信用净额（DNAR）为解释变量的检验结果，从中可以看出，DNAR的参数估计值显著为正，DNAR×Private 以及 DNAR×FD 的参数估计值仍然都显著为正，从而再次支持了本文提出的假设2和假设3。

表5 对假设2~假设3的检验结果

	NTR = NAR		NTR = DNAR	
	(1)	(2)	(3)	(4)
常量	-0.1351***	-0.0878***	-0.1660***	-0.0950***
	(0.004)	(0.004)	(0.005)	(0.005)
NTR	0.5530***	0.7008**	0.1256***	0.1325***
	(0.006)	(0.005)	(0.002)	(0.002)

	NTR = NAR		NTR = DNAR	
	（1）	（2）	（3）	（4）
NTR × Private	0. 0362 ***		0. 0531 ***	
	（0. 007）		（0. 003）	
NTR × Collective	− 0. 0758 ***		0. 0427 ***	
	（0. 007）		（0. 002）	
NTR × Joint − venture	0. 212 ***		0. 0213 ***	
	（0. 006）		（0. 002）	
NTR × Foreigh	0. 451 ***		0. 0531 ***	
	（0. 007）		（0. 002）	
NTR × FD		0. 0170 ***		0. 0035 ***
		（0. 000）		（0. 000）
FD		0. 0037 ***		0. 0027 ***
		（0. 000）		（0. 000）
Private	− 0. 0296 ***	− 0. 0373 ***	− 0. 0693 ***	− 0. 0392 ***
	（0. 001）	（0. 001）	（0. 002）	（0. 001）
Collective	− 0. 0438 ***	− 0. 0503 ***	− 0. 0506 ***	− 0. 0302 ***
	（0. 001）	（0. 001）	（0. 002）	（0. 001）
Joint − venture	− 0. 0339 ***	− 0. 0324 ***	− 0. 0322 ***	− 0. 0239 ***
	（0. 001）	（0. 001）	（0. 002）	（0. 001）
Foreign	− 0. 0720 ***	− 0. 0744 ***	− 0. 1003 ***	− 0. 0733 ***
	（0. 001）	（0. 001）	（0. 002）	（0. 001）
Leverage	0. 8397 ***	0. 8386 ***	0. 8100 ***	0. 8079 ***
	（0. 001）	（0. 001）	（0. 001）	（0. 001）
Age	0. 0024 ***	0. 0023 ***	0. 0065 ***	0. 0063 ***
	（0. 000）	（0. 000）	（0. 000）	（0. 000）
Growth	− 0. 0003 **	− 0. 0004 ***	− 0. 0016 ***	− 0. 0016 ***
	（0. 000）	（0. 000）	（0. 000）	（0. 000）
Profit	0. 0165 ***	0. 0172 ***	0. 0042 ***	0. 0054 ***
	（0. 001）	（0. 001）	（0. 001）	（0. 001）
Collateral	0. 2426 ***	0. 2438 ***	0. 1584 ***	0. 1594 ***
	（0. 001）	（0. 001）	（0. 001）	（0. 001）
Inventory	0. 1453 ***	0. 1466 ***	0. 0287 ***	0. 0322 ***
	（0. 001）	（0. 001）	（0. 001）	（0. 001）

续表

	NTR = NAR		NTR = DNAR	
	(1)	(2)	(3)	(4)
Size	0.0181 ***	0.0182 ***	0.0152 ***	0.0155 ***
	(0.000)	(0.000)	(0.000)	(0.000)
Herfin	0.0000	0.0000	−0.0011	−0.0012
	(0.003)	(0.003)	(0.004)	(0.004)
GDP_ Growth	0.0761 ***	−0.0119	0.0915 ***	−0.0164 ***
	(0.012)	(0.012)	(0.014)	(0.015)
GDP_ PC	−0.0177 ***	−0.0242 ***	−0.0137 ***	−0.0238 ***
	(0.000)	(0.000)	(0.000)	(0.000)
行业	控制	控制	控制	控制
年份	控制	控制	控制	控制
Log pseudo likelihood	508583. 8	508495. 7	396432. 6	396476. 4
样本数	761572	761572	761572	761572

注：表中括号内的数字为稳健标准误差值；＊、＊＊、＊＊＊分别表示显著性水平为10%、5%和1%。

（二）对企业提供商业信用净额的进一步检验

根据本文提出假设2的逻辑，即与国有企业相比，民营企业更有动机通过提供商业信用来向贷款银行传递其质量好坏的信号，从而便利其获得银行贷款，可以进一步预期，与国有企业相比，民营企业可能会对客户提供更多的商业信用净额。而根据本文提出假设3的逻辑，即在金融发展水平比较高的地区，银行更有意愿和能力处理企业提供商业信用的信号传递作用，可以进一步预期，在金融发展水平比较高的地区，企业可能会对客户提供更多的商业信用净额。

表6列出了所有权性质与地区金融发展对企业提供商业信用净额影响的检验结果。其中第（1）列和第（2）列列出了以商业信用净额（NAR）为被解释变量、采用OLS方法的检验结果。从中可以看到，Private的参数估计值显著为正，说明与国有企业相比，民营企业会对客户提供更多的商业信用净额；FD的参数估计值显著为正，说明在金融发展水平比较高的地区，银行可能更有意愿和能力处理企业提供商业信用的信号传递作用，由此会促使企业对客户提供更多的商业信用净额。表6第（3）列和第（4）列列出了以商业信用净额（DNAR）为被解释变量、采用Probit方法的检验结果，这一结果与第（1）列和第（2）列中的检验结果基本相同。以上结果对本文提出的假设1~假设3提供了进一步的辅助证据。

表6 所有权性质与地区金融发展对商业信用净额的检验结果

	OLS（NTR = NAR）		Probit（NTR = DNAR）	
	（1）	（2）	（3）	（4）
常量	− 0. 1791 ***	− 0. 0148 ***	− 2. 2762 ***	− 1. 4043 ***
	（0. 011）	（0. 011）	（0. 075）	（0. 077）
Private	0. 0363 ***	0. 0281 ***	0. 1793 ***	0. 1354 ***
	（0. 001）	（0. 001）	（0. 001）	（0. 001）
Collective	0. 0584 ***	0. 0550 ***	0. 2312 ***	0. 2137 ***
	（0. 002）	（0. 002）	（0. 012）	（0. 012）
Joint − venture	0. 0391 ***	0. 0333 ***	0. 1610 ***	0. 1308 ***
	（0. 001）	（0. 001）	（0. 010）	（0. 010）
Foreign	0. 0354 ***	0. 0284 ***	0. 1442 ***	0. 1064 ***
	（0. 001）	（0. 001）	（0. 010）	（0. 010）
FD		0. 0098 ***		0. 0529 ***
		（0. 000）		（0. 001）
Debt	0. 2289 ***	0. 2243 ***	0. 9428 ***	0. 9246 ***
	（0. 001）	（0. 001）	（0. 007）	（0. 007）
Age	0. 0567 ***	0. 0546 ***	0. 3142 ***	0. 3037 ***
	（0. 001）	（0. 001）	（0. 010）	（0. 010）
Age^2	− 0. 0092 ***	− 0. 0088 ***	− 0. 0505 ***	− 0. 0483 ***
	（0. 000）	（0. 000）	（0. 002）	（0. 002）
Growth	− 0. 0029 ***	− 0. 0029 ***	− 0. 0116 ***	0. 0112 ***
	（0. 000）	（0. 000）	（0. 002）	（0. 002）
Profit	0. 1388 ***	0. 1378 ***	0. 8298 ***	0. 8226 ***
	（0. 002）	（0. 002）	（0. 013）	（0. 013）
GPM	0. 1549 ***	0. 1609 ***	1. 0051 ***	1. 0384 ***
	（0. 002）	（0. 002）	（0. 016）	（0. 016）
Liqui_ Cost	0. 0136 ***	0. 0104	0. 1565 ***	0. 1401 ***
	（0. 001）	（0. 001）	（0. 004）	（0. 004）
Capital_ Labor	0. 0233 ***	0. 0235 ***	0. 1206 ***	0. 1222 ***
	（0. 000）	（0. 000）	（0. 002）	（0. 002）
Size	− 0. 0492 ***	− 0. 0509 ***	0. 0017	0. 0068
	（0. 002）	（0. 002）	（0. 013）	（0. 013）
$Size^2$	0. 0011 ***	0. 0012 ***	− 0. 0051 ***	− 0. 0047 ***
	（0. 000）	（0. 000）	（0. 001）	（0. 001）

续表

	OLS (NTR = NAR)		Probit (NTR = DNAR)	
	(1)	(2)	(3)	(4)
Herfin	0. 0000	− 0. 0003	− 0. 0084	− 0. 0111
	(0. 005)	(0. 005)	(0. 032)	(0. 032)
GDP_ Growth	− 0. 0631 ***	− 0. 2806 ***	0. 1034	− 1. 0783 ***
	(0. 020)	(0. 020)	(0. 133)	(0. 135)
GDP_ PC	0. 0217 ***	0. 0016 **	0. 1073 ***	− 0. 0005
	(0. 001)	(0. 001)	(0. 004)	(0. 004)
行业	控制	控制	控制	控制
年份	控制	控制	控制	控制
Adjusted R^2	0. 1155	0. 1189		
Log pscudo likelihood			− 471720. 9	− 470807. 7
样本书	733478	733478	733478	733478

注：表中括号内的数字为稳健标准误差值；＊、＊＊、＊＊＊分别表示显著性水平为10%、5%和1%。

（三） 对假设1～假设3的稳定性检验

本文采用以下方法对假设1～假设3进行了稳定性检验，仍然得到一致的检验结果：①采用短期银行贷款（Sdebt）代替银行贷款（Debt）；②根据现有的水平（level）模型（1）和模型（2）采用了变化（change）模型进行检验；③以主营业务收入或者主营业务成本来代替总资产对商业信用净额进行标准化得到的NAR；④为了解决本文可能存在的内生性问题，采用企业上一年提供的商业信用净额代替企业当年提供的商业信用净额。

五、 结 论 及 启 示

针对国内外研究对于商业信用融资作用的争议（Allen et al. , 2005；Ayyagari et al. , 2010），本文利用"中国工业企业数据库"，提出并检验了企业提供的商业信用净额也具有信号传递作用的观点。研究结果表明：企业提供的商业信用净额对其获得银行贷款具有信号传递作用，企业提供的商业信用净额越多，其获得的银行贷款越多，而且在民营企业以及在金融发展水平较高的地区，企业提供商业信用的信号传递作用要更强；进一步地研究发现，在民营企业以及在金融发展水平较高的地区，企业也会提供更多的商业信用净额。

本文的研究贡献主要体现在以下两个方面：①在理论价值方面，本文在考虑企业对应收账款和应付账款进行期限匹配的基础上，提出并检验了企业提供的商业信用净额对其获得银行贷款的信号传递作用，而先前的研究主要局限于考察企业获得的商业信用（即应付账款）与银行贷款之间的关系。②在实践意义方面，本文的研究结果表明，企业提供的商业信用净额也具有信号传递作用，这一研究结果不仅有助于我们全面地了解商业信用对（我国中小和民营）企业的融资作用，而且对于我国政府鼓励商业银行开展应收账款质押贷款、保理以及供应链金融等金融创新产品，从而缓解中小企业融资难的问题也具有一定的启示意义。

参考文献

［1］樊纲，王小鲁. 中国市场化指数——各地区市场化相对进程 2009 年报告［M］. 北京：经济科学出版社，2010.

［2］江伟，李斌. 制度环境，国有产权与银行差别贷款［J］. 金融研究，2006a（11）：116－126.

［3］江伟，李斌. 金融发展与企业债务融资［J］. 中国会计评论，2006b（2）：255－276.

［4］刘凤委，李琳，薛云奎. 信任、交易成本与商业信用模式［J］. 经济研究，2009（8）：60－72.

［5］陆正飞，杨德明. 商业信用：替代性融资，还是买方市场？［J］. 管理世界，2011（4）：6－14.

［6］徐晓萍，李猛. 商业信用的提供：来自上海市中小企业的证据［J］. 金融研究，2009（6）：116－126.

［7］余明桂，潘红波. 政府干预、法治、金融发展与国有企业银行贷款［J］. 金融研究，2008（9）：1－22.

［8］余明桂，潘红波. 金融发展、商业信用与产品市场竞争［J］. 管理世界，2010（8）：117－129.

［9］Allen F. , J. Qian and M. Qian. Law, Finance, and Economic Growth in China［J］. Journal of Financial Economics, 2005（77）：57－116.

［10］Ayyagari M. , A. Demirguc‐Kunt and V. Maksiraovic. Formal Vereus Informal Finance：Evidence from China［J］. Review of Financial Studies, 2010（23）：3048－3097.

［11］Biais, Bruno and Christian Gollier. Trade Credit and Credit Rationing［J］. Review of Financial Studies, 1997（10）：903－937.

［12］Brandt L and H. Li. Bank Discrimination in Transition Economics：Ideology, Information, or Incentives？［J］. Journal of Comparative Economics, 2003（31）：387－413.

［13］Cook L. Trade Credit and Bank Finance：Financing Small Firms in Russia［J］. Journal of Business Venturing, 1999（14）：493－518.

［14］Cull R. , C. Xu and T. Zhu. Formal Finance and Trade Credit during China's Transition［J］. Journal of Financial Intermediation, 2009（18）：173－192.

［15］Du j. , Y. Lu and Z. Tao. Bank Loans and Trade Credit under China's Financial Repression［J］. Working Paper, 2009.

［16］Fabbri D. and L Klapper. Trade Credit and The Supply Chain［J］. Working Paper, 2009.

［17］Fisman K and L Love. Trade Credit, Financial Intermediary Development, and Industry Growth［J］. Journal of Finance, 2003（58）：353－374.

［18］Ge Y. and J. Qiu. Financial Development, Bank Discrimination and Trade Credit［J］. Journal of Banking and Finance, 2007（31）：513－530.

[19] Li D. and Y. Lu. Does Trade Credit Help? Evidence from China [J]. Working Paper, 2010.

[20] Love I. , L Preve. and V. Sarria – Allende. Trade Credit and Bank Credit: Evidence from Recent Financial Crises [J]. Journal of Financial Economics, 2007 (83): 453 – 469.

[21] Mester L, L Nakamura and M. Renault. Transactions Accounts and Loan Monitoring [J]. Review of Financial Studies, 2007 (10): 529 – 556.

[22] Petersen M. and R. Rajan. Trade Credit: Theories and Evidence [J]. Review of Financial Studies, 1997 (10): 661 – 691.

[23] Wilson N. and B. Summers. Trade Credit Terms Offered by Small Firms Survey Evidence and Empirical Analysis [J]. Journal of Business, Finance and Accounting, 2002 (29): 317 – 351.

[24] Wu W. , O. Rui, and C. Wu. Trade Credit, Cash Holdings, and Financial Deepening Evidence from A Transitional Economy [J]. Journal of Banking and Finance, 2011 (33): 171 – 181.

Signal Transmission Role of Financial Development, Property Rights and Commercial Credit

Jiang Wei   Zeng Yeqin

(Department of Accounting, School of Management, Jinan University, Guangzhou 510632;
Department of Finance, School of Business, University of Washington, Seattle 98195)

Abstract: Using the Chinese Annual Industrial Survey Database, this paper proposes and examines the signaling effect of net trade credit on bank loans. The results support our argument and show that, the more net trade credit firms provide, the more bank loans they can obtain, what's more, in private firms and firms located in regions with high financial development, the signaling effect of net trade credit on bank loans is stronger. Further evidence shows that, in private firms and firms located in regions with high financial development, firms provide more net trade credit. This paper not only helps us fully understand the financing role of trade credit, but also inspires practices to relax the problems of SMEs financing.

Key Words: Net Trade Credit; Bank Loans; Signaling

ICT、移动支付与电子货币

谢 平[1]　刘海二[2]

（1. 中国人民大学经济系，北京　100872；2. 广东金融学院，广州　510521）

【内容摘要】随着信息通信技术（ICT）的发展和移动终端普及率的提高，移动支付完全有可能取代现金和信用卡成为主要的支付方式。移动支付是电子货币形态的主要表现形式，电子货币是移动支付存在的基础，二者具有网络规模效应，而预期在移动支付和电子货币网络规模效应中起着关键作用，随着移动支付和电子货币网络规模效应的凸显，移动支付的低交易成本优势得到充分发挥，从而减少了人们对现金货币的需求，改变了货币需求的形式。同时，中央银行和利润最大化的企业并行发行货币，将会冲击货币供给。货币需求形式的改变和电子货币的私人供给，将会使得货币控制的有效性大大降低，这时需要中央银行发明新的货币政策工具来应对这一冲击。

【关键词】移动支付；电子货币；网络规模效应；货币需求；货币供给

一、引言

移动支付的基础是移动通信技术和设备的发展，特别是移动电话①和掌上电脑（比如 iPhone 和 iPad）的普及，目前典型的有手机银行、手机购物支付等。来自艾瑞网的数据显示，2012 年全球移动支付交易规模预计达到 1715 亿美元，较 2011 年的 1059 亿美元增长 61.9%；同时，2012 年全球移动支付用户数量达到 2.1 亿人，同比增长 31.3%。另据艾瑞咨询整理的 Pew Internet 调查数据，多数互联网专家认为 2020 年移动支付将取代现金和信用卡成为主要支付方式，手机和掌上电脑替代信用卡将在不远的将来实现。

移动互联网和多网融合将进一步促进移动支付的发展。随着 WiFi、3G 等技术的发展，互联网和移动通信网络的融合趋势已非常明显，有线电话网络、广播电视网络和物联

---

① 国际电信联盟的数据显示，2011 年底世界平均手机普及率为 86%。

网也会融合进来。在此基础上，移动支付将与银行卡、网上银行等电子支付方式进一步整合。未来的移动支付将更便捷、更人性化，真正做到随时、随地和以任何方式（anytime，anywhere，anyhow）进行支付。随着身份认证技术和数字签名技术等安全防范软件的发展，移动支付不仅能进行日常生活中的小额支付，也能进行企业之间的大额支付，完全有可能替代现在的现金、支票、信用卡等银行结算支付手段①。

目前，比较典型的移动支付模式在非洲，如肯尼亚的 M - Pesa、赞比亚的 Celpay 和南非的 Wizzit 等，特别是肯尼亚的 M - Pesa，它目前是全球接受度最高的手机支付系统。截至 2011 年 4 月，M - Pesa 的用户已超过 1400 万人。在肯尼亚，M - Pesa 的汇款业务超过国内所有金融机构的总和。正因为如此，一些国家成功复制了肯尼亚的 M - Pesa，如坦桑尼亚，其他一些发展中国家也正在考虑复制肯尼亚的 M - Pesa，如南非、阿富汗、印度、埃及等。M - Pesa 成功的原因在于手机普及率超过了正规金融机构的网点或自助设备，以及移动通信、互联网和金融的结合。

在国内，目前还没有典型的移动支付模式，但 2012 年初三大移动运营商均获批第三方支付牌照，使国内移动支付前景一片光明。艾瑞咨询数据显示，截至 2011 年底，中国移动支付交易规模总额达到 481.4 亿元，同比增长 149.4%，整体呈现爆发式的增长态势。艾瑞预计，中国移动支付交易规模将在 2013 年底超过 2000 亿元。2011 年中国移动支付用户规模达到 1.9 亿人。2013 年中国移动支付用户规模将达到 4.8 亿人（见图 1）。移动支付用户规模的增长带动了整个行业用户规模的爆发。另外，手机短信支付也在用户群体中得到了进一步的普及。

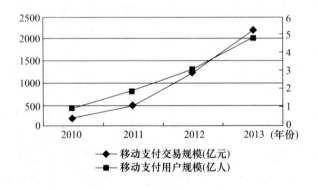

图 1　中国移动支付市场

总之，随着消费思维的改变，人们对生活便利程度的要求越来越高，加之移动支付技术的不断完善，可以预期移动支付使用范围将会越来越大，使用人数会越来越多，直至完全替代现金和银行卡等支付方式。移动支付的快速发展，将对货币的存在形式、中央银行的货币供求和货币控制等方面产生深刻的影响。

---

① 谢平、邹传伟和刘海二，2012，《互联网金融模式研究》，《新金融评论》第 1 期 3 - 52 页。

移动支付是指通过移动通信设备，利用无线通信技术来转移货币价值以清偿债权债务关系（帅青红，2011）。移动支付存在的基础是移动终端的普及和移动互联网的发展，可移动性是其最大的特色，随着移动终端普及率的提高，在未来，移动支付完全有可能替代现金和银行卡，在商品劳务交易和债权债务清偿中被人们普遍接受，成为电子货币形态的一种主要表现形式。移动支付的特点如下：第一，以移动通信设备为载体，主要表现为手机；第二，运用无线通信技术；第三，电子货币是移动支付存在的基础，电子货币与移动支付是一对孪生兄弟；第四，移动支付是货币形态表现形式而非货币本质的改变。

二、移动支付、电子货币与货币形态

马克思认为，货币的本质是价值形式的发展，是一种社会生产关系。而米什金在《货币金融学》一书中却说货币是由一国法律规定，在商品劳务交易和债权债务清偿中被普遍接受的东西，可把货币归结为人们的认可和约同。我们也认为货币是人们普遍接受的一种合约，而电子货币是货币的一种形态，移动支付是这种货币形态的表现方式，移动支付的实质就是电子货币的流转。随着社会的发展和交换的需要，移动支付将逐步成为人们普遍接受的支付方式，其最大的特点是可移动性，同时排除了找零的麻烦，携带方便，更为重要的是其可融入其他金融服务。

货币形态的演变经历了商品货币、贵金属货币、代用纸币和信用货币4个阶段，当今社会处于信用货币时代，主要表现为纸币和一部分电子货币。目前电子货币使用最多的是中国香港和新加坡，其次是日本。与此同时，支付方式也随货币形态的演变而不断演变，经历了牛羊铁贝壳等商品形式、金银、保管凭条、现金、银行卡、支票、网上支付、移动支付和电子票据出示和付款（EBPP）等。目前主要的支付方式表现为现金、纸质票据、电子化形式的支付卡、网上指令支付、电话指令支付和移动支付等。

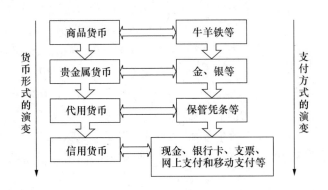

图2　货币形式与支付方式的演变

货币形态和支付方式是相互依存的，支付方式是随着货币形态的演变而演变的，支付方式是货币形态最直观的表现，具体到电子货币，其本质是信用货币，表现形式可以是电子汇票、银行卡、网上支付与移动支付等。在这些支付方式中，移动支付具有得天独厚的优势，这是因为金融是数字化，信息通信技术也是数字化，二者具有天然的联系。在未来，随着移动终端的普及，移动支付将会是电子货币最主要的表现形式，替代掉现金和其他支付形式。移动支付不仅可以进行小额支付，随着数字证书和其他安全防范软件的发展，也可以进行大额支付。移动支付不仅可以进行远场支付，同时也能进行近场支付。虽然现金也能进行近场支付，但不具备远场支付的功能，银行卡尤其是信用卡同样具备近场支付和远场支付的功能，但须有其他设备，如手机和电脑来辅助。人们在使用银行卡进行非现金支付时，系统一般都会发短信让持卡人认证，这时移动支付可以及时认证，并且可以语音通话。在未来，移动支付将与银行卡、网上银行等电子支付方式进一步整合，移动支付与银行卡和网上银行的区别将会逐渐缩小。

关于电子货币，虽然人们对电子货币有不同的定义，但一般来说电子货币具有如下特点：一是以虚拟账户代表货币价值；二是储存于电子装置，通常是电子货币发行机构的服务器，但有时也存于客户的卡或晶片上；三是电子货币有通用目的，是发行机构及其密切的商业伙伴以外的实体可接受的支付手段。已有研究对电子货币的定义，更多地强调电子货币是事先储值，是一种预付支付机制，目前，尤其是在非洲等不发达地区，电子货币被广泛用作交易手段和价值储值。虽然现在很多电子货币是基于银行卡，与中央银行的通货相对应的，但也有一些电子货币是基于非银行卡的。如肯尼亚的 M - Pesa，它是由移动运营商发行的，是基于移动运营商的虚拟账户，这里的虚拟账户其实已经具有银行卡的功能了，M - Pesa 已经成为肯尼亚主要的价值储藏和交易手段。通过以上分析，我们根据电子货币是否与传统商业银行有关，可将电子货币分为两类：第一类是基于银行卡的电子货币，发行者是商业银行，如存款和数字支票；或者是需要在银行存款和现金与电子货币之间进行转换，如电话卡、饭卡、数字现金等，靳超、冷燕华（2004）又把这种类型的电子货币称为电子化货币；第二类是基于虚拟账户的电子货币，如 M - Pesa、某些网络货币等，这种类型的电子货币已经脱离了原有的货币供给体系，对货币理论与实践会产生重大影响，但帅青红（2007）认为，网络货币不能与现实中的货币进行互兑，因此就不能对货币政策造成影响，孙宝文、王智慧、赵胤妍（2008）也持相同的观点。根据我们的划分标准，网络货币不仅是电子货币，还具有其他功能，如网络货币可以为互联网金融[①]的信息处理提供激励机制。基于以上说明，我们认为电子货币是货币的一种形态，不仅是支付手段，而且也具有交易手段和价值储藏的功能，考虑到安全需要，用作支付手段时，需要预先储值，而作为交易手段和价值储藏时，则不需要预先储值。电子货币不仅可以转化为中央银行发行的信用货币，而且可能会脱离中央银行的信用货币而单独存在，可能会出

---

① 有关互联网金融模式的相关内容，可参见谢平、部传伟和刘海二，2012，《互联网金融模式研究》，《新金融评论》第 1 期 3 – 52 页。

现利润最大化的企业和中央银行并行发行货币的情况。

关于电子货币的性质与发行，广义上的电子货币就是货币的一种形态，其突出的表现形式就是移动支付。电子货币可以是银行发行，也可以是移动运营商发行，也可能是除此之外的其他商家发行，但这可能会导致电子货币的发行主体过多，发行标准不统一，限制了电子货币的使用范围。市场选择的结果可能是由移动运营商这种大型机构来发行，因为移动运营商已经拥有规模庞大的客户群体，本身就有网络规模经济效应，同时移动运营商与金融具有天然的联系，有可能反客为主，主导未来金融业的发展。总之，这种由社会约定的货币形式（电子货币）和支付方式（移动支付）如果要逐渐上升为法律规定的货币形式和支付方式，其前提条件是使用范围逐渐扩大（即具有网络规模效应），在社会经济中的作用不可替代时，倒逼法律规定其为货币的一种形态和支付方式。

三、移动支付、电子货币与网络规模效应

由于移动支付是以电子货币为基础的，移动支付是电子货币形态的表现形式，移动支付大规模使用的同时也带来了电子货币的规模效应，因此，本文后面的行文中均使用移动支付的网络规模效应来代替电子货币与移动支付二者的网络规模效应。移动支付的网络规模效应类似蛋生鸡和鸡生蛋的问题，在初期，由于移动支付没有足够多的使用者，供给者不愿意提供，同时消费者也不愿意使用。要打破移动支付蛋生鸡和鸡生蛋的困境，需要各参与主体采取切实有效的措施，如大力宣传移动终端的优势和移动支付的前景，进而推广移动支付。在初期，政府可以给予参与者某种意义上的补贴，也可以由政府来推动移动支付相关基础设施的建设，同时供给者也需要采取各种优惠措施，以此来激励消费者参与到移动支付中来。

移动支付具有网络外部性，并且是正的外部性，是消费者的外部性，即消费者从消费某种商品（如移动支付）中得到的效用依赖于其他消费者对该种商品消费的数量。移动支付网络规模效应的核心是基础用户群的确立，根据经济学理性人的假设，消费者使用移动支付这种支付手段，其前提是从移动支付中得到的收益大于其成本，要使这一前提成立，移动支付的使用人数必须达到足够大的规模，这样才有可能使得消费者的收益大于成本。而要使移动支付的使用人数达到足够大的规模，消费者的预期就非常重要，消费者预期未来会有很多人使用移动支付，移动支付的使用人数才有可能达到一定规模。

本文借助 Nicholas Economides 和 Charles Himmelberg（1994）的分析框架，该框架主要是分析电信业的网络规模效应，而移动支付和电信业具有诸多相似之处，如电话和移动支付的使用都依赖于其他人，如果只有一个人使用，则失去了意义。鉴于此，本文运用该框架来分析移动支付的网络规模效应具有一定的适用性。假设消费者的效应函数为 u（y，

$n^e) = y(a + bn^e)$，其中，y 为消费者的收入，效用函数表明消费者从移动支付中得到的效用与收入有关，消费者收入水平越高越有能力参与到移动支付中来。a 表示移动支付的基础用户群为零时移动支付的内在价值，如果没有其他用户使用移动支付，移动支付就没有存在的必要，因此，这里 a = 0。n 为使用移动支付的人数占总人数的比例，$0 \leq n \leq 1$。$b(n^e)$ 用来衡量消费者从移动支付的网络规模效应中获得的益处，$b(n^e)$ 是 n^e 的增函数，且 $b(0) = 0$，n^e 为人们预期使用移动支付的人数占总人数的比例。给定价格 p 和基础用户群 n^e，有 $u(y, n^e) = y[a + b(n^e)] > p$。移动支付的总需求函数表示为 $n = f(n^e, p)$，对于给定的基础用户群 n^e，移动支付的总需求与价格反向变动，但是如果预期基础用户群 n^e 增加，则移动支付的总需求与价格呈正向变动。上述总需求函数也可表示成 $p = p(n^e, n)$，如图 3 所示，均衡时有 $n^e = n$，这时我们称之为完全预期的需求曲线，表示为 $p = p(n, n)$。曲线 $p = p(n, n_1^e)$ 和 $p = p(n, n_2^e)$ 分别表示消费者对移动支付的意愿支付，其中 $n_2^e > n_1^e$，消费者预期使用移动支付的人数越多，其意愿支付的价格就越高，从而实际使用移动支付的人数也就越多。完全预期的总需求函数并不是单调的，这是因为使用移动支付的人数达到某一值时，使用移动支付的边际成本变得相当低，这时消费者实际支付的价格也就越低，即 n^0 之前，消费者使用移动支付的价格与移动支付的使用人数呈正向变动，在 n^0 之后，二者就变为反向变动了，当 n 足够大时有 $\lim_{n \to 1} p(n, n) = 0$。

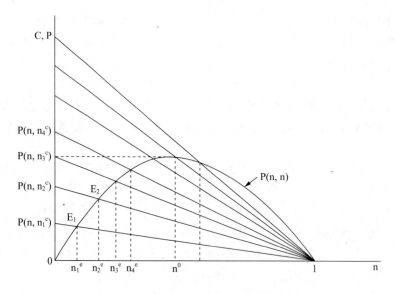

图3 移动支付的需求曲线

理解移动支付网络规模效应的关键在于消费者对移动支付基础用户群的预期，当人们预期移动支付基础用户群很大时，即移动支付前景一片光明时，人们越愿意参与到移动支付中来，同时人们现在也愿意为之付更高的价格，因为当移动支付使用人数足够大时，其成本就变得非常低，价格也就低了，甚至逼近零。为了使人们预期未来移动支付的基础用户群会很大，这就需要供给者和政府的共同努力，如由政府来推动移动支付相关基础设施的建设和移动支付相关法律法规的制定，给出一个正面的信号，使人们相信移动支付的前景，同时供给者在初期可以给予消费者更多的优惠，以及更便利的体验，使消费者切身感受到移动支付的好处。总之，随着移动支付和电子货币网络规模效应的凸显，私人企业发行的电子货币使用范围越来越大，不仅可以购买网络上的虚拟商品，也可以购买现实生活中的实体商品，如面包等。因此，移动支付和电子货币网络规模效应的凸显，使得电子货币有取代中央银行发行的信用货币的趋势，或者在某种程度上并存，这将会对货币供给造成冲击。

四、移动支付、电子货币与货币供给

移动支付的快速发展，同与之相伴随的电子货币的供给，在某种程度上改变了中央银行和商业银行构成的货币供给体系，这将对货币供给产生一定的影响。国内外学者对这一问题进行了一定程度的研究，一部分学者认为电子货币会影响到基础货币与货币流通速度，进而对货币供给产生影响（Friedman，2000；谢平、尹龙，2001；陈雨露、边卫红，2002；周光友，2007）。也有学者认为电子货币替代现金对基础货币的影响是中性的，对货币供给的影响甚微（Goodhart，2000；王倩、黄蕊，2010）。学者们从不同视角研究了电子货币对货币供给的影响，虽然他们在电子货币对货币供给影响的大小方面存在争议，但都认为电子货币对货币供给有一定影响。在当时，由于移动支付还没有大规模兴起，学者们没有注意到移动支付的快速发展所引起的电子货币网络规模效应给货币供给造成的影响。

电子货币，辅之以移动支付，会影响基础货币与货币乘数，从而影响货币供给，由移动运营商主导的移动支付，还会涉及私有货币的问题，但本文主要研究电子货币对基础货币与货币乘数的影响。根据我国货币层次的划分，狭义的货币供给（以下简称货币供给）$M = C + D$。如果考虑到电子货币，货币供给 $M = C + D + EM$，相应的基础货币 $H = R + C + E$，其中 $R = r_D D + r_{EM} EM$。本文借助 Aleksander Berentsen（1997）的分析方法来研究电子货币对货币供给的影响。

如果货币供给 M 不包括电子货币，有 $\dfrac{dM}{dC} = -\dfrac{1 - r_D - r_M}{r_D}$。因为 $dM = dC + dD$，库存现金变动 VC，要么是增加存款 D，要么使得电子货币 EM 增加，要么使得额外储备 E 增加，因此有 $dVC = r_D dD + r_{EM} dEM + dE$，又 $dVC = -dC$，假设 $dE = 0$，$dC = -dEM$，所以有 $dD = -\dfrac{1 - r_{EM}}{r_D} dC$，又 $dM = dC + dD + dEM$，因此有 $dN = -\dfrac{1 - r_{EM}}{r_D} dC$。

表 1　货币供给与电子货币的关系

货币供给		$r_{EM}=0$	$r_{EM}=r_0$	$r_{EM}=1$
$M=C+D$	$\dfrac{dM}{dC}=-\dfrac{1-r_0-r_{EM}}{r_D}$	$\dfrac{dM}{dC}=-\dfrac{1-r_D}{r_D}$	$\dfrac{dM}{dC}=-\dfrac{1-2r_D}{r_D}$	$\dfrac{dM}{dC}=1$
$M=C+D+EM$	$\dfrac{dM}{dC}=-\dfrac{1-r_{EM}}{r_D}$	$\dfrac{dM}{dC}=-\dfrac{1}{r_D}$	$\dfrac{dM}{dC}=-\dfrac{1-r_D}{r_D}$	$\dfrac{dM}{dC}=0$

从表 1 我们可以发现，现金变动对货币供给的影响，依赖于电子货币准备金率和活期存款准备金率的对比，电子货币准备金率的大小尤为重要。货币供给不包括电子货币，有 $\dfrac{dM}{dC}=-\dfrac{1-r_D-r_{EM}}{r_D}$，如果 $r_{EM}>1-r_D$，那么中央银行现金向电子货币转化，则会增加货币的供给。如果 $r_{EM}=1-r_D$，那么中央银行现金向电子货币转化对货币供给的影响就是中性的。如果 $r_{EM}<1-r_D$，那么中央银行现金向电子货币转化，则会减少货币的供给。货币供给如果包括电子货币，有 $\dfrac{dM}{dC}=-\dfrac{1-r_{EM}}{r_D}$，我们也会发现相似的情况，中央银行现金向电子货币转化，如果发行电子货币所要求的储备金变动越大，则货币供给的影响也就越大。

在非洲国家，M - Pesa 和 Wizzit 由非银行机构主导，只是部分提现业务在银行的分支机构完成，而 Globe 和 Celpay 完全由非银行机构发起和主导，游离于现有的监管体系之外，考虑到金融包容的需要，这些国家对电子货币的监管给予一定的容忍度，没有特别的监管，如 M - Pesa 只是要求把发行电子货币的资金存放在银行，而 Globe 和 Celpay 则对资金是否存放在银行没有要求。非洲国家移动支付（手机银行）推出之初主要是为了解决穷人的基本金融服务问题，如转账支付等金融服务，因此，没有对移动支付所带来的电子货币的发行给予更多的监管。但由于移动支付的交易成本较低，减少了人们对现金货币的需求，日常交易更多地通过电子货币进行，人们一旦使用移动支付，就离不开移动支付了，这犹如人们对电脑的使用，这会使得移动支付的使用范围越来越大，从而具有一定的社会性，需要给予一定的监管。非银行机构可以自主发行电子货币，现实中发行主体主要是移动运营商，由于其发行不受过多的监管，发行电子货币的储备，更多地依靠企业自主决定，也即企业考虑到自己的声誉，发行电子货币时，可能会事先把一定量的货币作为储备，但这只是软约束，中央银行与利润最大化的企业并存发行货币，特别是不受监管的企业发行电子货币，出于利润最大化的冲动，可能把发行电子货币的储备降到最低，抑或是根本就没有储备，这对货币供给的冲击将是巨大的。因此，这需要我们监管机构加强金融监管，重点是对消费者的保护。

五、移动支付、电子货币与货币需求

传统货币需求理论一般都假定货币流通速度相对稳定，如货币数量论假定货币流通速度是固定不变的，弗里德曼也强调货币需求的相对稳定。随着货币在经济中的演化，特别是电子交易及电子货币日趋重要，提高了货币流通速度并减少了对不支付利息的现金的需求（Jon Steinsson，2005）。传统货币数量论研究货币数量和商品价格的关系，认为在充分就业的状态下货币需求主要与收入相关，凯恩斯货币需求理论假定资产的形式是货币和债券，货币特指现金，提出交易动机、预防动机和投机动机来分析货币需求，随后托宾、惠伦和鲍莫尔等分别发展了凯恩斯上述三类动机，而弗里德曼的货币需求理论认为货币需求与收入和利率相关。通过分析我们发现，以上的货币需求理论很少从交易成本这一角度来研究货币需求，虽然上述货币需求理论提到了交易成本，但更多的是指转化为现金的交易成本以及持有现金的机会成本，没有研究支付方式本身与交易成本的关系，更没有研究移动支付和电子货币的广泛使用带给货币需求的影响。

随着金融创新和技术进步，其他收益率较高的资产很容易转化为可以作为支付手段的货币，这种现象在电子货币时代尤其明显，这种低转换成本降低了人们对不付息电子货币的需求，不仅仅是对不付息现金的需求，同时电子货币以移动支付表现出来，使得人们可以真正做到无论何时、何地和以任何方式获得金融服务，当然也包括将其他收益率高的资产转化为电子货币，用于交易。人们将电子货币存放在享有利息收入的银行账户/虚拟账户中，只有在交易发生时才会通过简单的电脑/手机操作（当然这一过程完全可能是自动完成）将所需数额的资金从相应账户中兑换成电子货币，然后经由网络传送给对方即可完成交易。总之，电子货币与移动支付的产生，将减少人们对货币的需求，同时会加快货币流通速度，这会影响到货币供给与货币控制。

关于移动支付和电子货币如何减少对现金货币的需求，我们运用 MIU 模型来说明。模型的基本思想是在家庭总效用函数中加入交易成本变量，来探讨移动支付和电子货币的低交易成本优势如何影响对不付息现金货币的需求。

家庭总效用函数如下：$W = \sum_{t=0}^{\infty} \beta'(c_t, m_t)$ （1）

预算约束方程为：$Y_t + \tau_t N_t + (1-\delta) K_{t-1} + \dfrac{M_{t-1}}{P_t} = C_t + K_t + \dfrac{M_t}{P_t}$ （2）

其中，Y_t 为总产出；K_{t-1} 为初始期的总资本存量；$\tau_t N_t$ 为转移支付的实际价值，同时 $0 \leqslant \delta \leqslant 1$。如果假定规模收益不变，则将预算方程 $\dfrac{Y_t}{N_t} = y_t = f(k_{t-1})$ 两边都除以 N_t，有：

$$\omega_t = f(k_{t-1}) + \tau_t \frac{(1-\delta)}{1+n} k_{t-1} + \frac{m_{t-1}}{(1+\pi_t)(1+n)} = c_t + k_t + m_t \qquad (3)$$

要最大化上述约束条件下的家庭总效用，可以用价值函数来求解，即：

$$V(\omega_t) = \max\{u(c_t, m_t) + \beta V(\omega_{t+1})\} \tag{4}$$

其中 $\omega_{t-1} = f(k_t) + \tau_{t+1} + \dfrac{(1-\delta)}{1+n}k_t + \dfrac{m_t}{(1+\pi_{t+1})(1+n)}$，且 $k_t = \omega_t - c_t - m_t$。

在 $V(\omega_t)$ 式中分别对 c_t，m_t 求一阶导数，有：

$$u_t(c_t, m_t) - \beta\left[f_k(k_t) + \dfrac{(1-\delta)}{1+n}\right]V_\omega(\omega_{t+1}) = 0 \tag{5}$$

$$u_m(c_t, m_t) - \beta\left[f_k(k_t) + \dfrac{(1-\delta)}{1+n}\right]V_\omega(\omega_{t+1}) + \dfrac{\beta V_w(\omega_{t+1})}{(1+\pi_{t+1})(1+n)} = 0 \tag{6}$$

又根据横截性条件：$\lim\limits_{t\to\infty}\beta'\lambda_t x_t = 0 \quad x = k, m$

λ_t 为 t 时期消费的边际效应，根据包络定理有：$\lambda_t = V_\omega(\omega_t) = u_\tau(c_t, m_t)$ \tag{7}

联立式（1）、式（2）和式（3）有：

$$u_m(c_t, m_t) + \dfrac{\beta u_t(c_{t+1} + m_{i+1})}{(1+\pi_{t+1})(1+n)} = u_t(c_t, m_t) \tag{8}$$

为了分析的方便，假设家庭总效应函数 $u(c_t, m_t) = c_t^a + s_t^{-\gamma}m_t^\gamma$ \tag{9}

其中 S_t 是交易成本，在这里用来表示移动支付和电子货币所引致的好处，交易成本越低，说明同样的货币 m_t 可以完成更多的交易，且 $\gamma > 1$。式（9）中分别对 C_t 和 m_t 求导，并将它们代入式（4）中整理后有：

$$m_t = \left(\dfrac{\alpha}{\gamma}\right)^{\frac{1}{\gamma-1}}\left[\dfrac{(1+\pi_{t+1})(1+n)c_t^{\alpha-1} - \beta c_{t+1}^{\alpha-1}}{(1+\pi_{t+1})(1+n)}\right]^{\frac{1}{\gamma-1}}(s_t)^{\frac{\gamma}{\gamma-1}} \tag{10}$$

通过上式，我们可以发现，不同的交易成本对应着不同的现金货币需求，交易成本越低，现金货币的需求也就越少，反之则反是。当交易成本 $S_t \to 0$，这时的现金货币需求也趋于 0，其中蕴含的意义丰富，最直观的含义是移动支付可能会完全替代现金，这是因为移动支付和电子货币能够大幅降低交易成本，当使用人数达到一定规模时，交易成本就能降到一个极小的值，到那时移动支付完全有可能替代现金，成为主要的支付方式，即使有极少数的现金交易，也不影响此系统的运转。

六、移动支付、电子货币与货币控制

电子货币的广泛使用，使得价格易受到冲击，中央银行相机决策政策就不能够维持价格的稳定了（周金黄，2007）。关于电子货币对货币控制的影响，BIS 发表了一系列文章对此进行了阐述，早在 1996 年 BIS 就提到电子货币会对货币政策造成影响。BIS（2001）认为电子货币可能会影响到中央银行的货币政策，如影响央行控制的利率和主要市场利率之间的联系。BIS（2004）一项调查显示，虽然在一段时间内预计电子货币不会对货币政策产生重大影响，但调查中的中央银行都开始密切关注电子货币的发展。BIS（2012）认为由非银行机构发行的电子货币，对中央银行的货币控制有一定影响，如影响短期利率水平，但是中央银行可以运用多种方式来保持电子货币与央行货币的紧密联系，从而控制短期利率水平。在国内，一些学者也对这一问题进行了较为深入的研究，谢平、尹龙（2001）从货币政策的中介目标、货币政策工具以及货币政策的独立性等方面，研究了电子货币对货币控制的影响。而周光友从电子货币对货币乘数、与较强流动性货币的替代效应以及对商业银行存款派生能力等方面，研究了电子货币对货币控制的影响（周光友，2007，2010）。不管是国内学者，还是国外学者，虽然对电子货币对货币控制影响的大小有争议，但他们都认为电子货币会对货币控制造成影响，影响到货币政策的有效性，也就是说电子货币对货币控制有影响这一点毋庸置疑。

电子货币的出现，同时以移动支付的形式展现出来，改变了货币需求的形式。此外，电子货币的私人供给，虽然在现阶段不会结束中央银行统一发行信用货币的基础制度，但货币供给主体的多元化和货币需求形式的改变，对中央银行货币控制构成挑战是必然的。电子货币以移动支付的形式表现出来，一个最大的优点是终端的普及和较低的交易成本，由于移动支付与移动运营商紧密相连，这使得移动运营商发行电子货币具有得天独厚的优势，移动运营商有可能反客为主，来主导未来金融发展的格局，这种情况已经在非洲国家出现了。移动运营商通过向客户提供虚拟账户，如果通过这种方式无限制地发行电子货币，将彻底颠覆由中央银行和商业银行构成的货币供给体系。

移动支付及电子货币的出现，淡化了货币各层次之间的界限，客户利用移动终端发送指令，可以快速地实现流动性差的货币与流动性强的货币之间的相互转换，这使得不同层次的货币差别正在日益缩小，模糊了货币界限，当消费者使用移动支付方式进行消费时，已很难分辨这时的货币是活期存款，还是储蓄存款，抑或是现金。更有甚者，一些非银行机构也在发行电子货币，并且与银行几乎不发生任何关系，如移动运营商使用虚拟账户发行电子货币，这种电子货币甚至不在原来的货币统计范围之内，这些使得货币控制的难度增加。总之，移动支付以及电子货币的出现增强了货币乘数的内生性，并对现金具有很强的替代性，在未来移动支付可能会成为主要的支付方式，这会从多种渠道影响到货币控制。因此，中央银行难以通过存款准备金政策、公开市场操作和再贴现政策来影响货币乘数，进而影响商业银行的存款货币创造能力，使得中央银行的货币控制增加。我们知道，货币政策的传导机制大致有三个方面：一是信贷渠道，二是利率渠道，三是资产价格渠道。电子货币和移动支付的普及，传统银行之外的机构也能创造货币，中央银行之外的机构也能提供基础货币，使得货币政策传导的信贷渠道受到挑战。众所周知，要使货币政策的信贷渠道发挥作用，银行在其中起到了关键作用，如果传统银行不再那么重要，那么货币政策的信贷传导也就不够通畅，货币政策也就大打折扣。货币政策的利率渠道依赖于货币供给的变化对利率的影响，如果中央银行之外的机构也能发行自己的货币，中央银行的货币政策对利率的影响也就减弱，进而对投资等实体经济的影响也就弱了，货币政策的利率渠道也就受到影响。最后是货币政策的资产价格渠道，该传导渠道的关键在于货币政策对股票市场的影响，根据托宾的 q 理论，货币政策通过影响股票市场，从而影响到投资的成本，进而影响实体经济，但是如果中央银行之外的机构也能发行货币，那么货币政策对股票市场的影响也就有限，货币政策目标的实现也就更加困难。总之，电子货币与移动支付会分别影响到上述三种传导渠道，进而影响货币政策目标的实现，增加货币控制的难度，降低货币政策的有效性。

电子货币对货币政策的影响依赖于电子货币是否可以借款和贷款，理想的货币政策是保持基础货币的稳定，同时又不计利息。通过前面的分析，我们知道电子货币的普及肯定会增加货币政策控制的难度，但并不是说中央银行对货币政策就完全失去了控制力，中央银行会发明新的政策工具来实现其政策目标。一般来说，金融监管都滞后于金融创新，同样中央银行新的货币政策工具也会滞后于金融创新，电子货币普及后，改变了人们对货币需求的形式，中央银行相应的货币层次划分也需要相应地做出调整，原有的货币政策工具不一定有效，中央银行需要寻找新的政策工具来影响中间目标，进而实现最终目标，新的政策工具需要在实践中不断总结和试错，直到最后的确定，这些都需要时间。因此在短期内，中央银行的货币控制难度及其效果和预期目标肯定存在一定差距，而在长期，中央银行会努力解决，但存在的困难也是在所难免的。此外，我们还认为即使中央银行找到了联结货币政策目标的新型货币政策工具，电子货币同样会增加货币控制的难度和复杂程度。而在短期内，如果中央银行还是运用原来那一套货币政策工具来实现货币政策目标，结果肯定会大打折扣，因为在电子货币和移动支付的时代，货币供求和社会环境已经发生了变化，原有的货币政策工具不能适用新的环境，因此，其政策目标的实现也就不能达到预期的效果。

Poole（1970）研究认为，金融创新降低了货币需求的利率弹性，货币冲击起主导作用，以利率为目标比以货币供应量为目标更能稳定名义收入。移动支付和电子货币也是一种金融创新，它们同样也强化了货币冲击的主导作用，增加了货币控制的难度，降低了货币政策的有效性。关于这一点，我们用一个随机的 IS – LM 模型来说明。

$$Y = Y_0 - \beta r + u \tag{11}$$

$$M^d = Y - \alpha r \tag{12}$$

$$M^c = M^* + v \tag{13}$$

其中，Y 为名义收入，r 是利率，M^d 是货币需求，M^c 是货币供给，Y_0 和 M^* 为固定变量。u 和 v 为随机变量，且 $E(u) = E(v) = 0$；$E(u)^2 = \sigma_v^2$。联立式（11）、式（12）和式（13），有：

$$Y = Z + \varepsilon \tag{14}$$

$$Z = \left(\frac{\alpha}{\alpha + \beta}\right)\left(Y_0 + \frac{\beta}{\alpha}M^*\right) \tag{15}$$

$$\varepsilon = \left(\frac{\beta}{\alpha + \beta}\right)v + \left(\frac{\alpha}{\alpha + \beta}\right)u \tag{16}$$

其中，Z 是确定性部分，ε 为随机部分。ε 是 u 和 v 两个随机冲击的加权平均值，货币冲击使名义收入提高了 $\dfrac{\beta}{\alpha+\beta}$，真实冲击使名义收入提高了 $\dfrac{\alpha}{\alpha+\beta}$。移动支付和电子货币等金融创新，降低了货币需求的利率弹性，也就是说 α 会越来越小，极端的情况是所有的货币冲击都转化为名义收入，不存在真实冲击。虽然这种极端情况出现的概率不大，但可以肯定的是，随着移动支付和电子货币的发展，货币冲击的频率会加大，货币冲击将会起决定性作用。

根据式（16），Y 的随机方差为：

$$\sigma_\gamma^2 = \left(\frac{\beta}{\alpha+\beta}\right)^2 \sigma_\gamma^2 + \left(\frac{\alpha}{\alpha+\beta}\right)^2 \sigma_u^2 \tag{17}$$

随着 α 逐渐变小，Y 的方差将主要取决于 v 的方差，随着移动支付和电子货币的发展，将会出现 $\sigma_\gamma^2 \gg \sigma_u^2$。

假定货币供应量反应函数表示为：

$$M' = M^* + \lambda(r - \bar{r}) + v \tag{18}$$

其基本含义是当利率超过目标值时，货币供应量将会上升，从而起到降低利率的作用。联立式（12）和式（18），得到利率的表达式为：

$$r = \left(\frac{1}{\lambda+\alpha}\right)(\lambda \bar{r} - M^*) + \left(\frac{1}{\lambda+\alpha}\right)(Y - v) \tag{19}$$

将式(9)代入式(1)得到 $Y = \psi + \left(\dfrac{\lambda+\alpha}{\lambda+\alpha+\beta}\right)u + \left(\dfrac{\beta}{\lambda+\alpha+\beta}\right)v$，其中 ψ 为确定项。

因此有 $\sigma_Y^2 = \left(\dfrac{\beta}{\lambda+\alpha+\beta}\right)^2 \sigma_v^2 + \left(\dfrac{\lambda+\alpha}{\lambda+\alpha+\beta}\right)^2 \sigma_u^2$。

随着 α 逐渐变小，λ 逐渐变大，Y 的方差极限值为 $\lim \sigma_Y^2 \to \sigma_u^2$，根据前面的假设 $\sigma_v^2 \gg \sigma_u^2$，这已经是中央银行在新环境下稳定产出方面做得最好的了，也即移动支付和电子货币的发展使得中央银行的货币控制能力明显降低。

七、结 论

本文在对移动支付和电子货币的定义、相互关系分析的基础上，研究了二者对货币供求与货币控制的影响，并得出如下结论：

（1）随着信息通信技术的发展，移动支付能够真正做到随时、随地和以任何方式进行支付，在未来有可能取代现金和信用卡成为主要的支付方式，手机和掌上电脑替代信用卡将在不远的将来实现。同时货币形态和支付方式是相互依存的，支付方式是随着货币形态的演变而演变的，支付方式是货币形态最直观的表现，具体到电子货币，其本质是信用货币，移动支付是电子货币形态的主要表现形式，电子货币则是移动支付的基础。

（2）移动支付和电子货币具有网络规模效应，而预期在移动支付和电子货币网络规模效应中起着关键作用。当人们预期移动支付基础用户群很大时，即移动支付前景一片光明时，人们就会愿意参与到移动支付中来，同时人们现在也愿意为之付更高的价格，因为当移动支付使用人数足够大时，其成本就变得非常低，价格也就低了，甚至接近零。随着移动支付和电子货币网络规模效应的凸显，私人企业发行的电子货币使用范围越来越大，有取代中央银行发行信用货币的趋势，这将会对货币供给造成冲击。

（3）随着信息通信技术的发展，其他收益率较高的资产很容易转化为可以作为支付手段的货币，用于交易。移动支付低交易成本优势的充分发挥，减少了人们对现金货币的需求，改变了货币需求的形式。此时，中央银行和利润最大化的企业并行发行货币，特别是不受监管的企业发行电子货币，出于其利润最大化的动机，可能把发行电子货币的储备降到最低，抑或是根本就没有储备，这对货币供给的冲击将是巨大的。货币需求形式的改变和电子货币的私人供给，将会使得货币控制的有效性大大降低，这时需要中央银行发明新的货币政策工具来应对这一冲击。

参考文献

[1] 陈雨露, 边卫红. 电子货币发展与中央银行面临的风险分析 [J]. 国际金融研究, 2002 (1): 53 – 58.

[2] 靳超, 冷燕华. 电子化货币、电子货币与货币供给 [J]. 上海金融, 2004 (9): 13 – 19.

[3] 帅青红. Q 币、U 币、POPO 币与电子货币 [J]. 电子商务, 2007 (1): 45 – 50.

[4] 帅青红. 电子支付与结算 [M]. 大连: 东北财经大学出版社, 2011.

[5] 孙宝文, 王智慧, 赵胤妍. 虚拟货币的运行机理与性质研究 [J]. 中央财经大学学报, 2009 (10): 52 – 59.

[6] 韦森. 货币、货币哲学与货币数量论 [J]. 中国社会科学, 2004 (4): 61 – 67.

[7] 王倩, 黄蕊. 电子货币对中央银行负债的冲击 [J]. 当代经济研究, 2010 (5): 47 – 51.

[8] 谢平, 尹龙. 网络经济下的金融理论与金融治理 [J]. 经济研究, 2001 (4): 24 – 31.

[9] 谢平, 邹传伟, 刘海二. 互联网金融模式研究 [J]. 新金融评论, 2012 (1): 3 – 52.

[10] 周光友. 电子货币发展对货币乘数影响的实证研究 [J]. 数量经济技术经济研究, 2007 (5): 98 – 107.

[11] 周光友. 电子货币对货币流动性影响的实证研究 [J]. 财贸经济, 2010 (7): 13 – 18.

[12] 周金黄. 现代支付体系发展与货币政策机制调整 [J]. 金融研究, 2007 (1): 154 – 162.

[13] Aleksander Berentsen. Monetary Policy Implications of Digital Money [J]. Working Paper, 1997.

[14] BIS. Security of Digital Money, Bank of International Settlements [J]. Working Paper, 1996.

[15] BIS. Implications for Central Banks of the Development of Digital Money [J]. Working Paper, 1996.

[16] BIS. Survey of Electronic Money Development [J]. Working Paper, 2001.

[17] BIS. Survey of Developments in Electronic Money and Internet and Mobile Payments [J]. Working Paper, 2004.

[18] BIS. Innovations in Retail Payments [J]. Working Paper, 2012.

[19] Friedman, B. M. Decoupling at the Margin: the Threat to Monetary Policy from the Electronic Revolution in Banking [M]. International Finance, 2000 (3): 261 – 272.

[20] Goodhart C. Can Central Banking Survive the IT Revolution? [J]. International Finance, 2000, 3 (2): 189 – 209.

[21] Jon Steinsson. The Implementation of Monetary Policy in an Era of Electronic Payment Systems [J]. Working Paper, 2005.

[22] Nicholas Economides and Charles Himmelberg. Critical Mass and Network Evolution in Tebcommunications [J]. Working Paper, 1994.

[23] Poole W. Optimal Choice of Monetary Policy Instruments in a Simple Stochastic Macro Model [J]. Quarterly Journal of Economics, 1970, 84 (2): 197 – 216.

ICT, Mobile Payments and Electronic Money

Xie Ping[1]   Liu Haier[2]

(1. Department of Economics, Renmin University of China, Beijing 100872;

2. Guangdong University of Finance, Guangzhou 510521)

Abstract: With the development of information and communication technology (ICT) and the mobile terminal penetration rate of increase, mobile payment is entirely possible to replace cash and credit card payment. With the proliferation of mobile payments network size effect, low transaction costs of mobile payments is full play, which reduced the demand for cash currency, change the demand for money in the form. At the same time, the central bank and the profit – maximizing firm parallel issue currency, this will impact the money supply. The money demand form changes, and private firm supply electronic money, which will make greatly reduce the effectiveness of the monetary control, then the Central Bank will invent new monetary policy tools to deal with the impact.

Key Words: Mobile Payments; Electronic Money; The Effect of Network Size; Money Supply; Money Demand

询价制度改革与中国股市 IPO "三高" 问题

——基于网下机构投资者报价视角的研究

俞红海　刘　坪　李心丹

（南京大学工程管理学院，南京　210093）

【内容摘要】2009 年询价制度改革后，中国股票市场 IPO 过程中 "三高" 问题突出、财富分配不公现象严重。对此，本文基于网下机构报价信息披露，从机构投资者报价行为视角进行研究。研究发现，询价制度改革后，由于制度安排不合理，使得参与询价的机构投资者之间过度竞争，导致 IPO 定价过高，并产生了 IPO "三高" 问题，使得财富分配过于向发行人倾斜而不利于投资者。长期来看，随着询价申购阶段机构竞争程度加剧，IPO 股票价格跌破发行价的可能性越高，长期超额投资回报越低，从而进一步论证了上述理论。本文的研究一定程度上打开了中国特色询价机制运行中的 IPO 定价黑箱，揭示了 IPO "三高" 问题背后的制度根源。

【关键词】询价制度改革；IPO "三高"；机构投资者报价；过度竞争

一、引言

2005 年，中国股票市场实施新股发行市场化改革，推行有中国特色的 IPO 询价制度，以期提高 IPO 定价效率。然而询价制度推行以来，各种问题不断出现，定价效率似乎并未得到有效提高，其中早期 IPO 首日高回报现象突出、财富分配不公问题严重，2005～2008 年 IPO 首日回报率高达 155%。对此，2009 年中国证监会推行询价制度改革，在这一改革之后，IPO 首日高回报现象的确消失了，平均首日回报回落到近 40%，但与之相伴的，是 IPO 过程中出现了 "三高" 问题，即高发行价、高市盈率和高超募率，并由此产生了新的财富分配不公问题。尽管 2010 年 10 月证监会推行了询价制度第二阶段改革，但收效甚微，改革后 "三高" 问题依然十分严重。为什么询价制度改革在消除 IPO 首日高回报的同时，会引起新的 IPO "三高" 问题？询价制度改革究竟对 IPO 参与方利益产生了什么影响？我们应该如何进一步推进 IPO 询价制度改革，消除 IPO "三高" 现象，提高定价效率？

回顾当前国际学术界 IPO 询价制度的相关研究，可以看到现有文献主要围绕承销商新股配售权，从激励机构投资者提供定价信息（Benveniste et al.，1989；Sherman，2002，2005；Chemmanur et al.，2010），以及承销商利用配售权向其利益相关者进行利益转移（Ritter et al.，2007；Jenkinson et al.，2009；Liu et al.，2010）两方面展开研究。然而由于中国特色询价制度中承销商缺乏新股配售权，这些研究对解释中国 IPO 询价制度改革中出现的问题，尤其是 "三高" 问题似乎意义不大。在中国市场上，邵新建等（2009）、刘志远等（2011a，2011b）从机构投资看报价角度对 IPO 询价机制及相关问题进行了初步的研究。其中刘志远等（2011a，2011b）提出从参与询价的机构竞争与合谋来解释 IPO 首日高回报问题，指出在询价制度改革前，参与报价的机构合谋来压低报价，导致 IPO 抑价现象产生，而第一次询价制度改革促进了机构竞争，提高了 IPO 定价效率。然而由于数据可得性等原因，该文并未具体分析机构报价行为，此外由于中国市场上 IPO 首日投机性交易行为严重，用 IPO 首日收盘价作为定价基准分析定价效率是值得商榷的，且该文得出的第一次询价制度改革使得 "IPO 定价效率提高" 的结论和改革后出现的 IPO "三高" 问题不太相符。总体而言，由于制度背景差异及数据可得性约束等原因，目前国内外学术界对中国市场 IPO 问题的研究，尚未深入触及中国特色 IPO 询价制度内部，未能打开 IPO 定价黑箱，同时对 IPO "三高" 现象缺乏合理的理论解释。

本文在现有研究的基础上，针对中国股市 IPO "三高" 问题，首先借鉴 Pumanandam 等（2004）的思路，通过寻找配对样本来确定定价基准对 IPO 定价效率进行评估，并进一步从参与询价配售的机构投资者报价行为视角，对发行过程中 IPO 定价效率及 "三高" 问题产生的根源进行研究。研究表明，询价制度改革后，相对于配对样本，IPO 定价过高，并由此导致 IPO "三高" 现象出现。进一步研究表明，由于中国特色询价机制中的制度安排不合理性，使得网下机构报价过程中出现过度竞争，这一过度竞争行为导致了 IPO 定价过高和 "三高" 问题的出现，并使得新股发行过程中财富分配过于向发行人倾斜。与此同时，从长期看，随着询价阶段机构竞争程度加剧，未来股票跌破发行价的可能性越高，长期超额投资回报越低，从而进一步论证了机构过度竞争导致 IPO 定价过高的理论。

相比已有研究，本文的贡献主要体现在以下三个方面：第一，利用第二阶段询价制度改革的信息披露要求，手工收集和整理了 2010 年询价制度第二阶段改革以来的机构投资者详细报价数据，首次对中国市场 IPO 询价过程中的机构投资者报价行为进行了较为系统的刻画与分析，从而在一定程度上打开了中国特色询价机制下 IPO 定价黑箱；第二，借鉴 Pumanandam 等（2004）的研究思路，采用更为科学的方法对 IPO 定价效率进行重新评估，从理论上系统论证了当前 IPO 存在定价过高而不是过低的问题，并指出当前询价制度改革使得 IPO 定价从一种形式的低效率走向另一种形式的低效率；第三，进一步基于机构报价行为，揭示了询价制度改革后 IPO "三高" 问题及相应的财富分配不公问题的产生根源，在于机构投资者过度竞争导致 IPO 定价过高。

二、制度背景与研究假说的提出

（一）制度背景：中国特色 IPO 询价制度及其改革

在标准询价过程中，承销商通过向机构询价来确定发行价格，并利用其新股自由配售权，选择机构进行配售。而中国特色的询价制度在发行过程中分为网下、网上两个市场，主要有两个特点：第一，定价过程中，在网下承销商向机构投资者询价，并利用机构报价、按证监会规则进行定价，网上则按照网下确定的发行价格发行；第二，新股配售过程中，按照同比例配售或者摇号配售方式，分别在网下和网上进行配售，而承销商没有新股配售权。

在中国特色询价制度实施过程中，早期突出问题是 IPO 上市首日高回报现象严重。对此，证监会于 2009 年推行询价制度第一阶段改革，相关措施包括：完善询价和申购的报价约束机制；优化网上发行机制，将网下、网上申购参与对象分开；对网上单个申购账户设定上限等。从效果来看，尽管改革后 IPO 首日高回报现象消失了，但同时产生了新的"三高"问题。对此，证监会于 2010 年 10 月推行第二阶段改革，措施包括：进一步完善报价申购和配售约束机制；扩大询价对象范围；增强定价信息透明度等。然而在第二阶段改革后，IPO"三高"问题依然十分突出。

（二）理论分析与研究假说的提出

从上面的制度背景分析可以看到，自 2005 年询价制度实施到 2009 年询价制度改革前，机构投资者可以同时在网下、网上参与申购。在这一制度安排下，对参与网下申购的机构而言，即使因报价过低而失去网下配售资格，仍可以凭借其资金优势在网上获得大量配售。因此为了提高获利空间，机构有动机在网下询价过程中报低价。可见，允许机构"双重申购"增加了其询价时压低报价的动力（刘志远等，2011b）。当参与询价的机构投资者均采取此类行为时，则体现为机构投资者群体合谋来压低 IPO 价格，导致折价发行。

2009 年询价制度改革，规定在 IPO 过程中，机构投资者不能同时参与网下、网上两个市场的申购，从而避免了原有制度下机构因网下、网上"双重申购"产生的合谋行为。由于网下申购中的竞争程度相对较小、中签概率相对较高，而且还有机会参与价格决定，因此机构往往倾向于选择在网下进行申购。此外询价制度改革还规定，原则上单个账户申购量不得超过网上发行量的 1/1000，从而进一步限制了机构投资者网上申购行为。

在网下申购过程中，机构投资者提供报价及申购数量，发行人和承销商根据全体机构报价，确定统一的发行价格[①]，并对发行价格以上的报价部分采取同比例配售或摇号配售

---

① 尽管证监会没有成文规定，但一般要求 IPO 定价在机构报价的均值和中位数附近。

方式将新股分配给相应机构投资者。因此，机构为了获得新股网下配售份额、分享 IPO 过程中的利益，有动机报高价，因为报高价可以使该机构获得配售资格，而同时又不需要以该高价来成交。在这个过程中，机构所报高价并不是相对其自身内在估值而言的，而是相对其他机构估值报价中的较高者而言的，因为只有高于其他机构报价中的较高者才有较大概率获得新股配售。当所有参与询价的机构基于类似的动机，采取类似的报价策略时，将会导致 IPO 发行过程机构整体报价集中于报价上限部分，产生整体报价"左偏"，同时使得 IPO 定价过高。此外，证监会对网下配售数量的限制进一步加剧了网下机构竞争。

正是因为上述一系列特殊制度安排，使得机构为击败其他投资者、获得配售份额而报出高于其理性估价的价格，我们将机构投资者之间的这种行为称为"过度竞争"。在当前中国股市定价规则下，机构之间的过度竞争最终导致发行价格过高，并产生财富分配不公问题。从市场表现来看，因为机构投资者普遍报价过高，甚至远高于发行人自身估价，从而导致发行过程出现"高超募"现象；同时，和过高定价相对应的，是代表 IPO 股票估值的发行市盈率过高，并且从整体来说，IPO 发行价格相对于同类股票价格过高，即机构投资者过度竞争导致了 IPO "三高"现象。基于上述分析，我们提出研究假说 H1 和 H2：

H1：询价制度改革后，参与询价的机构投资者之间过度竞争，导致 IPO 定价过高，机构竞争越激烈，IPO 定价越高。

H2：询价制度改革后，参与询价的机构投资者之间过度竞争，导致 IPO 发行出现"高市价、高市盈率和高超募率"的"三高"现象，机构竞争越激烈，"三高"问题越严重。

此外，进一步考虑 IPO 股票长期价格走势情况。由于询价阶段机构投资者过度竞争，导致 IPO 发行定价过高。随着时间的推移，上市公司信息逐步反映到股票价格中去，股价逐步回归到其基准价值，过度定价现象得到纠正，即存在股票价格回复现象。从市场截面来看，询价阶段机构投资者竞争程度越高，则 IPO 定价过高问题越严重，未来长期股票价格跌破发行价的可能性越高，相对于市场回报的下跌幅度越大，即超额投资回报越低。基于这一分析，我们提出相应的研究假说 H3：

H3：从长期来看，申购过程中机构投资者之间的竞争程度越高，未来 IPO 股票价格跌破发行价的可能性越大，长期超额投资回报越低。

三、数据、变量和描述性统计

（一）样本选择与数据来源

2010 年 10 月实施的询价制度第二阶段改革，要求"发行人及其主承销商须披露参与询价的机构的具体报价情况",这为研究询价制度下的 IPO 定价内在机制提供了可能。本文的样本区间即始于第二阶段改革,从 2010 年 11 月到 2011 年 12 月。考虑到上海证券交易所主板询价机制和深圳证券交易所中小企业板、创业板询价机制的差异性,同时考虑到这一期间主板发行股票数量较少,因此我们仅选择询价规则相同的中小板和创业板进行研究,共 280 个样本。本文涉及的核心数据,包括机构投资者详细报价及申购数据,均通过手工收集的方式,从上市公司"首次公开发行股票网下配售结果公告"中逐一进行整理。另外,本文涉及的 IPO 价格、上市时间、发行市盈率、IPO 募集资金等相关数据来自 Wind 数据库,IPO 发行前三年财务数据及已上市公司财务数据来自色诺芬数据库。

(二) 变量定义

1. 被解释变量

(1) IPO 定价效率。为了从机构报价角度对 IPO 询价制度改革后的"三高"问题进行研究,我们首先需要对 IPO 定价效率进行评估。不同于传统的用 IPO 首日收盘价作为定价效率衡量标准,本文借鉴 Pumanandam 等 (2004) 的思路,通过选择配对样本的方式来确定比较基准,用相对于配对样本的相对定价来进行衡量。其中配对样本的选择,我们考虑行业、销售额和息税前利润 (EBIT) /销售额三个指标,行业分类按照证监会标准,其中制造业细分到二级行业,其他则分到一级行业,共 21 个行业。在配对样本选择过程中,首先剔除三年内上市的公司,以及 ST 公司和金融企业,在此基础上,将同一年同一行业的公司样本按照上一年度销售规模分为两类,并进一步对每一类销售规模样本组合按上一年度 EBIT/销售额分为两类,这样共形成 2×2 个组合。然后按照 IPO 样本的行业、销售额和 EBIT/销售额,寻找匹配的样本组合。最后按照 IPO 样本和配对组合的销售额差值进行排序,寻找这一组合中和 IPO 样本销售额最为接近的样本,即为配对样本。

在选择配对样本后,我们用配对样本在 IPO 当日的市盈率作为比较基准,和 IPO 发行市盈率进行比较,以此衡量 IPO 定价效率,具体定义如式 (1) 所示。在稳健性检验部分,进一步采取其他相对估值指标,包括市销率、市净率指标对 IPO 定价效率进行稳健性检验。

$$\left(\frac{P}{V} \right)_{Earnings} = \frac{(P/E)_{IPO}}{(P/E)_{Maick}} \tag{1}$$

此外,与 Bhojraj 和 Lee (2002) 类似,本文进一步以 IPO 股票同行业上市公司整体作为配对样本,以 IPO 发行当日同行业股票市盈率均值作为 IPO 定价效率比较基准,来进行稳健性分析,其中同行业样本中剔除了近三年上市的公司样本,以及 ST 股票样本。

(2) IPO "三高"变量。为了对 IPO 市场"三高"问题及其背后的根源进行分析,我们进一步将 IPO "三高"作为被解释变量,其中发行价直接采用网下询价过程中确定的发行价格,市盈率采用发行后摊薄市盈率,超募率则用实际募集资金与预计募集资金的差值和预计募集资金的比值来表示。

(3) IPO 股票长期股价走势。在分析机构竞争性报价对 IPO 股票价格长期影响的过程中，我们从两方面进行刻画：一方面是用 IPO 股票价格跌破发行价的哑变量，在 N 个交易日之后，若股票价格跌破发行价，则取"1"，否则取"0"；另一方面用 IPO 股票长期回报相对于市场基准的超额投资回报来衡量，其中市场基准用深圳成指投资回报来表示。

2. 解释变量

本文的一个核心问题是如何对机构投资者报价过程中的竞争关系进行刻画。和 Roll 等（2010）的思路类似①，我们采用机构在 IPO 网下申购过程中的报价偏度来表示竞争激烈程度。前面理论分析部分指出，在询价制度第二阶段改革后，机构为了确保获得 IPO 过程中的利益，往往通过选择报趋于上限的高价来获得网下配售资格，但同时不是按照所报高价，而是按照统一发行价格来获配。当全体机构投资者都有这个倾向时，整个报价将集中于右尾，即集中于报价上限，从而整体呈现"左偏"，如图 1 所示，相应偏度为负，即机构报价将集中在右端高价区域，而不是服从正态分布，此时体现为机构投资者过度竞争。

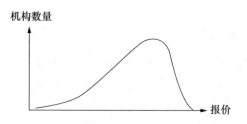

图1　机构过度竞争导致报价左偏

与此同时，我们认为，随着参与 IPO 网下申购配售的机构投资者数量增加，机构之间的竞争将加剧，机构为了赢得配售资格，将不得不报高价。因此，我们同时选择参与 IPO 网下申购配售的机构数量作为机构竞争程度的代理变量，在这个过程中，为了控制 IPO 规模因素的影响，我们用参与网下询价的机构投资者数量相对于 IPO 发行规模的比值来表示。在本文的稳健性部分，我们还借鉴 Green 等（2012）的方法度量竞争，另外也采用网下超额认购倍数作为机构竞争的代理变量进行稳健性检验。

3. 控制变量

为了控制其他变量对 IPO 定价效率及 IPO "三高"问题的影响，和刘志远等（2011a，2011b）、方军雄等（2010）类似，本文在回归分析过程中控制了公司基本面因素的影响，包括公司规模、资产负债率、每股盈利、每股净资产等。此外，其他控制变量还包括第一大股东持股比例、公司年龄、承销商声誉、发行日市场氛围等，各变量的具体定义如表 1 所示。

---

① 尽管 Roll 等（2010）用作市商买卖报价价差的偏度来代表做市商之间的竞争，而我们用机构报价的偏度来代表机构之间的竞争，但实质上都是因为竞争使其集中选择减少利润的策略，从而整体报价上体现出"偏度"。

表1　控制变量名称及定义

变量符号	变量名称	变量定义
Size	公司规模	公司总资产的自然对数，取上市前三年平均
EPS	每股盈利	公司总盈利与公司总股体的比值，取上市前三年平均
BPS	每股净资产	公司总的净资产与公司总股本的比值，取上市前三年平均
Leverage	资产负债率	公司总负债与公司总资产的比值，取上市前三年平均
CEM	创业板哑变量	若上市公司类型为创业板，则取"1"，否则取"0"
Share1	第一大股东持股	上市后第一大股东持股比例
Age	公司年龄	Ln（公司上市距成立年限＋1）
Underwriter	承销商声誉	按发行前一年承销金额排名，若属前十大取"1"，否则取"0"
Sentiment	发行日市场氛围	发行前30个交易日深圳成指日平均回报

（三）描述性统计分析

表2是对 IPO 询价制度推行以来，尤其是询价制度改革前后深交所 IPO 发行特征的描述性统计分析。从表2可以看到，总体来说，在 IPO 询价制度改革前，IPO 首日高回报现象突出，平均 IPO 首日回报高达155%，但不存在所谓"三高"现象。而2009年询价制度改革后，首日高回报问题消失，取而代之的是 IPO "三高"问题，其中平均发行价格在询价制度改革后高达28.90元，接近询价制度改革前的三倍，改革后的市盈率则超过改革前的两倍，最为突出的是高超募问题，在改革之前，几乎不存在超募现象，而改革之后平均超募率高达147.64%。进一步比较询价制度第二阶段改革前后的 IPO 发行特征，我们可以看到，尽管第二阶段改革后，IPO "三高"问题有所缓和，但相比询价制度改革前，这一问题依然十分突出，并且在第二阶段改革后，出现了 IPO 频繁破发的现象。

表2　IPO 发行特征描述性统计

变量名	发行数（个）	破发数（个）	发行价（元）	市盈率（%）	超募率（%）	首日回报（%）
Panel A：询价制度改革前（2006～2008 年）						
	223	0	11.02	26.78	3.20	155.00
Panel B：询价制度改革后（2009～2011 年）						
	653	62	28.90	55.00	147.64	39.30
询价制度第二阶段改革前						
	373	0	29.62	57.39	159.81	50.09
询价制度第二阶段改革后						
	280	62	27.95	51.82	131.73	24.93

同时，我们还分析了不同机构投资者之间的报价行为及其差异。为使不同股票之间的机构报价行为具有可比性，我们用相对于 IPO 发行价格的机构报价来刻画机构报价行为，结果见表3。可以看到在全部机构投资者报价中，基金和券商占据了主体地位，二者报价数超过总报价数的 70%，其中基金报价将近 50%。从报价的分布情况来看，QFII 报价区间最为集中，和发行价最为接近，而推荐类机构报价区间最大。此外，分析各机构投资者报价过程中的偏度，我们首先求出每一类机构在单个股票 IPO 中的报价偏度，再求出该类机构总体平均偏度，可以看到除了信托类机构外，其余机构投资者报价过程中的偏度均为负，即报价集中在高价区域，从而体现了这类机构投资者内部存在过度竞争关系。

此外，我们进一步对机构投资者报价的偏度情况进行分析。首先对 280 个样本的整体相对于发行价格的报价进行分析，根据 Kolmogorov – Smirnov 检验，得出机构整体报价并不服从正态分布，对应的偏度为 − 0.010，即机构整体报价呈"左偏"。同时进一步针对 280 个 IPO 样本，逐一进行正态分布检验。结果表明，共有 145 个样本偏度显著为负，即出现"左偏"。这一结论为我们采用偏度指标进行分析提供了较为充分的依据。

表3　不同机构报价行为描述性统计

	报价数	占比（%）	均值	中位数	标准差	最小值	最大值	偏度
基金	12531	46.25	0.9490	0.9606	0.1416	0.3000	1.7188	− 0.1253
券商	7194	26.55	0.9356	0.9412	0.1521	0.4167	1.7220	− 0.0656
财务公司	1226	4.53	0.9616	0.9691	0.1387	0.3583	1.5625	− 0.0744
信托	2528	9.33	0.9610	0.9670	0.1413	0.4566	1.6693	0.2121
保险	2252	8.31	0.8996	0.9172	0.1664	0.2957	1.7873	− 0.1656
OFII	49	0.18	0.9717	1.0000	0.1318	0.6211	1.3043	− 0.1018
推荐类	1307	4.82	0.9510	0.9623	0.1589	0.1724	2.2093	− 0.3226
总体	27093	100	0.9432	0.9524	0.1481	0.1724	2.2093	− 0.0789

四、实证研究

（一）机构投资者竞争行为与 IPO 定价效率——对研究假说 H1 的检验

我们借鉴 Pumanandam 等（2004）的方法，通过寻找配如样本，用配对样本在 IPO 当日的市盈率作为定价基准，对 IPO 定价效率进行研究，结果如表4所示。从表4PanelA 可以看到，IPO 相对发行价格的均值和中位数分别达 1.4144 和 1.1620，相对于基准的过高定价部分均值和中位数分别为 0.4144 和 0.1620，且在 1% 水平下显著异于0，即说明询价制度改革后，IPO 发行定价过高现象十分普遍，从而初步验证了研究假说 H1。

PanelB 进一步分析相对发行价格与 IPO "三高" 现象的关系，我们发现，相对发行价格越高、IPO 定价过高问题越突出，则 IPO 绝对发行价越高、市盈率越大，同时资金超募问题越严重，且这些关系至少在 5% 水平下显著。

表 4　IPO 相对发行价格及其与 IPO "三高" 关系的分析

Panel A：IPO 相对发行价格

	均值	中位数	最小值	最大值	标准差
IPO 相对发行价	1.4144	1.1620	0.2131	16.6067	1.5095
IPO 过高定价	0.4144 *** (<0.0001)	0.1620			

Panel B：相对发行价格与 "三高" 现象

	发行价	市盈率	超募比率	
相关系数	0.1775 *** (0.01)	0.2873 *** (<0.0001)	0.1236 ** (0.058)	

注：括号内为 P 值，***、**、* 分别表示 1%、5% 和 10% 显著性水平。

进一步分析机构投资者竞争行为对 IPO 定价效率的影响，其中机构投资者竞争，我们分别用参与询价的机构投资者报价偏度以及机构投资者相对数量来表示，结果见表 5。从表 5 可以看到，机构报价 "左偏" 越严重、投资者之间竞争越激烈，则相对于基准价值，IPO 发行定价越高，相应地，过高定价问题越严重，从而可以看出，是机构投资者之间的竞争行为，尤其是因询价制度改革后的制度安排不合理引起的机构过度竞争导致了 IPO 定价过高。在这个过程中，财富分配过于向发行人倾斜。类似地，当我们用机构投资者相对数量来表示机构竞争时，发现机构相对数量越多、机构投资者竞争越激烈，则 IPO 定价越高。上述研究很好地验证了研究假说 H1，即机构投资者过度竞争导致了 IPO 价格过高。

表 5　机构投资者竞争行为与 IPO 定价效率分析

	模型 1	模型 2	模型 3	模型 4
Skeuness	-0.4638 ** (-2.05)	-0.4604 ** (-1.98)		
Number			0.9011 * (1.72)	1.9126 * (1.64)
Size		0.1284 (0.92)		0.3425 * (1.69)

	模型 1	模型 2	模型 3	模型 4
Leverage		0.7720		0.5459
		(1.43)		(0.95)
EPS		− 0.2601		− 0.2689
		(− 0.79)		(− 0.76)
BPS		0.0790		0.0372
		(0.61)		(0.25)
CEM		0.1732		0.1939
		(1.13)		(0.97)
Share1		0.6456		0.5536
		(1.18)		(0.97)
Age		− 0.1986		− 0.1622
		(− 1.21)		(− 0.99)
Underwriter		− 0.1300		− 0.0988
		(− 0.65)		(− 0.52)
Sentiment		− 0.3378		− 1.0704
		(− 0.56)		(− 0.80)
Adj − R^2	0.027	0.020	0.006	0.047

注：括号内为经过 Huber – White 异方差调整的 t 统计量，***、**、* 分别表示 1%、5% 和 10% 显著性水平。

（二）机构投资者竞争与 IPO "三高" 问题——对研究假说 H2 的检验

我们进一步从机构投资者询价申购过程中的竞争行为角度，分析询价制度改革后 IPO "三高" 问题产生的内在根源。从表 6 可以看到，无论用机构投资者报价偏度还是机构相对数量来代表机构竞争，我们看到机构竞争对 IPO 发行价格、发行市盈率和资金超募有显著影响，机构报价"左偏"越严重、参与询价申购的机构数量越多，则 IPO 发行价和发行市盈率越高、资金超募现象越严重，从而很好地验证了研究假说 H2，即 IPO "三高" 问题的产生，本质上说是因为中国特色询价制度安排的不合理性，导致了机构投资者之间的过度竞争，这一过度竞争行为迫使 IPO 定价过高，并同时导致了"三高"问题的产生。

表 6　机构投资者竞争行为与 IPO "三高" 问题

	资金超募		市盈率		发行价	
	模型 1	模型 2	模型 3	模型 4	模型 5	模型 6
Skewness	− 0.4080 **		− 11.2446 ***		− 6.4316 ***	
	(− 2.41)		(− 4.10)		(− 4.27)	
Number		1.8807 ***		85.3142 ***		41.4199 ***
		(2.87)		(4.42)		(4.50)

	资金超募		市盈率		发行价	
	模型 1	模型 2	模型 3	模型 4	模型 5	模型 6
Size	−0.0355 （−0.29）	0.1702 （1.15）	−4.5457* （−1.66）	4.6898 （1.55）	−0.8955 （−0.55）	3.6009** （1.95）
Leverage	−0.1253 （−0.25）	−0.4659 （−0.89）	24.0711** （2.09）	9.9655 （0.87）	4.9562 （0.73）	−2.0692** （−0.29）
EPS	0.6091** （2.41）	0.5745** （2.28）	−19.3457*** （−4.66）	−19.7058*** （−4.76）	22.7368*** （7.52）	22.3998*** （7.60）
BPS	−0.1783** （−2.24）	−0.2142*** （−2.63）	0.8345 （0.57）	−1.0337 （−0.73）	−1.3697 （−1.27）	−2.2447** （−2.16）
CEM	0.2929* （1.91）	0.2970* （1.89）	7.6213*** （2.61）	7.4216*** （2.63）	3.7163** （2.14）	5.3331*** （2.91）
Share1	−0.0514 （−0.14）	−0.1294 （−0.37）	10.6231 （1.35）	6.9557 （0.94）	7.0488 （1.48）	5.2858 （1.15）
Age	−0.0435 （−0.35）	0.0027 （0.02）	−4.3331 （−1.35）	−2.7128 （−1.07）	−2.0131 （−1.20）	0.3505 （0.24）
Linderwriter	−0.0560 （−0.43）	−0.0308 （−0.23）	−2.3032 （−0.88）	−1.1383 （−0.45）	−0.2122 （−0.14）	−1.1631 （−0.82）
Sentinent	3.1075*** （2.93）	2.5522*** （2.47）	65.6928*** （3.14）	41.1701** （2.00）	44.3379*** （4.19）	32.3428* （3.11）
Adj−R²	0.095	0.085	0.260	0.331	0.378	0.410

注：括号内为经过 Huber－White 异方差调整的 t 统计量，***、**、* 分别表示 1%、5% 和 10% 显著性水平。

（三） 母构投资者竞争与 IPO 股票长期价格走势——对研究假说 H3 的检验

首先从 IPO 股票跌破发行价的角度进行分析。我们分析了 IPO 上市后 120、150、180 和 210 个交易日的情况，若上市后第 N 个交易日的股票收盘价格低于发行价格，则相应的跌破发行价哑变量取"1"，否则取"0"，结果如表 7 所示。从表 7 我们可以看到，代表机构竞争程度的报价偏度对股票价格是否跌破发行价有显著影响，随着机构报价左偏程度的加剧、投资者竞争程度的提高，则长期来看股票跌破发行价的概率会提高，其中的原因是机构过度竞争使得 IPO 定价过高，随着信息的逐步披露，股票价格逐步趋于其内在价值，从而出现跌破发行价的情况，因而证明了研究假说 H3。同时我们进一步用机构投资者相对数量作为机构竞争的代理变量进行分析，结果类似，限于篇幅此处不再表述。

表7 IPO 长期跌破发行价的概率分析

	120 个交易日	150 个交易日	180 个交易日	210 个交易日
Skewness	−0.6989***	−0.4657**	−0.4725*	−0.5087*
	(−2.76)	(−1.99)	(−1.88)	(−1.87)
Size	1.0206***	0.7407**	0.5330	0.4445
	(2.51)	(1.94)	(1.35)	(1.01)
Leverage	−2.4768*	−1.4199	−0.4024	0.4648
	(−1.82)	(−1.03)	(−0.28)	(0.29)
EPS	1.1393**	0.1507	−0.0939	0.1289
	(2.30)	(0.35)	(−0.19)	(0.24)
BPS	−0.3712*	−0.1009	−0.0536	0.0037
	(−1.87)	(−0.54)	(−0.27)	(0.02)
CEM	0.7546**	0.6986**	0.5961	0.2076
	(2.06)	(1.97)	(1.43)	(0.48)
Share1	1.0785	0.2914	−0.8184	−0.3968
	(1.42)	(0.38)	(−1.00)	(−0.47)
Age	0.0305	0.0111	−0.3687	−0.3564
	(0.13)	(0.05)	(−1.40)	(−1.30)
Underwriter	−0.7710***	−0.4959*	−0.5452*	−0.3828
	(−2.73)	(−1.79)	(−1.79)	(−1.18)
Sentiment	1.0959	−1.3340	−0.9134	4.5594*
	(0.48)	(−0.61)	(−0.37)	(1.66)
Pseudo−R^2	0.088	0.048	0.060	0.067

注：括号内为经过 Hufcer−White 异方差调整的 z 统计量，***、**、* 分别表示 1%、5% 和 10% 的显著性水平。

与此同时，我们进一步从 IPO 股票的长期超额投资回报角度进行分析，结果如表 8 所示，其中长期超额投资回报，我们用股票价格相对于发行价格的变化来表示，并用深证成指对应的收益进行调整。从表 8 我们可以看到，无论是 IPO 股票上市后 120、150 个交易日，还是 180、210 个交易日，报价偏度对长期超额投资回报的影响均显著为正，即当机构报价出现过度竞争、相应的报价偏度为负时，长期超额回报显著降低，从而进一步论证了研究假说 H3。同样我们用投资者相对数量作为投资者竞争的另一个指标进行分析，结果类似。

表8　IPO长期超额回报的影响因素分析

	120个交易日	150个交易日	180个交易日	210个交易日
Skewness	0.1201 ***	0.0941 ***	0.1061 ***	0.0763 **
	(4.58)	(3.44)	(4.00)	(2.36)
Size	− 0.0606	− 0.0687	− 0.0445	− 0.0452
	(− 1.60)	(− 1.58)	(− 1.29)	(− 1.39)
Leverage	0.1178	0.0658	− 0.0135	− 0.0405
	(0.78)	(0.41)	(− 0.10)	(− 0.26)
EPS	− 0.0808	− 0.0974 *	− 0.0526	− 0.0513
	(− 1.52)	(− 1.79)	(− 1.07)	(− 0.79)
BPS	0.0156	0.0364	0.0130	0.0025
	(0.62)	(1.39)	(0.64)	(0.11)
CEM	− 0.0248	− 0.0222	− 0.0545	− 0.0211
	(− 0.65)	(− 0.54)	(− 1.42)	(− 0.49)
Share1	− 0.0669	− 0.0877	0.0771	0.0690
	(− 0.81)	(− 1.03)	(0.97)	(0.75)
Age	− 0.0001	− 0.0020	− 0.0066	0.0331
	(− 0.01)	(− 0.54)	(− 0.24)	(1.08)
Underwriter	0.0623 **	0.0686 **	0.0666 *	0.0583 *
	(1.94)	(2.16)	(2.04)	(1.68)
Sentiment	0.3906	0.7201 ***	0.5584 **	− 0.1663
	(1.55)	(2.94)	(2.11)	(− 0.57)
Adj − R^2	0.075	0.072	0.078	0.049

注：括号内为经过 Huber − White 异方差调整的 t 统计量，***、**、* 分别表示1%、5%和10%显著性水平。

<h1 align="center">五、稳健性检验</h1>

（一）IPO定价效率的稳健性检验

如何对 IPO 定价效率进行评判是本文研究的关键。和 Pumanandam 等（2004）类似，我们在获得配对样本的基础上，进一步采取其他相对估值指标，包括市销率和市净率进行稳健性检验，结果如表9所示。从表9可以看到，无论是用市净率还是市销率作为相对价格比较基准，偏度对定价效率的影响均显著为负，机构投资者相对数量对定价效率的影响显著为正,从而进一步验证了研究假说 H1[①]。

表9 机构投资者竞争行为与 IPO 定价效率(以市销率和市净率为基准)

	以市净率为基准		以市销率为基准	
	模型1	模型2	模型3	模型4
Skewness	− 0. 0921 **		− 0. 2391 *	
	(− 2. 29)		(− 1. 66)	
Number		0. 4503 **		2. 0634 **
		(2. 24)		(2. 35)
Adj − R²	0. 126	0. 124	0. 094	0. 115

注:括号内为经过 Huber − White 异方差调整的 t 统计量,*** 、** 、* 分别表示1% 、5% 和10% 显著性水平。

此外,与 Bhojraj 和 Lee (2002) 类似,本文进一步以 IPO 发行日同行业股票市盈率的均值作为 IPO 基准价值,来进行稳健性检验,结果和表5类似,即机构报价左偏越严重、参与申购的机构数量越多、相应的机构投资者竞争越激烈,则 IPO 相对发行定价越高、过高定价问题越突出,进一步说明本文的主要结论是稳健的。限于篇幅此处不再报告。

(二)机构投资者竞争行为的稳健性分析

借鉴 Green 等 (2012) 的方法,用投资者报价分布差异来表示过度竞争,具体定义如式 (2),其中表示机构报价的第 P_i 分位数。当我们采用这一新的过度竞争代理变量进行分析时,结果见表10,可以看到新的偏度度量指标,即新的过度竞争代理变量对 IPO 相对定价的影响显著为负,即机构之间竞争越激烈、机构报价越集中于报价上限,新的偏度指标“左偏”程度越大,IPO 相对定价水平越高,从而进一步验证了本文的主要结论。

$$\text{Skewness}\_2 = \frac{(P_{99} - P_{50}) - (P_{50} - P_1)}{(P_{99} - P_1)} \qquad (2)$$

表10 机构投资者竞争行为与 IPO 定价效率(机构竞争稳健性分析)

	模型1 (PE)	模型2 (PB)	模型4 (PS)
Skewness_2	− 2. 9254 **	− 0. 3366 *	− 1. 1378 *
	(− 2. 22)	(− 1. 70)	(− 1. 64)
Adj − R²	0. 036	0. 118	0. 094

注:括号内为经过 Huber − White 异方差调整的 t 统计量,*** 、** 、* 分别表示1% 、5% 和10% 的显著性水平。

---

① 限于篇幅,在稳健性检验部分我们只报告了解释变量的结果,省略了对控制变量结果的报告。

另外，我们采用网下申购过程中机构投资者超额认购倍数，作为机构投资者竞争的代理变量进行稳健性分析，机构超额认购倍数越高，代表机构竞争越激烈，结果表明除部分指标显著性水平下降之外，总体来说和表5类似，进一步说明本文的结论是稳健的。

六、主要结论与政策建议

本文研究结果表明，中国股市 IPO "三高" 现象背后的本质，是询价制度改革后 IPO 发行出现了定价过高的问题，进一步分析其内在根源，是由于中国股票市场 IPO 询价制度安排不合理，导致参与询价申购的机构投资者之间过度竞争，并由此产生机构报价过高的问题，而机构整体报价过高进一步导致 IPO 定价过高及 IPO "三高" 现象的出现。此外，通过对 IPO 股票长期股价走势的分析，我们发现随着询价阶段机构投资者竞争程度的加剧，IPO 股票价格跌破发行价的概率增加、相对于市场的长期超额投资回报降低。

基于本文的研究，我们认为：一方面需要调整当前网下、网上股票配售比例，大幅增加 IPO 网下新股供给量，缓解机构投资者竞争；另一方面则需要改变当前的同比例配售及摇号配售制度，对高于发行价格的报价单按照其实际申购量进行等额配售，来加大对机构投资者的激励约束促使其合理报价。

参考文献

［1］方军雄，方芳. 新股发行市场化改革与融资超募现象［J］.证券市场导报，2010（12）：39－45.

［2］刘志远，郑凯，何亚南. 询价对象之间是竞争还是合谋？——基于 IPO 网下配售特征的分析［J］.证券市场导报，2011a（3）：35－44.

［3］刘志远，郑凯，何亚南. 询价制度第一阶段改革有效吗［J］.金融研究，2011b（4）：158－173.

［4］邵新建，巫和懋. 中国 IPO 中的机构投资者配售、锁定制度研究［J］.管理世界，2009（10）：28－41.

［5］Benveniste L. M. and P. A. Spindt. How Investment Bankers Determine the Offer Price and Allocation of New Issues［J］. Journal of Financial Economics，1989，24（2）：343－361.

［6］Bhojraj S. and C. M. C. Lee. Who is My Peer? A Valuation－Based Approach to the Selection of Comparable Firms［J］. Journal of Accounting Research，2002，40（2）：407－444.

［7］Chemmanur T. J.，G. Hu and J. K. Huang. The Role of Institutional Investors in Initial Public Offering［J］. Review of Financial Studies，2010，23（12）：4490－4540.

［8］Green T. C. and B. H. Hwang. IPOs as Lotteries：Skewness Preference and First－Day Returns［J］. Management Science，2012，58（2）：432－444.

［9］Jenkinson T. and H. Jones. IPO Pricing and Allocation：A Survey of the Views of Institutional Investors［J］. Review of Financial Studies，2009，22（4）：1477－1504.

［10］Liu X. D. and J. R. Ritter. The Economic Consequences of IPO Spinning［J］. Review of Financial

Studies, 2010, 23 (5): 2024 – 2059.

[11] Pumanandam A. K. and B. Swaminathan. Are IPOs Really Underpriced? [J]. Review of Financial Studies, 2004, 17 (3): 811 – 848.

[12] Ritter R. J. and D. H. Zhang. Affiliated Mutual Funds and the Allocations of Initial Public Offerings [J]. Journal of Financial Economics, 2007, 86 (2): 337 – 368.

[13] Roll R. and A. Subrahmanyam. Liquidity Skewness [J]. Journal of Banking and Finance, 2010, 34 (10): 2562 – 2571.

[14] Sherman E. A. and S. Titman. Building the IPO Order Book: Underpricing and Participation limits with Costly Information [J]. Journal of Financial Economics, 2002, 65 (1): 3 – 29.

[15] Sherman E. A. Global Trends in IPOs Methods: Book Building versus Auctions with Endogenous Entry [J]. Journal of Financial Economics, 2005, 78 (3): 615 – 649.

IPO Book – building Reform and the Problem of IPO "Three Highs" in China Stock Market: A Perspective of Offline Institutional Investors' Quotes

Yu Honghai   Liu Ping   Li Xindan

(School of Engineering and Management, Nanjing University, Nanjing 210093)

Abstract: After the reform of IPO book – building mechanism in 2009, the problem of IPO "three highs" in China stock market is very serious. This paper studies these problems from the perspective of institutional investors' quotes during IPO book – building. We find that after the reform, unreasonable arrangement of IPO book – building mechanism results in the over – competition among institutional investors, which further results in IPO over — pricing, and leads to the problem of "three highs". Besides, we find that with the increasing of institutional investors' competition, the probability of the stock price below the issuing price increases in the future, and the abnormal return decreases more. This research opens the "black box" of IPO book – building process with Chinese characteristics and discloses institutional reason of unfairness during wealth allocation.

Key Words: IPO Book – building Reform; IPO "Three Highs"; Quotes of Institutional Investor; Over – competition

金融市场化改革中的商业银行资产负债管理

吴晓灵

（清华大学五道口金融学院，北京　100083）

【内容摘要】 目前，存贷比指标监管和贷款规模控制扭曲了商业银行的经营行为，在中央银行可以主动吐出基础货币和有充分操作自主权的情况下，有条件取消这两项政策措施，给商业银行资产负债管理的自主权。在此基础上，中央银行应加快利率、汇率市场化进程，完善公开市场政策操作工具，通过调整自身资产负债结构来影响商业银行的资产负债管理行为。商业银行在此过程中，则应当实现真正的市场化转型，构建财务硬约束机制，强化以资本管理为先导的资产负债管理体系，提升资产负债管理的技术能力。同时正本清源，冷静看待经营转型与金融创新，培育诚信务实的经营管理文化。

【关键词】 存贷比；货币政策；资产负债管理；经营文化

一、商业银行资产负债管理的外部政策约束条件

（一）国际收支长期失衡下的货币政策工具

近年来，伴随着经济全球化的进一步加深，在出口导向型外贸政策和吸引外资的一系列政策环境下，经常项目以及资本和金融项目呈现出连续多年双顺差的局面。在此期间，中央银行不断通过外汇市场购入多余外汇，从而累积了巨额外汇占款，特别从 2003 年之后，基础货币投放中外汇占款的比重不断上升，不再由中央银行主动吐出而主要通过外汇占款来提供，这种货币投放方式使央行资产负债表得以快速扩张[①]。与此同时，被动投放的基础货币，也增加了商业银行的存款货币，给商业银行注入了大量流动性。

---

① 2008 年之前，我国实行的是强制结售汇制度，但在政策上不断放宽企业保留外汇的条件和限额。2008 年之后虽然此项制度实践中已不再施行，但因对人民币汇率的升值预期和人民币美元的利差追求，企业保留外汇的经济动因并不存在。2003～2011 年，外汇储备年均增加逾 3000 亿美元，9 年间累积了外汇储备存量余额 85% 以上的份额。

在国际收支长期失衡期间，中央银行不得不频繁使用一些货币政策工具来对冲外汇占款对货币被动投放的影响，除了常规性的在公开市场采用正回购、发行央票的手段外，最重要的政策工具就是上调存款准备金率。从 2003 年 9 月至 2011 年 6 月，央行共 32 次上调存款准备金率①，从 6% 开始，最高曾达到 21.5%（大型金融机构）和 18%（中小金融机构）的水平。通过上调存款准备金率，冻结了数量过半的被动投放的货币，有效回笼了商业银行的流动性。外汇占款造成的存款货币的持续被动投放与央行回笼流动性货币政策的持续实施，是这 10 多年来商业银行资产负债管理的流动性基础。

（二）存贷比指标监管和贷款规模控制对商业银行信贷投放的约束

存贷比指标在中国银行业的应用始于 20 世纪 90 年代交行重新组建初期，主要是为了解决银行超负荷经营问题，并增加信贷规模控制的弹性，是对早期贷款计划指令管理政策的突破。存贷比指标后被写入《商业银行法》成为一项法律规定，作为商业银行流动性和资产负债比例管理的重要政策指标，用于约束单体银行过度依赖一般存款之外的非稳定资金来源的不审慎行为和过度放贷行为。在当时商业银行资产负债管理和流动性管理水平较弱，而又没有其他有效指标的情况下，存贷比指标因其简单直观、易于操作和监管，对限制单一银行过度放贷的行为起到了积极作用；同时作为一项紧缩政策，对抑制当时的经济过热势头和 CPI 水平产生了一定影响。

但是商业银行的资产负债结构存在先天的不均衡性，特别是大型银行、全国性中小银行和区域性中小银行在负债结构方面本来差异较大，所服务客户、市场和自身经营优劣势的差异使存款发展基础并不一致，加之外汇占款所创造的存款货币也主要向进出口企业所在的行业、区域以及吸引外资最多的区域所在的银行集中，因此造成部分银行存款基础雄厚，存贷比远低于 75% 的控制要求，指标实际约束意义不大。部分银行则挣扎于政策"红线"上下，贷款业务发展则处于走走停停之中。自 2003 年以后，中央银行不断改进货币信贷总量的调控方式，不再直接采用贷款规模控制②，通过增强与商业银行沟通和窗口指导，在保持全社会信贷与经济运行协调增长的同时，防范个别商业银行贷款冲动对整个货币供应的冲击。监管部门对于存贷比指标的强化，应当说也是配合中央银行保持全社会信贷总量适度增长而采取的一些措施。虽然存贷比指标的产生是特定环境下的调控产物，但对商业银行的经营行为扭曲产生了日益负面的影响。

（三）巴塞尔监管指标体系的发展及应用

金融危机后，中国银监会积极引进了巴塞尔Ⅲ监管指标体系，进一步完善并推进了资本充足率监管，构建了新的流动性风险管理体系，资本监管与流动性监管已成为商业银行

---

① 唯一一例外的是，2008 年在应对国际金融危机冲击的大背景下，一年内连续 4 次下调准备金率。
② 中央银行贷款规模控制的方式，有直接控制的方式，有窗口指导的方式，目前采用了更加市场化的手段，即根据一个合意贷款规模的公式，计算各家银行贷款增长的幅度。

资产负债管理的重要内容。

在资本监管方面，巴塞尔通过进一步提升资本要求的质量和数量比例，以及增加逆周期资本要求和系统性重要银行资本要求，使商业银行的资产负债管理更加重视资本约束的要求。在流动性监管指标方面，巴塞尔委员会提出了两个全球统一协调的流动性计量指标，即流动性覆盖比率（LCR）和净稳定资金比率（NSFR）。

$$流动性覆盖率 = \frac{高流动性资产储备}{未来\ 30\ 日的资金净流出量}$$

$$净稳定资金比率 = \frac{可供使用的稳定资金}{业务所需的稳定资金}$$

流动性覆盖比率（LCR）主要衡量短期特定压力情景下，银行持有的高流动性资产应对资金流失的能力，旨在最大限度地保证银行在各种可能的压力情景下，有足够的优质流动性资产来满足流动性风险中的偿付需求；净稳定资金比率（NSFR）是衡量银行在特定压力情景下，可用的长期稳定资金支持业务发展的能力，旨在引导银行优化资产负债结构，减少短期融资的期限错配，增加长期稳定资金来源。这两个指标覆盖了全部表内外业务，考虑了客户类别、性质与期限结构，有给定的未来短期和中长期的压力情景，旨在解决最为重要的偿付能力风险与期限错配风险，将对商业银行的资产负债管理产生积极意义。

二、对外部政策约束条件的审视与检讨

随着近年来商业银行资产负债结构的多元化发展，以及巴塞尔新的流动性监管指标在中国的落地实施，特别是在新增外汇占款规模整体趋于下降，央行可以主动吐出基础货币和有充分操作自主权的情况下，存贷比监管指标与贷款规模控制的政策措施所赖以生存的环境已发生了很大变化，有必要对这两项政策措施进行重新审视与检讨。

（一）存贷比指标对银行整体流动水平代表有限，不能决定商业银行的信用扩张

存贷比指标既不是行业经验值，也缺乏科学依据，仅仅是我国银行业发展初期较为中性的一种资金来源与运用比例关系，对银行整体流动性水平代表意义有限。存贷比指标没有反映存贷款本身的期限结构和流动性水平，风险敏感度不足；随着近年来债券市场与货币市场的蓬勃发展，商业银行存、贷款之外的资金来源与运用渠道已日渐多元化，商业银行所需的流动性完全可以通过主动负债手段加以解决，而流动性的丧失也并非简单归结于贷款增加过多，存贷比已很难与银行整体的流动性状况相匹配（如 2013 年 6 月货币市场波动中，一些存贷比相对较低的大型银行也出现了流动性紧张局面），其有效性已大打折

扣。此外，存贷比指标未考虑银行权益资本的结构和水平，而权益资本的多少直接影响银行最终的清偿能力。

从货币创造机制看，存贷比指标涵盖范围仅局限于传统存贷款业务，使其不具备宏观总量含义，不能决定商业银行信用总量。货币供应量取决于基础货币和货币乘数。在既定的基础货币下，银行外汇占款会直接创造大量存款货币，银行购买证券也可以创造货币等，从而在存贷比指标不上升的情形下增加货币信贷增长；另外，商业银行可以绕过存贷比指标，通过很多创新手段提供融资，从而增加全社会信用增量。最近几年，表内信贷占融资总规模的比例逐年下降，从而使存贷比指标抑制信贷冲动的政策效果大打折扣。

（二）存贷比指标对商业银行资产负债管理的约束是非均衡的，不利于信贷资源市场化配置

大型商业银行与中小银行由于在运行历史、网点布局、结算网络等方面的差异，在吸储能力方面的市场地位是不对等的；央行因外汇占款被动投放的基础货币从而形成的银行的人民币存款货币，在银行间的分布也是不均衡的；不同商业银行在贷款客户定位和客户资金需求上也存在差异。此外，存贷客户与商业银行之间存在一定的客户粘性，客户在商业银行之间转换存贷需求存在一定的交易成本，这些因素综合造成了存款供给与贷款需求在商业银行之间分布的非均衡状态。存贷比指标作为针对单体银行统一比例管理的指标，未考虑银行之间的这种非均衡特征，加之资金在银行间的调剂并不符合存贷比指标中存款的范畴，因此对那些存款较多但贷款需求较少的商业银行并未形成制约，对那些存款基础较弱但信贷需求旺盛的银行的信贷能力却形成了显著抑制，这违背了信贷资源的市场化配置规律。目前来看，大部分中小银行存款基础较弱，这些银行却是中小企业和农村资金的重要供应者，存贷比指标加大了中小银行信贷客户获得贷款融资的难度，制约了信贷资源对稳增长政策的支持。

（三）存贷比指标扭曲了商业银行的行为，加剧了银行经营同质化的倾向，对金融市场稳定产生了一定的负面影响

存贷比指标约束使商业银行过于重视存款的吸收和竞争，"存款立行"已成为银行业的普遍经营战略，有存款才能贷款，存款变成了兵家必争之地，商业银行在内部资源配置和绩效考评上也普遍向存款倾斜，在贷款投放上也倾向于把信贷资源投向有利于派生存款的领域，通过各种方式带动结算资金留存。揽储文化催生了一系列资金掮客"买存款"的现象，鼓励了银行客户经理的机会主义行为，滋生了腐败与套利，不断驱使银行发展为差异较小的全能银行，使资产负债结构不断同质化，扩大了金融市场波动时的共振效应。

存贷比指标约束还催生了商业银行一系列关键时点"冲存款、绕贷款"的所谓金融

创新，扭曲了商业银行正常的资产负债管理行为①。据统计，自 2009 年 1 月至 2013 年 3 月，主要金融机构季末前 5 日的存款增量平均占到当月存款增量的 80% ~ 120%，而在季末后 5 日则出现巨量下跌。商业银行存款在季末前后的剧烈波动，使关键时点的存贷比指标不再可信，进而导致了 M2 的波动，使我们的货币供应量在短时间内剧烈波动，增加了央行货币调控的难度。另外，"绕贷款"的做法使得对贷款规模控制的政策目的也大打折扣，企业对资金的需求通过影子银行等其他途径得到了部分满足，但是由于增加了一系列通道费用，实体经济承担的利息成本却明显提高。此外，"冲存款、绕贷款"的一系列方法，还提高了商业银行表内外资金的关联性，增加了流动性风险隐患。

（四）巴塞尔Ⅲ流动性监管指标可以有效替代存贷比指标监管

巴塞尔Ⅲ提出的流动性覆盖比率和净稳定资金比率指标，对商业银行流动性的衡量更加全面和科学。这两个指标考虑了包括存贷款在内的所有表内外业务，考虑了各项资产负债的剩余期限结构，并对不同业务的现金流入、流出给予不同系数，考虑了各类存款账户与银行的关联度的程度②，即存款的稳定性，考虑了给定压力情景下流动性承压能力，这些设计在反映流动性风险方面更为精确，可以较大程度地避免存贷款指标产生的监管套利和市场扭曲行为，而考虑压力情形也有助于提高流动性风险管理和监管的前瞻性。此外，目前商业银行也具备这样的期限结构数据基础与系统支持能力。

取消存贷比还有助于商业银行把目光转向资产负债管理的更为宽泛的方面。从主要成熟经济体看，以储蓄为主的银行和以贷款为主的银行，是可以有专业分工的，尽管这两类银行实际存贷比比例差异巨大，但以贷款为主的银行并不见得流动性风险就高。从各国监管来看，也几乎没有把存贷比指标纳入监管指标的，部分国家仅将其作为一个监测预警指标。一些银行主导型国家，存贷比长期保持在 75% 以上甚至长时间内超过 100%，但均表现了良好的融资能力与流动性。巴塞尔Ⅲ新的流动性监管指标体系为替代存贷比指标提供了更佳选择，当然在实际应用层面，也可以根据我国的实际情况做一些技术调整。此外，资本充足率监管指标作为银行监管的核心指标之一，同样会使包括贷款在内的风险资产规模的扩张受到资本的约束，商业银行会从资本角度衡量放贷是否经济。

（五）在目前外汇占款增速总体下降背景下，存贷比指标对扩张性货币政策存在制约

基础货币投放的不同方式（央行主动还是被动吐出货币）会产生不同的政策效果，

---

① 由于存贷比指标中的存款仅包括一般存款（包括保险公司存款），不含同业存款，因此近几年商业银行已经创新出很多手段，在季末等特殊的监管和考核时点，能够创造存贷比所认可的一般存款，从而增加银行业整体一般存款的时点总量。如多利用理财产品实现同业存款与一般存款的转化，在季末时点向理财产品拆出资金，用于偿付理财产品投资人，就是将同业拆放资金转化为一般存款，季末时点过后，再收回资金；再如向保险公司拆出资金，保险公司再将其存放商业银行，形成一般存款。

② 新指标根据存款账户与银行是否有业务关系，规定了不同的流失率，以测量存款的稳定性。

对商业银行的信贷投放更有着不同的传导机制。在存贷比指标约束下，央行由于外汇占款增加而被动投放基础货币时，由于货币乘数的作用，会导致可贷资金的成倍增加；同样，在货币乘数和存贷比指标的双重作用下，外汇占款下降造成的一般存款投放的减少也必然会导致可贷资金的成倍收缩。而存贷比指标下可贷资金的减少，并不能通过再贷款、央票到期、逆回购或降低存款准备金率等央行主动释放流动性的货币政策手段直接替代，因为外汇占款投放基础货币的同时直接创造了存款货币，而主动释放流动性的货币政策手段只是增加了银行体系的流动性，并没有直接创造存款货币，即不能直接作用于银行贷款[1]，存贷比政策改变了货币政策的贷款微观传导机制，外汇占款增速突然下降、停滞或局部时段的负增长有可能导致信贷投放能力的急剧回调[2]，并对扩张性货币政策的效果产生一定的制约。

（六）对商业银行贷款规模的变相控制是央行被动吐出基础货币的应对措施，在央行可以主动吐出基础货币和有较充分的操作自主权的情况下，有条件放弃贷款规模控制

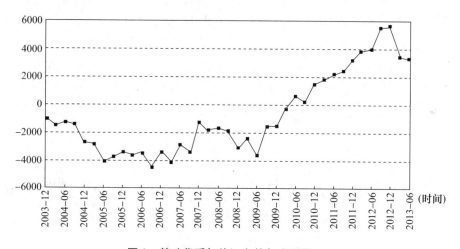

图1　基础货币与外汇占款年度增量之差

对贷款规模进行控制无异于将它当作一种实物资源来进行分配，这与市场经济体制以价值规律为基础配置资源的原则不符。近年来实行的贷款规模控制也是持续多年高顺差下的产物。如图1所示，在2010年之前，外汇占款年度增量一直多于基础货币的需要，中央银行被迫做一些流动性收回的对冲。但从2011年4季度以来，国内外环境发生了一些

---

① 在这种情形下，商业银行要增加信用扩张还必须依赖其他政策的配合，如购买企业的新发债券，而这还有赖于直接融资市场的发展。

② 银行存款余额的月度监测结果表明，从2002年1月至2013年6月，共有9次月度存款环比下降情况，其中8次发生在2011年之后。

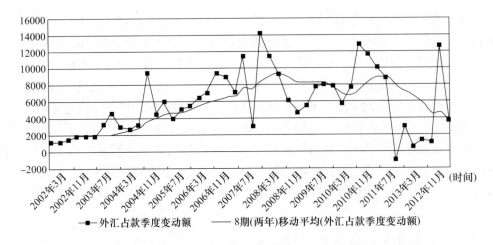

图2　外汇占款季度增量

新的变化，随着汇率更多地由市场因素所决定，外汇占款开始出现局部时段的负增长，得益于多年来显著低估的汇率带来的持续高顺差开始消失，新增外汇占款规模的整体快速下移（见图2），使基础货币被动投放为主的方式得以改变，中央银行在吐出基础货币上有了较多的主动权。只要中央银行有这个主动权，就可以保证整个货币信贷的供应不会超出控制的范围，这时候放弃贷款规模的控制已具备了一定的条件。就货币创造机制而言，商业银行不仅可以通过贷款创造货币，本质上商业银行所有对社会资产的运用都是可以创造货币的。因而，在中央银行主动吐出基础货币的前提条件下，单纯控制贷款规模已经没有非常重要的意义。

三、商业银行内部经营环境的变化对资产负债管理的影响

（一）"发起—分销"模式扩展了商业银行资产负债管理的内涵，增加了资产负债管理的复杂性

次贷危机前西方银行的经营模式发生了重要转变。被市场称之为"发起—分销"的经营模式改变了过去几百年来银行一直奉行的"购买—持有"的经营理念，通过出售和证券化或购买信用衍生工具的方式，实现了银行持有资产的出表，并在实践中达到了节约监管资本、调整收入结构、扩大信贷供给的目的。然而次贷危机引发了业界对这种模式的反思，那些经营模式转过了头的银行在次贷危机中遭到了重创，那些固守传统经营模式的银行仅受到了有限冲击。不幸的是，这种新的经营理念，却以另一种变种的方式在危机后的中国银行业蔓延开来，最重要的表现就是理财业务的蓬勃发展。

在新的经营模式下，商业银行的资产负债管理也出现了一些新的变化。管理理念逐步从"负债—资产"管理向"资产—负债"管理模式转变，即传统方式下是先募集资金，再统筹资金运用，新模式下，则是先构建资产池，再统筹进行分销；管理模式由存量管理向流量管理转变，表内持有改变为表外运营，银行不再是"悉心养雁"，以获取信贷利息收入为目的，而是"雁过拔毛"，以获取资产管理相关手续费收入为目的。由于表外运营的特殊目的载体大都由银行发起设立，盈利模式主要基于期限错配，因此带来了较为突出的流动性管理问题，而银行作为发起人，承担了长期的流动性支持与资产配置功能，催生了银行与银行发起设立的 SPV 之间的资金往来业务的急剧扩张①，并成为近年来同业业务扩张的重要内容。此外，在"发起—分销"模式下，由于不再是资产整个生命周期的管理，同时出于非息收入获取的动力，个别银行在实践中产生了风险漠视和激励失当，对商业银行资产负债管理带来了新的挑战。

（二）表外理财业务带来的信用扩张和风险隐性承担，对商业银行资产负债管理和整体金融体系是一种危害

伴随着经营模式的变化和理财业务的蓬勃发展，银行实现了表外信用扩张下的监管资本节约和收入结构改善，但潜在的风险是助推表外信用扩张的银行隐性担保和刚性兑付问题。

所谓表外理财产品，虽然从合同安排上银行并不承担对这类产品刚性兑付的义务，但几乎所有产品都标明了一个比同期存款基准利率更高的预期收益率，并总是能够按照预期收益率完成兑付日对客户的本息兑付。几年来商业银行发行了数十万款产品而少有违约的事实更夯实了投资者的信心，好像这是一个看起来不存在违约的"更高收益率"的存款市场，不论是投资者还是银行，心里都有一条看不见的红线，那就是隐性担保下的到期"刚性兑付"。在这种情况下，投资者除了关注预期收益率的高低，谁还在意理财合同的风险安排？显然数十万款产品中存在的显性违约已经被银行隐性背书并处理了。此外，为了确保这种兑付，银行几乎都要在重要时点提供流动性支持②，为了保证向理财投资人高预期收益的兑付，这类产品很重要的一个投资渠道就是将理财资金存放在发起行之外的第三家银行，从而形成银行之间的规模巨大的同业互存并按照君子协定互相向对方发起设立的理财计划支付高收益率的情形，而这在本质上就是银行自身向自身发行的理财产品投资人的高息兑付行为，这种高息兑付转移给投资人所剩下的收益，却以中间业务的名义进入银行的腰包，从而实现了银行收入结构的调整。

隐性担保和刚性兑付凸显了交易合同在法律层面的风险分配与参与方对风险的心理认

---

① 从这个角度讲，西方的发起—分销模式下，银行与特殊目的载体的关联度较小，银行承担的管理职能更为显著；而我国的银行与银行发起设立的理财计划之间，存在着较为紧密的资金往来关系，或者说就是理财计划对银行资金支持的依赖。

② 银行确保理财产品的流动性和到期刚性兑付，而途径不外乎到期自己接盘、拆借资金或"发新偿旧"的方式。比如在季末通过向理财计划（特殊目的载体，SPV）拆出资金，满足客户兑付需求并可以增加季末的一般存款。

定和实际承担的背离，不仅扭曲了买者有责、风险自担的市场投资原则，也破坏了银行声誉机制发挥作用的环境①，对商业银行资产负债管理是有一定扭曲的。一是通过这种模式，银行实现了资产出表和信用扩张，但仍然承担了背书的风险，逃避了资本监管，使现行的资本充足率并未反映银行的资本与实际承担的风险敞口之间的关系；二是到期刚性兑付对银行的流动性管理和偿付能力管理产生了较大的影响（表现为资金存放银行以获取高息收益增加了同业互存资金来源，以及关键时点对特殊目的载体的流动性支持）。总之，这种信用扩张和风险隐性承担，既缺乏资本约束，又增加了流动性管理的难度，对商业银行的资产负债管理和整体金融体系是一种危害。

（三）表内同业业务急剧膨胀，严重依赖期限措施支撑业务发展和利润增长使金融机构的脆弱性大大加强

近年来银行同业业务发展迅猛，已经成为部分银行业务拓展与利润增长的新的发动机。截至 2012 年末，上市银行同业负债规模已超过 12 万亿元，相比 2006 年规模翻了 7 倍之多，年复合增长率（34%）远超一般性存款（16%）的增幅水平，在总负债中的占比也提升了一倍之多，达到 15% 的水平②。同业资产也表现出了相同的特征。同业业务在成为商业银行重要的资产负债管理内容和管理工具的同时，在近几年的过度发展中，也逐渐暴露出一些新的问题。

同业业务最初限于商业银行之间的拆借和头寸调剂，用于解决存款在一级市场上流向的不均衡带来的短期流动性问题，但目前因其横跨信贷市场、货币市场和资本市场，已表现出综合性、交叉性和过度创新的业务特征：①同业业务作为主动负债的一种方式，本来是一项流动性管理工具，但目前却可能成为引发流动性问题的冰山一角，而其背后就是短负债、长资产的过度且持续的运用。部分银行已形成了一种通过期限错配逐利的业务模式，通过持续融入短期资金维持长期资产的运营，期限错配利差收入甚至超越了基准利差收入。在长期的过度的期限错配游戏中，一旦某个环节出现资金链断裂，就会引发同业市场违约的"多米诺骨牌效应"，市场也会出现骤然收缩甚至危机。②同业资金往来平台已成为监管套利的重要渠道，有的机构借助同业业务来转移表内贷款，达到规避监管、腾挪规模并实现表面上风险转移的目的；同业市场已成为解决理财资金投向并向理财产品提供流动性的重要工具，但却成为理财业务自身资产负债管理的硬伤。③同业业务相对游离于实体经济，主要流转于金融市场，客户集中度高，资金供需在流动性收紧、释放和风格转换时相对趋同，容易跟风效仿，较易放大资金价格波动和金融市场风险。以短主动负债、

---

① 由于投资者不再关注产品的种类和风险特征，即理财产品没有风险之分，只有收益之别，这就会导致收益越高的银行理财产品越受投资者欢迎，而部分银行为了迎合投资者并扩大市场销售占比，可能会优先选择高收益的项目，而高收益项目风险一般较高、质量一般较差，这就会对质量较好的理财投资项目产生一定的挤出，即"劣币驱逐良币"，甚至会形成银行之间的恶性竞争。

② 其半中型股份制银行的这一比例平均为 25%，最高者甚至接近 40% 的水平，如兴业银行 2012 年末，同业资产的运用与贷款规模已不相上下。

长资产运作为特征的资产负债管理模式加大了金融机构脆弱性。

（四）信贷资金在支持借款企业的用款真实需求与用款节奏上存在一定错位，政策调控预期制约金融效率提升

金融体系中目前仍普遍存在的一个问题是资金使用效率偏低，表现在商业银行的贷款发放出去之后，会形成数额较大、时间较长的存款积淀，意味着支撑经济正常循环流动的货币成本较高，这种情形同样反映在财政资金的使用效率方面[1]。

从金融效率角度分析，造成上述现象的原因一方面与我国金融市场不太成熟有关，信贷市场之外的资本市场、债券市场等直接融资市场尚不发达，企业的资金需求难以及时并以市场化的成本在金融市场获得满足，因此企业在借款时往往会打一个预备量甚至是很高的一个预备量。另一方面，这也与企业对于银行受存贷比或信贷总量政策调控形成的市场预期有关，即在信贷市场上，企业对融资难度和融资成本的判断，会形成一定的融资与用款时间错配现象，从而为此多承担财务成本，影响了金融资源配置的效率。

与信贷配给不均衡问题相关的另一种情形是，现行机械式的贷款期限与企业的实际用款期限往往是不匹配的。商业银行在明确可以对企业继续提供后续信贷支持的情况下，却必须要采用收回再贷的方式，在收回和再贷期间，就衍生了一个利率奇高的帮忙资金和过桥贷款市场，并已经成为市场上高利贷和不法分子活动赖以生存的一项业务了。而银行的人员参与其中，就可能产生很多腐败的行为，也扰乱了市场的利率信号。

四、金融市场化改革中的商业银行资产负债管理机制

（一）尽快启动《商业银行法》的修订工作，取消存贷比指标限制和贷款规模控制，同时在银行监管中研究适合中国国情的流动性监管指标

随着存贷比指标赖以存在的政策环境发生重大变化，这项行政性的货币政策工具已经成为商业银行资产负债管理的桎梏，使商业银行的资产负债管理丧失了自主权。在央行可以主动吐出基础货币和有较充分的操作自主权的情况下，有条件放弃贷款规模的行政控制，也有条件取消"《商业银行法》第三十九条（二）贷款余额与存款余额的比例不得超过百分之七十五"的规定，以还原市场运行本色并降低金融市场内耗。现阶段可以借鉴巴塞尔Ⅲ流行性指标监管体系，并结合中国金融市场实际发展情况，设计更加有效反映国内商业银行流动性状况的便于监管而又透明的指标体系，在此基础上可继续将存贷比指标作为一项用于分析、评估流动性风险的监测工具。

---

① 表现为政府债务与政府预算单位在商业银行的机关团体存款的同步累积过程。

考虑到修法的程序安排，在《商业银行法》对存贷比指标暂没有取消之前，尽快改变商业银行存贷比的计算口径，将非存款类金融机构在存款类金融机构的存款纳入一般存款统计，同时把同业存款也计入存贷比的分母，承认吸收同业的存款也是资金来源之一，降低一般存款与同业存款之间的套利行为①，调节市场结构并促成信贷资源在银行体系内的合理配置。

（二）明确同业业务内涵，引入大额长期可转让定期存单等主动负债工具，引导商业银行强化同业业务的自我约束

商业银行追逐经营利润的动机应该予以肯定，这也是金融创新与发展的活源之水。但要防范同业业务的虚拟性扩张和过渡期限错配的盈利模式。①商业银行同业业务发展要置于流动性管理框架之下，必须受到流动性管理的严格约束，应对同业业务的期限错配建立稳健的限额管理机制。②期限错配虽是银行业务的一个基本特征，但银行不宜将主动负债的期限错配模式作为盈利的主要模式。从这点看，应尽快发展中、长期性的同业资金来源，解决一级市场上存款分布不均衡、存贷粘性带来的资金供需不均衡等现象，实现资金往来的自我修复。尽快引入同业大额长期可转让定期存单作为金融机构的主动负债工具，利用可转让存单规模可控、交易便利、信息透明的优势，扩大同业资金市场中、长期产品种类，稳定商业银行长期资金来源，以支撑其中长期资产业务。这类存款可视同为一般存款，纳入准备金政策管理。③将同业资金限定于清算、结算用途以及头寸拆借，这类资金不能持续支撑长期资产业务，其他资金均视为一般资产和一般存款。

（三）完善货币政策工具，加快利率、汇率市场化进程，推进资本市场建设，通过调整央行自身资产负债结构影响商业银行资产负债管理行为

（1）逐步弱化并改革存款准备金制度并增强公开市场业务功能。目前，全球范围内存在着降低准备金要求甚至取消准备金制度的趋势，公开市场业务却是现代市场经济国家最常用的市场化货币政策工具。与存款准备金制度相比，公开市场操作具有交易时间、交易标的、标的规模、标的期限、买卖方向等自主选择的特点，具有操作可逆、效果及时的特点，中央银行通过公开市场操作完全可以更主动、准确、灵活地调节金融市场流动性与金融机构的资产负债结构等政策目标。随着我国金融市场的不断完善和发展，可进一步完善我国公开市场的政策操作工具。

外汇占款增速下降对央行被动吐出基础货币的压力在逐步减弱，也为实现准备金制度与公开市场业务的功能转换提供了政策基础。择机下调准备金率，也可以为央行公开市场业务操作提供更多的流动性来源。此外，为进一步增强准备金工具的弹性和针对性，可依

---

① 为减少虚假同业存款，可将存款期限设定在一定期限之上。或者为防止同业互存增加银行业同业存款总量，可以将同业存款净额（吸收的同业存款减去存放的同业存款）计入分母，使存贷比对单体银行的约束扩展为对银行业总体指标的约束。资产负债的自主权，反映资金的真实用途。这样通过给特定的同业存款以正道，就可以避免很多扭曲的行为。

据存款流动性的差异采用不同的准备金率；改革对存款准备金的付息制度，降低巨额准备金利息带来的货币投放并影响商业银行的存款行为。通过逐步弱化、完善存款准备金制度并增强公开市场业务功能，在调整央行自身的资产负债结构的同时，引导商业银行加强资产负债结构管理和利率敏感性缺口管理，提高资产负债管理水平。

（2）积极稳妥推进利率、汇率的市场化进程。短期内可加快存款利率市场化的结构性改革：按照国际惯例逐步降低活期存款的利息，继续上调中长期定期存款利率上浮区间直至完全市场化，同时与逐步降低直至取消商业银行营业税负结合起来，以减弱对商业银行的财务冲击；中长期可逐步取消存贷款分期限基准利率体系，积极构建核心基准利率指标作为政策目标利率，以此引导市场预期；建立完善存款保舍制度和相应退出机制以吸收利率市场化进程产生的负面效应；进一步完善汇率形成的市场化机制，平衡国际收支，减弱外汇占款对货币政策的冲击。

（3）加快推进资本市场和货币市场建设，给银行提供更多的投资渠道和资金来源，增加商业银行资产负债的管理手段；加强债券市场建设，加大商业银行债券资产比重，适度控制中长期贷款的增长，缓解资产负债期限错配的程度；推进信贷资产证券化，盘活存量信贷资产，提升资金使用效率；加强对非信贷渠道投放存款货币的管理，加强财政政策与货币政策的协调[1]，更有效地调控银行体系流动性的波动；培育金融市场体系中非银行金融机构的力量，增加除央行之外的能够承担流动性补偿者的角色。在此基础上，宏观调控应从控制贷款总量为主向调控对社会经济活动有全面影响的广义货币供应量指标为主转变。

（四）构建市场化环境下的商业银行资产负债管理体系

随着影响商业银行资产负债管理的外部政策环境特别是金融市场化改革各项措施的推进，包括央行操作自主权的增强并可以更多地通过公开市场业务来吞吐货币并影响利率、带有行政指令色彩的政策工具的逐步取消以及利率市场化进程的逐步推进，商业银行资产负债管理也亟须转型。

（1）商业银行要实现真正的市场化转型。市场化改革是政策工具市场化、要素价格市场化与市场主体行为市场化三位一体的改革，因为政策工具的传导、要素价格的市场化决定机制均是通过微观市场主体的行为发挥作用的，因此商业银行是否具备"经济人"特征即市场化程度直接关系到市场化改革的成效和市场资源的科学配置。商业银行要完成市场化转型，首先需要有配套的财务硬约束的机制安排；其次要按照市场化的行为特征来推动资产负债管理活动，包括存款利率的市场化的定价而不是不计成本的揽存行为；商业银行还要引导企业、居民等客户增强利率敏感性和对价格体系波动的理解和适应能力，形成良好的市场环境；最后，商业银行还可以构建有序有效的行业自律机制。

（2）强化以资本管理为先导的资产负债管理体系。西方商业银行的资产负债管理经

---

① 如银行国库定期存款和税金上缴国库也是调节非信贷渠道投放存款货币的重要方面，应当纳入全社会存款货币管理的范畴。

历了几个阶段，到后期资产负债管理阶段时，已开始关注资产负债的期限匹配、清偿能力和流动性管理，以防范流动性风险。而随着巴塞尔资本协议在银行业的应用，则更加重视资本管理，即资产负债管理的各项活动应以资本管理为起点和核心，资产的扩张须有相应的资本要求，同时资本也事关商业银行的最终清偿能力。但目前国内商业银行偏向于规模扩张，资产扩张快于资本补充，资本补充压力较大。因此，商业银行一方面应当从追求规模效益管理向基于资本管理下的价值管理转变，强化业务拓展中的资本约束要求；另一方面要把资本管理的理念贯彻于商业银行的日常经营管理活动中去，实现将资本持有量在各业务板块的科学配置。

（3）加强资产负债管理活动的数据积累与人才储备，提升管理技术能力。要改变目前简单粗放式的资产负债管理规模、管理模式，构建以大数据积累为基础，以管理技术为支撑的精细管理模式，积累具备相应技术能力和管理经验的人才储备。从传统利差保护到利率不断市场化会带来很多新挑战，在利率定价和利率风险管理方面，商业银行应切实提升利率定价的能力，增强利率敏感性意识，从重于量的管理到量价齐管并重，要加强量与价关系的研究，积极有效地开展差异化的利率定价策略。要改变对信用风险非常敏感而对利率风险相对迟钝的局面，不仅要关注利率风险的成本，加强存款利率上限承受力研究，加强管理会计在费用成本分摊方面的应用，还要加强信用风险溢价计量的数据支持与模型技术研究。要加强利率风险缺口管理，完善利率风险管理技术和工具，不断积累利率风险管理经验。大型商业银行已具备了一定的管理机制、数据与技术积累和人才储备，要在这些方面未雨绸缪，提早研究，树立标杆作用。在资金价格市场化后，客户粘性会逐渐下降，要加强流动性风险管理的研究，特别是随着近年来同业业务和理财业务的蓬勃发展和所出现的一些新情况、新问题，要加强对包括同业和理财业务在内的各业务条线的流动性风险的有效识别、计量、监测和控制，在考核主要业务条线的收益时纳入流动性风险成本，以更好地平衡收益与风险之间的关系。在现金流测算方面和缺口限额管理方面，应涵盖各项表内外负债，包括隐性担保可能带来的潜在流动性需求；面对金融市场近些年来呈现出来的肥尾分布特征现象比较显著的情况，要更加重视压力测试工具的应用。

五、正本清源，培育商业银行诚信务实的经营管理文化

文化是企业的灵魂，商业银行的经营文化是商业银行经营管理模式的基石。银行作为吸收公众存款的行业，具有很强的外部性特征，因此商业银行的经营文化不仅影响商业银行自身的资产负债管理活动，也会影响金融稳定。

21世纪初开始的银行业改革，通过资产剥离、股份制改造和主要商业银行的上市，成绩斐然，主要大型银行的盈利能力和资产质量均居全球银行业前列。然而在成就的背后，也确实存在一些问题，需要引起我们的反思，而这些问题就是深刻影响商业银行资产

负债管理活动的经营管理文化问题，具体表现在近年来非常受人关注的银行经营模式转型问题、金融创新问题以及规模扩张与绩效指挥棒的问题。

（一）从商业银行所承载的风险以及收益背后的驱动因素来看，所谓经营模式的转型缺乏基础，商业银行应当更加注重自身行为模式的规范并正确引导投资者的行为

近几年商业银行战略转型的过程，就是在尽可能节约监管资本的同时不断调整收入结构的过程。转型的具体方式就是将出表的存量业务或可以不纳入表内进行反映的增量业务作为银行的中间业务，从而不包括在资本充足率的计算过程中，又可以以中间业务收入的形式反映在银行报表中。转型的典型特征表现在以理财业务为代表的资管业务的大发展，以及与此相关的中间业务收入的迅猛增长。转型背后的问题在于，资管业务诸如理财业务的大发展得益于银行的隐性担保与刚性兑付，从商业银行风险承担的角度，转型本质上就是把商业银行对于表内风险的显性承担转变为表外风险的隐性担保，虽然表面上节约了资本，但显著地增加了银行体系承担的风险。

在商业银行普遍将中间业务收入占比提升作为经营转型标志的背景下，在特殊的考核机制引导下，资管业务并非是唯一实现息转费的业务模式，对信贷客户的息转费行为也成为业内的一种普遍现象。据不完全统计，2012 年度，上市银行理财和信贷投放相关以及信用卡分期付款等本质上属于信用风险对价但却以手续费及佣金收入体现的已逾千亿元，占手续费佣金净收入的 22% 左右，而剔除这类收入后，手续费佣金净收入占营业收入的比重就会下降约 4 个百分点，不足 14%，与 2007 年相比，占比有所上升（2%）但已不是非常显著（5%）。信用风险对价没有纳入利息收入，也误导了对银行业整体利差水平的判断。因此不论从风险承担的角度，还是从收入结构的本来面目看，所谓经营转型只不过是将表内风险表外化，利息收入手续费化的游戏，这本质上就是一种不诚信的商业文化。在这个过程中，既没有资本约束，也滋生了很多流动性问题，诸如理财产品的期限错配问题就不得不依赖新发产品和规模的不断膨胀。为避免其成为金融体系的大的风险隐患，商业银行有必要对这种经营行为模式加以规范，也有责任引导投资者以一种理性的投资行为投资银行发行的资管产品。

一是要坚持实质重于形式的原则，做好资管业务的资产负债管理与充分的信息披露工作。有些业务由于参与方法律关系的有意设计而在表外进行处理了，但其风险与回报的分布与表内产品并无本质不同，那就应当比照表内业务进行资产负债管理，同样也应当纳入资本监管。相关来自于信用风险对价的收入也应当确认为利息收入，从而向财务报告的信息使用者传递真实准确的信息。

二是要明确金融产品的法律关系，在风险收益承担方面给客户以准确引导。目前银行发行的大部分表外理财产品，均设定有预期收益并按照预期收益兑付，在目前的金融生态环境下，更有纳入表内反映的必要。因为：①银行对于客户承担收益波动性风险的理财产品就不应该设定预期收益率，如果银行给了这种预期，并且用一些非市场化的手段来确保这些预期，就意味着收益波动的风险实质上是由银行承担的，这与高息存款有何差别？②银行担保预期收益的行为实质上就是一种隐性担保和刚性兑付行为，扭曲了买者有责、风险自担的市场投资原则，对金融市场的健康发展也是不利的，一个看起来不存在违约的市场也是非常可怕的。从业务健康发展的角度，银行理财产品一定要明确其信托法律关系，即银行是以自身名义而不是客户的名义运作的，在理财产品能够清晰标明其信托法律关系，且不得有预期收益率的设定与宣传情形下，才可以移出银行资产负债表外。

（二）金融工具创新并不会创造新的价值，商业银行应当将金融创新的着力点专注于信息科技的应用方面，增强客户服务的便捷性、降低服务成本、提升客户体验

金融工具创新是次贷危机前金融创新文化的一个显著特点，以创设主体规避监管、节约资本为动因，以自我交易和自我循环为特征，表现在：①新创设产品涉及三方或更多方的网状法律关系；②交易结构复杂、链条较长，资金最终供需方间环节、层级过多，环环相扣、层层依赖；③信息传递是呈现有偏衰减的，传递下去的大都是让投资者觉得乐观和正面的信息，好像风险出现了系统性下降；④投资大众普遍缺乏对产品的充分认知，包括监管部门。金融工具创新的核心是对风险、收益、流动性的重新组合，但伴随着产品链条的加长，各类金融中介机构通道费用的增加，资金供需最终方经风险调整后的经济福利在下降，却增加了风险管理以及金融监管的难度。

商业银行应构建基于客户需求导向、以价值创造和简单易懂为原则的创新文化。沃克尔曾说，20世纪银行唯一的创新就是ATM机，说法虽过于保守，但也提醒我们，商业银行创新的核心绝不能从规避监管约束中来，而应从客户真实需求模式的变革中来，从信息科技的开发和应用中来。偏离了客户需求，供给模式的自我变革必是缺乏根基的。旨在提升客户价值和客户体验的创新，才是银行创新的真正的源头活水。银行需要更透彻地发挥自身的信息优势和渠道优势，这是触及千家万户的竞争优势。银行应当通过不断提升技术手段，挖掘、整合信息资源，加强数据的采集和应用，充分扩展服务渠道，更加关注与客户的双向互动和渗透启发，更加关注客户体验和客户综合化需求，才能使创新成为客户价值与银行价值比翼齐飞的动力。

（三）正确处理规模与效率的关系，构建科学、合理的考评体系，倡导以财务预算硬约束为先导的文化

中国的商业银行目前仍没有根本改变追求规模和市场份额扩张的粗放经营模式，普遍不注重效率质量，导致缺乏真正的核心竞争力。这种模式背后，与我国特殊经济金融环境下银行家的"政绩观"或者说银行家的经营作风有关。总体而言，我国的商业银行还不是一个真正意义上的市场化主体，银行家的目标函数或多或少是受政策主导和政治影响的，规模和市场占比关系着银行家的"江湖地位"和资源控制能力，而在利率这最重要的要素价格尚未市场化之前，保护性利差使得经营规模有时候就是效益。这种经营观通过

银行内部的显性或隐性的考评机制，影响着商业银行分支机构的经营行为。虽然近几年银行绩效考核由存贷款规模考核向效益考核转向，但内部评价和社会评价中的"江湖地位（规模）"观念仍很重要，何况利润指标本质上仍是一个规模指标，无法约束商业银行的规模扩张冲动。为了完成量方面的考核任务，竭泽而渔，寅吃卯粮的短视行为渐起。

金融危机后，美国银行业面临不断恶化的信用环境，基于商业考虑惜贷和收缩规模现象非常普遍，但在中国这种冷静的经营文化并不多见。银行在规模冲动的经营模式下，并不能在利率市场化后形成真正的财务预算硬约束，近年来屡屡出现的不惜成本的揽储文化就是一个例证。而没有财务的预算硬约束，要素市场化改革反而会危及金融稳定。因此，在金融市场化改革的大环境下，商业银行必须树立健康的经营作风，构建科学合理的考评体系，要以长远眼光夯实经营根基，培育长久的竞争力。不仅要做大，更要做强；不仅要走得快，更要走得稳。

Bank's Asset – liability Management during the Market – oriented Financial Reform

Wu Xiaoling

（PBC School of Finance, Tsinghua University, Beijing 100083）

Abstract: At present loan – to – deposit ratio and scale of loan as supervisory indicators distort the behavior of commercial banks. Conditional cancel the two indicators on the basis that central bank release the monetary base and have full operational autonomy will give more autonomy to bank asset – liability management. On this basis central bank should accelerate the process of marketization of interest and exchange rate, improve open market operation so as to adjust the structure of its assets and liabilities to affect asset – liability management of commercial banks. In the process, commercial banks should realize the real market – oriented transformation, build financial hard constraint mechanism, enforce capital management – led assets – liabilities management system and promote technical ability of asset – liability management. At the same time, commercial banks should reform radically, view operational transformation and financial innovation calmly, and cultivate good faith and pragmatic spirit management culture.

Key Words: Loan – to – Deposit Ratio; Monetary Policy; Asset – Liability Management; Operation Culture

宏观审慎监管视角的金融监管目标
实现程度的实证分析

李 成　李玉良　王　婷

（西安交通大学经济与金融学院，西安　710049）

【内容摘要】本文选择反映金融监管的经济变量解析宏观审慎监管的效应，运用定量方法对中、美、日、英四国的数据实证分析金融监管的有效性。研究结论显示，我国宏观审慎落实程度和金融监管目标实现程度均比较低，主要原因是，中央银行在金融稳定中的地位不够显著，金融监管存在顺周期性导致对系统性金融风险不够敏感；金融监管中的行政干预超越了金融法律制度影响，一定程度上影响了金融系统的内在运行机制。因此，实现我国宏观审慎监管需要提高中央银行在宏观金融稳定中的地位，完善金融法律制度和强化执法效率，构建宏观审慎监管与宏观经济稳定的政策协调机制。

【关键词】宏观审慎；金融监管；金融稳定；宏观经济

一、引言

美国次贷危机和欧洲债务危机等危机接连爆发，使得金融危机研究成为金融领域非常重要的课题。据 Caprio 等（2003）的统计研究，在 1980～2002 年有 93 个国家爆发了不同程度的系统性金融风险和金融危机。金融危机的接连爆发引发对金融监管体制的反思，在看似完善的金融监管制度下，频繁爆发的金融危机已经暴露了现有针对金融机构的微观监管功能严重失效，单个金融机构的稳定难以确保整个金融体系的稳定，功能性金融监管不能实现金融监管的总体目标，难以有效防范系统性金融风险，探索"宏观审慎"的金融监管系统成为当务之急。

目前，国外发达经济国家已经对金融监管体制进行了大刀阔斧的改革，突出表现在建立宏观审慎监管体系，出台有关宏观审慎监管的法律，成立负责系统性金融风险监管的宏观审慎监管组织委员会（如美国和英国），旨在实现金融体系的稳定性目标。中国金融监管目标的实现程度一直是学术界和监管实践关注的问题，特别是在当前经济增速减缓的环境下，金融机构的风险承受能力渐显脆弱，很容易诱发系统性金融风险。因此，从中国金融监管目标的实现程度透视金融系统的稳健性和有效性，建立一个能够预防和控制系统性金融风险的宏观审慎监管机制显得尤为重要。

二、相关研究文献综述

"宏观审慎"概念的使用首次出现在国际性组织的官方文件中。1979 年，针对 20 世纪 70 年代发展中国家债务问题和 80 年代金融自由化问题，时任英格兰银行的行长首次使用了"宏观审慎方法"概念，认为微观审慎方法着眼于单一银行，宏观审慎方法是将金融市场作为整体审视，微观审慎的集合构成宏观审慎，根本目标是为了提高监管的有效性。Goodhart（1992）提出只有将监管目标明确定义且准确无误地将实现监管责任委托给监管机构，监管才能有效实现，此观点为大部分学者所接受。亚洲金融危机爆发后，Mishkin（2000）认为，随着金融创新的发展，金融兼并导致金融机构混业经营和大型金融机构出现，监管的目标应该增加控制系统性风险的内容。Gianni（2002）指出，金融体系的持续整合导致金融机构的关联性增强，诱发潜在系统性风险爆发的影响因素增多，对金融监管提出了新的挑战，必须建立能有效识别和防范金融关联性导致的系统性金融风险的监管机制。

进入 21 世纪，金融危机接二连三的爆发折射出金融监管目标实现程度较低，监管的有效性受到广泛质疑，促使管理层和理论界重新审视宏观审慎和微观审慎监管。BIS 总裁 Andrew Crockett（2002）划分了宏观审慎和微观审慎的界限，指出两者的作用对象分别是"系统性风险"和"个体风险"，宏观审慎成为金融监管研究的思路和强有力的工具，要提高监管有效性，两者必须紧密结合，此划分具有跨时代的意义。Enria（2004）的分析表明，在公允价值准则下，银行在危机中的资产损失机会增加，需要相应更改金融监管的思路。尽管如此，宏观审慎思想并未完全运用到监管实践中，监管政策在面对市场动荡和经济体系的剧烈波动时依然缺乏有效性，金融监管目标实现程度未能因此而提升。

在反思次贷危机爆发诱因的研究中，笔者发现过度强调微观审慎监管理念，忽略宏观审慎监管非但没有很好实现金融监管的目标，反而加剧了金融市场的震荡。Acharya（2008）研究银行有效资本组合后认为，对单个金融机构的关注根本无法维护整个金融体系的稳健性，在现有金融监管模式下，仅有微观审慎监管目标的实现无法确保整个金融体系处在安全稳定状态，微观审慎的方法有很大的局限性。Anoymous（2009）认为，主要国家的金融监管责任不匹配，有效监管机制不应给社会强加成本，监管目标在公平性方面实现程度不够。Tomic 等（2011）认为，在日新月异的金融发展和日益复杂的金融体系中，缺乏有效的金融监管机制导致无法最终实现金融监管的目标，金融危机的爆发在所难免。Moshirian 等（2011）指出，在实施宏观审慎监管时，中央银行有条件也应该承担金融稳定的职能，借助中央银行特殊的地位实施宏观审慎监管，可以提高监管的有效性。Schwerter（2011）强调了巴塞尔协议Ⅲ在防范系统性金融风险中的作用，从金融机构自身的负外部性和巴塞尔协议Ⅲ增加的内容出发，提出系统性风险定价的概念，主张宏观审慎监管。审慎监管概念在我国提出比较早，刘明志（1995）认为，银行监管是现代银行制度的内在要求，银行经营的高风险和银行危机的传染性决定了审慎监管的要求。该文运用银行管制的成本收益分析，认为中央银行机构的重复设置导致监管低效。但是该研究的审慎监管的概念有很大局限性，主要是微观审慎思想而非宏观审慎思想。金融危机后，宏观审慎监管成为很多学者重点研究的领域。

马君潞等（2007）运用矩阵法研究了我国不同损失水平下单个银行破产及多个银行同时倒闭所引起的风险传染性。叶永刚和张培（2009）建立了一个金融监管指数。周小川（2009）指出，金融系统的顺周期性使得立足于单个金融机构和基于规则的监管模式，在金融危机防范与遏制方面难以有效发挥作用。李文泓（2009）认为，经济波动和经济体系的顺周期性是经济体系的内在规律，从会计制度公允价值、动态拨备等方面给予了逆周期工具的建议。曹凤岐（2009）、谢平和邹传伟（2010）分析了金融危机后，认为我国应建立统一监管、伞形监管和分工协作的监管体系。李妍（2009）认为，中央银行具有宏观审慎监管维护金融稳定的先天优势，应强化中国人民银行的宏观审慎监管职能，提高监管的有效性。李成等（2011）认为，目前我国的金融监管体制存在的问题主要是监管法律制度不健全，缺乏有效的信息共享和监管协调机制，应该建立统一协调的监管机构。夏斌（2010）提出，有必要成立一个宏观审慎管理机构，研究制定相机抉择的具体目标和政策指标，统一对国务院负责。刘扬（2011）发现中央银行监管职能分离会造成信息流失，使货币政策的制定缺乏微观信息支持，加大了货币政策实施的难度，提出为了维护金融环境稳定，在制度设计上，货币当局和监管当局之间要及早建立货币政策与金融监管联席会议制度。尹继志（2011）认为，由于货币政策和金融周期之间存在相互依赖关系，货币政策可以延长其考虑期限，对金融周期做出更均匀的反映，借此维持金融稳定。此类文献对本文关于我国宏观审慎机制的构建建议起到了重要的启发作用。

在微观审慎监管理念下，已有的研究主要是选取巴塞尔协议中的指标衡量监管有效性，常用的方法是成本—收益（CBA）法和计量分析方法。收益方面主要采用监管与特定"最优"状况比较及监管结果与不存在监管结果比较（Pall and Nancy, 1989），该类方法对指标和参照系的选取没有给出具体要求，基于公司治理（吴晓辉和姜彦福，2005）和存贷款效益（Todd Smith, 1998）等视角均有文献。银行监管成本方面计量的方法比较成熟，主要有经济计量方法、支出测算法、生产率研究、工程成本法、一般动态均衡 5 种方法，考虑的因素主要有行政成本、服从成本、产品多样性、竞争效率等（Issac and Peter, 1999）。研究学者一般将监管成本分为两方面：一是直接成本，二是间接成本。直接成本包括行政成本和执行成本。执行成本包括启动成本和持续成本（Gregory, 1998；

Goodhart，1999）。无论是行政成本还是执行成本都比较容易测量。Smith（1977）运用类推法，Goodhart（1998）运用 Lomax 估算都对此方面进行了相关的研究。间接成本主要包括道德风险、机会成本、寻租成本、效率损失等成本。间接成本的计算相对较为复杂。英国 SIB（1995）和 Baer（1988）分别对托业的监管成本和储备要求及资本金带来的机会成本均进行了估算。成本收益法主要是基于微观审慎视角，由于收益方面选取指标的难度大，使得成本收益法的运用有一定的局限性。

率先采用计量分析方法对银行监管进行研究的是 Barth、Caprio 和 Levine（以下简称BCL），BCL 在世界银行的资助下，对世界各国银行监管进行了 117 份调查，调查指标以机构效益指标为主，有资本充足率、不良资产贷款率等。沈坤荣（2005）运用主成分分析法，在 Li Tao（2002）归纳基础上对原始数据进行处理，划分了存款利息限制、资本要求限制、存款保险和监管控制等类别，引入了资本充足率、存款年利率等指标，从监管效率、稳定、公平等各方面系统分析了监管目标实现程度。张伟（2012）运用时间序列分析方法，选择金融资产/GDP 比率代表金融业规模，商业银行 ROA 代表经营效率，坏账比例代表风险水平，通过引入虚拟变量方法对 4 个维度赋值得出政府监管力度指标，从而构建模型，对监管问题进行研究，但其视角主要局限于机构层面。

部分学者力图从宏观方向出发，对监管效率问题进行研究。江春（2005）通过分析政府拥有银行的程度、金融开放水平和银行集中度等方面出发，选取私人部门信贷/GDP、债权人权利指数等对金融监管和金融发展进行研究。此文运用了评价监管公平性指标，即债权人权利指数和产权指数等，在监管实证方面取得了较大突破。但选取的指标主要基于微观审慎思想，以金融系统指标为主，无法对宏观经济问题进行反映。陈华和伍志文（2004）选取了传统的资本充足率、不良资产率等微观指标对银行系统脆弱性进行分析，也选取了 M2、固定资产增长率等宏观指标衡量分析，但无法全面评价宏观审慎监管有效性。同时监管辩证论从动态角度出发，研究监管双方的博弈，阐明了监管与被监管者之间的辩证关系。该理论认为监管目标会随着环境的变化、金融机构的道德风险、个人利益和集团利益之间的冲突而难以实现。从微观经济的角度来看，监管的行为会随着金融机构的行为做出反应。而金融机构又是其技术、市场、监管行为本身的反应函数，且金融机构不遵守监管带来的收益大于其成本。监管部门根据金融机构行为的调整进行改革，实施新的监管，这样一种循环的过程也称为再监管（Kev and Vicker，1988）。但是该理论忽视了一个重要的因素，监管有效性的提高不仅受到监管双方信息不对称的制约，更受到监管者从金融机构出发，做出监管行为调整的视角的局限性影响。

已有的研究成果做出了非常重要的贡献，政策建议亦有独到见解，丰富了宏观审慎监管的探索，进一步表明宏观审慎是基于金融系统稳定的需要，最终提高金融监管的有效性。遗憾的是，对宏观审慎监管有效性的定量研究文献较少，且大多从微观层面选取指标，视角主要局限于金融体系内，衡量公平性的指标存在不足。主要原因一方面是学术界不存在对公平性普遍公认的指标，另一方面公平性涵盖的方面广，增加了衡量的难度。近年来大量的实证结果证明，一国的市场价值和效率同其法律对投资者的保护程度成正比

（Levine，2004；Laporta，2006；Djankov，2007），所以有必要将监管公平性研究定量化和技术化。

本文在总结前人的基础上，运用沈坤荣、江春和 BCL 思想，将监管划分为两个层次，微观层面的信息指标包括不良资产率、资本充足率、利差，宏观层面的指标包括法律权利力度指数、国内部门信贷/GDP 等，运用主成分析法得出监管综合指数，在监管综合指数基础上，选取宏观经济信息指标运用协整分析宏观审慎实现程度，以期对宏观审慎监管研究进行定量评判。

三、实证模型的构建与分析

（一）金融监管目标

伴随经济与金融的不断发展，金融监管目标处在动态丰富过程中。20 世纪 30 年代，金融监管主要是为解决金融危机问题，维护金融机构稳定是金融监管的单一目标（James and Gerard，2001；Archie，1966）。20 世纪 70 年代，随着消费者利益保护主义兴起和信息不对称问题的提出，金融监管以保护中小型储蓄等消费者利益、维护公平性目标为主（Howard Davies，2006；Martin Summer，2002）。在金融自由化和全球化的浪潮下，金融监管效率性目标引起重视（Merton，1990），部分学者和监管实践认为监管者有必要激励国内银行业的竞争，提高银行的竞争力。随着金融全球化的发展和金融监管理论的不断深化，金融监管目标走向多元化。Kenneth Spong（2000）提出金融监管目标分为稳定、效率和公平三个方面，[①] 这一观点被普遍接受和认同。

本文基于多元化的监管目标观点，将金融监管目标划分为一般目标和具体目标两个层次。金融监管一般目标定义为稳定、效率和公平三方面，金融监管具体目标根据国情和监管需求确定。具体目标层次是一般目标层次的具体化，具体目标层次达到的程度越高，一般目标层次的达到程度也越理想。

（二）指标选取和解析

1. 一般目标层次的指标选取和解析

本文选取资本充足率、不良资产率、银行部门提供国内信贷/国内生产总值、股票交易额/国内生产总值、利差、法律权利力度指数、信用信息深度指数、征信体系覆盖率 8 个指标，构建监管综合系数 F，对一般目标进行层次分析。

---

① 金融监管目标的稳定、效率、公平三个方面在理论和现实操作中存在冲突，目前主流观点主要是寻求三者的融合和均衡，使得金融体系更好地发展（James and Ross，2000，2005）。

（1）金融稳定目标。

衡量金融稳定性的指标主要是资本充足率和不良资产率。资本充足率是巴塞尔协议考察的主要指标之一，各国金融监管当局通过对商业银行设置最低资本充足率，从而监测和维护银行的稳定性。资本充足率越大，金融机构承受风险能力越强，金融体系抵御系统性风险的能力越强。Gonzalez – Hermosillo（1999）研究发现，不良贷款和资本充足率是CAMEL体系的评估系统必选的统计数据。陈华和伍志文（2004）选取资本充足率、不良资产率、M2增长率来分析银行体系的脆弱性和稳定性。由此说明，不良资产率和资本充足率虽是微观指标，有一定的局限性，但却是研究金融监管稳定性目标必选指标。

不良资产率是研究金融监管的主要指标之一，Abel（2011）和Banerjee（2012）认为，不良资产率作为反映资产质量的指标，可以反映金融监管对银行内部特征和资产质量的影响。运用不良资产率对金融监管进行定量研究，能透析监管有效性和金融稳定性存在的问题。国内不良资产主要是贷款资产，国外不良资产还包括其他资产，发达国家可以通过资产证券化机制消化不良资产，我国由于特殊的历史国情，主要是成立金融资产管理公司剥离资产。资产剥离从某种程度扭曲了市场信息，为了更准确反映金融体系在市场机制条件下的稳定性，有必要在分析中剔除政策性因素的影响。本文对中国银监会公布的统计数据进行处理，剔除政策性因素剥离情况影响后的数据如表1所示。

表1　国有商业银行的不良贷款率和不良贷款余额（2000~2010年）

年份	账面不良资产情况		剔除政策性剥离因素后 不良资产率情况	
	不良资产余额 （亿元）	不良资产率 （%）	不良资产余额 （亿元）	不良资产率 （%）
2000	22866.87	34.18	36798.87	55
2001	22473.8	30.37	36405.8	49.2
2002	22080.6	26.1	36012.6	42.57
2003	19641.3	19.74	35542.3	35.72
2004	15751	15.57	34439	34.04
2005	10724.8	10.49	36462.8	35.66
2006	12809.35	7.495	38547.35	22.55
2007	12579.8	6.355	38317.8	19.35
2008	10784.6	4.8175	36522.6	16.31
2009	5173.775	1.7625	30911.775	10.53
2010	4474.375	1.26	30212.375	8.5

注：从2000年开始每年不良资产余额均加上剥离的13932亿元，2003年开始再加上剥离的1969亿元，2004年开始再加上剥离的2787亿元，2005年再加上剥离的7050亿元，得到剔除政策性剥离影响后的不良资产余额。

资料来源：谢平，李德（2003），施华强（2005），国家银监会网站，国家统计局网站，国家财政部网。

（2）金融效率目标。

金融效率主要分为银行效率和股票市场效率两方面。本文选取银行部门提供国内信贷/国内生产总值、股票交易额/国内生产总值、利差三个指标对金融体系效率进行分析。一般而言，银行信贷/GDP 的比率越大，金融发展程度越高，市场运行效率越高。[①] Jean-neney 等（2006）运用 1993～2001 年的中国省份数据研究发现，金融发展显著促进了全要素生产率的增长，提高了经济体系的运行效率。Guariglia 和 Poncet（2007）采用了银行贷款占 GDP 的比重、金融机构贷款占 GDP 的比重以及居民储蓄存款占 GDP 的比重三个指标，对金融体系效率进行分析和研究。江春（2005）利用私人部门信贷/GDP 表示金融发展水平，研究了金融监管和经济发展问题。股票交易/GDP 度量了各地区股票交易的活跃程度，反映一个国家金融体制改革的完善程度和金融市场分配效率，是常用的研究指标。

利差衡量了金融机构盈利能力。Barrell、Hurst 和 Kirby（2008）研究了债务违约积累的系统性风险对经济增长的影响，指出了全球金融行业的利润上升对整个宏观调控的影响，并运用动态均衡模型，分析了利差对生产和消费配额及金融效率的影响。商业银行利差结构除了影响市场结构和银行产品的交叉弹性外，还会影响其收入结构（Valverde，2007），恰当的银行存贷款利率能够减少资产负债不匹配的影响（Ho - Saunders，1988；Valverde，2007）。郭梅亮（2012）研究指出，利差已成为研究金融效率不可或缺的指标之一，作为衡量金融体系的效率性问题有其局限性，尤其是中国存在利率管制，应该同其他指标一起使用。

（3）金融公平目标。

公平性目标主要是监管者应该确保消费者获得平等的待遇和信贷信息的金融服务。公平有效的金融体系表现为健全的法律法规机制、及时透明的信息沟通、准确完整的信息传达。对监管有效性和公平性进行定量研究的学者不多，许多学者都尝试用不同的方法对此计量，La Porta（1999）构建了产权指数和腐败指数，主要从地方政府征税水平和地方政府质量方面对整个社会公平性问题进行研究。陈德球（2012）利用 Johson 和 Fan 的研究成果从 4 个维度考察地方政府质量。

本文将金融体系的公平性指标看成外生变量，选取法律权利（益）力度指数、信用信息深度指数以及征信体系的覆盖率三个指标对公平性目标进行研究。法律权利指数是指担保品法和破产法通过保护借款人和贷款人权利而促进贷款活动的程度。每个法律特征的评分是 1，指数范围为 0～10，11 个等级，等级越高，法律制度在提升信贷获取方面的能力越有效。选取的指标主要是来自世界银行发布的《2012 全球商业环境报告》，此报告对 183 个经济体的商业环境尤其是金融环境进行了排名。监管公平性主要体现在对存款者和

---

① 学术界对金融的发展程度对整个市场的运行效率的作用有不同的观点，一种观点认为制度缺失将对金融体系职能的发挥造成较大的影响，尤其是对于发展中国家而言，金融体系发展对经济增长的贡献停留在积累资本方面，而对生产率增长的作用并不明显。但本文主要是从契约论出发，认为金融体系实质上是一组契约（LaPorta，1998），金融体系各项职能能否得到发挥取决于金融契约能否有效履行，完备且高效的制度环境是保证金融契约有效实行的必要前提，金融监管有助于契约的履行。金融监管导致的金融体系效率的提高是一种正的效应。

投资者的保护上，该指标能够体现监管公平性相关信息（王腾飞，2012）。Tomic 和 Bozina（2011）认为，规范监管对于整个金融体系非常重要，健全、完善、公平的法律机制是整个金融体系运行不可或缺的成分，成为评价监管有效性的重要方面。张世林（2012）运用法律权益力度指数对 133 个国家的债权人保护进行研究，发现私人信贷依赖于投资者的保护，在我国债权人保护尚低于普通法系国家和高收入国家的均值下，完善债权人保护工作的意义重大。La Porta（2006）、Djankov（2007）运用虚拟变量回归发现灵活健全的普通法系有利于金融体系运行效率的提高。金融法律法规在保护借款人和投资者的力度方面充分体现了经济实体运行的公平性和合理性，需成为衡量公平性的重要指标（徐根旺，2012；世界银行，2006）。

信用信息深度指数是测量公共和私人征信体系所提供信用信息的范围、可获得性和质量的指标。征信体系覆盖率表示征信体系 5 年来所列出的个人和企业数量。这两个指标是衡量信息充分披露的情况，信息披露是投资者保护和债权人保护的替代机制，尤其是在投资者保护不完全的发展中国家，征信系统的完善对于减少信贷系统的道德风险和逆向选择风险尤为重要，能够更好地促进金融体系的发展。Jappelli 和 Pagano（2000）指出，充分的信息披露在控制风险、降低租金、提高运行效率方面都很重要。Djankov（2007）在 LLSV 模型的基础上，引入上述两大信息披露的变量，建立模型，实证发现充分的信息披露机制能够促进私营信贷和金融体系的发展。我国学者张世林（2012）、徐根旺（2011）提出，信息披露在投资者保护和金融体系的公平问题上起着不可或缺的作用。表 2 为一般目标层次实证分析指标选取一览表。

表 2　指标选取一览表

指标	考核内容	指标	考核内容
IA 资本充足率	稳定性目标	IE 股票交易额/GDP	效率性目标
IB 不良资产率	稳定性目标	IF 法律权利力度指数	公平性目标
IC 银行部门提供国内信贷/GDP	效率性目标	IG 信用信息深度指数	公平性目标
ID 利差	效率性目标	IH 征信体系的覆盖率	公平性目标

2. 具体目标层次的指标选取和解析

以一般目标层次得出的监管综合得分值 F 为基础，选取传统的 GDP 增长率及 CPI 指数两大代表宏观经济增长和经济稳定的指标进行实证分析。

（三）数据来源和处理

1. 数据来源

本文所有数据源自世界银行（http：//data.worldbank.org.cn）、中国银监会网站、国家统计局网站和国家财政部网站。

2. 数据处理

主成分分析法需对数据进行处理，此处主要针对一般目标层次实证数据处理，包括逆向指标处理、适度性处理、标准化处理。

$$Z_{X_{i,j}} = \frac{X_{i,j} - \overline{X}_J}{\sqrt{var\ (X_j)}} \quad i = 1,\ 2,\ \cdots,\ n;\ j = 1,\ 2,\ \cdots,\ p;\ \overline{X}_J$$

$var\ (X_j)$ 表示第 j 个变量的平均值和方差两个方面。

（四）数据的检验

（1）一般目标层次的数据检验主成分分析法要求数据通过 KMO 检验和 Bartlett 球形检验及共同度检验，对数据进行 KMO 和 Bartlett 检验的检验结果如表 3 所示。

KMO 变量对偏相关性进行说明，偏相关系数为 0.451，Bartlett 球形检验的统计量的 Sig. 小于 0.01，由此否定相关矩阵单位矩阵的零假设，变量之间有较大的相关性。数据通过 KMO 和 Bartlett 检验。对指标进行共同度检验，检验结果如表 4 所示。

表3　KMO 和 Bartlett 检验结果

KMO 和 Bartlett 的检验		
	取样足够度的 Kaiser – Meyer – Olkin 度量	0.451
Bartlett 的球形度检验	近似卡方	162.013
	Df	21
	Sig.	0.000

表4　共同度检验结果

Communalities					
	Initial	Extraction		Initial	Extraction
IA	1.000	0.859	IE	1.000	0.745
IB	1.000	0.903	IF 和 IG	1.000	0.843
IC	1.000	0.986	IH	1.000	0.792
ID	1.000	0.956			

检验结果显示，数据间的共同度较高，数据通过检验，选取的数据可进行主成分分析。

（2）具体目标层次的数据检验。

具体目标层析实证分析方法为协整分析法，协整分析的数据需要进行 ADF 检验，检验结果如表 5 所示。

表5　ADF 检验结果

序列		检验形式 （C，T，L）	ADF 统计量	临界值			单整阶数
				1% 显著水平	5% 显著水平	10% 显著水平	
中国	F	（C，T，L）	- 1.5093	- 5.6571	- 5.1831	- 3.6724	I（1）
	DF	（C，T，L）	- 3.6695	- 7.74792	- 4.1961	- 3.5486	
	GDP	（C，T，2）	- 2.0569	- 6.1252	- 4.3535	- 3.6280	I（1）
	DGDP	（N，N，L）	- 2.6865	- 2.9677	- 1.9890	- 1.6380	
	CPI	（C，T，1）	- 5.8433	- 5.7492	- 4.1961	- 3.4486	I（0）
日本	F	（C，N，1）	- 2.9462	- 4.6405	- 3.3350	- 2.8169	I（0）
	GDP	（C，N，1）	- 3.1395	- 4.6405	- 3.3350	- 2.8169	I（0）
	CPI	（N，N，1）	- 2.0117	- 2.9677	- 1.9890	- 1.6382	I（0）
英国	F	（C，N，2）	- 2.9137	- 4.8875	- 3.4239	- 2.8640	I（0）
	GDP	（C，T，1）	- 5.3192	- 5.7492	- 4.1961	- 3.5486	I（0）
	CPI	（C，T，0）	- 4.4993	- 5.4776	- 4.0815	- 3.4901	I（0）
美国	F	（C，T，2）	- 4.3301	- 6.1252	- 4.3535	- 3.6280	I（0）
	CDP	（C，N，1）	- 1.8992	- 4.6405	- 3.3350	- 2.8169	I（1）
	DGDP	（C，N，0）	- 2.7234	- 2.9677	- 1.9890	- 1.6382	
	CPI	（C，N，0）	- 2.6012	- 4.4613	- 3.2695	- 2.7822	I（1）
	DCPI	（N，N，0）	- 4.9995	- 2.9677	- 1.9890	- 1.6382	

注：C 代表单位根检验方差中含常数项，T 代表含时间趋势项，L 代表滞后项，N 代表不含对应项。

（五）实证分析

1. 监管一般目标实现程度实证分析

通过分析，得出各成分的贡献度。前三个主成分因子累积贡献度为 87.252%，说明从 7 个指标中提取此三个主成分就能对监管目标实施程度进行很好解释，具体结果如表 6 所示。

表6　成分贡献度一览表

成分	解释的总方差					
	初始特征值			提取平方和载入		
	合计	方差的百分比（%）	累积百分比（%）	合计	方差的百分比（%）	累积百分比（%）
1	3.653	40.813	40.813	3.653	40.813	40.813
2	2.563	25.415	66.228	2.563	25.415	66.228
3	1.472	21.024	87.252	1.472	21.024	87.252

成分	初始特征值			提取平方和载入		
	合计	方差的百分比（%）	累积百分比（%）	合计	方差的百分比（%）	累积百分比（%）
4	0.499	7.134	94.386			
5	0.288	3.117	97.503			
6	0.171	2.439	99.942			
7	0.012	0.058	100.000			

解释的总方差

再得出各成分的得分矩阵，结果如表7所示。

表7　得分矩阵一览表

成分得分系数矩阵

	成分		
	1	2	3
IA	0.124	0.235	-0.351
IB	0.458	0.026	0.025
IC	-0.154	0.275	0.299
ID	0.171	-0.467	0.137
IE	0.174	0.264	0.352
IF 和 IG	0.145	-0.065	0.555
IH	0.301	0.130	-0.172

根据实证结果，按以下公式计算出各成分得分：

$F1 = 0.124 \times IA + 0.458 \times IB - 0.154 \times IC + 0.171 \times ID + 0.174 \times (IE) + 0.145 \times (IF + IG) + 0.301 \times (IH)$

$F2 = 0.235 \times IA + 0.026 \times IB + 0.275 \times IC - 0.467 \times ID + 0.264 \times (IE) - 0.065 \times (IF + IG) + 0.130 \times (IH)$

$F3 = -0.351 \times IA + 0.025 \times IB + 0.299 \times IC + 0.137 \times ID + 0.352 \times (IE) + 0.555 \times (IF + IG) - 0.172 \times (IH)$

根据实证分析，给主成分不同的权重，得出监管综合得分值F：

$F = 0.40813 \times F1 + 0.25415 \times F2 + 0.21024 \times F3$

主成分分析监管综合指数 F 以最少的信息损失量，涵盖了监管指标的信息。计算出监管综合得分值 F，假定 $F \in (0, 1)$，监管一般目标实现程度低；$F \in (1, 2)$，实现程度较低；$F \in (2, 3)$，实现程度一般；$F \in (3, 4)$，实现程度较高；$F \in (4, 5)$，实现程度高。用低、较低、一般、较高、高代表 5 个等级。4 个国家监管一般目标实现程度的实证结果如表 8 和图 1 所示。

表 8　一般目标层次实证分析结果

系数　年份　国家	中国	日本	英国	美国
2001	0.82733	0.96121	2.09432	3.01251
	低	低	一般	一般
2002	0.86521	0.87562	2.157362	2.78562
	低	低	一般	一般
2003	0.85774	1.12404	1.89573	2.85153
	低	较低	较低	一般
2004	0.93738	1.39173	2.2345	3.687181
	低	较低	一般	较高
2005	1.03532	1.8124	2.9356	3.45266
	较低	较低	一般	较高
2006	1.25877	1.9798	3.13467	3.72564
	较低	较低	较高	较高
2007	1.71990	2.14682	3.54622	3.27688
	较低	一般	较高	较高
2008	1.87863	1.76872	2.46875	2.86243
	较低	较低	一般	一般
2009	2.265673	1.68923	1.6856	2.479764
	一般	较低	较低	一般
2010	2.62374	1.68816	1.686194	2.262371
	一般	较低	较低	一般

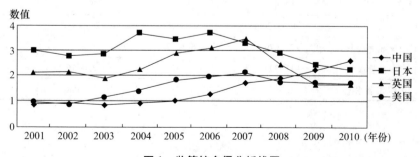

图 1　监管综合得分折线图

2. 监管具体目标实现程度实证分析

宏观审慎监管目标主要是控制系统性风险，提高整个金融体系的稳健性，要求监管政策同宏观经济运行及政策相关。监管政策同宏观经济运行指标的关系越显著、越紧密，说明宏观审慎监管目标达到程度越高，宏观审慎监管落实越好。

选用各国监管综合系数 F 作为监管综合信息代表，通过实证分析监管体制和宏观经济的相关性，进而透视宏观审慎监管目标实现程度。由具体层次的数据检验可知，变量间可能存在协整关系。建立协整关系模型结构如下，模型回归估计结果如表 9 所示。

$$f^* = C + \beta_2 gdp^* + \beta_2 cpi^* \text{①}$$

对回归残差进行 ADF 检验，检验结果如表 10 所示。

表 9　协整回归估计结果

变量		系数	标准值	t 统计量	概率
中国	C	0.197199	0.064416	3.261531	0.0252
	cpi^*	− 0.000940	0.020429	− 0.073444	0.9233
	gdp^*	0.008091	0.035384	0.256915	0.7123
日本	C	1.582212	0.156883	10.08530	0.0000
	gdp^*	− 0.005577	0.052737	− 0.105744	0.9433
	cpi^*	0.235938	0.200029	1.179519	0.2843
美国	C	− 0.067457	0.151663	− 0.44478	0.6811
	cpi^*	− 0.073469	0.118035	− 0.622434	0.5743
	gdp^*	0.002859	0.076057	0.037569	0.9122
英国	C	1.735079	0.677760	2.560018	0.0376
	gdp^*	0.105146	0.090739	1.158765	0.2864
	cpi^*	0.218566	0.271022	0.806451	0.4465

表 10　回归残差序列 ADF 检验结果

		t 统计量 中国	t 统计量 日本	t 统计量 美国	t 统计量 英国
ADF 统计量		− 1.43530	− 5.089253	− 2.13006	− 3.1128
临界值	1% 显著水平	− 2.8679	− 6.1252	− 3.1714	− 3.0645
	5% 显著水平	− 1.9795	− 4.3535	− 2.0056	− 1.9912
	10% 显著水平	− 1.6452	− 3.6280	− 1.6458	− 1.6715

---

① f^*、gdp^*、cpi^* 是对 F、GDP、CPI 进行同阶单整处理之后的变量。

若既显著又协整，表明监管具体目标实现程度高；部分显著且协整，表明实现程度一般；部分显著且不协整，表明实现程度较差；既不显著又不协整，表明实现程度差。各国宏观审慎监管具体目标实现程度结果如表 11 所示。

表 11　模型结果汇总

结论　　项目 国家	gdp* 系数显著性	cpi* 系数显著性	模型协整性	监管具体目标 实现程度
中国	不显著	不显著	不协整	差
日本	不显著	不显著	协整	较差
美国	不显著	不显著	协整	较差
英国	不显著	不显著	协整	较差

检验结果表明，四国协整分析模型构建系数均不显著。中国回归残差序列系数未通过检验，表明金融监管与经济增长及宏观政策缺乏长期均衡关系，宏观审慎落实程度差，逆周期监管效果不理想。美、日、英回归残差序列系数通过检验，表明金融监管同宏观经济运行相关，监管与经济增长及宏观政策存在长期均衡关系，但显著性不强，说明宏观审慎监管有效性不高。具体目标层次的实证分析进一步支持了金融监管一般目标实证分析的结果。

四、实证结果解读

监管一般目标层次的实证分析显示，中、日、英、美四国的金融监管目标实现程度不理想。其中，英美两国金融监管一般目标实现程度呈现出"较高——一般——低"的恶化趋势，英、美两国 2008 年监管综合得分由 2007 年的 3.54622 和 3.27688 分别下降为 2.46875 和 2.86243；日本监管综合得分系数由 2001 年的 0.96121，到 2007 年的 2.14682 历史高点，以 2008 年为转折点，跌至 2010 年的 1.68816，呈现出"较低——一般——较低"的变化趋势，反映出日本金融体系对经济依赖程度较高，受世界经济影响重大，宏观审慎监管实现程度低。监管综合得分数值累积了历史信息，微观审慎监管对宏观经济信息的反应迟钝，一旦制度缺陷暴露，监管综合得分则会快速下降。监管综合得分数值反映了由于历史原因积累的系统性风险在时点爆发的动态过程。

中国监管综合得分系数由 2001 年的 0.82733，到 2008 年的 1.87863，到 2010 年的 2.62374，一般目标实现程度呈现出"低——较低——一般"的提升过程，充分肯定了金融监管取得的进步，但横向比较也折射出监管整体有效性不强，稳定性指标方面分值偏低，宏观审慎理念缺失，与强势政府行为下银行为主导型金融运行机制有关。为此，笔者做出以下解读。

1. 微观金融监管主要针对金融机构的风险，无法控制系统性金融风险

我国当前的微观审慎监管政策连续性不够强，监管疲于亡羊补牢。金融监管与宏观经济运行难以协调，导致金融体系的稳定、效率和公平性受到影响。同时，不连续的政策增加了道德风险，客观上决定了监管目标实现程度低。监管当局作为政治家的代表，容易出现利益集团内的"合谋"行为，监管者从自身利益集团出发制定部门监管政策，难以防范宏观经济运行的潜在风险。

微观审慎监管目标在于监督金融机构的健康运行，防止单个金融机构破产。但系统性金融风险正常时期并不显山露水，当宏观经济金融形势发生突变时，长期积累的隐形风险很容易被引爆，在实证结果中表现为监管综合系数的骤然下降。微观审慎顺周期性监管对经济的顺周期具有推波助澜效应，从技术上决定了金融监管目标达到程度比较低，采用顺周期监管工具，经济上行时的繁荣景象掩盖了不良资产的信息，监管综合得分值表面上越来越大。可见，微观审慎监管无法熨平经济周期，甚至对经济波动推波助澜。

2. 中国人民银行对宏观金融风险的监管作用没有充分发挥

从实证结果可以看出，我国监管综合系数同经济运行的相关度小，与 CPI 和 GDP 的模型构建系数（不显著）分别为 - 0.000940 和 0.008091，而美国的模型构建系数为 - 0.073469 和 0.02859，英国为 0.105146 和 0.218566。在协整检验模型中，四国中唯独中国 ADF 值没有通过检验，说明我国金融监管与宏观经济运行相关度不高，监管无法及时反映有效信息。其主要原因是在现有金融监管体制下，分工监管标准不一，监管不协调，监管当局不可能从宏观经济整体出发采取整体有效的监管措施，甚至有可能为推卸责任而各自为战，使得监管效率相互削弱。中国人民银行是宏观调控主体，但在监管中被束缚，作用有限，在系统性金融风险中的监管作用未能有效发挥。

3. 金融监管机制不规范削弱了金融运行效率和金融创新动力

在我国以银行主导型的金融体系下，2000 年银行部门提供国内信贷/GDP 仅为 119.67%，资本市场活跃、融资渠道通畅的美国，该指标为 198.41%，英国为 130.31%。2010 年统计显示，该指标上升为 146.39%，但同美国 230.72%、英国 222.60% 和日本 326.63% 相比，差距仍很大。虽然该指标存在一定局限性，但是也说明了我国金融市场资源配置效率低的事实。

我国法律权益力度指数 2010 年为 6，世界平均水平为 6.39，英国为 10，日本为 7，美国为 9，由此可以看出我国监管法律法规保护投资人和借款人不够完善，监管方式依赖行政干预，导致监管公平得分显著偏低。现实中，金融监管存在权力"人格化"，导致随意性过强，金融机构苦于应付频繁检查，损害了金融运行的效率，出现了金融创新的抑制迹象。

从宏观审慎视角分析，我国针对金融系统性稳定的金融监管较为乏力，金融监管体制与宏观经济运行相关度不够高，分业型的监管体制无法对金融危机预警做到未雨绸缪。在目前经济增长速度放缓、金融资产受到波及的形势下，立足宏观审慎监管对金融系统的整体管理，构建宏观审慎监管的协调机制迫在眉睫。

五、政策建议

针对存在的问题，笔者对我国宏观审慎监管机制框架提出以下建议：

1. 增强中国人民银行在系统性风险监管中的作用

次贷危机后，美联储被赋予监管大型、复杂金融机构的权力，对系统性金融风险预警。英格兰银行增加了运用政策工具维护金融稳定的权限，防止金融系统性风险的爆发。在我国，实现宏观金融稳定运行必须从制度上完善由中国人民银行牵头、"三会"为主体、财政部和发改委辅助的监管模式，职责明确，分工协作，实现监管主体的协调。特别是在金融冲击和动荡时期，实行中国人民银行牵头的监管模式是宏观审慎监管的必要选择。中国人民银行运用宏观信息的前瞻性对宏观金融运行的非常态变化的蛛丝马迹进行分析和综合判断，有可能防患于未然。

2. 构建监管政策与宏观经济政策的协调机制

目前我国监管政策急切需要与宏观经济政策的相互协调，实现对国内金融市场波动的削峰填谷，以及对国际金融市场变化的前瞻性研判和监管调整。目前世界经济复苏前景不明朗，加之国内经济增速放缓，银行资产质量开始出现下降，对国内系统性金融风险不可麻痹大意。因此，需要完善宏观审慎监管协调机制，密切关注宏观经济发展动态，严密防控系统性金融风险，维护金融系统的稳定。

3. 完善法律保障体系，实现金融系统稳定可持续发展

宏观审慎监管要求完善法律基础，约束金融机构的扩张冲动和规范金融市场的竞争行为，确保金融系统运行的有序性，提高宏观经济运行信息的透明度和及时性。金融监管要依法监管和有序监管，要尽量减少不必要的行政干预，提高金融体系的服务效率，维护金融市场长期稳步发展。

参考文献

［1］曹凤岐. 改革和完善中国金融监管体系［J］. 北京大学学报（哲学社会科学版），2009（7）：57-66.

［2］储著贞，梁权熙，蒋海. 宏观调控、所有权结构与商业银行信贷扩张行为［J］. 国际金融研究，2012（3）：57-61.

［3］郭梅亮，徐璋勇. 商业银行净利差决定因素研究的进展与评述［J］. 国际金融研究，2012（2）：49-56.

［4］卡尔·约翰·林捷瑞恩，吉连·加西亚，马修小萨尔. 银行稳健经营与宏观经济政策［M］. 潘康等译. 中国金融出版社，1997.

［5］李妍. 宏观审慎监管与金融稳定［J］. 金融研究，2009（8）：52-60.

［6］李成，徐永前. "后金融危机时代"我国金融监管体制的完善［J］. 南京审计学院学报，2011

（1）：21－26.

　　［7］李文泓．关于宏观审慎监管框架下逆周期政策的探讨［J］.金融研究，2009（7）：7－15.

　　［8］陆磊．信息结构、利益集团与公共政策：当前金融监管制度选择中的理论问题［J］.经济研究，2000（12）：3－10.

　　［9］马君潞，范小云，曹元涛．中国银行间市场双边传染的风险估测及其系统性特征分析［J］.经济研究，2007（1）：68－78.

　　［10］沈坤荣，李莉．银行监管：防范危机还是促进发展？——基于跨国数据的实证研究及其对中国的启示［J］.管理世界，2005（10）：6－10.

　　［11］世界银行．2012全球商业环境报告［EB/OL］.www. Doing business, org, 2011－10－20.

　　［12］王达．论美国影子银行体系的发展、运作、影响及监管［J］.国际金融研究，2012（1）：35－41.

　　［13］王学龙．全面开放条件下的我国银行监管的目标定位［J］.经济纵横，2007（5）：22－24.

　　［14］谢平，邹传伟．金融危机后有关金融监管改革的理论综述［J］.金融研究，2010（2）：1－17.

　　［15］夏斌．宏观审慎管理：框架及其完善［J］.中国金融，2010（22）：30－32.

　　［16］叶永刚，张培．中国金融监管指标体系构建研究［J］.金融研究，2009（4）：159－171.

　　［17］周小川．关于改变宏观和微观顺周期性的进一步探讨［EB/OL］.新华网，2009－03－26.

　　［18］张伟．当代美国金融监管制度实施效果的实证研究［J］.国际金融研究，2012（7）：39－48.

　　［19］Areharya, Viral. A Theory of Systemic Risk and Design of Prudential Bank Regulation［R］. CEPR Discussion Paper, 2009（7164）：1－17.

　　［20］Anonymous. Financial Market Stability：Enhancing Regulation and Supervision［J］. OECK Economic Survey, 2009（1）：52－89.

　　［21］Banerjee, Soumya. Macro Prudential Supervision and the Financial Crisis of 2007：The Aegis of the Central Banks［R］. SSRN Working Paper Series, 2011（9）.

　　［22］Barrell, Ray, Hurst, Ian, Kirby, Simon. Financial Crises, Regulation and Growth［J］. National Institute Economic Review, 2008（206）：56.

　　［23］Crockett, Andrew. Market Discipline and Financial Stability［J］. Journal of Banking & Finance, 2002（26）：42－37.

　　［24］De Nicolo. , Gianni, Kwast. Moro Systemic Risk and Financial Consolidation：Are They Related?［J］. Journal of Banking & Finance, 2002（36）：861－880.

　　［25］Ezeoha, Abel E. Banking Consolidation, Credit Crisis and Asset Quality in a Fragile Banking System：Some Evidence from Nigerian Data［J］. Journal of Financial Regulation and Compliance, 2011（19）：33－44.

　　［26］Goodhart, Charles A. E, Schoenmaker, Dirk. Institutional Separation between Supervisory and Monetary Agencies［J］. Giornale degli Economistie Annali di Economia, 1992（51）：353－439.

　　［27］Guariglia, Alessandra, Poncet, Sandra. Are Financial Distortions an Impediment to Economic Growth? Evidence from China［R］. CEPII Research Center, Working Papers, 2006.

　　［28］Hoshi, Takeo. Financial Regulation：Lessons from the Recent Financial Cries［J］. Journal of Economic Literature, 2011（49）：120－128.

　　［29］Howard Davies. Financial Regulation $ Consumer Protection［J］. Erfairnger ogutfordringer Kredittilsynet, 2006（3）：127－132.

　　［30］James R. Barth, Gerard Caprio, Jr. Ross Levine. The Regulation and Supervision of Banks around the

World: A New Database [R]. World Bank Working Papers, 2001 (2588).

[31] Jeanneney, S. G., Hua, P. and Liang, Z. Financial Development. Economic Efficiency, and Productivity Growth: Evidence from China [J]. Developing Economies, 2006 (1): 27 – 52.

[32] Loayza, Norman V. Oviedo, Ana Maria, Serven, Luis. Regulation and Macroeconomic Performance [J]. Business Regulation and Economic Performance, 2010 (12): 65 – 117.

[33] La Porta, R, Lopez – de – Silanes, F, Shleifer, A. and Vishny, R. Law and Finance [J]. Journal of Political Economy, 1998 (106): 1113 – 1155.

[34] Mishkin, Frederic S. What Should Central Banks Do? [J]. Review – Federal Reserve Bank of St. Louis, 2009 (82): 1 – 13.

[35] Mishkin, Frederic S. Is Financial Globalization Beneficial? [J]. Journal of Money, Credit, and Banking, 2007 (39): 259 – 294.

[36] Enria A. Fair Value Accounting and Financial Srability [R]. ECB (European Central Bank Occasional Paper, 2004 (13).

[37] Moshirian, Fariborz. The Global Financial Crisis and the Evolution of Markets, Institutions and Regulation [J]. Journal of Banking & Finance, 2011 (35): 502.

[38] Martin Summer. Banking Regulation and Systemticrisk [R]. Oesterreichische National Bank, Working Papers, 2002 (57): 26.

[39] Merton, R. C. The Financial System and Economic Performance [J]. The Journal of Political Economy, 1967 (75): 482 – 511.

[40] Piet Clement. The Term "Macroprudential": Origins and Evolution [J]. BIS Quarterly Review, 2010 (6): 59 – 67.

[41] Tomic, Desa Mlikotin, PhD, Bozina, Marta. Control of Global Business – Legal Questiones and Tendencies [J]. Ekonomska Istrazivanja, 2011 (24): 159 – 172.

An Empirical Analysis of the Degree of Realization of the Objective of Financial Supervision from the Perspective of Macro Prudential Supervision

Li Cheng   Li Yuliang   Wang Ting

(School of Economics and Finance, Xi'an Jiao Tong University, Xi'an 710049)

Abstract: This paper collects some economic fundamentals which can reflect the effectiveness of financial supervision as the explanatory variables to explain the effects of macro prudential supervision, and conducts the empirical analysis creatively based on the data of China, America, Japan and Britain. The result shows that the goal achievement of China's macro – prudential financial regulation is not satisfactory. The main reason is that the role of the central bank in maintaining financial stability is not significant. Furthermore, financial regulation is not sensitive to the systemic risk due to its pro – cyclicality. Moreover, the administrative intervention is beyond the legal system, which affects the inherent organic nature of the financial system to a certain degree. Thus, this paper points out that it is necessary to enhance the role of the People's Bank of China in the field of maintaining financial stability and regulation, and it is crucial to push forward the process of improving the legal system and to construct a coordination mechanism which connects macro – prudential supervision with macroeconomic stabilization policy in order to realize the macro – prudential supervision in China.

Key Words: Macro – prudential; Financial Regulation; Financial Stability; Macroeconomic

量化宽松货币政策的传导机制
与政策效果研究
——基于央行资产负债表的跨国分析

陈 静

（中国人民大学财政金融学院，北京 100872）

【内容摘要】金融危机爆发之后，发达经济体纷纷启用了量化宽松的货币政策，量化宽松货币政策的实施不仅为金融市场注入了大量流动性，有效地缓解了金融市场波动，而且在一定程度上修复了受损的货币政策传导机制，促进私人部门的消费和投资，延缓了经济衰退和刺激了经济复苏。本文从央行资产负债表的角度考察了各经济体量化宽松货币政策实施机制和政策效果，对量化宽松货币政策的缘起进行阐述的基础上，分析了量化宽松货币政策的央行资产负债表传导机制及美、欧、英、日四个经济体央行量化宽松货币政策的实践及其政策效果。

【关键词】量化宽松；央行资产负债表；传导机制

金融危机以来，主要经济体通过量化宽松的货币政策来平稳金融市场波动和提高金融市场流动性，并以此来推动经济增长。量化宽松货币政策包含了一系列非常规货币政策工具，其实施会引起央行资产负债表规模的扩张和资产结构的变化，修复常规货币政策受损的传导机制，从而传导到实体经济。通过对量化宽松货币政策传导机制和央行资产负债表结构的分析，可以反映量化宽松货币政策的效果和探究货币政策取向。

一、量化宽松货币政策的缘起与实践

（一）量化宽松货币政策理论——基于大萧条货币政策和流动性陷阱的思考

量化宽松货币政策思想最初源于对 20 世纪 30 年代大萧条期间货币政策的反思。

Friedan 和 Schwarlz（1963）通过经验证据证明当时美联储紧缩性货币政策是导致大萧条时期银行破产的重要因素。Nelson White（1984）认为，由于央行资产负债表收缩、银行破产和实体经济下滑之间存在循环，当时紧缩的货币政策是导致大萧条的原因之一。Romer（1992，2003）、Bernanke（1995，1999）认为，紧缩的货币政策是大萧条的成因之一，并探讨了通过宽松的货币政策避免危机的可能性。

货币主义学派和新凯恩斯学派对于在危机期间量化宽松货币政策是否能够减缓衰退进行了探讨。货币主义学派认为，增加货币供给的量化手段，扩张资产负债表可以起到减缓衰退的作用。K. Brunner 和 A. H. Meltzer（1963）与 D. Laider（1966）通过对20世纪30年代利率下降对货币需求影响的实证研究，发现货币需求即使在利率极低时也没出现对利率敏感性上升的趋势，货币需求函数稳定，从而证明流动性陷阱并不完全成立。20世纪70年代的数据也支持了货币主义学派的观点。新凯恩斯主义学派的 Eggersson 和 Woodford（2003）将预期引入模型，证明在利率接近零时，宽松的货币政策绝对不是无效的，货币政策通过影响预期来减缓经济衰退。

对大萧条期间货币政策的理论探讨和经验证据构成了量化宽松货币政策的一个理论和实践的基础，直接影响到第一代量化宽松货币政策的实施。

（二）第一代量化宽松货币政策——2001~2006年日本量化宽松货币政策

20世纪90年代亚洲金融危机后，日本经济陷入了停滞，1999年2月，日本央行开始实施零利率政策，零利率政策于2000年8月结束，期间日本经济开始复苏。但是在2001年3月又陷入衰退，因此日本央行重新实行零利率，并启动了金融史上的第一次量化宽松货币政策。

零利率政策的实施在一定程度上修复了央行、商业银行、企业和居民的资产负债表（Krugman，1998；Goodfriend，2000；Iwata，2000；Fukao，2000；Hamada，2000），并促使了日元贬值，增加了出口，刺激了日本经济的复苏（M. C. Kinnon，1999；Meltzer，1999；Bernanke，2000），同时改变了通胀预期，降低了长期实际利率，促进了消费和投资（Krugman，1998，2000）。但是，日本央行很快发现，基础货币的扩张并没有带来 M2 的快速增加，货币乘数在缩小，货币并没有进入实体经济。H. Fujiki 和 S. Shiratsuka（2001）认为，基础货币的扩张之所以没有带来 M2 高增速，主要原因是货币传导机制存在功能性的不畅，而量化宽松货币政策可以修复受损的传导机制。借鉴大萧条时期的研究成果和经验，日本开始了长达几年的量化宽松货币政策。期间，学者们也对日本的量化宽松货币政策的效果进行了相关研究，M. Shirakawa（2002）认为，量化宽松的货币政策在一定程度上修复了货币政策的传导机制，弥补了零利率在传导机制上的局限性。Bernanke（2002）认为，日本央行资产负债表的扩张和结构的调整有效地预防了通货紧缩。

（三）第二代量化宽松货币政策——次贷危机之后的量化宽松货币政策

美联储主席 Bernanke 是将量化宽松货币政策形成完整的理论体系和操作体系的集大

成者。Bernanke 对大萧条期间和日本在 1998 年之后的货币政策做了大量研究，并积极主张日本央行实施量化宽松货币政策来预防经济衰退。对量化宽松的传导机制，Bernanke 也进行了详细阐述和归纳，认为在接近零利率时，量化宽松有三种传导机制：一是扩张央行资产负债表来部分抵消私人部门资产负债表的收缩，二是改变央行资产负债表结构来支持特定行业的资产价格，三是降低长期利率来刺激投资和消费（Bernanke，2004）。次贷危机期间，在 Bernanke 的推动下，美联储实践了第二代量化宽松货币政策。学者们按照 Bernanke 的研究方向展开了进一步研究，例如 Vasco 和 Woodford（2009）运用新凯恩斯模型验证了量化宽松货币政策下央行资产负债表规模和结构变化对经济的影响，认为当货币传导机制受到阻碍时，央行购买资产和资产负债结构变化有效地刺激了经济复苏。

二、量化宽松的央行资产负债表传导机制

量化宽松的货币政策通过改变央行资产负债表的规模和结构来达到修复货币传导机制、增加流动性、稳定金融市场、刺激经济增长的目的。量化宽松货币政策通过改变央行资产负债表从而刺激经济的机制主要分为以下两类：

1. 量化宽松货币政策的央行资产负债表再平衡机制

资产组合是投资者效用函数的重要变量，资产价格变动影响投资者收益。量化宽松的货币政策导致央行资产负债表规模扩张，资产负债规模的扩张导致基础货币增加，基础货币的增加会使得私人部门的现金持有增加，而现金资产和非现金资产存在替代效应，所以私人部门将增加对资产的持有数量。对资产的需求增加会导致资产价格的上升，从而提高托宾 Q 值，企业投资需求增加，缓解金融和企业部门的资产负债表衰退，信贷市场功能得到修复。同时，央行资产负债表规模的扩张，可以增强市场流动性，非现金资产和现金资产交易的增加降低了流动性溢价，提高了非现金资产的预期收益，从而压低了长期利率，进而刺激经济复苏。

央行资产负债表扩张在资产方面可以扩大对国债的购买，从而形成央行资产负债表的财政扩张机制，量化宽松的货币政策可以通过购买国债来扩张资产负债表，从而形成通胀预期，通胀有利于减少政府赤字，私人部门预期将下调税赋，从而增加消费和投资。这个机制在央行的资产负债表规模扩张长期有效时才能发挥作用（Krugman，1988）。

2. 量化宽松货币政策的央行资产负债表组合效应机制

该机制主要是通过央行购买资产行为或表内资产的替代来改变央行资产负债表的结构，从而实现对特定行业、产业以及不同类型证券的支持。例如，当中央银行购买房地产抵押证券（MBS），央行资产负债表中资产方的 MBS 资产增加，市场对 MBS 资产需求增加，资产价格上行，商业银行将增加对房地产的贷款，商业银行和私人部门的资产负债表扩张，延缓了经济衰退。

央行资产负债表资产结构的变化带来了私人部门预期的改变，即资产组合效应的信号机制。例如，央行购买资产，公众预期央行的购买资产还将持续，如果在经济实际复苏之前，央行退出量化宽松货币政策，资产价格将出现下降趋势，央行资产风险加大。因此，央行资产负债表组合效应将增强私人部门信心和货币政策的可信度，从而修复货币传导机制（Clouse et al.，2003）。

三、主要经济体量化宽松货币政策比较：
基于央行资产负债表的研究

（一）美联储量化宽松货币政策的央行资产负债表分析

1. 美联储量化宽松货币政策的央行资产负债表变化

2007 年危机以来，美国已先后实施三轮量化宽松货币政策，并于 2012 年 12 月启动了第四轮量化宽松货币政策，量化宽松政策对美联储的资产负债表的规模和结构带来了巨大变化（见表1）。从规模上看，资产负债表总的规模急剧扩大，第一轮量化宽松货币政策（QE1）约 1.7 万亿美元资产购买计划和第二轮量化宽松货币政策（QE2）的 6000 亿美元国债购买计划使得央行资产负债规模膨胀了 3.2 倍，第三轮量化宽松（QE3）和第四轮量化宽松（QE4）每月 850 亿美元资产购买，将进一步扩大美联储资产负债表。在结构方面，QE1 和 QE2 实施之后，各种创新金融工具的使用使美联储资产结构多元化，资产方国债的持有比例下降，创新性的资产增加，国债科目的比例由 2007 年 12 月的 85% 下降至 2012 年 9 月的 58%，短期国债的持有量由 2007 年 12 月的 0.24 万亿美元下降到 2012 年 9 月的 0。QE3 和 QE4 实施之后，创新金融工具将逐步淡出，政策目标更为明确。负债方规模变动中，美联储没有因为危机而大幅增加货币发行，货币发行数量保持平稳增长的态势，存款科目下数额增加较大。

2. 三轮量化宽松货币政策的传导机制和政策效果分析

QE1 的实施时间为 2008 年 11 月至 2010 年 3 月，其政策目标是直接向金融机构和企业提供流动性，运用的政策工具为：定期拍卖便利（TAF）为代表的融资创新工具、货币市场共同基金流动性工具（AMLF）为代表的票据市场工具、以 Maiden Lane 为代表的机构救助项目。这些工具形成的资产最高时期占央行总资产的 70%，为市场注入了大量的流动性。其传导机制主要通过资产负债表再平衡机制来注入流动性和央行资产负债表组合效应机制来支持特定的行业，政策效果比较明显，QE1 之后，短期资金市场逐渐恢复到危机以前水平，私人部门信心增加，一定程度上带动了消费，美国经济开始复苏，但是劳动力市场情况仍不容乐观。

QE2 的实施时间为 2010 年 11 月至 2011 年 6 月，政策目标是推动房地产业和改善就

业。其采取的手段主要是：从 2010 年 11 月当月到 2011 年第二季度结束前的 8 个月中，增加 6000 亿美元的长期国债购买量，所购国债集中于 2～10 年期限，平均久期为 5～6 年，每月约购买 750 亿美元；维持再投资政策，即把此前 QE1 购买的到期机构债和抵押贷款支持证券 MBS 转投资于长期国债，预估将增加 2500 亿～3000 亿美元的购买量。其传导机制是通过央行资产负债表组合效应机制来支持地产业复苏和资产负债表再平衡机制来压低长期利率。其政策效果也比较明显，QE2 实施之后，国债和 MBS 占央行总资产的 85% 以上，有效地支持了资产价格，房地产业开始复苏，失业率缓慢回落。

表 1　美联储资产负债表　　　　　　　　　　　　　单位：亿美元

时间 项目	2007	2008	2009	2010/3	2011/6	2012/9
资产						
黄金	110.37	110.37	110.37	110.37	110.37	110.37
特别提款权账户	22	22	52	52	52	52
硬币	11.73	16.80	20.47	20.98	21.14	21.77
证券，回购协议，定期拍卖便利和贷款	8216.47	12137.41	20103.39	21036.14	26554.62	25851.62
证券持有	7546.12	4968.92	18447.22	20179.55	26426.17	25833.38
美国国债	7546.12	4760.14	7765.87	7766.67	16170.6	16460.98
联邦机构证券	0	208.78	1598.79	1674.88	1167.04	870.98
MBS			9082.57	10738	9088.53	8501.42
回购协议操作	425	800	0	0	0	0
TAC	200	4502.19	759.18	34.1	0	0
其他贷款	45.35	1866.30	896.99	822.49	128.45	18.23
LLC 商业票据融资便利净额		3316.86	140.72	77.76	0	0
Maiden Lane LLC 资产净额		269.66	266.67	273.17	238.49	17.39
Maiden Lane Ⅱ LLC 资产净额		200.49	156.97	153.43	125.38	0.61
Maiden Lane Ⅲ LLC 资产净额		281.91	226.60	221.42	242.44	15.85
持有的 TALF LLC 资产的净额			2.98	4.04	7.57	8.51
AIA AURORA LLC 和 ALICO Holdings LLC 资产优先权益			250	260.57		0
在收款过程中的项目	18.81	12.03	2.77	1.85	2.38	1.37
银行房产	21.28	21.86	22.49	22.39	22.1	23.51
中央银行流动性互换			102.72	0	0	147.42
其他资产	537.52	6198.07	914.43	940.64	1315.18	1983.07
总资产	8938.18	22587.44	22372.58	23165.25	28691.67	28233.48

续表

项目　　　　　　　时间	2007	2008	2009	2010/3	2011/6	2012/9
负债						
美联储票据，扣除联邦银行持有的逆回购协议	7918.01	8497.16	8896.78	8930.35	9857.88	10833.07
逆回购协议	405.42	883.17	704.50	547.19	666.07	939.69
存款	163.58	12419.84	12091.35	13008.84	17417	15784.09
存款机构在央行的定期存款	114.39	8194.04	10252.71	11477.47	50.87	30.4
存款机构一般存款				0	16223.95	14206.35
财政部一般存款账户	45.29	1180.58	1498.19	501.04	1055.82	756.76
财政部补充存款账户		2892.47	50.01	999.83	50	0
外国政府的存款	0.97	11.90	22.69	24.2	1.26	55.6
其他	2.93	140.85	267.74	6.29	35.11	734.98
延迟入账现金项目	22.16	25.37	22.33	21.45	14.78	8.33
其他负债及应付股息	57.89	336.73	136.42	127.04	206.19	119.87
总负债	8567.06	22162.27	21851.39	22634.87	28161.93	27685.05

资料来源：美联储网站。

QE3 的开始时间为 2012 年 9 月 15 日，政策目标为压低长期利率、支持资产价格和改善就业。其采取的主要手段为：从当月起美联储每月购买 400 亿美元的"抵押贷款支持证券"（MBS），直到美国就业和经济形势有所好转，与此同时继续执行"扭曲操作"（OT），在年底前继续延长所持有证券的到期期限，并把到期证券回笼资金继续用于购买机构 MBS。传导机制主要是通过央行资产负债表组合效应机制来支持地产业复苏和资产负债表再平衡机制来压低长期利率。其政策效果较为明显，美联储购买 MBS 降低了房地产的融资成本、维持长期超低利率，房地产市场回暖，失业率降至 7.8%。

QE4 的推出时间为 2012 年 12 月 13 日，政策目标为保持货币政策稳定性和连续性，形成私人部门良好的预期，扩大投资，从而推动经济进一步复苏。其采用的手段是从 2013 年 1 月起每月采购 450 亿美元长期美国国债以替代 2012 年底到期的 OT。QE4 的传导机制为央行资产负债表组合效应机制，通过该机制实现对私人部门预期的影响，刺激经济更加稳健地复苏。

（二）欧洲央行量化宽松货币政策的资产负债表分析

1. 欧洲央行量化宽松货币政策的资产负债表变化

为了应对金融危机和主权债务危机，欧洲央行采取了非常规货币政策，资产负债表规模扩张较快，由 2007 年初约 1.2 万亿欧元扩张至 2012 年 9 月的约 3 万亿欧元，增长约

150% 。从结构上来看，欧洲央行没有像美联储那样增设大量的资产科目，只增设了证券子科目（见表2）。负债方面，欧洲央行在危机之后并没有新增设项目，货币发行数量没有大幅增加但占资产负债的比重大幅下降，由 2006 年的 55% 下降至 2012 年 9 月的 30% 。对欧元区信贷机构存款科目变化较大，由 2007 年初的 3765.1 亿欧元增加至 2012 年 9 月的约 1.053 亿欧元，增长了 388% 。

表 2　欧洲央行资产负债表　　　　单位：十亿欧元

项目 ＼ 时间	2007	2008	2009	2010/3	2011/6	2012/9
资产						
黄金	184.494	219.707	238.147	367.402	423.458	479.292
对非欧元区居民的外币债权	138.005	149.65	191.909	223.995	244.621	256.413
从 IMF 应收款	9.25	12.528	61.354	71.319	85.655	90.069
在欧元区外的存款和证券投资	128.755	137.122	130.554	152.675	158.966	166.344
对居民的外币债权	43.167	229.518	31.708	26.941	98.226	39.858
对非居民的欧元债权	13.635	9.202	15.696	22.592	25.355	16.512
对欧元区信贷机构的贷款	637.107	843.197	728.584	546.747	863.568	1178.184
长期再贷款	268.476	616.901	669.296	298.217	703.894	1058.75
主要再贷款	368.607	224.4	59.221	227.865	144.755	117.383
周转准备金	0	0	0	20.623	0	0
结构性准备金	0	0	0	0	0	0
保证金放贷	0.022	1.82	0.04	0.025	14.823	2.047
偿还保证金的信贷	0.002	0.077	0.027	0.017	0.097	0.004
对其他欧元区信贷机构债权	23.752	58.438	25.765	45.654	78.652	212.652
对欧元区居民发行的有价证券	96.151	121.287	329.546	457.427	618.637	597.655
为货币政策而持有的证券			28.504	134.829	273.854	280.207
其他证券			301.042	322.598	344.783	317.448
欧元区内政府债务	37.091	37.496	36.188	34.954	33.926	30.01
其他资产	327.416	374.969	254.921	278.719	349.184	271.857
总资产	1500.818	2043.465	1852.463	2004.432	2735.628	3082.432
负债						
流通中的货币	678.563	765.413	807.191	839.702	888.676	892.496
欧元区信贷机构存款	376.51	455.784	368.683	378.008	849.477	1052.529
现金账户	223.155	225.947	204.594	212.739	223.539	525.83
存款资金	1.896	229.785	164.088	104.458	413.882	315.754
定期存款	149.999	0	0	60.784	211	209

时间 项目	2007	2008	2009	2010/3	2011/6	2012/9
周转准备金	0	0	0	20.623	0	0
保证金存款	1.46	0.052	0.001	0.027	1.056	1.945
欧元区信贷机构的其他负债	0.127	0.211	0.33	2.808	2.423	5.224
负债凭证发行	0	0	0	0	0	0
对其他欧元区居民的欧元负债	44.759	116.079	133.76	79.791	79.603	119.439
对非欧元区居民的欧元负债	45.508	285.988	46.459	47.703	156.873	6.626
对居民的外币债务	2.354	2.874	3.703	1.995	4.566	
对非居民的外币债务	16.238	10.191	9.567	14.346	9.027	
SDRs 的对应配额	5.398	5.384	50.906	54.48	55.942	56.243
其他负债	131.377	161.162	166.647	175.932	213.521	235.635
重估账户	131.06	168.685	192.254	331.524	394.031	452.824
资本和储备	68.924	71.694	72.964	78.143	81.489	85.551
总负债	1500.818	2043.465	1852.463	2004.432	2735.628	3082.432

资料来源：欧洲央行网站。

2. 欧洲央行量化宽松货币政策的资产负债表传导机制和效应分析

欧洲央行的量化宽松货币政策核心是购债计划，包括长期再融资操作（LTRO）、证券市场计划（SMP）和直接货币交易计划（OMT）。LTRO 的实施时间为 2008 年 4 月至 2012 年 2 月，其中 2008 年多次推出期限为 6 个月的 LTRO，2009～2011 年进行了四次 1 年期的 LTRO，2011 年 11 月和 2012 年 2 月进行了两次大规模的 3 年期的 LTRO。其政策目标是：为金融市场注入流动性，稳定金融市场。其手段是：欧洲央行通过降低某些资产抵押证券（ABS）的利率门槛来增加抵押的有效性，商业银行通过交付这些抵押物，获得不同期限贷款，用这笔钱去购买主权债，并将后者抵押给欧洲央行。两轮大规模 3 年期的 LTRO 之后，LTRO 资产占总资产的比重从 20% 迅速攀升至 35% 左右。LTRO 的实施机制是通过央行资产负债表再平衡机制来为市场注入流动性。LTRO 的政策效果较为明显，不仅为银行注入了流动性，而且缓解了银行的资金紧张问题，同时还促使银行释放大量信贷资金救助危机国家，抑制了这些国家不断攀升的国债收益率，这些国家国债市场、隔夜回购市场以及债券市场都迅速做出调整。但对于欧洲商业银行来说，LTRO 只是一个资产抵押换取流动性的过程，相当于逆回购，并未能将其持有的不良资产剥离出去，因此单纯的注资并未能引起市场预期的好转而使银行扩大信贷。

SMP 的实施时间是 2010 年 5 月至 2012 年 3 月，政策目标是稳定金融市场和缓解危机国融资压力。其操作手段是：欧洲央行和各国央行从公开市场购买政府债券或在二级市场上购买由欧元区成员国政府或公共实体发行的债券，以及在一级市场或二级市场上购买由欧元区私营企业发行的债券。其传导机制是通过央行资产负债表组合效应机制来实现点对点的救助，向特定市场注入流动性和支持资产价格。截至 2012 年 3 月，欧洲央行购买希腊国债 605.59 亿欧元、西班牙和意大利国债 1468.82 亿欧元以及爱尔兰、葡萄牙等国的债券 172 亿欧元。政策效果较为明显，SMP 在短期（大概一周）有效地减少了蔓延整个欧元区的债券市场风险。但市场担忧这些"有毒"的政府债券会恶化央行的资产负债表，最终影响欧元的稳定。

OMT 的实施时间是 2012 年 9 月 6 日，其政策目标是提振市场信心和稳定金融市场。其操作手段是欧洲央行将在二级市场上作为参与者无限量地购买债券，购买对象主要为 3 年期以下的国债，其实施的前提条件是受援助国申请欧洲金融稳定基金（EFSF）和欧洲稳定机制（ESM）的援助，并接受它们的监督。为了保证 OMT 的顺利实施，欧洲央行调低了抵押品资质和放弃了优先债权人地位。其传导机制为通过央行资产负债表组合效应机制来实现点对点的救助，这点与 SMP 相似，但 SMP 不同的是设定了严格的前置条件。OMT 的政策效果较为明显，有效地提振了市场信心，并在信贷市场上产生了较好的效果。但是由于欧盟存在内部机制问题，欧洲央行量化宽松政策对经济复苏的刺激效果受到影响。

（三）英国央行量化宽松货币政策的资产负债表分析

1. 英国央行量化宽松货币政策的资产负债表变化

金融危机期间，英格兰银行试图通过降息和量化宽松政策达到刺激经济的目的，其资产规模不断扩大，从 2007 年的 77812 亿英镑扩张到了 2012 年的 370393 亿英镑，上涨了约 380%（见表 3）。从资产方面来看，英国央行的资产规模上升较快，但是并没有设置新的科目。对其他银行或金融机构债权科目的数额首先快速增加，之后出现下降。其他贷款及垫款科目快速上升，由 2009 年的 810 亿英镑急剧增加到 286582 亿英镑。负债方面，英国央行的货币发行保持稳定，没有因为其金融市场流动性的短缺而加快货币发行。准备金科目的数量急剧增加，反映出流动性部分沉淀在金融系统中。

表3　英国央行资产负债表　　　　　　　　　　单位：百万英镑

项目　　　　　　时间	2007/10	2008/10	2009/10	2010/10	2011/10	2012/10
资产						
短期公开市场操作－逆回购	20610	0	0	0	0	0
长期英镑逆回购	14900	120884	33560	16250	13793	11285
英国政府预付款项	13370	370	370	370	370	370
通过市场交易获得的债券和其他证券	7663	10805	13555	14215	13974	13483
便利资产	35991	134337	187860	213530	233012	388730
总资产	92533	266396	235345	244365	261148	413868
负债						
流通中的货币	40817	43876	47164	51513	55061	57670

项目 \ 时间	2007/10	2008/10	2009/10	2010/10	2011/10	2012/10
准备金余额	20062	42418	150669	143755	143395	280715
短期公开市场操作	0	n/a	n/a	n/a	n/a	n/a
公开发行外币证券	4492	4901	3739	3805	3809	3759
现金存款	2716	2280	2545	2548	2389	2419
其他负债	24447	121961	31227	42743	56494	69305
便利存款	0	n/a	n/a	n/a	n/a	n/a

资料来源：英国央行网站。

2. 英国央行量化宽松货币政策的资产负债表传导机制和政策效果分析

英格兰银行的量化宽松货币政策可以分为两个阶段：第一阶段是流动性注入阶段，第二阶段是资产购买阶段，其中资产购买是核心。

第一阶段的量化宽松货币政策实施时间是2008年4月至2009年3月，其政策目标是向金融市场注入流动性以稳定金融市场。其运用的政策工具包括解决银行系统流动性问题的特别流动性计划（SLS）、向市场注入流动性防止系统性风险的贴现窗口便利（DWF）、为同业市场注入美元流动性的货币互换协议以及长期英镑逆回购操作。其传导机制为通过央行资产负债表再平衡机制来为市场注入流动性。该阶段英格兰银行并未主动扩大其资产购买，政策效果并不显著。

第二阶段的量化宽松货币政策实施时间是2009年3月至2013年，政策目标是向市场注入流动性，稳定金融市场，降低长期利率，以此刺激经济复苏。其主要的措施为英格兰银行的资产购买计划（资产购买便利，APF）。APF购买的都是高质量债券，包括俗称金边债券（gilt）的国库券（APF可在二级市场上交易）、商业票据（CP）和公司债券在内的优质私人资产。2009～2012年英格兰银行共6次大规模购买资产，总的购买额度为3750亿英镑。第二阶段的量化宽松货币政策的传导机制为央行资产负债表再平衡机制和央行资产负债表组合效应机制，为市场注入了大量流动性，改善了私人预期。政策效果较为明显，根据英国经济学家经验证明，英格兰银行2009年2000亿英镑资产购买对GDP贡献约为1.5%～2%，并形成温和通货膨胀，CPI上涨0.75%～1.5%，其后若干批次的资产购买对GDP、CPI的拉动效应与扩大的金额呈相同比例。但是英国央行面临缺少金融工具以及国家没有更多的资产供央行购买的困境，能否创造出新的资产购买是下一步英国央行货币政策有效性的关键。

（四）日本央行量化宽松货币政策的资产负债表分析

1. 日本央行量化宽松货币政策的资产负债表变化

危机之后，日本央行的量化宽松货币政策使其资产负债表规模逐步扩大，由2008年

3 月的 110 万亿日元上升至 2012 年 10 月的 140 万亿日元，但低于危机前的最大规模（见表 4）。资产方面，2009 年增设"商业票据"和"公司债券"两个新科目，截至 2012 年 10 月，公司债券购入规模急剧上升，商业票据规模在 2012 年恢复至 2009 年的水平。外汇资产科目在危机后出现上升，2009 年达到峰值，主要是日本银行通过与美联储进行日元—美元互换而为国内金融机构提供大量美元流动性所致。负债方面，日本央行没有增设科目，也没有大量地发行货币。存款科目的增幅较大，而政府存款下降较多。

2. 日本央行量化宽松货币政策的资产负债表的传导机制和政策效果分析

2008 年美国次贷危机拖累了日本经济，日本央行于 2008 年下半年再度启动了非常规的货币调控措施。在总结 2001 ~ 2006 年非常规货币操作政策的经验和教训的基础上，日本央行有针对性地做出了调整，启动了一系列非常规货币政策。日本的量化宽松货币政策分为两个阶段：第一个阶段为流动性注入阶段，第二个阶段为资产购买和结构调整阶段。

第一阶段量化宽松货币政策的实施时间是 2008 年 4 月至 2010 年 10 月，其政策目标是向市场注入流动性。采用的政策手段有：以改善金融机构资本状况为主的缓解金融机构资本约束的政策、以改善央行负债表特别是资产方结构的信贷宽松政策、以缓解大企业涌入信贷市场对中小企业贷款挤出效应和银行惜贷现象的企业融资支持计划。其传导机制为央行资产负债表再平衡机制的流动性注入和央行资产负债表组合效应机制的点对点救助，为缓解金融市场流动性起到了积极作用。第一阶段量化宽松货币政策效果有限，主要的原因在于央行被动地扩张和调整资产负债表。

表 4　日本央行资产负债表　　　　　　　　　　单位：亿日元

项目＼时间	2008/3	2009/3	2010/3	2011/3	2012/10
资产					
黄金	4413	4413	4413	4413	4413
现金	1913	2467	3301	3964	3371
正回购协议	87676	119520	49833	6286	
日本政府债券	673908	642656	730662	772992	1050686
商业票据		15569		2743	14101
公司债券		435	1722	2035	28925
财产信托	14260	11540	14256	16983	29522
贷款及贴现票据	292153	327315	357839	561360	334531
外币资产	52277	108647	50228	46903	48366
代理商存款	830	262	193	174	407
其他资产	4641	3853	3579	3653	4434
有形固定资产	2188	2207	2215	2124	
无形固定资产	2	2	2	2	

续表

时间 项目	2008/3	2009/3	2010/3	2011/3	2012/10
总资产	1134262	1238886	1218242	1423632	1518756
负债					
流通中的钞票	764616	768978	773528	809230	806574
存款	142764	279228	234986	407901	434454
活期存款	142469	221489	234553	407556	
其他存款	294	57739	432	345	2887
政府存款	35058	23746	30186	23554	13384
回购协议下的应付款项	120599	103714	116515	122987	197821
面班 示芬	6001				
其他负债	721	1779659	443589	289	4138
备抵金	32265	3229	32311	32342	32370
总负债	1134262	1238886	1218242	1423632	1491629
所有者权益	32238	29154	30272	27306	27127
资本	1	1	1	1	1
法定准备金	25829	26150	26600	26783	27126
特别准备金	0.10	0.10	0.10	0.10	
净收入	6408	3003	3671	521	
总负债	1102024	12097325	1187970	1396326	1518756

资料来源：日本央行网站。

　　第二阶段量化宽松货币政策的实施时间是2010年10月至2013年，政策目标是向市场注入流动性，维持长期低利率，刺激消费和投资。其政策手段包括货币市场操作指导方针、维持中长期低利率甚至零利率的物价稳定承诺、启动资产购买计划，其中最为重要的是"点对点"的资产购买救助方式，即通过新增"商业票据"和"公司债券"两个新科目，为市场注入流动性和为国内的企业融资提供必要的流动性。2010年10月开始，日本央行多次大规模购买资产，截至2012年底，日本央行资产购买总额为101万亿日元。其传导机制为央行资产负债表再平衡机制的流动性注入和央行资产负债表组合效应机制的点对点救助。政策效果较为明显，流动性注入对缓解银行惜贷行为等方面起到了一定作用，还在一定程度上修复了票据和债券市场，减少了挤出效应。但是资产购买计划所创造的流动性，一部分被截留在金融系统内部，没有全部注入实体经济中。同时，日本央行也面临与英国央行类似的问题，即面临政府财政危机和有限货币政策工具的制约。

四、结论与启示

（一）结论

通过对美联储、欧洲央行、英格兰银行和日本央行量化宽松货币政策的研究发现：美联储的量化宽松货币政策的主动性较强，创新性的货币政策工具较多，政策目标清晰。美联储量化宽松政策的资产负债表再平衡机制和组合效应机制传导机制畅通。美联储的资产负债表变动能够清楚、准确地反映出政策的全部过程，政策透明度高；能够有效地引导私人部门预期，政策效果明显。美联储的量化宽松货币政策对经济复苏起到了积极的刺激作用。

与美联储相比，欧洲央行的量化宽松货币政策略显被动，政策工具比较有限，这与欧洲央行的非主权性特征相关。欧洲央行受条约管辖，以稳定欧元为主要职责，使得欧洲央行在货币政策的实施上显得更为谨慎和保守。英国央行和日本央行量化宽松货币政策则受到有限政策工具和政府缺乏更多资产供其购买的制约。

（二）启示

主要发达经济体量化宽松货币政策在金融危机期间起到了稳定金融市场、提高流动性、减缓经济衰退的积极作用，有力地支持了 Bernanke 等的观点，并对货币政策理论中的相机抉择理论提供了有利的经验证据，也为中国人民银行货币政策提供了有益的借鉴。

首先，量化宽松货币政策工具丰富与否直接影响到货币政策的有效性。危机期间，美联储动用的创新性工具有 10 多类，而欧洲央行、英国央行和日本央行的货币政策工具较为欠缺，其货币政策的有效性低于美联储。中国人民银行应结合中国实际情况积极开展货币政策工具研究。货币政策工具在央行资产负债表中表现在资产方，长期以来中国人民银行资产负债表资产方主要表现为外汇资产的变动较大，反映出中国人民银行货币政策工具较为缺乏，与发达经济体央行相比，货币政策灵活性不高，难以应对复杂的经济环境。

其次，量化宽松货币政策传导机制通畅与否影响到货币政策的有效性。主要发达经济体量化宽松货币政策的传导机制总体上是通畅的，其中美联储的传导机制最为畅通有效，这与美国完善和高效的金融市场相关，日本和英国货币政策传导机制次之，而欧洲央行受条约的影响，使得其传导机制相比前三者略显被动。中国人民银行在制定货币政策时应该考虑传导机制的有效性问题，构建通畅的传导机制，同时注重维护物价稳定。

再次，量化宽松货币政策透明度和可预见性也是影响货币政策有效性的重要因素。美联储宽松货币政策的透明度高，其资产负债表的变动能准确地反映政策意图，具有可预见性，能准确地引导私人部门预期。欧洲央行和日本央行透明度和可预见性低于美联储，英国央行的透明度最低，影响其政策效果。中国人民银行在进行货币政策操作时，要注重其透明度和可预见性，从而增强其政策效果。

最后，量化宽松货币政策与财政政策的协调配合也是影响货币政策有效性的重要因素。日本央行和英国央行受其政府有限资产的限制影响其货币政策的有效性，而欧洲央行则受区内各国独立财政政策的限制。中国人民银行在实施货币政策时要注重与财政政策的配合，优化央行资产结构，政府亦应注重债券市场的发展，为货币政策操作提供良好的操作平台。

参考文献

［1］ A. H. Meltzer. Monetary Trsnsmission at Low Inflation：Some Clue from Japan in the 1990s［EB/OL］. http：//respsitory. cmu. edu/tepper/31. 2001.

［2］ Ben S. Bernanke. Deflation：Making Sure "It" Doesn't Happen Here［R］. Remarks by Governor Ben S. Bernanke，2002（11）.

［3］ Ben S. Bernanke. Japanese Monetary Policy：A Case of Self – Induced Paralysis［EB/OL］. http：//www. iie. com 2000 II 24 国际金融研究/2013. 2.

［4］ Ben S. Bernanke. Money，Gold and the Great Depression［R］. Remarks by Governor Ben S. Bernanke，2004（4）.

［5］ Ben S. Bernanke and Alan S. Blinder. Credit，Money and Aggregate Demand［J］. The American Economic Review，1998（5）.

［6］ Ben S. Bernanke and Haro. ld James. The Gold Standard，Deflation and Financial Crisis in the Great Depression：A International Comparison［R］. NBER Working Paper，1999（12）.

［7］ D. Laidler. The Rate of Interest and the Demand for Money Some Empirical Evidence［J］. The Journal of Political Economy，1966（12）.

［8］ Eggertsson，G and M. Woodford. The Zero Bound on Interest Rates and Optimal Monetary Policy［R］. Brookings Papers on Economic Activity，2003（1）：139 – 211.

［9］ Frank Nathaniel and Hesse Heiko. The Effectiveness of Central Bank Interventions during the First Phase of the Subprime Crisis［R］. IMF Working Paper 2009（206）.

［10］ Friedman. M and A. J Schwartz. A Monetary History of the United States，1867 – 1960［M］. Princeton：Princeton University Press，1963.

［11］ H. Fujiki，K. Okina and S. Shiratsuka. Monetary Policy under Zero Interest Rate：Viewpoints of Central Bank Economists［J］. Monetary and Economic Studies，2001（19）：89 – 130.

［12］ H. Fujiki and S. Shiratsuka. Policy Duration Effects under The Zero Interest Rate Policy in 1999 – 2000：Evidence from Japan's Money Maket Date［J］. Monetay and Economic Studies，2002（1）.

［13］ J. Clouse，D. Henderson，A. Orphanides，D. SmallandP. Tinsley. Monetary Policy When the Nomina Short – term Interest Rate is Zero［R］. Topics in Macroeconomics，2003（1）.

［14］ M. Goodfriend. Overcoming the Zero Money，Credit and Banking［J］. Journal of Money，2000（4）.

［15］ M. Shirakawa. One Year Under Quantitative Easing［R］. Institure for Monetary and Economic Studies，Bank of Japan，2002（3）.

［16］ P. Edward. Some Observation on the Great Depression［J］. Federal Reserve Bank of Minneapolis

金融学学科前沿研究报告

Quarterly Review. 1999 (23) .

[17] P. R. Krugman, K. M. Domiquez and K. Gogoff. It's baaack: Japan's Slump and the Return of the Liquidity Trap [R] . Brookings Paper on Economic Activity, 998 (2) .

[18] Romer. Chistina. The Great Grash and the Onset of the Great Depression [J]. The Quarterly Journal of Economics, 1990 (105) .

[19] Romer. Chistina. The Nation in Depression [J]. The Journal of Economic Perspectives, 1993 (7) .

[20] Vasco Cu and Michael Woodford. The Central – bank Balance Sheet as An Instrument of Monetary Policy [J]. Journal of Monetary Economics, 2010 (9) .

Research on the Transmission Mechanism and Effect of Quantitative Easing Monetary Policy – Based on the Balance Sheet of the Central Bank's Balance Sheet

Chen Jing

(School of Finance and Finance, Renmin University of China, Beijing 100038)

Abstract: In response to the financial crisis, the central banks of major economies have started quantitative easing monetary policies. In this paper, the writer observed the implementation mechanisms and effects of Quantitative Easing policies which were imposed by major economies, from the point of view of the central banks' balance sheets. First of all, the paper demonstrated the origin of the policy. The second part is about the analysis of the transmission mechanism of QE from the aspect of central banks' balance sheets. Then the comparison of the transmission mechanism and policy effects of QE between and among America, Europe, UK and Japan. The last part comes to the conclusion.

Key Words: Quantitative Easing; Central Bank Balance Sheets; Transmission Mechanism

人民币国际化发展现状、
程度测度及展望评估

李建军[1] 甄 峰[2] 崔西强[3]

（1. 中国银行国际金融研究所，北京 100818；2. 中国人民大学应用统计科学研究中心，北京 100872；3. 中国人民银行济南分行，济南 250001）

【内容摘要】全球金融危机爆发后，以美元本位为主的国际货币体系暴露出极大缺陷。世界各国和国际组织纷纷提出改革国际货币体系的主张。随着我国经济综合实力的不断提升，人民币在国际市场的认可度和接受度不断增强，在贸易结算、离岸市场发展等方面取得了较为显著的成绩。同时我们也需要正视当前人民币国际化的程度仍然有限、与主要国际货币还有很大差距的现状。展望未来，如果人民币启动全方位国际化，将会在15年左右成为主要国际货币。

【关键词】人民币国际化；发展现状；程度测度；展望评估

一、人民币国际化的逻辑框架及发展现状

2009 年 7 月，《人民币跨境贸易结算实施细则》公布后，人民币国际化发展的逻辑框架逐渐清晰。简而言之，人民币国际化的逻辑框架即为境内、境外两个市场、两大循环和 6 个部分（见图 1）。第一个循环是跨境循环，可以分为经常项目、资本项目、银行间合作和政府间合作；第二个循环是境外循环，主要有香港离岸中心建设和海外人民币市场。

从跨境循环的角度看，自 2009 年人民币跨境贸易结算步伐开始，2010 年规模达到 5000 亿元，2011 年突破 2 万亿元，2012 年接近 3 万亿元，已占同期我国对外贸易总量的 8.4%。到 2013 年第一季度，人民币外商直接投资和对外直接投资累计达到 3309 亿元和 384 亿元。自 2008 年以来，中国人民银行先后与韩国银行、澳大利亚储备银行、俄罗斯联邦中央银行等近 20 个国家货币当局签署了货币互换协议，总金额达 2 万亿元左右。

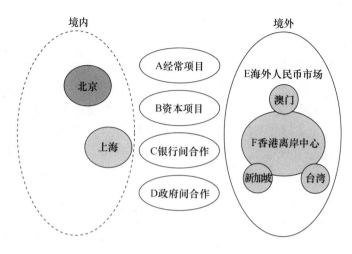

图1　人民币国际化逻辑框架

从境外循环的角度看，离岸人民币市场不断扩大，2012年末香港地区人民币存款余额超过6000亿元，占当地金融机构存款余额比重超过8%；中国银行、中国工商银行分别承担台湾地区和新加坡的人民币清算行职能；伦敦、巴黎、卢森堡、悉尼等也积极争取人民币离岸市场的发展。

随着中国经济实力的不断增强、对外开放程度的增加，以及金融改革步伐的加快，人民币在国际市场的接受程度将会进一步提高。在跨境人民币市场领域，经常项目业务将进入平稳发展期，资本项目业务增长潜力巨大。预计2013年全年跨境人民币结算量将超过4万亿元，其中货物贸易结算金额约2.5万亿元，其他经常项目有望达到1.1万亿元，外商直接投资3500亿元，对外直接投资500亿元。

在离岸人民币市场领域，香港离岸人民币中心地位将进一步巩固，中国台湾、新加坡、伦敦、卢森堡等也积极开展人民币离岸市场业务。海外人民币存量继续扩大，预计2013年末离岸存款总额突破1万亿元。人民币债券产品更趋多样化，二级市场日趋活跃，人民币股票市场、外汇市场以及人民币的保险和理财产品也会继续丰富，规模不断扩大。

二、人民币国际化程度测算

国际货币的职能主要有计价结算、投资交易和储备货币三大块。一般来说，国际贸易对货币国际化的进程有着巨大的影响，国际货币的职能始于国际贸易中的跨境货币结算。随着跨境结算规模的不断扩大，世界对该货币认可度越来越高，该货币在金融市场上的交易也越来越活跃，该货币的职能逐渐拓展到金融市场，并最终成为国际储备货币。有鉴于此，我们将从贸易结算、金融市场交易和外汇储备三方面来测度目前人民币的国际化程度。

1. 跨境贸易结算中的人民币国际化程度测度①

数据显示，从2010年10月到2013年1月，离岸人民币支付量增长了29.75倍。在世界主要支付货币中，人民币的排名也从2010年10月的第35位一举跃升至目前的第11位，可谓增长迅速。另外，这一阶段人民币的国际接受程度也显著上升，2011年6月到2012年6月办理人民币支付业务的国家和地区数量从65个增加到91个，机构数从617家增加至983家。前五大人民币支付银行的人民币客户关系数从91个增至153个（见图2）。

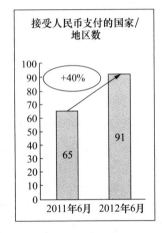 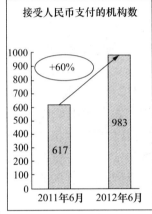 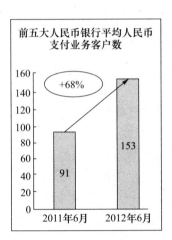

图2 人民币国际接受程度

资料来源：SWIFT。

尽管人民币跨境贸易结算从开始推出到现在取得了不错的成绩，但是从绝对量上来看，人民币跨境贸易结算程度仍然不够。

表1中数据显示了世界主要货币2011年、2012年跨境贸易结算使用情况。从表中数据可以看到，欧元、美元、英镑、日元、澳元、加元、瑞士法郎是跨境贸易结算中使用最多的国际货币。其中，欧元、美元是跨境贸易的最主要货币，二者占跨境贸易结算的70%左右。人民币的跨境贸易结算使用比例较低，仅为0.6%左右，与世界主要货币有着巨大的差距。与金砖五国其他国家相比，人民币仅次于俄罗斯卢布，好于南非兰特和没有上榜的印度卢比以及巴西雷亚尔。

当然，表1没有考虑各国的国际贸易情况，仅是单纯的跨境贸易结算占比。由于跨境

---

① 由于没有公开该数据，所以世界主要货币的跨境结算并没有一个连续完整的记录，这妨碍了运用该数据对货币国际化程度的精确测算。本文中的数据是从SWIFT的研究报告中整理而来，主要集中在2011年和2012年。由于人民币跨境贸易是从2010年开始迅速增长的，所以这些数据还是能够很好地反映人民币在跨境贸易中的使用情况及变化趋势的。

贸易结算驱动力来自于国际贸易，因而在国际贸易额基础上考虑跨境贸易结算更能揭示一国货币的国际接受度，进而反映该货币的国际化程度。表2在各国国际贸易占比基础上构建了一个新的指标：一国货币在跨境贸易结算中额度占比/该国贸易额在世界总贸易额中的占比。这个新指标能够对货币国际化程度进行更精确度量。

从表2中的数据可以看出，考虑各国贸易情况后，货币的国际化程度发生了不小的变化。

表1　货币在跨境贸易结算中使用占比　　单位:%

货币	2011年10月	2012年1月	2012年8月	2012年9月	2012年10月	2012年11月	2012年12月	2013年1月	2013年2月
欧元	32.56	44.04	41.12	42.08	42.49	40.89	39.76	40.17	39.32
美元	29.32	29.73	32.64	31.12	31.18	31.08	33.34	33.48	33.89
英镑	7.04	9.00	8.93	8.98	8.84	8.59	8.68	8.55	8.39
日元	2.12	2.48	2.40	2.46	2.34	2.44	2.45	2.56	2.62
澳元	1.76	2.08	2.07	2.18	2.12	2.35	2.11	1.85	1.97
加元	1.64	1.81	1.85	1.88	1.91	1.88	1.97	1.80	2.08
瑞郎	1.04	1.36	1.75	1.83	1.86	1.77	1.91	1.83	2.05
俄罗斯卢布	0.32	0.52	0.63	0.61	0.63	0.64	0.67	0.56	0.68
人民币	0.24	0.25	0.53	0.51	0.42	0.56	0.57	0.63	0.59
南非兰特	0.40	0.48	0.44	0.43	0.42	0.42	0.40	0.42	0.42

资料来源：SWIFT。

表2　货币在跨境贸易结算中使用占比/各国贸易在世界贸易总额中占比　　单位:%

货币	2011年10月	2012年1月	2012年8月	2012年9月	2012年10月	2012年11月	2012年12月	2013年1月	2013年2月
美元	383.34	388.70	426.74	406.87	407.65	406.35	435.89	437.72	443.08
英镑	202.51	258.89	256.88	258.31	254.29	247.10	249.68	245.95	241.34
欧元	137.90	186.52	174.16	178.22	179.96	173.18	168.40	170.13	166.53
澳元	126.50	149.50	148.78	156.69	152.38	168.91	151.66	132.97	141.60
瑞郎	79.84	104.40	134.34	140.48	142.79	135.88	146.62	140.48	157.37
加元	67.58	74.59	76.24	77.47	78.71	77.47	81.18	74.18	85.72
南非兰特	71.43	85.71	78.57	76.79	75.00	75.00	71.43	75.00	75.00
日元	47.94	56.08	54.28	55.63	52.92	55.18	55.41	57.89	59.25
俄罗斯卢布	14.55	23.65	28.65	27.74	28.65	29.11	30.47	25.47	30.93
人民币	2.66	2.77	5.87	5.65	4.65	6.21	6.32	6.98	6.54

资料来源：SWIFT，WTO。

注：各国贸易在世界贸易总额占比是2011年的数据。

美元该指数超过了400%排名第一，反映了美元当之无愧的世界核心货币地位，英镑也超过了200%排名第二，说明英镑在贸易结算中仍实力超群，欧元则跌到了第三位。与世界五大货币及金砖五国货币相比，人民币跨境贸易结算比例仍是最低的，不管是南非兰特还是俄罗斯卢布都远远超过了人民币，这说明人民币在跨境贸易结算中使用较少。

2. 金融市场交易中人民币的国际化程度测度

数据显示（见表3），[①] 1998年，美元在外汇市场交易比重为86.8%，并在2001年达到峰值89.9%，尽管此后逐步降低，但依旧占85%左右的份额，稳居世界第一，说明了美元不可撼动的国际地位。欧元诞生之后，继承了德国马克和法国法郎份额，占比在37%~39%。日元和英镑目前占比分别为19%和12.9%。人民币在外汇交易中经历了从无到有的过程，目前在外汇市场交易中占0.9%，但与世界主要货币差距明显。

表3数据基本反映了一国（地区）货币的国际地位，但是由于没有考虑一国（地区）经济的规模，因而并不能很准确地反映货币的国际化程度。通过把货币母体经济在世界经济中的占比情况和不同货币在国际外汇市场的占比结合起来，我们计算出了一组新的数据，这一数据能更好地反映一国（地区）货币的国际化程度。[②] 表4是2007年主要货币的相关数据。我们可以看到，瑞士法郎外汇交易占比/GDP占比最高达到了436%，充分展示了除去经济规模的影响后，瑞士法郎具有很高的国际化程度。美元、英镑、日元、欧元4种国际货币这一比例分别为169.50%、147.6%、109.4%、83.3%，与这4种货币的国际地位也是一致的。

表3　主要货币在外汇市场交易占比情况　　　　　　　　　　单位:%

货币	1998 年	2001 年	2004 年	2007 年	2010 年
美元	86.8	89.9	88.0	85.6	84.9
欧元	—	37.9	37.4	37.0	39.1
德国马克	30.5	—	—	—	—
法国法郎	5.0	—	—	—	—
日元	21.7	23.5	20.8	17.2	19.0
英镑	11.0	13.0	16.5	14.9	12.9
澳元	3.0	4.3	6.0	6.6	7.6
瑞士法郎	7.1	6.0	6.0	6.8	6.4
加元	3.5	4.5	4.2	4.3	5.3
港元	1.0	2.2	1.8	2.7	2.4
瑞典克朗	0.3	2.5	2.2	2.7	2.2

---

① 根据国际清算银行的统计，全球外汇交易最能体现货币在金融市场的交易程度，因此本文在此部分利用全球外汇市场交易模拟货币在金融市场中的使用情况。

② 参考了 SWIFT2012 年出版的《RMB internationalisation: Implications for the global financial industry》的测算方法。

货币	1998 年	2001 年	2004 年	2007 年	2010 年
韩元	0.2	0.8	1.1	1.2	1.5
新加坡元	1.1	1.1	0.9	1.2	1.4
印度卢比	0.1	0.2	0.3	0.7	0.9
俄罗斯卢布	0.3	0.3	0.6	0.7	0.9
人民币	0.0	0.0	0.1	0.5	0.9
南非兰特	0.4	0.9	0.7	0.9	0.7
巴西雷亚尔	0.2	0.5	0.3	0.4	0.7
丹麦克朗	0.3	1.2	0.9	0.8	0.6
新台币	0.1	0.3	0.4	0.4	0.5
泰铢	0.1	0.2	0.2	0.2	0.2
印尼卢比	0.1	0.0	0.1	0.1	0.2
其他货币	8.9	6.5	6.6	7.6	4.8
所有货币	200.0	200.0	200.0	200.0	200.0

资料来源：BIS。

表 4   2007 年主要国家和地区货币外汇交易占比/母体 GDP 占比　　　　单位:%

货币	2007 年外汇交易占比	2007 年 GDP 占比	外汇交易占比/GDP 占比
瑞士法郎	3.40	0.80	436.30
港元	1.40	0.40	363.10
澳元	3.30	1.70	192.80
美元	42.80	25.20	169.50
英镑	7.50	5.00	147.60
日元	8.60	7.90	109.40
南非兰特	0.50	0.50	87.70
加拿大元	2.20	2.60	84.10
欧元	18.50	22.20	83.30
韩元	0.60	1.90	31.90
新台币	0.20	0.70	28.30
印度卢比	0.40	2.10	16.90
俄罗斯卢布	0.40	2.30	15.00
巴西雷亚尔	0.20	2.50	8.10
人民币	0.24	6.30	3.70

资料来源：BIS，IMF。

在金砖五国中，除南非这一比例较高达到了87.7%外，其他四国都比较低，说明金砖国家的货币相对于其巨大的经济规模国际化程度都较低。尤其需要注意的是，人民币外汇交易占比/GDP占比只有3.7%，不仅与五大货币差距巨大，在金砖五国中排名也是最低的，说明人民币在金融市场被使用的比例仍然较低。

表5则用2010年的数据重新计算了该指标。通过与2007年数据相比较，各货币的排名与2007年基本保持了一致，瑞士法郎与港元仍然占据前两位，不过瑞士法郎的比例大幅下降，美元、英镑、日元、欧元四大货币的比例都有不同程度的提高，说明其国际化程度仍在不断提高。金砖五国中，除南非兰特国际化程度下降明显外，其他4种货币国际化程度都有所提高，其中人民币的占比为4.8%，提高了1.1个百分点，不过人民币国际化程度仍是最低的。这说明从整体来看，人民币国际化程度不但与发达国家货币无法相提并论，即使与其他金砖国家相比也存在巨大差距。

表5　2010年主要国家和地区货币外汇交易占比/母体GDP占比　　单位:%

货币	2010年外汇交易占比	2010年GDP占比	外汇交易占比/GDP占比
瑞士法郎	3.20	0.80	384.20
港元	1.20	0.40	335.40
澳元	3.80	2.00	193.40
新加坡元	0.70	0.40	183.60
美元	42.50	23.30	182.10
英镑	6.50	3.60	180.50
日元	9.50	8.70	109.40
加拿大元	2.70	2.50	105.90
欧元	19.60	19.40	100.90
南非兰特	0.40	0.60	61.60
韩元	0.80	1.60	46.80
新台币	0.30	0.70	36.50
俄罗斯卢布	0.50	2.30	19.30
印度卢比	0.50	2.40	18.40
巴西雷亚尔	0.40	3.30	10.50
人民币	0.45	9.30	4.80

资料来源：BIS，IMF。

3. 储备货币中人民币国际化测度

一般认为，一国货币只有成为其他国家的外汇储备，才实现了完全的国际化，因而一国货币占世界储备的比重是货币国际化程度的核心测度。

从表6可以看到，美元、欧元是世界最主要的储备货币，占了世界储备货币将近

90%的份额，英镑、日元、瑞士法郎紧随其后分别排名第三、第四、第五位，它们共同构成世界五大储备货币，除 2007 年外，五大货币占世界储备货币的比例都接近甚至超过 95%。

表6 世界主要储备货币占比 单位:%

货币	2000 年	2002 年	2004 年	2006 年	2007 年	2008 年	2009 年	2010 年	2011 年
美元	71.1	67.1	65.9	65.5	64.1	64.1	62.0	61.8	62.1
欧元	18.3	23.8	24.8	25.1	26.3	26.4	27.7	26.0	24.9
英镑	2.8	2.8	3.4	4.4	4.7	4.0	4.2	3.9	3.8
日元	6.1	4.4	3.8	3.1	2.9	3.1	2.9	3.7	3.6
瑞士法郎	0.3	0.4	0.2	0.2	0.2	4.4	0.2	3.5	0.3
其他	1.5	1.6	1.9	1.8	7.0	2.2	3.1	4.4	5.3

资料来源：BIS。

到目前为止，仍没有人民币作为世界储备货币的数据，不过有报道称尼日利亚央行已把人民币作为储备货币，占其 330 亿美元外汇储备规模的 5%～10%。日本财务大臣安住淳也在 2012 年 3 月 13 日透露，中国政府已于 3 月 8 日同意日本政府购买最高 650 亿元人民币（相当于 103 亿美元）的中国国债，日本将分批实施购买计划。另外，韩国央行已经于 2012 年 4 月开始用此前获得 200 亿元（合 32 亿美元）的交易配额在中国银行间市场购买中国债券，在 2012 年 7 月开始用所获得的 3 亿美元 QFII 配额购买中国股票。据最新消息显示，澳大利亚央行行长菲利普·罗伊（Philip Lowe）2013 年 4 月 23 日表示，澳大利亚央行将把最多 5% 的外汇储备投资于中国国债，而且已经获得中国央行的批准。据《华尔街日报》报道，目前澳大利亚的外汇储备约为 382 亿澳元，5% 的外汇储备约为 19.1 亿澳元，约合人民币 124 亿元（约 20 亿美元）。即使这些报道全部属实，总金额也不过 190 亿美元，与超过 5.6 万亿美元的世界总储备相比仍是微不足道的。

综上所述，虽然自 2008 年人民币国际化进程启动以来，人民币国际化取得了不少成果，但是从外汇交易、跨境贸易结算、外汇储备这三个指标来看人民币国际化程度仍然较低，不仅与世界主要货币差距明显，也落后于其他金砖国家货币，未来仍需要我们从多方面入手继续推进人民币的国际化进程。

三、人民币国际化展望评估

从目前来看，中国已开始尝试分步骤同时推进资本项目开放和人民币国际化，目前已开放人民币外商直接投资，并允许外资以人民币形式投资大陆资本市场，同时鼓励内外资企业以人民币形式相互投资，允许外国企业在中国境内以人民币形式上市和发债，人民币和日元、澳元可直接兑换。人民币实现全面可兑换的路线图日益清晰，其时间表可预测，从而为人民币的进一步国际化铺平道路。

为清晰呈现人民币国际化的未来路径，在假设人民币完全可兑换的前提下，根据中国经济和世界经济当前发展条件下的未来发展趋势，模拟人民币国际化的使用前景。从量化角度出发，采用 Chinn 和 Frankel（2005）的基础模型，利用主要国际货币的历史数据建立面板数据的混合数据模型，用相关变量解释国际储备的变化规律：

$$Y_j = \sum \beta_i \times X_{ij} + \varepsilon$$

其中，Y 为被解释的货币国际化程度，如储备比例；X 为解释变量，如经济总量、货币稳定等因素；i 为不同的解释变量，j 为不同的货币种类，但它们在回归方程中只有一个共同的解释系数 β_i；ε 为误差项。

在解释变量的选择上，我们采用比较谨慎的态度，通过多重比较筛选相对最优模型。在考虑经济实力（包括 GDP/GNP 占比、进出口占比、FDI 存量和流量占比）、通胀稳定性（年度差异和月度差异）、汇率稳定性（变异系数、实际有效汇率变化率）、惯性（滞后一期的储备比例）和交易（支付清算比）等解释变量基础上，通过各类变量间的不同组合，建立多个回归模型，从中选择在解释力和模型参数方面均相对最优的模型，最终选择了如下预测模型：

国际储备占比 = −0.2743 + 0.967 × 惯性 + 0.068 × GDP 比例 − 69.80 × 汇率变动率
　　　　　　　　　　（0.0126）　　　（0.0319）　　　　　　（18.9955）

$$[F = 14181.2，AdjR^2 = 0.9986]$$

依据上述模型，我们对人民币国际储备进行中期预测，并尝试外推。首先选定自变量的初始值，其中 GDP 占比采用 IMF 的预测，汇率变动采用 5 年移动平均外推，人民币国际储备初始值在已知人民币国际清算量的基础上，采用美元储备和交易清算的关系比例推算，在此基础上获得人民币在满足国际货币一般条件下的国际储备预测和外推值。从预测结果来看，人民币若启动全方位国际化，5 年内国际储备占比达到 3% 左右，2030 年可达到 10% 以上的占比，成为第三大国际货币（见表 7）。

表 7　人民币和主要国际货币储备比例预测　　　　　　单位：%

年份	美元	欧元	日元	人民币
2013	59.74	26.65	4.87	1.45
2014	59.25	26.65	5.21	1.91
2015	58.79	26.62	5.55	2.43
2016	58.27	26.62	5.91	2.93
2017	57.78	26.57	6.30	3.15
2020	56.38	26.29	7.27	5.15
2025	54.06	25.76	8.29	8.32
2030	51.85	24.97	8.99	11.87

这里我们也强调，该预测是在假定资本项目完全可兑换和人民币全面开放等条件下，根据当前主要国际货币经验所做的一种推算，旨在提示决策层如果全面推进国际化，未来愿景是什么方向。

在此基础上，我们可以推算人民币在国际清算中的使用情况。以美元为例，近 10 年来，美元的国际清算占比和国际储备占比保持了非常稳定的比例关系，2001～2010 年这一比例基本在 1.45～1.59 范围内波动，平均比例为 1.52。假设人民币清算和储备占比具有相同比例，则可以推算出 2016 年人民币的国际清算量将达到 2.5 万亿美元的水平。

影响国际债券的因素较多，预测较复杂，我们采用趋势外推法做保守估计，在 BIS 公布的现有数据基础上推测人民币债券的前景。从图 3 看，自 2005 年以来，人民币国际债券的发行有比较稳定的线性增长趋势，据此可预测，5 年内人民币国际债券年度发行额保守估计将达到 5000 亿元的规模。

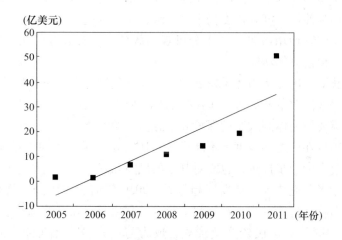

图 3 人民币国际债券发行额度变化

从更加直观的数量关系上来看，尽管没有明确界限，人民币国际化将按照经常项目贸易结算、资本项目投资交易、主权经济体纳入国际储备的顺序有重点梯次推进（见图 4）。人民币首先在国际贸易中充当计价结算货币，在未来 5 年内迅速发展，为人民币的全球使用建立实体经济依靠基础，并提供充足的海外资金池。伴随人民币国际贸易结算的扩大，金融市场的投融资逐渐壮大，人民币计价产品会不断丰富和复杂化，人民币投资交易将开始起步，并在未来 10 年左右的时间加速增长，而后保持一个与贸易相适应的比例，平稳发展。当人民币在国际贸易和金融市场的应用日益扩大时，第三方国家和地区会实质性地将人民币纳入其国际储备，以应对国际收支中的人民币收支问题，人民币在国际储备中的比例将会逐渐增长并趋于稳定。

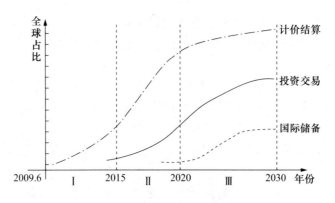

图4　人民币国际化路线图

上述分析和预测为我们展望了人民币国际化的现状和广阔前景。一方面，我们可以看到人民币自跨境贸易结算以来在国际使用通道和数量上的快速发展；另一方面，我们也看到当前的人民币国际使用广度和深度仍十分有限，还有待进一步推进。从预测和推测角度看，未来的人民币国际使用将是一个十分可观的数量，将有数万亿元人民币发挥国际储备、贸易结算、计价清算等功能。

人民币国际化既是国际货币体系发展和国际金融危机背景下境外特别是周边地区实际需求的体现，也是我国改革开放进一步深化的具体要求。人民币国际化既需要境外需求和市场的发展，也需要境内体制改革的保障和金融市场的深化。这一国际化过程不仅需要人民币使用范围和项目在广度和深度上不断推进，还需要市场深化和市场体制的保驾护航。我们期待着这一过程的稳步推进，也需对其中的风险和副作用有所估计和准备。

国内外专家学者普遍认为，从发展趋势看，2030年前后中国经济规模有望达到全球第一，届时人民币将在科技进步、地缘政治稳定、文化交流和谐的基础上，广泛进入包括企业和家庭在内的国外非居民资产负债表，成为与美元、欧元功能相同的第三大国际货币。

参考文献

［1］李稻葵，刘霖林. 人民币国际化：计量研究及政策分析［J］. 金融研究，2008（11）.

［2］李建军，宗良. 进一步扩大人民币跨境贸易结算的思考和建议［J］. 国际贸易，2011（5）.

［3］甄峰. 人民币国际化需要过渡性安排［J］. 中国金融，2012（9）.

［4］Eichengreen, Barry. The Renminbi as an International Currency［J］. Journal of Policy Modeling, 2011, 33（5）：723 – 730.

［5］Frankel, Jeffrey. Internationalization of the RMB and Historical Precedents［J］. Journal of Economic Integration, 2012, 27（3）：329 – 365.

［6］George Tavlas and Yuzuro Ozeki. The Internationalization of Currencies：An Appraisal of the Japanese Yen［R］. IMF Working Paper, 1992.

［7］Menzie Chinn and Jeffrey Frankel. Will the Euro Eventually Surpass the Dollar as Leading International

Reserve Currency [R] . NBER Working Paper, 2005 (11510) .

[8] Prasad, Eswar and Lei Ye. The Renminbi's Role in the Global Monetary System [R] . IZA Discussion Paper, 2012 (6335) .

[9] Robert McCauley. The Internationalization of the Renminbi [R] . Bank of International Settlement, 2011 (14) .

RMB Internationalization Development Status, Degree Measurement and Prospect Evaluation

Li Jianjun[1]   Zhen Feng[2]   Cui Xiqiang[3]

(1. International Financial Research Institute of Bank of China, Beijing 100010;
2. Applied Statistical Science Research Center, Renmin University of China, Beijing 100038;
3. People's Bank of China Ji'nan Branch, Ji'nan 250021)

Abstract: After the global financial crisis, the dollar – dominated international monetary system (ISM) showed many flaws. Many countries and international organizations appealed to reform the ISM. With the development of China's economy, RMB has been recognized and accepted continuously in the world, making obvious achievements in trade invoice and offshore market. We should also consider the limits of the internationalization of RMB, which lags far behind major international currencies. If we can make RMB international in every aspect, it will become one of the most important international currencies in the future.

Key Words: RMB Internationalization; Current Situation; Degree Measures; Outlook Evaluation

基于金融稳定的货币政策框架：
理论与实证分析

马　勇

（中国人民大学中国财政金融政策研究中心
国际货币研究所，北京　100872）

【内容摘要】本文将金融稳定因素纳入货币政策框架，对基于稳定的货币政策规则进行了系统的理论和实证分析。本文的研究表明，相比传统仅仅盯住产出和通胀缺口的利率规则，纳入金融稳定考虑后的货币政策需要一个相对更高的利率规则值来抑制金融体系的过度风险承担。实证分析也发现，危机前的货币政策利率通常存在着系统性低估，这种低估主要源于紧盯价格稳定的货币政策忽略了低利率政策对系统性风险的诱导作用。本文结论对货币政策框架的基本启示是：中央银行的货币政策取向会影响宏观经济大环境和市场主体（尤其是金融机构）的风险承担倾向，因而有着确切的金融稳定内涵，适宜的货币政策需要充分考虑这种内涵，并对金融体系的风险承担做出必要的反应。

【关键词】金融稳定；货币政策框架；利率规则

一、引言

本轮金融危机爆发之前，全球经济进入了一个前所未有的"大缓和"时代，连续多年的经济高增长和低通胀几乎构成了教科书般的完美政策目标组合。在令人眼花缭乱的金融创新"包装"下，风险也似乎魔术般地消失了。稳定和低通胀带来了低利率，金融市场上的风险溢价也随之不断走低。资产价格上涨更多地被视为繁荣的象征，而不是一种警示。所有这些，都使潜在的金融风险被系统性地低估。

如果仔细研究美国次贷危机前的经济环境，可以发现，货币政策影响经济和金融稳定的传导机制确实在"大缓和"时代发生了一些重要变化。一方面，信用衍生产品和影子银行体系的迅速发展使得传统的货币流量和存量指标难以有效反映市场的实际融资状况，大量资金游离于政策视野和监管范围之外，包括资产价格、杠杆水平和流动性风险等可能导致金融不稳定的因素并未得到政策当局的足够重视；另一方面，低利率所导致的流动性过剩主要集中于以房地产和股市为代表的资产领域，这使得局部领域的价格泡沫和一般物价指数的平稳同时存在，而在标准的通货膨胀目标制下，后者构成了不干预的理由。以美国为例，由于通胀水平长期保持在美联储的警戒线以下，美联储在相当长一段时间内一直维持着非常宽松的货币政策。过于宽松的货币政策纵容了系统性风险的长期积累，并最终导致危机爆发。

本轮金融危机之后，越来越多的经济学家开始承认，在新的金融条件和经济环境下，价格稳定仅仅是金融稳定的必要条件，而非充分条件（Goodhart，2004；Mishkin，2009；Blanchard et al.，2010；Bernanke，2012）。如果中央银行仅仅针对短期物价走势制定和实施货币政策，可能导致经济和金融的结构性失衡，并妨碍中长期物价稳定目标的实现。实际上，经济失衡并不总是体现在价格水平的变化上，当经济主体抱有过于乐观的倾向或者存在对长期低利率的政策预期时，紧盯通胀目标的货币政策很难及时觉察潜在的风险。这意味着如果中央银行仅仅将视野局限于传统的物价指标，很有可能不自觉地放任了日益扩大的金融失衡，并最终导致整个经济和金融体系出现过度的风险承担。因此，中央银行仅以短期物价稳定作为目标是不够的，正确的选择是同时关注价格稳定与金融失衡。

二、文献回顾

在本轮危机之前，主流的货币政策框架存在以下6个方面的基本共识：①货币政策的首要目标是保持价格稳定；②应在充分沟通的基础上，保持通胀预期的稳定；③中央银行的独立性是货币政策有效性的基石；④货币政策在管理短期需求上发挥主要作用；⑤可以忽略货币与信贷指标；⑥货币政策仅对资产价格破裂做出反应，而不对资产价格上涨做出反应。总体来看，前三项共识可以看作是"大缓和"时代货币政策取得成功的基石，而后三项共识则需要认真地重新加以检视。

本轮危机表明，旨在短期目标的微调货币政策可能导致过于长久的政策忍耐，并引发中长期的金融失衡和严重的系统性风险。即便是在通货膨胀得到有效控制的情况下，如果货币政策从极度宽松的模式中过晚退出，或者对日益严重的资产泡沫和信贷膨胀长时间漠然视之，那么必然会为中长期的金融稳定埋下祸根（Goodhart，2004；White，2006）。作为本轮危机的基本启示之一，货币政策更加强调"事前预防"是非常必要的，这就要求货币政策必须对潜在的金融失衡做出必要的反应。面向中长期的货币政策框架即使不能完全阻止危机的发生，也有助于减少危机发生时的破坏性（Goodhart，2008；Kohn，2009）。

对于货币政策的"事前预防"功能，Bordo 和 Jeanne（2002）认为，在经济繁荣和金融高涨时期逐渐收紧货币政策的做法，在某种程度上可以被视为针对潜在金融不稳定而购买的一种"危机保险"，虽然提早收紧货币政策可能会在一定程度上抑制当前的繁荣，但购买保险仍然是必要的。这就好比购买住房财产保险的人事前并不知道其房屋是否会着火一样。但是，由于针对金融失衡的最优货币立场取决于复杂的非线性条件，因而 Bordo 和 Jeanne 并不建议货币政策应该转而直接盯住资产价格。但如果泡沫破裂的概率很大，且货币紧缩的代价又相对较小时，中央银行就应该适当偏离日常规则，提前进行干预。换言之，在 Bordo 和 Jeanne 框架下，最优的货币政策规则无法用一条简单的法则来加以描述，是否选择事先干预包含着很多相机选择的因素，中央银行需要在对经济和金融形势进行综合判断的基础上灵活予以决定（张亦春、胡晓，2010）。

应该说，20 世纪 70 年代以后，随着经济金融运行环境的不断变化，传统的货币政策确实面临一些新问题。其中，一个主要的挑战是，扩张性的货币政策并不一定会导致明显的通货膨胀，尤其是当资金大量用于金融市场和资产市场投资（投机）的时候，低通胀和高资产价格可能长期并存。Filardo（2000）与 Borio 和 Lowe（2002）等的研究发现，历史上几次大的资产价格泡沫形成过程，都是出现在 CPI 相对稳定的环境下。特别值得重视的是，近年来全球范围内的通胀表现形式出现了以下几个方面的显著变化：一是结构性的价格上涨逐渐成为通胀的主要表现形式，CPI 在衡量总体价格水平上的准确性下降；二是由金融投机引发的初级产品价格暴涨成为导致 CPI、PPI 大涨的重要原因；三是当 CPI 和 PPI 明显上涨时，往往已经处于泡沫破裂或金融危机的前夜，因而在衡量周期变化上，CPI 尤其是核心 CPI 会相对滞后。因此，以 CPI 通胀为主要目标或唯一目标的货币政策框架，虽有助于增强货币政策的规则性和提高其透明度，但如果 CPI 指标出现偏差或问题，就有可能为系统性风险埋下祸根（张晓慧，2009，2010）。由于相对稳定的 CPI 甚至核心 CPI 在国际上一直被视为主要的通胀"锚"，因而在通胀机制和经济金融环境发生显著变化，而相应的政策框架又没有及时做出有效的调整时，基于原有路径的政策选择很可能"无意识"地对全球范围内的资产价格泡沫和隐性通胀起到了推波助澜的作用。持类似观点的还有 Blanchard 等（2010），他们认为，危机前大多数发达经济体的核心通胀和产出缺口都基本稳定，但资产价格、信贷总量和产出构成却存在严重问题，这使得金融失衡和价格平稳可能在一定时期内同时存在。

由于价格稳定与金融稳定经常性地出现"背离"，这使得传统的"物价稳定充分论"逐渐失去了其赖以成立的经济基础。在这种情况下，中央银行致力于维护货币稳定的决心虽有助于降低通胀压力，但如果价格稳定是由经济高涨时供给方的暂时正向冲击带来的，那么，经济主体对经济前景和资产价格过于乐观的预期可能导致过度的信贷和投资扩张，最终导致系统性风险在金融体系内长时间积聚（Borio and Lowe，2002）。最近 40 年的泡沫经济和金融危机史也表明，货币稳定并不足以确保金融稳定，二者可能存在各种形式的"分离均衡"，这使得传统定位于价格稳定的货币政策屡屡面临宏观稳定方面的困境

（Goodfriend，2007；Mishkin，2009）。[①] 在现代经济金融条件下，金融不稳定通常会造成巨大的经济和社会成本，并通过负外部性效应渗透至社会经济的各个领域，其结果是实体经济的长期低迷甚至倒退。同时，金融不稳定的积累几乎必然会最终导致货币的不稳定。这些都意味着，基于宏观稳定的货币政策再也不能对日益严重的金融失衡"熟视无睹"，价格稳定和金融稳定必须同时纳入政策视野。

本轮金融危机之后，随着宏观审慎监管改革被置于讨论的"前台"，传统货币政策的范式转变和宏观审慎监管在维护金融稳定方面的作用空间和联系协调问题成为关注的重要领域之一。一般认为，传统的货币政策是典型的总量调节，这种调节对于特定领域内的资产价格波动（如房地产泡沫）难有直接的效果，相比之下，能够专门应对局部领域失衡问题的宏观审慎监管可能比货币政策更为有效。因此，在目前的货币政策不改变其总量调节基础的情况下，[②] 货币政策和宏观审慎监管总体上具有各自独立的操作空间、政策目标和实施工具，难以简单地彼此替代。然而，货币政策和宏观审慎监管拥有相对独立的运作空间并不意味着二者之间没有关联。成功的宏观审慎监管可以通过减少金融体系的整体风险而保障货币政策传导渠道通畅；同样，货币政策也会通过影响金融市场条件和企业资产负债表，进而对金融体系的稳定性产生影响。因此，成功而有效的货币政策和宏观审慎监管是一种互相增强和彼此促进的关系（BIS，2010）。

货币政策和宏观审慎监管既拥有独立运作空间同时又彼此关联的性质意味着，真正的问题不在二者之间的取舍，而在二者之间的协调和配合。对于中央银行而言，核心问题不是徘徊于物价稳定与金融稳定之间的取舍关系，而是如何在当前的经济稳定与未来的经济稳定之间做出决策。这意味着，政策实施必须通过对物价稳定和金融失衡的双重视角来全面评估经济状况。在特定的经济阶段，面对日益严重的金融失衡，必须考虑使用货币政策进行总量调节。如果当经济过热迹象已经出现时，货币政策仍然放任信贷闸门开得太大，那么，任何后续的宏观审慎工具都难以奏效。换言之，宏观审慎监管的结构性调节优势必须以适当的货币总量调节为基础——在成功的宏观审慎监管背后，必然存在一个审慎的中央银行（陈雨露、马勇，2012）。事实上，只有在运用总量货币政策来防止整体金融过剩的基础上，宏观审慎监管才能更加有效地发挥结构性调控功能。

---

① Mishkin（2009）在反思本轮危机时指出：金融部门的发展对经济活动具有重要影响，价格和产出稳定并不能确保金融稳定，金融摩擦在经济周期性波动中具有重要作用，金融失调对实体经济的负面效应远远超出人们之前的预期。

② 目前，理论界对于结构性的货币政策虽有所提及，但不论在理论层面还是实践层面，目前都只停留在探讨阶段，尚难以对其可能的政策效应进行任何可靠的评估。

三、基于金融稳定的货币政策框架：模型与实证

（一）纳入金融稳定的货币政策框架：理论模型

按照标准的经济学设定，在市场条件下，货币政策主要通过利率机制来影响产出和通胀。一般地，当中央银行的政策利率 r^f 高于市场预期的均衡利率 r_t^* 时，存在抑制产出和通胀的趋势，此时将产生负的产出和通胀缺口；当中央银行的政策利率 r_f 低于市场预期的均衡利率 r_t^* 时，存在助推产出和通胀的趋势，此时将产生正的产出和通胀缺口；而当中央银行的政策利率 r_f 恰好等于市场预期的均衡利率 r_t^* 时，产出和通胀回归稳态水平，其缺口值均为 0。上述机制可概括为以下两个基本方程：

$$y_t = \bar{y}_t - K_y(r_t^f - r_t^*) \tag{1}$$

$$\pi_t = \bar{\pi}_t - K_\pi(r_t^f - r_t^*) \tag{2}$$

其中 $\bar{y}_t$ 和 $\bar{\pi}_t$ 分别为稳态时的产出和通胀水平；r_t^f 为中央银行的政策利率水平；r_t^* 为市场预期的均衡利率水平；K_y 和 K_π 分别为产出和通胀缺口相对于利率调整的弹性系数，K_y、$K_\pi > 0$。通常情况下，由于市场主体在进行微观投资决策时，并不会将潜在的金融不稳定（金融危机）成本考虑在内，[①] 因此，这里的 r_t^* 是不考虑危机成本的市场预期均衡利率水平。

在给定政策利率与产出和通胀的关系之后，本文尝试通过对 Agur（2009）与 Agur 和 Demertzis（2010）的模型框架进行修正和扩展分析，来讨论金融稳定对中央银行货币政策规则的影响。参照 Diamond 和 Dybvig（1983），银行体系的风险承担行为由一家代表性商业银行的决策函数加以描述，其基本目标是通过构建无风险项目和风险项目的资产组合，实现预期收益的最大化。假设银行投资于风险项目的比例为 α_t，预期回报率为 r_t^A；投资于无风险项目的比例为 $1-\alpha_t$，收益率为无风险利率 r_t^f。通常情况下，投资于风险项目可以获得更高的预期收益率（$r_t^A > r_t^f$），但同时也会增加银行破产（金融不稳定）的概率。当银行破产发生时，银行管理层（股东）将遭受损失 γ^b，社会将遭受损失 γ^s。对于前者（γ^b）而言，银行破产将使银行管理层面临被替换，并使股东面临声誉损失；对于后者（γ^s）而言，金融不稳定将导致严重的失业、巨大的产出损失以及社会的不稳定，等等。通常情况下，由于金融不稳定的巨大负外部性机制，社会承担的损失水平要远远高于银行管理层（股东）所承担的损失水平，即 $\gamma^s > \gamma^b$。为简化分析，同时不失一般性，假定银

[①] 金融危机成本主要作为一种社会成本存在，通常由全社会共同承担。这意味着，对于微观市场主体而言，金融危机成本基本上可视为一种外部性成本。此外，对于每一个具体的投资决策而言，宏观的危机成本与微观的项目投资之间的成本联系很难得到准确评估，在现实中，市场主体的投资决策也基本上独立于危机成本。因此，市场预期的均衡利率水平并不会将危机成本考虑在内，后者属于政策当局需要考虑的范畴。

行破产的概率为（α_t）^{2}。这种二次型设定可以使我们无须假设风险厌恶而获得银行最优化的分散投资决策（Agur，2009）。此外，很多实证分析也表明，银行的违约率与其风险承担水平凸性相关（Kocagil et al.，2002；Halling and Hayden，2006），这意味着二次型的设定是实证结果的一种良好近似。

由于在考察货币政策对银行风险承担行为的影响时，必然涉及中央银行和商业银行双方的动态反馈机制，因此，在求解最优的目标政策利率之前，首先需要对二者之间的动态博弈关系进行界定。通常情况下，如果中央银行的货币政策与商业银行的风险决策是同时决定的，那么就构成了一个纳什博弈（Nashgame）；如果中央银行的货币政策先行，而商业银行的投资决策随后做出反应，那么就构成了斯坦克尔伯格博弈（Stackelberggame）。根据 Agur 和 Demertzis（2010），在斯坦克尔伯格博弈框架下，给定贴现率水平 e 和中央银行的政策利率 r^f，根据前文相关模型设定，可得代表性商业银行的最优化问题：

$$\max_{\alpha_t \forall_t} P = \max_{\alpha_t \forall_t} \left\{ \sum_{t=0}^{T} \theta \left[(1 - \alpha_t) r_t^\varepsilon + \alpha_t r_t^A - \gamma^b (\alpha_t)^2 \right] \right\} \tag{3}$$

由于二阶条件小于 0，根据最优化的一阶条件，可得使式（3）最大化的 α_t 为：

$$\alpha_1 = \frac{r_t^A - r_t^\tau}{2\gamma^b} \tag{4}$$

显而易见，商业银行的最优风险承担水平 α 随风险项目的预期收益率水平的上升而上升，随中央银行的政策利率和危机损失成本 γ^b 的上升而下降（见图 1）。

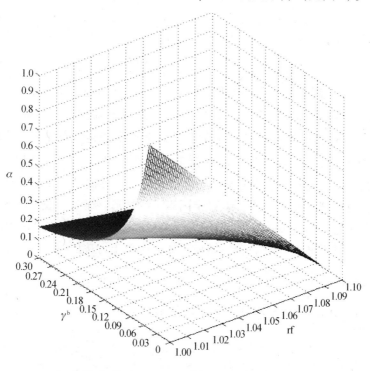

图 1　银行的风险承担与政策利率和危机损失成本

下面我们在 Agur 和 Demertzis（2010）模型的基础上，分析纳入金融稳定考虑后的货币政策规则对最优政策利率水平的影响。与传统货币政策只关注产出和通胀缺口及由此造成的社会福利损失不同，在考虑了金融体系风险承担所带来的外部性成本（危机成本）后，中央银行的目标损失函数为：

$$\max L = \max\left\{\sum_{t=0}^{T}\theta\left[(1-\lambda)(y_t - \bar{y}_t)^2 + (\pi_t - \bar{\pi}_t)^2\right] + \lambda\gamma^*(\alpha_t)^2\right\} \tag{5}$$

其中，θ 为贴现率水平；λ 为中央银行赋予金融稳定目标的权重，$0 < \lambda < 1$。根据前文设定，$\gamma^s(\alpha_t)^2$ 表示金融危机发生时将导致 γ^s 的社会损失。显而易见，λ 的取值越大，表示中央银行对金融稳定的重视程度越高。

根据前文设定，将 $y_t = \bar{y}_t - K_y(r_i^\tau - r_i^*)$、$\pi_t = \pi_t - k_t(r_i^t - t^*)$、$\alpha_t = \dfrac{r_t^A - r_t^t}{2\gamma^b}$，代入中央银行的损失函数，可得中央银行的最优化问题为：

$$\max\left\{\sum_{t=0}^{r}\theta\left[(1-\lambda)\left[K_y^2(r_i^t - t^*)^2 + k_t^2(r_t^\tau - r_t^*)^2\right] + \lambda\gamma^s\left(\frac{r_t^A - r_t^\tau}{2\gamma^b}\right)^2\right]\right\} \tag{6}$$

根据（6）式，容易求得使中央银行损失函数最小化的目标政策利率为：

$$r_t^f = \frac{Ar_t^* + Br_t^A}{A + B} = r_t^* + \frac{B(r_t^A - r_t^*)}{A + B} \tag{7}$$

其中，

$$A = 2(1-\lambda)(k_y^2 + k_\pi^2),\quad B = \frac{\lambda\gamma^s}{2(\gamma^l)^2}。$$

一般地，$(r_t^A - r_t^*)$ 可以看作是利率的市场溢价水平。显而易见，根据激励相容原则，只有风险项目的预期回报率 r_i^A 高于市场预期的均衡利率水平 r_i^* 时，市场主体才会选择投资，因此，$r_t^A > r_t^*$。根据（7）式，当中央银行不考虑金融稳定因素时（$\lambda = 0$），$r_t^f = r_t^*$，此时中央银行力图将政策利率设定在不考虑金融不稳定成本的市场均衡利率水平。而当中央银行将金融不稳定所导致的潜在损失考虑在内以后（$0 < \lambda < 1$），由于 $r_t^A > r_t^*$，A、$B > 0$，此时最优化的政策利率 $r_t^f > r_t^*$。这意味着，中央银行考虑金融稳定因素后，最优化的政策利率水平要高于不考虑金融稳定因素下的情形。于是，我们得到命题1。

命题1：基于稳定的货币政策规则需要对金融体系的风险承担水平做出反应。

作为命题1引申出的一个比较分析结果，如果中央银行按照不考虑金融稳定因素的传统利率规则（$r_t^f = r_t^*$）行事，那么，银行的风险承担水平为 $\alpha_t^0 = \dfrac{r_t^A - r_t^*}{2r_t^b}$；而当中央银行按照纳入了金融稳定考虑的利率规则确定政策利率水平时，银行的风险承担水平为 $a_t^* = \dfrac{r_t^A - r_t^f}{2y^b}$。显然，由于 $r_t^f > r_t^*$，故 $\alpha_t^* < \alpha_t^0$。换言之，当中央银行按照基于稳定的利率规则行事时，银行体系的风险承担水平将下降。于是，我们得到命题2。

命题 2：纳入金融稳定考虑的利率规则有助于降低金融体系的风险承担水平。

此外，根据纳入金融稳定考虑后的最优利率政策规则，我们还可以得到以下比较静态分析结果：① $\frac{\partial r_t^f}{\partial \lambda} > 0$，即随着中央银行对金融稳定的偏好程度提高，其最优的目标利率水平趋于上升；② $\frac{\partial r_t^f}{\partial (r_t^A - r_t^*)} > 0$，即中央银行的最优目标利率水平随利率的市场溢价水平的上升而上升；③ $\frac{\partial r_t^f}{\partial \gamma^S} > 0$，$\frac{\partial r_t^f}{\partial \gamma^b} < 0$ 即中央银行的最优目标利率水平随危机的社会（银行）损失成本的上升而上升（下降）；④ $\frac{\partial r_t^f}{\partial K_y} < 0$，$\frac{\partial r_t^f}{\partial K_\pi} < 0$，即中央银行的最优目标利率水平随着产出（通胀）缺口相对于利率调整的弹性增加而下降。为了直观显示中央银行的最优政策利率与金融稳定和市场溢价之间的关系，取 $r_t^* = 1.03$，$K_y = K_\pi = 1$，可以做出中央银行政策利率（r_t^f）、金融稳定权重（λ）和市场溢价水平（$premium = r_t^A - r_t^*$）的三维立体图（见图 2）。根据图 2，我们很容易得到命题 3。

命题 3：偏好金融稳定的中央银行倾向于保持相对较高的利率水平，基于稳定的中央银行目标利率应随利率的市场溢价水平的上升而上升。

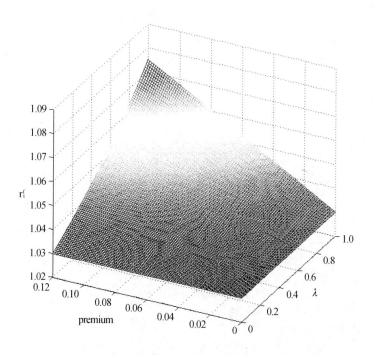

图 2　金融稳定、市场溢价与中央银行的最优政策利率

上文的三个命题从理论角度初步分析了纳入金融稳定考虑后的货币政策规则与未考虑金融稳定的货币政策规则之间的差异。与 Agur 和 Demertzis（2010）的模型仅仅认为"危机后的政策利率应该做出更快、更大幅度的下降"相比,本文的模型显示了金融稳定对货币政策另一种重要的潜在的系统性影响,即不考虑金融稳定因素的货币政策规则将导致中央银行的政策利率出现系统性的低估,而这种低估在本质上源于其政策视野的短期性(未能考虑长期中金融不稳定所带来的潜在产出损失和通胀成本)。在下文,我们将通过进一步的经验和实证分析,对这一结论进行初步检验。

(二) 货币政策与系统性风险的关联:经验与实证分析

作为前文模型分析的一个基本结论,基于稳定的货币政策规则应该对金融体系的风险承担做出必要的反应。体现在利率规则上,这种反应的基本启示是,相比传统仅仅盯住产出和通胀缺口的利率规则,纳入金融稳定考虑后的货币政策可能需要一个相对更高的利率规则值来抑制金融体系的过度风险承担。

然而,过去的经验表明,传统的货币政策并未将未来的金融稳定内涵于其利率规则之中,也并未对其隐含的风险信息进行过任何合理有效的评估。由于受到政治上的青睐,短视的利率政策总是试图以人为控制的低利率来创造眼前的繁荣,而这种短暂的繁荣却是以牺牲未来的稳定为代价的。这样的例子在历史上屡见不鲜。比如,在20世纪八九十年代的日本和中国台湾,都经历了低利率背景下的经济繁荣以及随之而来的经济崩溃和金融危机(见图3)。对美国长达100多年的经济发展史进行研究也可以发现,无论是以股票价格为代表的资产价格,还是以房地产价格为代表的资产价格,泡沫的产生几乎总是与低利率的货币政策如影随形(见图4)。这些经验事实倾向于表明,低利率的货币政策与系统性的金融风险之间确实存在着某些内在的关联。

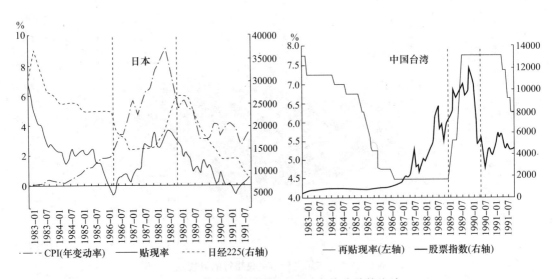

图3　日本和中国台湾的低利率与资产价格泡沫

资料来源:CEIC。

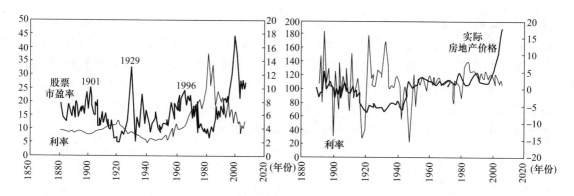

图4　美国的股票和房地产价格与长期利率（1881～2006年）

资料来源：Robert J. Shiller（2006）。

实际上，在本轮全球金融危机爆发之前，由低利率驱动的廉价资金也已经在很多国家的金融体系中积累了相当长时间。从剔除物价因素的实际利率来看，以美国、欧元区和日本为代表的各主要发达经济体的实际短期利率在2001～2005年一直保持在历史低位，其中日本和欧元区的短期实际利率接近于零，而美国实际短期利率已经成为负值（见图5）。BIS（2010）的研究也认为，本轮危机爆发前，美联储长期奉行的低利率货币政策在很大程度上导致了住房需求膨胀和资产价格上涨，从而对房地产市场的泡沫形成发挥了催化作用，最终诱发金融危机。

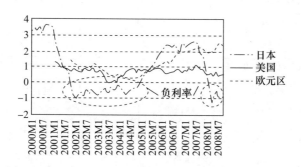

图5　主要发达经济体短期实际利率

资料来源：Bloomberg 和 IMF 数据库。

注：短期实际利率用经核心通胀率调整后的3月期国库券利率表示。

从短期利率对泰勒规则（Taylor Rule）的偏离来看，如果采用标准的泰勒规则设定，即 $f_t^* = 2.5 + \pi_{1-3} + 0.5 (\pi_{t-1} - \pi^*) + 0.5 y_{t-1}$，其中 i^* 为货币政策利率，π 为实际通胀率，π^* 为目标通胀率，y 为产出缺口，那么，从危机前美国、英国、德国、法国、爱尔兰和西班牙中央银行利率值与泰勒规则值的比较来看（图中实线为各国的泰勒规则计算的目标利率值，虚线为货币当局的实际利率值，其中美国为联邦基金利率，英国为英格兰银行利率，其余欧盟国家为欧洲央行利率），除德国以外，其余国家的央行利率都存在不同程度的低估，其中尤以美国、英国、爱尔兰和西班牙的低估程度较大（见图6）。这是一个非常有意思的结果，因为最后的事实表明，在这些国家中，德国恰好是受危机冲击最小，并且也是在危机期间和危机后表现最为稳定的国家。IMF（2009）的研究也得到了类似的结果，它们对2001~2006年主要发达经济体的分析表明，这些经济体的短期利率均低于泰勒规则的合理水平，其中尤以美国的偏离程度最大。

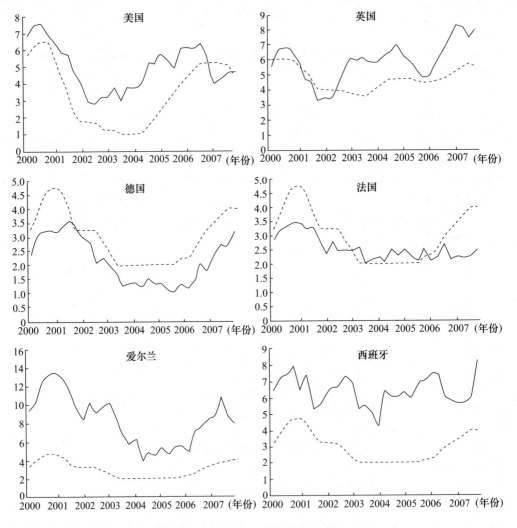

图6　危机前部分国家的利率水平与泰勒规则值的比较

　　总体而言，上述事实表明，危机前的货币政策利率确实存在着系统性的低估。从货币政策规则来看，这种低估主要源自于紧盯价格稳定的货币政策忽略了低利率政策对系统性风险的诱导作用。正是由于在传统的货币政策框架下，低利率政策对金融体系风险承担的影响一直被严重低估，这不仅导致了利率政策制定的系统性偏误，而且使得政治力量驱动的低利率政策长期得到纵容。

从理论上看，低利率的货币政策可能经由以下两个渠道导致过度的风险承担：一方面，低利率刺激了金融机构追求高收益率的动机，从而提高了金融体系的风险承担水平；另一方面，低利率的收入和估值效应也会导致过度风险行为的滋生。此外，低利率的货币政策还可能鼓励金融机构寻求类似的投资策略，从而提高收益的相关性，导致系统性金融风险的发生概率加大。

事实上，长期的低利率不仅直接对投资、消费和预期产生误导，而且可能引发金融体系的风险偏好发生改变，后者是导致系统性金融风险的一个重要来源。从次贷危机案例来看，在长期低利率的货币政策驱动下，传统的金融产品收益率（利差）出现了系统性收窄（见图7）。由于收窄的利差无法满足那些风险偏好型投资者的收益预期，他们会转而追求具有更高收益的衍生金融产品，而这又反向刺激了以创造更高收益（意味着更高风险）为目标的金融创新。如此循环往复，低利率不断"倒逼"金融创新，最终使得整个市场的"风险—收益"结构出现了系统性改变，其结果是：围绕次级贷款的金融衍生产品迅猛发展，整个市场出现了过度的风险承担。在次贷危机前，金融创新的活跃使得违约率在一定的时期内持续降低，资产价格的波动性亦随之减小，传统金融产品（包括高风险的垃圾债券）的必要收益率普遍下降，此时，当投资者主要通过市场价格信号去判断金融产品的风险时，他们会误认为整个市场的风险出现了系统性的下降，而充满整个市场的乐观情绪会进一步强化这种错误的认识。统计数据显示，2002～2006年美国的次级贷款量出现了超过三倍增长，至2007年，仅聚集在美国商业银行投资组合中的衍生金融产品总量就超过了2000年按PPP平价计算的全球财富总量（陈雨露、马勇、李濛，2010）。

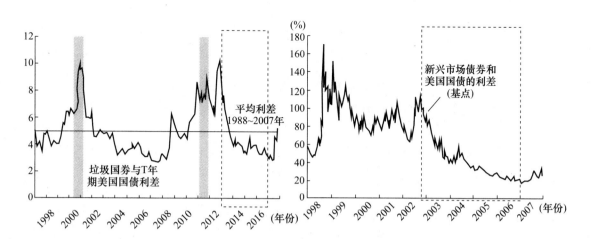

图7 次贷危机前的金融市场债券利差

本轮危机后，随着人们对传统货币政策及其稳定功能的反思，一些研究开始关注中央银行利率与金融体系风险承担之间的关系。Gianni 等（2010）的实证研究表明，低利率和宽松的货币政策环境容易诱导银行为寻求高收益而承担更大的风险，后者常常伴随更高的金融杠杆，并导致资产价格泡沫。Giovanni 等（2010）通过对 1997~2008 年美国商业调查（Business Lending Survey）的季度数据进行研究，发现中央银行的实际利率水平与银行的贷款风险呈现出显著的负相关关系，这说明过低的政策利率水平确实会增加银行资产组合的风险倾向（见图 8）。Maddaloni 和 Peydro（2011）对欧元区银行贷款调查（Euro Area Bank Lending Survey）也发现，较低的隔夜利率总是伴随着银行信贷标准的降低，而长期的低利率政策（too low for too long）甚至会使银行的信贷投放标准进一步降低。Maddaloni 和 Peydro（2010）的研究也得出了类似的结果，他们对欧元区和美国银行信贷数据的实证分析表明，较低的中央银行政策利率通常会使银行放宽信贷标准（无论是公司贷款，还是家庭部门贷款），而资产证券化、弱化的资本监管和长期的低利率政策会进一步放大这种效应。

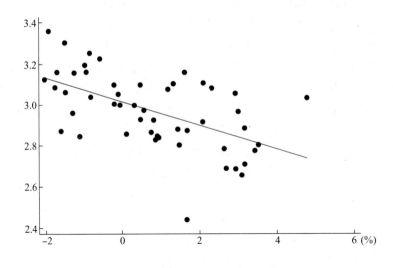

图 8　中央银行利率水平与银行贷款风险

注：所有数据均为剔除了时间线性趋势后的数值。

　　按照传统观点，中央银行的政策利率主要是通过影响投资、消费和产出等宏观经济变量发挥作用的，因而在主流经济学的框架下，货币政策规则并未将金融风险及其潜在的产出和稳定影响作为一种必要的因素加以考量。这也使得中央银行的政策利率水平与市场风险承担之间的关系长期未能得到深入研究。但实际上，中央银行的政策利率不仅决定着整个市场的资金成本"底线"，而且还会通过利率定价体系对整个金融体系的风险承担产生显著影响。正是由于中央银行政策利率作为"市场基准"的这种"源头"性质，决定了其不仅会对金融稳定产生重要影响，而且这种影响从一开始就注定是系统性的。这同时也意味着，基于传统的、未考虑金融稳定影响的货币政策，其利率规则值可能存在一个系统性的低估，这种低估一方面使得中央银行的利率目标值长期低于合意水平，另一方面则为系统性金融风险的形成和蔓延创造了条件。

四、结论性评价

一种经济上可行的利率规则，其本质是要引导和促进资源在时间和空间两个维度上的优化配置，而这两个维度上的配置都与某个适度的利率水平相关联。本文基于稳定的货币政策规则提供了这样一种启示，即一种健全的货币政策思路应该将整个经济周期时间和空间路径上的风险因素考虑在内，而不仅仅是在当前的产出与通胀缺口之间进行权衡。这意味着，中央银行的政策利率应该尽量保持在这样一个水平上，这一水平不仅考虑到了当前的繁荣与稳定，而且还能着眼于未来和长期的繁荣与稳定。

早期的传统观点认为，货币政策无须考虑金融稳定，因为基于价格稳定的货币政策必然带来金融稳定。这种观点现在已经被反复爆发的金融危机冲刷得烟消云散。然而，最近的观点则又表达了另一种犹豫和痛苦，即如果货币政策对金融稳定做出反应，可能不得不以牺牲产出为代价，而且货币政策在应对金融失衡时的效果可能不如宏观审慎监管。这一观点至少存在以下两个方面的认识误区：一是错误地认为金融稳定和产出稳定之间存在根本冲突，二是混淆了不同性质的金融失衡及其纠正（防范）机制。

首先，从金融稳定和产出稳定之间的关系来看，由于过度的风险承担必定转化为系统性的金融风险，并最终以危机的形式降低未来产出，因此，在考虑到了金融危机的巨大负外部性之后，基于稳定的货币政策规则本质上并不涉及这样一种取舍，即以牺牲当前的产出为代价来换取未来的金融稳定，而是试图以保护未来的金融稳定来实现整个经济周期内的产出平滑和最大化。从这个意义上看，货币稳定、金融稳定和产出稳定具有本质上的一致性。这也从根本上奠定了本文称之为"基于稳定的货币政策规则"的理论基础。

其次，从货币政策和宏观审慎监管的权衡来看，二者通常致力于纠正（防范）不同性质的金融失衡，并且难以相互替代。货币政策作为一种总量规则，在应对某些结构性的金融失衡时可能是非常乏力的，[①] 但货币政策并非金融稳定充分条件这一点并不能削弱它作为金融稳定的必要条件所必须承担的那种责任。事实上，货币政策失误（比如错误地将利率长期保持在低水平）所引发的金融失衡不仅是全局性和系统性的，而且这种总量性的失衡很难通过后续的宏观审慎监管措施加以纠正，[②] 因此，货币政策必须对金融稳定

---

① 对于结构性的金融失衡（如房地产等局部领域的信贷集中），宏观审慎监管可能更为敏感和有效。

② 以利率政策取向对金融资产价格的影响为例，若利率一直处于较低水平，融资成本的降低会鼓励普遍的高风险行为，此时仅仅提高信贷发放标准难以有效控制金融机构的扩张冲动。

负起责任，并将金融稳定的影响纳入其规则的制定过程中。

简而言之，本文基于稳定的货币政策规则的最大启示是，中央银行的货币政策取向会影响宏观经济大环境和市场主体（尤其是金融机构）的风险承担倾向，因而有着确切的金融稳定内涵。适宜的货币政策需要充分考虑这种内涵，并将其对金融稳定的影响反映在政策制定和实施的过程之中。

参考文献

［1］伯南克．系统重要性金融机构、影子银行与金融稳定［J］.中国金融，2012（12）：29－31.

［2］陈雨露，马勇．宏观审慎监管：目标、工具与相关制度安排［J］.经济理论与经济管理，2012（3）：5－15.

［3］陈雨露，马勇．金融危机应对政策的有效性：基于40起事件的实证研究［J］.财贸经济，2011（1）：41－48.

［4］陈雨露，马勇，李濛．金融危机中的信息机制：一个新的视角［J］.金融研究，2010（3）：1－15.

［5］马勇，杨栋，陈雨露．信贷扩张、监管错配与金融危机：跨国实证［J］.经济研究，2009（12）：93－105.

［6］米什金．应对金融危机：货币政策无能为力吗？［J］.新金融，2009（6）：4－7.

［7］张晓慧．关于资产价格与货币政策问题的一些思考［J］.金融研究，2009（7）：1－6.

［8］张晓慧．从中央银行政策框架的演变看构建宏观审慎性政策体系［J］.中国金融，2010（23）：13－16.

［9］张亦春，胡晓．宏观审慎视角下的最优货币政策框架［J］.金融研究，2010（5）：30－40.

［10］Acharya, Viral, and Hassan Naqvi. The Seeds of a Crisis：A Theory of Bank Liquidity and Risk － Taking over the Business Cycle［R］. Mimeo, 2010.

［11］Adrian, Tobias, and Hyun Song Shin. Money, Liquidity and Monetary Policy［J］. American Economic Review, Papers and Proceedings, 2009（99）：600－605.

［12］Agur, I. A Model of Monetary Policy and Bank Risk Taking［R］. Dutch Central Bank Working Paper, 2009.

［13］Agur, I., and M. Demertzis. Monetary Policy and Excessive Bank Risk Taking［R］. Dutch Central Bank Working Paper, 2010.

［14］Angeloni, I., and E. Faia. A Tale of Two Policies：Prudential Regulation and Monetary Policy with Fragile Banks［R］. Working Paper, 2009.

［15］Bank for International Settlement（BIS）. Macroprudential Instruments and Frameworks：Stocktaking of Issues and Experience［R］. BIS CGFS Paper, 2010.

［16］Bernanke, B., M. Gertler. Monetary Policy and Asset Price Volatility［R］. NBER Working Paper, 2000（7559）.

［17］Bernanke, B., M. Gertler, and S. Gilchrist. Financial Accelerator in a Quantitative Business Cycle Framework［M］. B. T. John and M. Woodford, Handbook of Macroeconomics, 1999：1341－1393.

［18］Blanchard O., G. Dell'Ariccia, and P. Mauro. Rethinking Macroeconomic Policy［R］. IMF Staff Position Note, 2010, SPN/10/03.

［19］Bordo, M. , and J. Olivier. Monetary Policy and Asset Prices: Does "Benign Neglect" Make Sense? ［R］. Working Paper, 2002.

［20］Borio, C. , and P. Lowe. Asset Prices, Financial and Monetary Stability: Exploring the Nexus ［R］. BIS Working Paper, 2002.

［21］Borio, C. and H. Zhu. Capital Regulation, Risk – Taking and Monetary Policy: A Missing Link in the Transmission Mechanism ［R］. BIS Working Paper, 2008 (268).

［22］Brunnermaier, K. Deciphering the Liquidity and Credit Crunch 2007 – 2008 ［J］. Journal of Economic Perspectives, 2009 (23): 77 – 100.

［23］Calomiris, W. The Subprime Crisis: What's Old, What's New, and What's Next ［R］. Working Paper, 2009.

［24］Cecchetti, S. , H. Genberg, and S. Wadhwani. Asset Prices in a Flexible Inflation Targeting Framework ［R］. NBER Working Paper, 2002 (8970).

［25］Christiano, L. , R. Motto and M. Rostagno. Two Reasons Why Money and Credit May Be Useful in Monetary Policy ［R］. NBER WorkingPaper, 2007 (13052).

［26］Christiano, L. , R. Motto and M. Rostagno. Monetary Policy and Stock Market Boom – bust Cycles ［R］. ECB Working Paper, 2008 (955).

［27］Christiano, L. , R. Motto and M. Rostagno. Financial Factors in Business Cycles ［R］. Mimeo, 2008.

［28］Curdia, V. and M. Woodford. Credit Spreads and Monetary Policy ［R］. Federal Reserve Bank of New York Staff Report, 2009 (385).

［29］Diamond, Douglas W. and P. Dybvig. Bank Runs, Liquidity, and Deposit Insurance ［J］. Journal of Political Economy, 1983 (91): 401 – 419.

［30］Diamond, D. , and R. Rajan. Money in a Theory of Banking ［J］. American Economic Review, 2006 (96): 30 – 53.

［31］Diamond, D. , and R. Rajan. The Credit Crisis: Conjectures about Causes and Remedies ［R］. NBER Working Paper, 2009 (14739).

［32］Filardo Andrew J. Asset Prices and Monetary Policy ［R］. Federal Reserve Bank of Kansas City Economic Review, 2000.

［33］Gianni D. , D. Giovanni, L. Laeven, and F. Valencia. Monetary Policy and Bank Risk Taking ［R］. IMF Staff Position Note, SPN/10/09, 2010.

［34］Giovanni D. , R. Marquez, and L. Laeven. Monetary Policy, Leverage, and Bank Risk – Taking ［R］. IMF Working Paper 10/276, 2010.

［35］Goodfriend, M. , and B. McCallum. Banking and Interest Rates in Monetary Policy Analysis: A Quantitative Exploration ［J］. Journal of Monetary Economics, 2007 (54): 1480 – 1507.

［36］Goodhart, C. Some New Directions for Financial Stability ［R］. Per Jacobsson Lecture, 2004 (27).

［37］Goodhart, C. The Boundary Problem in Financial Regulation ［J］. National Institute Economic Review, 2008 (206): 48 – 55.

［38］Halling, M. , and E. Hayden. Bank Failure Prediction: A Two – step Survival Approach ［R］.

Working Paper, 2006.

[39] International Monetary Fund (IMF). Lessons for Monetary Policy from Asset Price Fluctuations [R]. World Economic Outlook Chapter 3, 2009 (10).

[40] Kocagil, Ahmet E., Alexander Reyngold, Roger M. Stein and Eduardo Ibarra. Moody's Risk Calc TM Model for Privately Held US Banks [R]. Moody's Investors Service, Global Credit Research, 2002.

[41] Kohn, D. Monetary Policy and Asset Prices Revisited [J]. Cato Journal, 2009 (29): 31 – 44.

[42] Maddaloni, A., J. Peydro, and S. Scopel. Does Monetary Policy Affect Credit Standards? [R]. Working Paper, 2009.

[43] McCulley, P., and R. Toloui. Chasing the Neutral Rate Down: Financial Conditions, Monetary Policy, and the Taylor Rule [R]. Global Central Bank Focus, PIMCO, 2008 (2).

[44] Mishkin, F. Globalization, Macroeconomic Performance, and Monetary Policy [J]. Journal of Money, Credit and Banking, 2009 (41): 187 – 196.

[45] Shiller, R. Asset Prices, Monetary Policy and Bank Regulation [R]. Macromarkets LLC Chicago Fed Bank Structure Conference, 2006 (5).

[46] Taylor, J. Monetary Policy and the State of the Economy [R]. Testimony before the Committee on Financial Services, US House of Representatives, 2008 (2).

[47] Taylor, J. The Financial Crisis and the Policy Responses: An Empirical Analysis of What Went Wrong [R]. NBER Working Paper, 2009 (14631).

[48] White, W. Procyclicality in the Financial System: Do We Need a New Macro Financial Stabilization Framework? [R]. BIS Working Paper, 2006 (193).

Monetary Policy Framework Based on Financial Stability: Theory and Empirical Analysis

Ma Yong

(China Financial and Monetary Policy Research Center of Renmin University of China, Beijing 100038)

Abstract: By incorporating the factor of financial stability into monetary policy framework, this paper studies the stability based monetary policy rules based on both theoretical and empirical analysis. Our study shows that, compared with the traditional interest rate rules based on output and inflation gap, the stability based monetary policy rules, which also take financial stability costs into consideration, usually require a relatively higher interest rate to suppress the excessive risk taking behaviors within the financial system. The empirical analysis supports this theory by showing that most countries tend to have a systemic underestimation of their policy interest rates before the crisis, which is mainly because the traditional monetary policy rules simply ignore the systemic risk induced by low interest rate policy. The conclusion of this paper on monetary policy framework is that the central bank's monetary policy will affect the macroeconomic environment and market participants' (especially financial institutions,) risk – taking tendency, thus having a definite connotation for maintaining financial stability. An appropriate monetary policy framework needs to take full account of this connotation, and makes necessary responses to the risk – taking behaviors within the financial system.

Key Words: Financial Stability; Monetary Policy Framework; Interest Rate Rule

跨国并购还是绿地投资？

——FDI 进入模式选择的影响因素研究

李善民　李　昶

（中山大学管理学院，广州　528400）

【内容提要】 外商直接投资（FDI）进入东道国市场的模式主要包括跨国并购和绿地投资两种。大量文献表明，这两种进入模式对东道国经济存在显著不同的影响，因此弄清影响 FDI 进入模式选择的因素，对于指导我国政府制定政策引导 FDI 采用有利于我国经济发展的进入模式有着重要的现实意义。本文通过构建三阶段实物期权模型，分析了影响 FDI 进入模式选择的因素，研究发现，东道国工程建设速度、经济增长率、市场需求的不确定性影响 FDI 进入模式的选择；东道国对 FDI 投资的政策引导直接并显著地影响 FDI 进入模式的选择。模型分析同时表明，FDI 投资者通过跨国并购方式获得的目标企业相对于绿地投资方式获得的目标企业具有更大的规模。最后，本文通过对全球 175 个国家和地区数据的实证检验，证实了上述结论。

【关键词】 外商直接投资；跨国并购；绿地投资；实物期权

一、引言

跨国公司通过直接投资（Foreign Direct Investment，FDI）在世界各地建立工厂、开设分部，推动着全球化的进程，也影响着各投资目的地（东道国）的国民经济状况。FDI 进入东道国市场的模式主要包括绿地投资（Greenfield Investment）[①] 和跨国并购（Cross -

---

① 又称新建投资、创建投资，是指母国企业在东道国境内直接投资建立新工厂、新分部的 FDI 投资模式。

border M&A）两种。① 诸多研究认为，这两种市场进入模式对东道国的经济增长（Wang and Sunny，2009）、技术进步（Bertrand and Zuniga，2006）、就业（Hale and Long，2011）、市场竞争（Bitzer and Gorg，2009）以及国家经济安全、产业安全（Weimer，2008）等方面的影响存在显著差异，因此各东道国应积极进行政策引导，鼓励 FDI 投资者采用对本国有利的模式进入本国市场。而若要对 FDI 投资者进行政策引导，则必须首先了解"哪些因素影响 FDI 进入模式的选择"。对此，学术界主要使用交易成本理论进行分析（Hennart，1991；Zhao et al.，2004；许陈生，2004；薛求知、韩冰洁，2008），即不同的 FDI 进入模式对应不同的交易成本，FDI 投资者权衡这两种进入模式的交易成本，选择交易成本较小的模式进入东道国市场。

但是交易成本理论的视角只关注了最小化各类具体的交易成本，而忽视了不同进入模式的价值创造能力（Zajac and Olsen，1993；Leiblein，2003；Sanchez，2003），即伴随不同进入模式而产生的实物期权价值。Brouthers 等（2008）的研究指出，有三种情况会产生实物期权价值。首先是"不同进入时机所蕴含的不同机会成本"，即由于市场环境是变化的，FDI 投资者对进入时机的选择将会影响到投资可以获得的价值。FDI 投资者不能只关注于最小化交易成本和谋求正的净现值，因为如果未在最佳时机进入，虽仍然可能获得正的净现值，但损失了获取最大价值的机会，因而承担了比收益更大的机会成本，从经济利益来看则遭受了损失，换言之，选择了正确的进入时机将可以创造价值（Li，2007）。其次是"高不确定情况下投资带来的未来增长"。交易成本理论建立在净现值估计基础上，事先预测了投资项目未来的期望增长状况，并且一般都假设投资项目平稳增长（利润流固定或利润流的增长率固定），如果东道国市场存在很高的不确定性，那么这种事前的估计将非常不可靠，即投资目标未来可能出现预料之外的爆发式增长，而投资这些目标企业的投资者也因此拥有一项在未来分享这种增长带来的利润的实物期权（Bowman and Hurry，1993；Gilroy and Lukas，2006）。最后是"FDI 投资者进入策略的灵活性"，即企业通过先期投资，可以形成企业特有的资源，这些特有资源构成战略性实物期权，允许企业在未来不确定性出现时再依情况重新配置其资产。Chang 和 Rosenzweig（2001）也通过实证研究发现采用多阶段连续投资模式进入东道国市场的投资者可以获得更大的投资价值。由于交易成本理论无法解释以上三种情况，因而众多学者开始尝试采用实物期权理论来解释 FDI 的进入模式选择问题。

实物期权②的概念由 Myers（1977）提出，他认为可以把投资看作是对未来增长机会的索取权。随后 McDonald 和 Siegel（1986）、Paddock 等（1988）、Ngersoll 和 Ross

---

① 从学术界视角及国际通用定义来看，外商直接投资（FDI）指外国投资者对东道国进行的各类直接投资（与出口等间接投资相对应），主要的投资模式包括绿地投资和跨国并购两种；但是由于绿地投资是 FDI 进入我国市场的主要模式，因此我国实务界和学术界相当多数人认为外商直接投资（FDI）就是绿地投资。本文中我们遵从国际通用的定义，将绿地投资和跨国并购都看作 FDI 的形式。

② 实物期权亦是期权的一种，但与金融期权以股票等金融资产及其衍生品为标的不同，实物期权以实物资产及其直接衍生权利为标的。

（1992）提出了延迟期权①理论并被以后的学者用于投资研究。Dixit（1989）首先将投资者的投资过程看成一个延迟期权的行权过程，即持有一定资金的投资者观察准备投资项目的价值增长状况，如果未来投资项目的价值增长到一定的高度，则投资者对该延迟期权行权。在此基础上，Buckley 和 Casson（1998）将 FDI 投资者在东道国的投资也看作延迟期权，从而将实物期权理论引入 FDI 进入模式的研究中，他们通过实证研究发现，FDI 在东道国投资的不可逆性越高、灵活性越差、不确定性越大，则绿地投资的进入模式越具有优势，反之跨国并购具有优势。然而 Buckley 和 Casson（1998）的研究并没有给出具体的基于延迟期权的 FDI 进入模式选择模型。Eicher 和 Kang（2005）、Nocke 和 Yeaple（2007）构建了基于延迟期权的 FDI 进入模式选择模型，他们对比了绿地投资和跨国并购两种进入战略，研究发现不确定性和未来投资机会对 FDI 的进入策略选择起决定作用，即不确定性越大，未来投资机会越大，FDI 投资者越倾向于采用绿地投资模式进入东道国市场，反之则倾向于采用跨国并购模式进入。但至此为止的研究也只是将进入时机这一问题纳入考虑，另外两种情况完全没有涉及。Gilroy 和 Lukas（2006）构建了一个两阶段实物期权模型来研究 FDI 的市场进入模式，其模型特点是将外资进入后未来的发展也纳入考虑，即考虑了 Brouthers 等（2008）总结的第二种会产生实物期权的情况，他们的研究表明，东道国市场需求的波动率越高、绿地投资工程建设期越短、东道国文化对绿地投资越具有吸引力，FDI 投资者越倾向于采用绿地投资模式，反之则倾向于跨国并购模式。但是，Brouthers 等（2008）总结的第三种情况，即"FDI 投资者进入策略的灵活性"，仍然没有被现有的模型所考虑。

本文在 Gilroy 和 Lukas（2006）的两阶段实物期权模型基础上，构造一个三阶段实物期权模型，将"FDI 投资者进入策略的灵活性"纳入模型，并通过对模型的分析，全面考察 FDI 进入东道国的模式选择。通过模型分析发现：工程建设速度、经济增长速度和市场稳定性会影响 FDI 投资者在东道国市场的进入模式选择；东道国政府的政策对 FDI 投资者的决策存在显著影响，FDI 投资者倾向于跟随东道国的政策指挥棒行事。模型分析还表明，绿地投资新建的企业平均规模小于跨国并购所收购的企业。最后，通过实证检验，本文证实了以上结论。

本文包括五个部分：第一部分是介绍研究的动机并回顾相关文献；第二部分构造了一个将 FDI 投资者进入策略的灵活性也纳入考虑的三阶段实物期权模型；第三部分通过对模型的分析，找出了影响 FDI 投资者进入模式选择的因素；第四部分则对模型分析的结果进行了实证检验；第五部分是文章的结论和政策含义。

---

① 如果投资者并不急于对一个项目进行投资，而是等待该项目的投资价值增长到足够理想的水平时才进行投资，那么在其实施投资之前，投资者将拥有"可以将投资行为延迟到未来进行的权利"，即为延迟期权。

二、模型的构建

（一）投资目标企业的价值

假设投资目标企业（以下简称"目标企业"）面临的需求波动服从几何布朗运动，同时假定目标企业产品的单位利润不变（Dixit，1989），则目标企业可以实现的最大利润受到需求的影响，表现出几何布朗运动：

$$d\pi = \alpha\pi(t)dt + \sigma\pi(t)dz \tag{1}$$

式（1）中，$\pi(t)$ 代表 t 时刻目标企业可以实现的最大利润流；α 为需求增长漂移率[1]，反映了目标企业在一国或地区的经营过程中产品需求的平均增长速度；σ 为需求波动率，反映了市场需求的不确定程度；dz 为标准随机维纳过程的微分。π 的值在 t = 0 时刻是确定的，其后的增长率即为一个随机变量。需要注意的是 $\pi(t)$ 的含义不是 t 时刻目标企业实际实现的利润流，而是如果目标企业能够按照市场最大需求生产的话，将获得的最大的利润流。如果 t 时刻市场需求大于目标企业的生产能力，则目标企业需要增加投资以扩大产能才能实现 $\pi(t)$ 的利润流。例如，某时刻市场需求 100 单位目标企业产品，每单位产品可实现 1 单位利润，那么此时 $\pi(t)$ 等于 100；但是如果此时目标企业产能有限，只能生产 80 单位产品，则其实际实现的利润只有 80，小于 $\pi(t)$，即 $\pi(t)$ 代表了企业获利能力的上限。

目标企业的价值可以用其未来可实现的利润流现值来表示，假设 FDI 投资者是风险中性的，并假定资本成本为 r[2]，则目标企业在 t 时刻可以实现的最大价值（假定目标企业永续经营）可以表示为：[3]

$$V(t) = \frac{\pi(t)}{r-\alpha}, (r > \alpha) \tag{2}$$

在式（2）中，v（t）表示目标企业在时刻 t 时可以实现的最大价值，表现为目标企业该时刻的利润流与一个常系数的乘积，将式（2）带入式（1），可以得出：

$$dV(t) = \alpha V(t)dt + \sigma V(t)dz \tag{3}$$

即目标企业 t 时刻可实现的最大价值的变化也符合几何布朗运动，且价值变化的漂移率和波动率都与利润流一致。至此本文构建出了目标企业在 t 时刻可以实现的最大价值的变化模型。

---

① 漂移率（Drift）α 表示每单位需求在 dt 时间内将增加 αdt，即漂移率等于单位需求的边际增长率。

② 在风险中性假设下，无风险收益率、资本成本率、经济增长率的期望值三个量应当是相等的（否则将出现无风险套利机会），因此在后文中这三个量共用符号 r。

③ 限于篇幅，本文略去了由企业未来可实现利润流推导企业价值的过程，有兴趣的读者可以向作者索取。

(二) FDI 投资者进入东道国的过程分析

Gilroy 和 Lukas (2006) 将 FDI 投资者进入东道国投资的过程分成进入和发展两个阶段。

进入阶段: FDI 投资者衡量 (绿地投资或跨国并购所得) 目标企业的价值, 决定是否进行投资。

发展阶段: FDI 投资者根据东道国市场需求的发展状况, 决定是否对目标企业进行扩建投资。

Smit (2001)、Yeo 和 Qiu (2003)、Kumar (2005)、Brouthers 等 (2008)、Brouthers 和 Dikova (2010) 的研究都表明绿地投资可以从非常小的规模做起, 并在未来市场状况向好时逐渐增加投资、扩大规模, 因而相对于跨国并购, 绿地投资享有一项正的实物期权 (延迟期权)。在此基础上, 本文借鉴 Gilroy 和 Lukas (2006) 的两阶段模型, 把整个 FDI 进入东道国的过程分成三个阶段[①]:

第一阶段, FDI 投资者决定是采用绿地投资还是跨国并购的方式进入东道国。设采用 i 模式 (i=1 时代表绿地投资, i=2 时代表跨国并购) 进入东道国需投资 I_{i1}, 获得产能 P_{i1} 和目标企业价值 V_{i1}; 且 $I_{11} \leqslant I_{21}$, $P_{11} \leqslant P_{21}$ 即绿地投资能够以相对于跨国并购而言更小的初始投资额和初始规模进入东道国市场。

第二阶段, 此阶段采用跨国并购的 FDI 投资者不采取行动, 目标企业产能不变 ($P_{21}=P_{22}$); 采用绿地投资的 FDI 投资者, 依据市场行情决定是否对目标企业进行扩建, 如果需要扩建, 则投资 I_{12}, 并将产能提升到与跨国并购所获目标企业相等的程度 (即 $P_{12}=P_{21}=P_{22}$)。此时 FDI 投资者通过绿地投资模式建立的目标企业和跨国并购所获的目标企业将具有相同的产能, 二者差异消失。

第三阶段, FDI 投资者根据市场行情决定是否扩建目标企业, 如果需要扩建, 则投资 I_{i3}, 并将产能提升到 P_{i3}。

(三) FDI 进入东道国模式选择模型

按照 (二) 中的三个阶段, 运用实物期权工具, 可以计算出采用跨国并购和绿地投资模式进入东道国市场时, 能够诱使 FDI 投资者决定进行投资和扩建的目标企业最大可实现价值的触发值 V^* 以及 FDI 投资者拥有的实物期权价值 $F(V)$。

下面本文采用逆向分析路径推导出 FDI 进入模式选择的理论模型。

首先分析第三阶段。记时刻 t 目标企业可以实现的最大价值为 $V_{i3}(t)$, 目标企业的延

---

① 本文中三阶段的含义是三个步骤, 即若 FDI 投资者采用跨国并购进入东道国市场, 则只需要走两步, 第一步是收购企业, 第二步是扩建企业; 而若采用绿地投资模式进入, 则要走三步, 第一步投资建立一家小规模企业, 第二步将该企业扩建到与跨国并购模式收购的企业同等规模, 第三步再次扩建企业。这样的假定可以使两种进入模式的首尾两个步骤遵循相同的方程, 有助于简化模型。

迟期权为 $F_{i3}[V(t)]$，无风险收益率为 r；目标企业增长的漂移率为 α_i；市场需求的波动率为 σ。因为市场需求的波动率在较长时间内相对稳定，并且同一市场中的不同目标企业都面临着相同的市场需求波动，所以本文设定 σ 值在各个阶段对两种进入模式的目标企业都是相同的；而目标企业增长的漂移率与目标企业本身特质（如管理层水平、核心技术专利、营销渠道等）有关且相对稳定，所以本文设定两种进入模式的 α 值在各个阶段不变，但两种进入模式的 α 值未必相等。因为已经假定 FDI 投资者是风险中性的，无风险收益率是 r，所以有：

$$rF_{i3}dt = E(dF_{i3}) \tag{4}$$

期权价格 $F_{i3}[V(t)]$ 是目标企业价值 $V(t)$ 的函数，依据 Ito 引理可得：

$$rF_{i3}dt = E(dF_{i3}) = \frac{\partial F_{i3}}{\partial V}\alpha_i V(t)dt + \frac{1}{2}\frac{\partial^2 F_{i3}}{\partial v^2}\sigma^2 V(t)^2 dt + \frac{1}{2}\frac{\partial^2 F_{i3}}{\partial V^2}\alpha_i^2 V(t)^2(dt)^2 \text{①} \tag{5}$$

式（5）两边同时除以 dt，并舍弃高阶小量，则有：

$$\frac{1}{2}\frac{\partial^2 f_{i3}}{\partial V^2}\sigma^2 V(t)^2 + \frac{\partial^2 f_{i3}}{\partial V}\sigma_i V(t)^2 dt - rF_{i3} = 0 \tag{6}$$

此类结构的偏微分方程的通解已由 Dixit（1989）求出，因此有：

$$F_{i3}(V) = A_{i3}V(t)^{\beta_{k3}} + B_{i3}V(t)^{\gamma_{i3}} \tag{7}$$

其中，

$$\beta_{i3} = \frac{1}{2} - \frac{\alpha_i}{\sigma^2} + \sqrt{\left(\frac{1}{2} - \frac{\alpha_i}{\sigma^2}\right)^2 + \frac{2r}{\sigma^2}}, \quad \gamma_{i3} = \frac{1}{2} - \frac{\alpha_i}{\sigma^2} - \sqrt{\left(\frac{1}{2} - \frac{\alpha_i}{\sigma^2}\right)^2 + \frac{2r}{\sigma^2}}$$

易知 $\beta_{i3} > 0$ 和 $\gamma_{i3} < 0$。相应的边界条件为：

$$F_{i3}(0) = 0$$

$$F_{i3}(V_{i3}^*) = \theta_i(e^{-(r-\alpha_i)\tau}V_{i3}^* - V_{i2}^*) - I_3$$

$$\left.\frac{\partial F_{i3}(V)}{\partial V}\right|V_{i3}^* = \theta_i e^{-(r-\alpha_i)\tau} \tag{8}$$

式（8）中，第一项边界条件是自然约束，因为本文假设目标企业价值的增长是几何布朗运动，因此一旦目标企业价值为 0，则以后其价值将永远为 0，不会再增加，因而此时的延迟期权也就失去意义，自然价值也应该为 0。

第二项边界条件代表了无套利原则，即目标企业拥有的实物期权价格等于目标企业收益 $\theta_i(e^{-(r-\alpha_i)\tau}V_{i3}^* - V_{i2}^*)$ 与需要支付的敲定价 I_3 之差。在 $\theta_i(e^{-(r-\alpha_i)\tau}V_{i3}^* - V_{i2}^*)$ 中，θ_i 代表东道国对外资的态度，θ_i 取值介于 0 和 1 之间，越接近 1，表示东道国对外资越友好，外资可以更多地享有其投资目标企业的价值；由于一国或地区对待绿地投资和跨国并购的态度可能不同，因此二者对应 θ_i 也可能不相等。考虑到目标企业之所以会进行扩建投资，必然是其现阶段的需求已经达到 P_{i3} 的产能之上，所以才需要将目标企业扩建到 P_{i3} 的产能；同时，既然需求已经大于 P_{i3}，那么在扩建前，目标企业必然是在满负荷生产，根据

---

① 证明中用到了标准维纳过程的性质 $\text{Var}(dz) = dt$。

之前的假设，第三阶段扩建前目标企业的最大产能是 P_{i2}；通过扩建，目标企业的产能由 P_{i2} 达到了 P_{i3}，因此，目标企业的价值增加了 $\theta_i(V_{i3}^* - V_{i2}^*)$，即 FDI 投资者的收益增加了 $\theta_i(V_{i3}^* - V_{i2}^*)$。同时，根据 Friedl（2002）、Gilroy 和 Lukas（2006）的研究，由于扩建需要一段时间来完成，这使得投资者决定投资之后不能马上获得扩建后的目标企业价值 V_{i3}^*，而要经过 τ 的建设期后才能获得该价值，因此需要对 FDI 投资者可以获得的收益进行修正，Friedl（2002）证明出此修正系数为 $e^{-(t+\alpha_i)\tau}$。所以，投资者通过投资 I_{i3} 进行扩建后，真正获得的收益增加值为 $\theta_i(e^{-(t-\alpha_i)\tau}V_{i3}^* - V_{i2}^*)$。

在式（8）中，$F(0)=0$ 可以决定 B_{i3} 必然为 0，所以可以忽略式（7）中的第二项。观察 β_{i3} 的形式可以发现，其大小完全由 α、γ、σ 决定，这三个量设定后就是一个常数，记为 β_i。

由此可以求得该实物期权的价值和行权的触发值[①]为：

$$F_{i3}(V) = \begin{cases} A_{i3}V(t)^{\beta_i}, & V(t) < V_B^* \\ \theta_i(e^{-(r-\sigma^i)\tau}V_{i3} - V_{i2}^*) - I_3, & V(t) \geqslant V_{i3}^* \end{cases} \tag{9}$$

其中，

$$V_{i3}^* = \frac{\beta_i e^{(t-\alpha_i)\tau}}{(\beta_i - 1)\theta_i}(\theta_i V_{i2}^* + I_3), \quad A = \frac{\theta_i e^{-(r-a_i)\beta_i\tau}}{\beta_i}\left[\frac{\beta_i}{(\beta_i - 1)\theta_i}\right]^{1-\beta_i}(\theta_i V_{i2}^* + I_3)^{1-\beta_i}$$

然后分析第二阶段。此阶段只有绿地投资的目标企业需要进行决策。此阶段模型与第三阶段模型类似，但边界条件变为：

$$F_{i2}(0) = 0$$

$$F_{12}(V_{12}^*) = \theta_1(e^{-(r+\alpha_1)\tau}V_{12}^* - V_{11}^*) - I_{12} + F_{13}(V_{12}^*) \tag{10}$$

$$\frac{\partial F_{12}(V)}{\partial V}\bigg| V_{12}^* = \theta_1 e^{-(t-\alpha_1)\tau} + \frac{\partial f_{13}(V)}{\partial V}\bigg| V_{12}^*$$

式（10）中，F_{12} 代表绿地投资目标企业第二阶段的延迟期权价值。

第二项边界条件中，目标企业从户 P_{11} 的产能扩建到户 P_{12} 的产能（具体分析参考第三阶段模型）。需要注意的是，第二项边界条件中加入了延迟期权 F_{13}，因为一旦完成这一步扩建，目标企业就获得了在未来可以按照第三阶段模型进行扩建的实物期权。[②]

类似第三阶段的分析，可以求得该阶段目标企业拥有的实物期权的价值和行权的触发值如下：

$$F_{12}(V) = \begin{cases} A_{12}V(t)^{\beta_1}, & V(t) < V_{12}^* \\ \theta_1(e^{-(r-\alpha_1)\tau}V_{12} - V_{11}^*) - I_{12} + F_{13}(V_{12}), & V(t) \geqslant V_{12}^* \end{cases} \tag{11}$$

---

① 行权触发值的含义是如果目标企业价值增加到触发值以上，FDI 投资者就会对看涨期权行权，即实施投资（采用绿地投资或者跨国并购的模式）进入东道国市场。

② 应当注意的是，实物期权 F13（V）并不是常数，其大小是随着目标企业在 t 时刻可以实现的最大价值 V（t）的变动而变动的，因此在第三项约束条件中，F13（V）对 V 的偏导项不等于 0。在 Gilroy 和 Lukas（2006）模型的边界条件中 F13（V）对 V 的偏导等于 0，这是一个计算错误。

其中，

$$V_{12}^* = \frac{\beta_1 e^{(t-\alpha)\tau}}{(\beta_1-1)\theta_1}(\theta_1 V_{11}^* + I_{12}),$$

$$A_{12} = \frac{\theta_1 e^{-(r-\alpha_1)\beta_1\tau}}{\beta_1}\left[\frac{\beta_1}{(\beta_1-1)\theta_1}\right]^{1-\beta_1}\left[(\theta_1 V_{11}^* + I_{12})^{1-\beta_1} + (\theta_1 V_{12}^* + I_3)^{1-\beta_1}\right]$$

最后分析第一阶段。此阶段 FDI 投资者需要决策其是否进入东道国市场。

若 FDI 投资者采用跨国并购方式进入东道国市场，则边界条件是：

$$F_{21}(0) = 0$$

$$F_{21}(V_{21}^*) = \theta_2 V_{21}^* - I_{21} + F_{23}(V_{21}^*)$$

$$\frac{\partial F_{21}(V)}{\partial V}\bigg|V_{21}^* = \theta_2 + \frac{\partial F_{23}(V)}{\partial V}\bigg|V_{21}^* \tag{12}$$

必须注意的是，由于并购所获目标企业可以立即生产，而不需要等待 T 时间的建设期，因此针对跨国并购所获目标企业的价值衡量中不需要修正目标企业的价值。

若 FDI 投资者采用绿地投资的方式进入东道国市场，则边界条件是：

$$F_{11}(0) = 0$$

$$F_{11}(V_{11}^*) = \theta_1 e^{-(r-\alpha_1)\tau} V_{11}^* - I_{11} + F_{12}(V_{11}^*)$$

$$\frac{\partial F_{11}(V)}{\partial V}\bigg|V_{11}^* = \theta_1 e^{-(r-\alpha_1)\tau} + \frac{\partial F_{12}(V)}{\partial V}\bigg|V_{11}^* \tag{13}$$

在式（12）和式（13）中，F_{11} 和 F_{12} 分别表示 FDI 投资者采用绿地投资和跨国并购方式进入东道国市场前的延迟期权。类似之前的分析，由此可以求得这两项实物期权的价值和行权的触发值。

FDI 投资者采用跨国并购方式进入东道国的实物期权价值和行权的触发值如下：

$$F_{21}(V) = \begin{cases} A_{21}V(t)^{\beta_2}, & V(t) < V_{21}^* \\ \theta_2 V_{21} - I_{21} + F_{23}(V_{21}), & V(t) \geqslant V_{21}^* \end{cases} \tag{14}$$

其中，

$$V_{21}^* = \frac{\beta_2}{(\beta_2-1)\theta_2}I_{21}, \quad A_{21} = \frac{\theta_2 e^{-(r-\alpha_1)\beta_2\tau}}{\beta_2}\left[\frac{\beta_2}{(\beta_2-1)\theta_2}\right]^{1-\beta_2}\left[e^{(t-\alpha_2)\beta_2\tau}I_{21}^{1-\beta_2} + (\theta_2 V_{21}^* + I_3)^{1-\beta_2}\right]$$

FDI 投资者采用绿地投资方式进入东道国的实物期权价值和行权的触发值如下：

$$F_{11}(V) = \begin{cases} A_{11}V(t)^{\beta_1}, & V(t) < V_{11}^* \\ \theta_1 e^{(r-\alpha_1)\tau}V_{11} - I_{11} + F_{12}(V_{11}), & V(t) \geqslant V_{11}^* \end{cases} \tag{15}$$

其中，

$$V_{11}^* = \frac{\beta_1 e^{(r-\alpha_1)\tau}}{(\beta_1-1)\theta_1}I_{11}$$

$$A_{11} = \frac{\theta_1 e^{-(r-\alpha_1)\beta_1\tau}}{\beta_1}\left[\frac{\beta_1}{(\beta_1-1)\theta_1}\right]^{1-\beta_1}\left[I_{11}^{1-\beta_1} + (\theta_1 V_{11}^* + I_{12})^{1-\beta_1} + (\theta_1 V_{12}^* + I_3)^{1-\beta_1}\right]$$

在式（14）和式（15）中，实物期权价值的大小代表 FDI 投资者选择不同进入模式可以实现的期权收益。当 FDI 投资者选定某种进入模式后，在目标企业价值达到触发值时进入，FDI 投资者可以实现该种进入模式下的收益最大化。总体而言，FDI 投资者必然是综合考虑其投资可以获得的收益和触发值的大小而决定其进入模式的选择的。

但是 FDI 投资者究竟更偏好于目标企业的实物期权价值还是行权触发值，与 FDI 投资者的个体投资偏好密切相关，文化、行业以及 CEO 个人偏好等因素都可能产生影响。以往文献中，大部分学者都只是通过比较两种进入模式对应的进入阶段触发值大小决定进入模式选择的（McDonald and Siegel，1986；Dixit，1989；Baldwin and Krugman，1989；Gilroy and Lukas，2006），这就等同于假定 FDI 投资者只关注于最小的行权触发值而无视投资收益，这与现实存在较大偏差。在本文的后续讨论中，将目标企业给 FDI 投资者带来的价值这一因素也纳入考虑，从两个不同视角来分析 FDI 投资者的进入模式选择决策的结果，以对比这两种视角对 FDI 进入模式选择的解释力。

三、影响 FDI 投资者进入模式选择的因素讨论

为了方便讨论，记 FDI 投资者进入阶段采用跨国并购模式的行权触发值与采用绿地投资模式的行权触发值之比为 K_1；并记 FDI 投资者通过跨国并购模式进入所获得的实物期权价值与绿地投资模式相应的实物期权价值之比为 K_2。当 K_1 小于 1 时，表示跨国并购模式对应的进入阶段行权触发值较小，如果 FDI 投资者偏好于较小的行权触发值，则会选择跨国并购模式进入东道国市场；反之，K_1 大于 1 时，选择绿地投资模式进入东道国市场。而当 K_2 小于 1 时，表示绿地投资模式可以给 FDI 投资者创造更大的价值，如果 FDI 投资者偏好于寻求更大的价值，则会选择绿地投资模式进入东道国市场；反之，K_2 大于 1 时，选择跨国并购模式进入东道国市场。

按照 McDonald 和 Siegel（1986）、Dixit（1989）、Baldwin 和 Krugman（1989）和 Gilroy 和 Lukas（2006）的传统处理方法，FDI 投资者只关注进入阶段行权触发值，K_1 是 FDI 投资者进行决策的唯一参考标准，减小 K_1 将使 FDI 投资者倾向于选择跨国并购模式进入东道国市场；反之，增大 K_1 将使 FDI 投资者倾向于选择绿地投资模式。本文通过引入 K_2，增加"FDI 投资者偏好价值"这一新视角以探讨 FDI 投资者的投资偏好及其对 FDI 进入模式选择的影响。

（一）投资项目建设时间 τ 对 FDI 进入模式选择的影响

Friedl（2002）提出，由于绿地投资过程中新建一家目标企业需要一定的时间，这使得投资者投资之后不能马上获得目标企业的价值，而要经过 τ 的建设期后才能获得该价值，因此需要对目标企业可以获得的价值进行修正，并且经证明此修正系数为 $e^{-(t-a_t)\tau}$。

由于 α_i 必然小于 r（否则目标企业的价值将是无穷大），所以 $e^{-(r-a_i)\tau}$ 必然小于 1，因此通过绿地投资方式进入东道国所获得的目标企业价值将出现折价。

观察式（13）和式（14）可以看出，建设期 τ 越长，将使得绿地投资进入阶段的行权触发值 V_{11} 越大；而建设期 τ 对 V 21 没有影响，即不影响跨国并购方式进入阶段的触发值。所以，必然有 $\partial K_1/\partial\tau = \partial(V_{21}^*/V_{11}^*)/\partial\tau = -V_{21}^*/V_{11}^{*2} \cdot \partial V_{11}^*/\partial\tau < 0$，即随着 τ 的增大 K_1 将减小，从而可以得出：若 FDI 投资者偏好于较小的行权触发值，则在 τ 较大时，其倾向于选择跨国并购模式进入东道国市场；在 τ 较小时，倾向于选择绿地投资模式。

而 K_2 与 τ 的关系，用直接求导数的方法较难计算[①]，因此本文通过数值计算绘制出 K_2（τ）的函数曲线[②]，从函数曲线图像中可以看出 K_2 与 τ 是正相关关系，即 τ 越大跨国并购模式给 FDI 投资者带来的价值相对更多，从而可以得出：若 FDI 投资者偏好于较大的价值增加，则在 τ 较大时，其倾向于选择跨国并购模式进入东道国市场；在 τ 较小时，倾向于选择绿地投资模式。

综上分析可以发现，投资项目建设时间 τ 对 FDI 进入模式选择的影响是一致的，无论 FDI 投资者的个人投资偏好如何，由此可以得到本文的第一个命题：

命题 1：在工程建设速度快的国家或地区，FDI 投资者倾向于采用绿地投资的方式进入东道国；反之，工程建设速度慢的国家或地区，FDI 投资者偏好于跨国并购模式。

（二）需求增长漂移率对 FDI 进入模式选择的影响

式（1）中需求增长漂移率 α 反映了目标企业在一国或地区的经营过程中获得的需求的平均增长速度。不同进入模式形成的目标企业，即使在同一国内进行经营，其面临的竞争环境等因素也可能不同，因此两种进入模式对应的需求漂移率之间也会有差别。而本文关心的是，这种差别是否会对 FDI 进入模式的选择产生影响。

可以证明，K_1 和 K_2 都与 α_1 负相关并与 α_2 正相关。如果 FDI 投资者更加关注于进入阶段触发值大小，那么 α_1 增大，K_1 减小，即绿地投资所获目标企业未来增长速度快时，FDI 投资者反而会倾向于采用跨国并购模式进入东道国市场；反之亦然，即跨国并购模式所获目标企业未来增长速度快时，FDI 投资者却会倾向于采用绿地投资模式进入东道国市场。这样的结论与我们的日常经验相差过大。而如果 FDI 投资者更加关注于不同进入模式为其带来的实物期权价值，那么 α_1 增大，K_2 减小，这说明绿地投资模式为 FDI 投资者获取了更多的价值。因此 FDI 投资者会倾向于选择绿地投资模式进入东道国市场，即绿地投资的目标企业未来增长速度快时，FDI 投资者会倾向于采用绿地投资的模式进入东道国市场；跨国并购模式亦然。对比可见，在解释需求增长漂移率对 FDI 进入模式选择的影响这

---

① FDI 投资者获得的实物期权价值函数是关于目标企业价值 V 的分段函数，因此 K_2/τ 也必须分段求解，这将使得最后推导出来的 K_2/τ 表达式非常复杂且很难直观地看出其符号的正负。

② 限于篇幅，作者略去第三部分中所有通过数值求解绘制的函数曲线图像及部分较复杂的证明过程，有兴趣的读者可以向作者索取。

一问题上，假定 FDI 投资者更加关注于不同进入模式为其带来的实物期权价值更为合理。

考虑现实世界的情况，如果 FDI 投资者采用绿地投资模式进入东道国，那么新建的目标企业的市场份额需要从东道国市场内原有的同行业企业手中夺取，因此将面临激烈的竞争；如果 FDI 投资者通过跨国并购模式进入东道国，由于并购行为并未改变东道国市场内原有的竞争格局，因此目标企业面临的竞争会弱于绿地投资模式。由此可以推断，由于面临的竞争压力更大，总体上绿地投资模式新建的目标企业未来的增长速度将会慢于跨国并购模式获得的目标企业。这一推断与 Georgopoulos 和 Preusse（2009）的实证研究相一致。因此，本文设定 $\alpha_2 > \alpha_1$[①]，在此设定下，依据 $K_1(r) = V_{M\&A}(r)/F_G(r)$ 和 $K_2(r) = F_{M\&A}(r)/F_G(r)$，通过数值求解得出 K_1 与 r 呈正相关关系，K_2 与 r 呈负相关关系。由此可知，r 越大，K_1 越大，K_2 越小，绿地投资模式对应的进入阶段行权触发值相对越小，为 FDI 投资者创造的价值相对越大，无论 FDI 投资者偏好如何，都倾向于采用绿地投资模式进入东道国市场；反之，FDI 投资者则倾向于采用跨国并购模式进入东道国市场。本文在第一节第（一）部分中已经说明 r 也可以代表经济增长率的期望值。由此，可以推出本文第二个命题：

命题 2：在经济增长速度高的国家或地区，FDI 进入模式以绿地投资为主；反之，则以跨国并购为主。

（三）需求不确定性对 FDI 进入模式选择的影响

式（1）中代表市场需求不确定性的需求波动率 σ，对 FDI 进入模式选择也有影响。Gilroy 和 Lukas（2006）通过数值求解证明 σ 越大，无论绿地投资还是跨国并购模式对应的进入阶段行权触发值都会越大，即东道国市场的需求波动风险越大，FDI 投资者将倾向于不进入该国；并且虽然两种进入模式对应的进入阶段行权触发值都在增大，但是绿地投资模式对应的触发值增加速度相对较慢而跨国并购模式较快，即相当于 $\partial K_1/\partial\sigma < 0$，本文通过数值求解得出了与之完全相同的结果；另外，本文还通过数值求解得出了 $\partial K_2/\partial\sigma < 0$ 的结果。由这两个结果可以推出一个一致的结论，即无论 FDI 投资者偏好如何，高需求波动风险都将使其倾向于采用绿地投资模式进入东道国市场；反之，低需求波动率将使其倾向于采用跨国并购模式。由此，得出本文的第三个命题：

命题 3：当东道国市场面临较高的需求不确定性时，FDI 投资者倾向于采用绿地投资的方式进入东道国，因为绿地投资的灵活性有助于 FDI 投资者在未来需求突然恶化时减少损失；反之，在未来需求波动较小时，FDI 投资者倾向于采用跨国并购的方式进入东道国市场。

（四）东道国国家政策对 FDI 进入模式选择的选择

式（14）和式（15）中的 θ 代表东道国对 FDI 投资的态度；θ 取值介于 0 和 1 之间，越接近 1，表示东道国对 FDI 投资越友好，FDI 投资者可以更多地享有其投资目标企业的

---

① 在本文的数值计算中，我们设定 α_2 比 α_1 大 0.01。

价值。东道国国家政策对 FDI 进入模式选择的影响可以通过这个参数来分析。

观察式（14）和式（15）得知，无论绿地投资模式还是跨国并购模式，其进入阶段行权触发值都与其对应的 θ 值呈负相关关系；同时，可以证明两种进入模式给 FDI 投资者带来的实物期权价值都与其对应的 θ 值呈正相关关系。因此，某种进入模式对应的越大（东道国的政策越欢迎 FDI 投资者采用该种模式进入），其对应的进入阶段触发值越小，并且其给 FDI 投资者带来的投资价值也越大。如果政府鼓励一种 FDI 进入模式而管制另一种进入模式，那么就会导致不同 FDI 进入模式之间的 θ 不相等，从而吸引 FDI 投资者按照政府的引导采用 θ 较大的模式进入东道国市场。由此，可以推出本文第四个命题：

命题 4：FDI 投资者倾向于采用东道国政府政策鼓励的模式进入东道国市场。

命题 4 也得到了实证研究文献的支持。Moskalev（2010）研究了世界上 57 个国家和地区的数据发现，针对跨国并购的法律对跨国并购的数量和形式都有影响。那些放松了跨国并购管制的国家，跨国并购的数量显著增加了。同时，在针对跨国并购的管制法律较弱的国家，FDI 投资者也更加倾向于收购东道国目标企业而非进行绿地投资或者设立合资公司。研究还发现，东道国增强对跨国并购的法律监管，将导致 FDI 投资者转而通过绿地投资或者合资新建等途径规避法规的限制，寻找更有益于增加其对投资目标企业控制权的进入模式。Anwar（2012）分析对比了中国与美国、澳大利亚、加拿大、英国针对 FDI 的具体法律规制，指出这 5 国的政策对各自国家 FDI 的发展都有非常明显的影响。

并且，分析命题 4 的过程可以知道，东道国政府是通过改变 FDI 投资者可以分享到的企业价值比例来影响其进入模式选择的，即东道国制定的政策需要能够影响到外资投资者从投资目标企业中获取价值的能力，才会起到引导外资流向的作用。一般来说，税收政策（减税或加税）、限定外资最高持股比例、行业禁入等方法都是可以起到引导外资进入模式选择的政策手段。

（五）绿地投资进入阶段投资额对 FDI 进入模式选择的影响

Smit（2001）、Yeo 和 Qiu（2003）、Kumar（2005）、Brouthers 等（2008）、Brouthers 和 Dikova（2010）的研究表明，FDI 投资者采用绿地投资进入东道国市场时可以分阶段投资[①]，因此本文将"FDI 投资者进入策略的灵活性"纳入了模型，从而解决了 Brouthers 等（2008）总结的交易成本理论在解释 FDI 进入东道国模式选择问题上的第三个不足，这是本文构建的模型与 Gilroy 和 Lukas（2006）模型的最大区别。

记 $\lambda = I_{11}/I_{21}$，λ 越小，表示 FDI 投资者采用绿地投资模式进入东道国的初始投资额相对越小，也即 FDI 投资者所采用投资策略的灵活性越大。

依据式（14）、式（15）可以得到，K_1 正比于 λ^{-1}，即 K_1 与 λ 负相关。另外，本文通过数值计算得出了 $K_2(\lambda)$ 的函数曲线，通过函数曲线可以看出 K_2 与 λ 是正相关关系。

---

① 即为了规避未来的需求波动风险，可以先进行小规模投资，待未来需求行情确定好转时，再通过扩建追加投资。

由此可知越小，K_1 越大，K_2 越小，即 FDI 投资者所采用投资策略的灵活性越大（绿地投资需要的初始投资额越小），则绿地投资进入阶段的触发值就相对越小，绿地投资给 FDI 投资者带来的总价值就相对越大，因此，无论 FDI 投资者的投资偏好如何，其都会越倾向于采用绿地投资模式进入东道国；反之，λ 越大，则越倾向于采用跨国并购模式进入东道国。由此，可以推出本文的第五个命题：

命题 5：相对于通过跨国并购方式获得的目标企业，FDI 投资者通过绿地投资方式获得的目标企业初始规模较小。

四、实证研究

（一）数据来源及变量设置

针对理论模型的结论，本文利用联合国贸易与发展委员会（United Nations Conference on Trade and Development，UNCTAD）的全球 FDI、M&A 和经济发展状况三个数据库的面板数据，进行了实证研究。剔除数据不完整部分，本研究共使用了 1991～2010 年 20 年全球 175 个国家和地区共计 1933 个样本的非平衡面板数据。

被解释变量选用东道国当年吸引的绿地投资总额和跨国并购总额之差除以东道国当年 GDP 表示。如果解释变量的系数为正，则表示该解释变量代表的因素会诱使 FDI 投资者倾向于采用绿地投资模式进入东道国市场；反之，如果解释变量系数为负，则表示其代表的因素会诱使 FDI 投资者倾向于采用跨国并购模式进入东道国市场。

解释变量的选取方面，由于无法获得各个国家或地区的工程建设速度数据，本文以该国当年固定资本形成总额与 GDP 总额的比例代表该国的工程建设速度，记为 Speed。这样设定的原因是，如果一国每年都在进行大规模的固定资产投资，那么该国的施工单位应当具有比较丰富的施工经验，工人的施工技术娴熟，所以工程建设的速度也较快（当然，施工质量未必更好）。一国 FDI 投资者通过绿地投资和跨国并购所获得的企业的规模，则用该国当年的绿地投资和跨国并购的总额分别除以该国当年绿地投资和跨国并购形成的外资企业数量的平均值表示，分别记为 $Size_G$ 和 $Size_{M\&A}$。一国经济增长速度使用该国当年 GDP 增长率表示，记为 Growth。市场需求的不确定性使用该国连续五年国内消费和出口总额之和的标准差表示，记为 Dmd Var。由于东道国针对 FDI 的规制繁多，因此不能全部予以考虑，在此本文只分析东道国对外开放程度这一个受众多学者关注的重要政策。本文以东道国当年进出口总额与当年 GDP 的比值代表东道国对外开放程度（Neto et al.，2008；Wijeweera et al.，2010），记为 Open；同时，选取东道国年度 GDP 作为控制变量（对 GDP 值取对数以避免回归系数过小的情况）控制规模因素。

（二）实证研究结果[①]

针对命题 1 和命题 4，本文使用面板数据回归分析进行实证检验，Hausman 检验显示应使用固定效应模型，回归结果如表 1 所示。

表 1　基于固定效应对可能影响市场进入模式选择各因素的面板数据回归分析结果

	被解释变量：（绿地投资额 – 跨国并购额）/GDP				
Speed	0. 4519 ***				0. 1399 *
	(0. 0910)				(0. 0814)
Growth		3. 4779 ***			3. 8180 ***
		(1. 0559)			(1. 1296)
Dmd Var			0. 1730 ***		0. 1380 **
			(0. 0305)		(0. 0579)
Open				0. 3329 *	0. 3875 **
				(0. 1418)	(0. 1445)
GDP	– 0. 0389	– 0. 0444	– 0. 0406	– 0. 0290	– 0. 0306
	(0. 0365)	(0. 0359)	(0. 037)	(0. 0362)	(0. 0375)
Observations	1932	1926	1880	1933	1878
Number of States	174	175	173	175	172
Wald Chi2	10. 03	12. 29	6. 31	17. 32	19. 26
	(0. 00)	(0. 00)	(0. 04)	(0. 00)	(0. 00)

注：回归系数下括号中的数值为该系数的稳健标准误；WaldChi2 统计量下括号中数值为 Prob 大于 K^2 的值；*、** 和 *** 分表代表在 10%、5% 和 1% 显著性水平下显著。

回归结果显示，Speed、Growth 和 Dmd Var 的系数显著为正，证明了命题 1、命题 2 和命题 3，即东道国工程建设速度越快、经济增长率越高、市场需求的波动越大，FDI 投资者越倾向于采用绿地投资的模式进入东道国市场；反之，工程建设速度慢、经济增长率低、市场需求稳定的东道国，会吸引 FDI 投资者采用跨国并购模式进入其市场。

Open 的系数显著为正，说明如果东道国对外资持开放的态度，则更能吸引 FDI 投资者采用绿地投资的模式进入东道国市场。因为在对外资设置较多限制政策的东道国，FDI 投资者为了规避当地政府的管制，必然会倾向于收购或参股那些在当地已经有一定发展基础的企业，这些企业拥有大量与本地政府打交道的经验，并与当地其他企业和居民有较深入的联系，可以减少外资在适应本地政策、文化方面的摩擦成本。由此可见，东道国政策对 FDI 投资者的进入模式选择有显著的影响，即证明了命题 4。

---

① 根据匿名审稿人建议，本文对解释变量的内生性和被解释变量的自相关问题进行了稳健性检验，检验结果显示各主要变量的显著性都未发生变化。限于篇幅，略去该部分内容，有兴趣的读者可以参见《经济研究》网站（www.erj. cn）同名工作论文。

针对命题 5，本文对 $Size_G$ 和 $Size_{M\&A}$ 进行了配对 T - 检验，检验结果如表 2 所示。

表 2　针对不同进入模式所获企业平均规模的配对 T - 检验

Variable	Observations	Mean	Std. Err.	mean(diff) = mean(SizeG – SizeM&A)₁ = – 3. 3207
$Size_G$	1933	1.9809	0.2832	H₀： mean(diff) = 0　degrees of freedom = 1932
$Size_{M\&A}$	1933	37.5309	10.7700	Ha： mean(diff) < 0　Ha： mean(diff) = 0
diff	1933	35.5500	10.7057	Ha： mean(diff) > 0

mean(diff) = mean(SizeG – SizeM&A)$_t$ = – 3. 3207

H_o： mean(diff) = 0　degrees of freedom = 1932

Ha： mean(diff) < 0　Ha： mean(diff) = 0

Ha： mean(diff) > 0

Pr(T < t) = 0.0005　Pr(| T | > | t |) = 0.0011

Pr(T > t) = 0.9995

检验结果显示，跨国并购所获企业的平均规模 $Size_{M\&A}$ 显著大于绿地投资所获企业的平均规模 $Size_G$，检验结果在 1% 的显著性水平下依然非常显著（单边检验结果在 0.05% 的显著性水平下显著，双边检验结果在 0.11% 的显著性水平下显著），证明了命题 5，即绿地投资所获企业的初始规模较小。这也说明了本文模型设定 "FDI 投资者采用绿地投资模式进入东道国时会先进行小规模投资做尝试" 是合理的。现有文献的理论模型都没有把绿地投资的这一重要特征纳入考虑，从而导致早期模型对现实问题的解释力和预测力不足，本文将这一差别引入模型，补充了前人的工作。

五、结论及政策含义

由于大量现有实证研究文献表明跨国并购和绿地投资这两种 FDI 进入模式对东道国的经济增长、技术进步、就业、市场竞争以及国家经济安全、产业安全等方面的影响存在显著差别，因此我国政府必须高度关注 FDI 进入我国市场的模式选择问题，探索哪些因素导致了我国现阶段 FDI 进入模式的分布结构，以及如何进行宏观调控，以引导 FDI 按照最有利于我国整体利益的模式进入我国市场。

针对以上问题，本文构建了一个三阶段实物期权模型，全面分析了 FDI 进入模式的决策过程和影响因素。通过模型分析发现，工程建设速度快、经济增长迅速、市场需求波动较大的国家或地区，FDI 投资者倾向于选择绿地投资的方式进入东道国市场；而工程建设速度慢、经济增长较慢、市场需求稳定的国家或地区，FDI 投资者倾向于选择跨国并购的方式进入东道国市场；并且发现，东道国对 FDI 投资的政策引导直接且显著地影响 FDI 进入模式的选择，FDI 投资者倾向于按照东道国政府鼓励的模式进入东道国市场。此外，本文还从理论上证明了 FDI 投资者通过跨国并购方式获得的目标企业相对于绿地投资方式获得的目标企业具有更大的规模。最后，通过对 1991 ~ 2010 年全球 175 个国家和地区的数据进行实证研究，本文证实了以上结论。

本文的学术贡献在于，通过将 "FDI 投资者进入策略的灵活性" 纳入所构建的三阶段实物期权模型，成功解决了 Brouthers 等（2008）提出的交易成本理论的第三个不足，弥补了这一领域的研究空白，使得在 FDI 进入模式选择问题上，实物期权理论最终解决了交易成本理论存在的不足之处，为这一领域的未来研究提供了更为可靠的基础理论支持。

本文的实践价值在于，可以用我们的研究结论解释为何 FDI 投资在我国的进入模式选择与世界范围的普遍趋势存在巨大的差异。20 世纪 90 年代以来，全球范围内跨国并购发展迅速，跨国并购越来越成为外商直接投资的重要手段。2000 年和 2007 年是两个跨国并购高峰年度，跨国并购额占 FDI 投资额比重达到 64.5%、51.9%；1991～2010 年共 20 年合计，全球跨国并购额占 FDI 总额的 42.7%，其中发达国家为 57.1%，发展中国家为16.6%。联合国贸易与发展委员会（UNCTAD）预测，随着经济形势好转和新兴经济体对外并购趋向活跃，未来跨国并购在全球 FDI 总额中的占比将越来越大。但我国的 FDI 却长期以绿地投资为主，1991～2010 年的 20 年合计的外资并购额占我国 FDI 总额只有12.1%；如果剔除 2000 年数据[1]，则只有 8.9%，即使相对于发展中国家的 20 年合计值16.6%，我国的外资并购占 FDI 比重也依然显著偏低。[2] 依据本文结论，我们认为我国现阶段外商直接投资以绿地投资为主的原因，客观方面是我国改革开放以后经济长期高速增长，工程建设速度快，FDI 投资者倾向于采用绿地投资的方式进入；主观方面是我国政府出于引进外国企业的先进技术和管理经验、保护本国经济安全和产业安全、防止知名品牌被收购等目的，长期以来对外资并购采取管制政策，鼓励甚至强制外资采取绿地投资（外资独资新建、中外合资新建）的方式进入我国市场，因此大量 FDI 投资者在政策引导下选择了绿地投资的进入模式。

现在，我国经济已经进入新的发展阶段，资源要素日益稀缺，不少行业已经趋于饱和，政府也将加快经济发展方式转型作为首要工作目标，经济的增长速度和固定资产投资速度都将逐渐放缓，因此我国 FDI 投资以绿地投资为主这一状况的客观推动因素将逐渐消失；主观方面我国政府对两种进入模式的不同偏好，将逐渐成为影响我国 FDI 进入模式分布的主要因素。依据全球范围内跨国并购越来越成为外商直接投资主要手段的趋势，以及我国经济难以长期维持高速增长的现实判断，我国政府需要适时调整利用外资的政策，将以前只重视绿地投资的政策，转向兼顾绿地投资和跨国并购两种外资进入模式的政策，以此才能不断吸引 FDI 投资进入我国市场。事实上，由于全球金融危机的冲击、美国制造业的回归、欧债危机的恶化、第三世界国家引资优惠力度加大以及我国要素成本过快增长等原因，从 2011 年底开始，我国利用外资速度已经开始出现下滑趋势。因此我国政府要在优化现行的利用外资政策基础上，不断改善法律环境，逐步放松外资持股比例限制、行业禁入等对外资并购的管制政策，吸引外资跨国并购资金，引导外资通过跨国并购方式整合资源，优化我国产业结构，推动产业升级转型。

---

① 2001 年入世和开放 B 股，有内幕消息的外资在 2000 年对我国进行了大量股权投资，使当年对外发行股票总量比上一年度增加了 1036%，这一部分被 UNCTAD 算进了跨国并购。

② 数据来源：UNCTAD World FDI Database、M&A Database 和历年《中国统计年鉴》。

参考文献

［1］许陈生. 中国 FDI 进入模式的影响因素 ［J］. 南开管理评论，2005（6）.

［2］薛求知，韩冰洁. 东道国腐败对跨国公司进入模式的影响研究 ［J］. 经济研究，2008（4）.

［3］Anwar, S. T. FDI Regimes, Investment Screening Process, and Institutional Frameworks: China versus Others in Global Business ［J］. Journal of World Trade, 2012, 46（2）: 213 – 248.

［4］Bertrand, O. , and P. Zuniga. R&D and M&A: Are Cross – border M&A Different? An Investigation on OECD Countries ［J］. International Journal of Industrial Organization, 2006, 24（2）: 401 – 423.

［5］Bitzer, J. , and H. Gorg. Foreign Direct Investment, Competition and Industry Performance ［J］. World Economy, 2009, 32（2）: 221 – 233.

［6］Bowman, E. H. and D. Hurry. Strategy through the Option Lens: An Integrated View of Resource Investments and the Incremental – Choice Process ［J］. Academy of Management Review, 1993, 18（4）: 760 – 782.

［7］Brouthers, K. D. , L. E. Brouthers, and S. Werner. Real Options, International Entry Mode Choice and Performance ［J］. Journal of Management Studies, 2008, 45（5）: 936 – 960.

［8］Brouthers, K. D. , and D. Dikova. Acquisitions and Real Options The Greenfield Alternative ［J］. Studies, 2010, 47（6）: 1048 – 1071.

［9］Buckley, P. J. , and M. C. Casson. Models of the Multinational Enterprise ［J］. Journal, 1998, 29（1）: 21 – 44.

［10］Buckley, P. J. , and M. Casson. Analyzing Foreign Market Entry Strategies – Extending the Internalization Approach ［J］. Journal of International Business Studies, 1998, 29（3）: 539 – 562.

［11］Chang, S. J. , and P. M Rosenzweig. The Choice of Entry Mode in Sequential Foreign Direct Investment ［J］. Strategic Management Journal, 2001, 22（8）: 747 – 776.

［12］Dixit, A. Entry and Exit Decisions under Uncertainty ［J］. Journal, 1989, 97（3）: 620 – 638.

［13］Eicher, T. , and J. W. Kang. Trade, Foreign Direct Investment or Acquisition: Optimal Entry Modes for Multinationals ［J］. Journal of Development Economics, 2005, 77（1）: 207 – 228.

［14］Friedl, G. Sequential Investment and Time to Build ［J］. Schmalenbach, 2002, 54（1）: 56 – 79.

［15］Georgopoulos, A. , and H. G. Preusse. Cross – border Acquisitions vs. Greenfield Investment: A Comparative Performance Analysis in Greece ［J］. International Business Review, 2009, 18: 592 – 605.

［16］Gilroy, B. M. , and E. Lukas. The Choice between Greenfield Investment and Cross – border Acquisition A Real Option Approach ［J］. Quarterly Review of Economics and Finance, 2006, 46（3）: 447 – 465.

［17］Hale, G. , and C. Long. Did Foreign Direct Investment Put An Upward Pressure on Wages in China? ［J］. IMF Economic Review, 2011, 59（3）: 404 – 430.

［18］Hennart, J. F. The Transaction Costs Theory of Joint Ventures: An Empirical Study of Japanese Subsidiaries in the United States ［J］. Management Science, 1991, 37（4）: 483 – 497.

［19］Ingersoll Jr. , J. E. , and S. A. Ross. Waiting to Invest: Investment and Uncertainty ［J］. Journal of Business, 1992, 65（1）: 1 – 29.

［20］Kumar, M. V. S. The Value from Acquiring and Divesting a Joint Venture: A Real Options Approach ［J］. Strategic Management Journal, 2005, 26（4）: 321 – 331.

［21］ Leiblein, M. J. The Choice of Organizational Governance Form and Performance: Predictions from Transaction Cost, Resource – based, and Real Options Theories ［J］. Journal of Management, 2003, 29 (6): 937 – 961.

［22］ Li, J. Real Options Theory and International Strategy: A Critical Review ［J］. Advances in Strategic Management, 2007 (24): 67 – 101.

［23］ McDonald, R., and D. Siegel. The Value of Waiting to Invest ［J］. Quarterly Journal of Economics, 1986, 101 (4): 707 – 727.

［24］ Moskalev, S. A. Foreign Ownership Restrictions and Cross – border Markets for Corporate Control ［J］. Journal of Multinational Financial Management, 2010, 20 (1): 48 – 70.

［25］ Myers, S. C. Determinants of Corporate Borrowing ［J］. Journal of Financial Economics, 1977, 5 (2): 147 – 175.

［26］ Neto, P., A. O. Brand, and A. Cerqueira. The Impact of FDI, Cross Border Mergers and Acquisitions and Greenfield Investments on Economic Growth ［J］. FEP Working Papers, 2008.

［27］ Nocke, V., and S. Yeaple. Cross – border Mergers and Acquisitions vs. Greenfield Foreign Direct Investment: The Role of Firm Heterogeneity ［J］. Journal of International Economics, 2007, 72 (2): 336 – 365.

［28］ Paddock, J. L., D. R. Siegel, and J. L. Smith. Option Valuation of Claims on Real Assets: The Case of Offshore Petroleum Leases ［J］. Quarterly Journal of Economics, 1988, 103 (3): 479 – 508.

［29］ Shaver, J. M. Accounting for Endogeneity when Assessing Strategy Performance: Does Entry Mode Choice Affect FDI Survival? ［J］. Management Science, 1998, 44 (4): 571 – 585.

［30］ Smit, H. T. J. Acquisition Strategies as Option Games ［J］. Journal of Applied Corporate Finance, 2001, 14 (2): 79 – 89.

［31］ Wang, M., and M. C. Sunny Wong. What Drives Economic Growth? The Case of Cross – Border M&A and Greenfield FDI Activities ［J］. Kyklos, 2009, 62 (2): 316 – 330.

［32］ Weimer, C. M. Foreign Direct Investment and National Security Post – FINSA 2007 ［J］. Tex. L. Rev., 2008 (87): 663 – 679.

［33］ Wijeweera, A., R. Villano, and B. Dollery. Economic Growth and FDI Inflows: A Stochastic Frontier Analysis ［J］. Journal of Developing Areas, 2010, 43 (2): 143 – 158.

［34］ Yeo, K. T., and F. Qiu. The Value of Management Flexibility: A Real Option Approach to Investment Evaluation ［J］. International Journal of Project Management, 2003, 21 (4): 243 – 250.

［35］ Zhao H., Y. Luo, and T. Suh. Transaction Cost Determinants and Ownership – based Entry Mode Choice: A Meta – analytical Review ［J］. Journal of International Business Studies, 2004, 35 (6): 524 – 544.

Cross – border M&A or Greenfield Investment! What Affect Choices between the Two FDI Entry Modes?

Li Shanmin   Li Chang

(Sun Yat – sen Business School, Sun Yat – sen University, Guangzhou 510275)

Abstract: The Greenfield Investment and Cross – border M&A are the two main ways in which the FDI investors entry the host countries. Former researches show that the two FDI entry modes lead to totally different affects to hosts countries/hence it's practicably useful to figure out what factors affect the FDI investors' choices between the two entry modes. By composing a three – stage real option model, we find out that these affecting factors are construction speed, economic growth, demand uncertainty, what's more, we also find that the target firms of Cross – border M&A have larger scales than those of Greenfield Investments. Also, by the model, we theoretically confirmed that host countries' policies can significantly affect the FDI investors' choices between the two entry modes. And all the above conclusions are confirmed by empirical tests.

Key Words: FDI; Cross – border M&A; Greenfield Investment; Real Option

第二节

英文期刊论文精选

文章名称：Idiosyncratic Risk and the Cross – Section of Expected Stock Returns

期刊名称：The Journal of Finance

作　　者：Esther Eiling

出版期号：2013，68（1）

内容摘要：Theories such as Merton（1987）predict a positive relation between idiosyncratic risk andexpected return when investors do not diversify their portfolio. Ang，Hodrick，Xing，and Zhang（2006，Journal of Finance 61，259 – 299）however find that monthly stock returns arenegatively related to the one – month lagged idiosyncratic volatilities. I show that idiosyncratic volatilities are time – varying and thus their findings should not be used to imply the relation between idiosyncratic risk and expected return. Using the exponential GARCH models to estimate expected idiosyncratic volatilities，I find a significantly positive relation between the estimated conditional idiosyncratic volatilities and expected returns. Further evidence suggests that Ang et al.'s findings are largely explained by the return reversal of a subset of small stocks with high idiosyncratic volatilities.

文章名称：Ex Ante Skewness and Expected Stock Returns

期刊名称：The Journal of Finance

作　　者：Jennifer Conrad，Robert F. Dittmar，Eric Ghysels

出版期号：2013，68（1）

内容摘要：We use a sample of option prices，and the method of Bakshi，Kapadia and Madan（2003），to estimate the ex ante higher moments of the underlying individual securities' risk – neutral returns distribution. We find that individual securities' volatility，skewness，and kurtosis are strongly related to subsequent returns. Specifically，we find a negative relation between volatility and returns in the cross – section. We also find a significant relation between skewness and returns，with more negatively（positively）skewed returns associated with subsequent higher（lower）returns，while kurtosisis positively related to subsequent returns. We analyze the extent to which these returns relations represent compensation for risk. We find evidence that，even after controlling for differences in comoments，individual securities' skewness matters. As an application，we examine whether idiosyncratic skewness in technology stocks might explain bubble pricing in Internet stocks. However，when we combine information in the risk – neutral distribution and a stochastic discount factor to estimate the implied physical distribution of industry returns，we find little evidence that the distribution of technology stocks was positively skewed during the bubble period – in fact，these stocks have the lowest skew，and the highest estimated sharpe ratio，of all stocks in our sample.

文章名称：What Do Consumers' Fund Flows Maximize? Evidence from Their Brokers' Incentives

期刊名称：The Journal of Finance

作　　者：Susan E. K. Chiristoffersen，Richard Evans，David K. Musito

出版期号：2013，68（1）

内容摘要：We ask whether mutual funds' flows reflect the incentives of the brokers intermediating them. The incentives we address are those revealed in statutory filings: the brokers' shares of sales loads and other revenue，and their affiliation with the fund family. We find significant effects of these payments to brokers on funds' inflows，particularly when the brokers are not affiliated. Tracking these investments forward，we find load sharing，but not revenue sharing，to predictpoor performance，consistent with the different incentives these payments impart. We identify one benefit of captive brokerage，which is the recapture of redemptions elsewhere in the family.

文章名称：Access to Collateral，Corporate Debt Structure: Evidence from a Natural Experiment

期刊名称：The Journal of Finance

作　　者：Vikrant Vig

出版期号：2013，68（3）

内容摘要：Much of our understanding of creditor rights is based on the notion that better enforcement of contracts reduces borrowing costs，thereby relaxing financial constraints. But what if these rights are too strong? We empirically investigate this question by examining the effect of a securitization reform that strengthened secured creditors rights on corporate debt structure. Strikingly，we find that the reform led to a reduction in secured debt，total debt，debt maturity，and asset growth. These results suggest that strengthening of creditor rights may lead to adverse effects and that firms alter their debt structures to contract around these inefficiencies.

文章名称： How Wise Are Crowds? Insights from Retail Orders and Stock Returns

期刊名称： The Journal of Finance

作　　者： Eric K. Kelley, Paul C. Tetlock

出版期号： 2013, 68 (3)

内容摘要： We study the role of retail investors in stock pricing using uniquely extensive data on retail trades and firm newswires. We show that daily buy – sell imbalances in retail orders positively predict firms' returns at horizons up to 20 days and that predictability does not reverse at 60 – day horizons. These return predictability findings apply to aggressive (market) and passive (limit) order types. Textual analysis of the newswires reveals that market order imbalances also predict the tone of news stories, but limit order imbalances do not. In contrast, limit orders benefit from daily return reversals, whereas market orders do not. Collectively, these findings suggest that retail market orders aggregate private information about firms' future cash flows, whereas retail limit orders provide liquidity to traders demanding immediate execution.

文章名称： Law, Stock Markets, and Innovation

期刊名称： The Journal of Finance

作　　者： James R. Brown, Gustav Martinsson, Bruce C. Petersen

出版期号： 2013, 68 (4)

内容摘要： We study a broad sample of firms across 32 countries and find that strong shareholder protections and better access to stock market financing lead to substantially higher long – runrates of R&D investment, particularly in small firms, but are unimportant for fixed capital investment. Credit market development has a modest impact on fixed investment but no impact on R&D. These findings directly connect law and stock markets with innovative activities key to economic growth and show that legal rules and financial development saffecting the availability of external equity financing are particularly important for risky, intangible investments not easily financed with debt.

文章名称：Optimal CEO Compensation with Search：Theory and Empirical Evidence

期刊名称：The Journal of Finance

作　　者：Melanie Cao，Rong Wang

出版期号：2013，68（5）

内容摘要：We integrate an agency problem into search theory to study executive compensation in a market equilibrium. A CEO can choose to stay or quit and search after privately observing an idiosyncratic shock to the firm. The market equilibrium endogenizes CEOs' and firms' outside options and captures contracting externalities. We show that the optimal pay – to – performance ratio is less than one even when the CEO is risk neutral. Moreover，the equilibrium pay – to – performance sensitivity depends positively on a firm's idiosyncratic risk，and negatively on the systematic risk. Our empirical tests using executive compensation data confirm these results.

文章名称：Private and Public Merger Waves

期刊名称：The Journal of Finance

作　　者：Vojislav Maksimovic，Gordon Phillips，Liu Yang

出版期号：2013，68（5）

内容摘要：We document that public firms participate more than private firms as buyers and sellers of assets in merger waves and their participation is affected more by credit spreads and aggregate market valuation. Public firm acquisitions realize higher gains in productivity，particularly for on – the – wave acquisitions and when the acquirer's stock is liquid and highly valued. Our results are not driven solely by public firms' better access to capital. Using productivity data from early in the firm's life，we find that better private firms subsequently select to become public. Initial size and productivity predict asset purchases and sales 10 and more years later.

文章名称：Realizing Smiles：Options Pricing with Realized Volatility

期刊名称：Journal of Financial Economics

作　　者：Fulvio Corsi，Nicola Fusari，Davide La Vecchia

出版期号：2013，107（2）

内容摘要：We develop a discrete – times to chastic volatility option pricing model exploiting the information contained in the Realized Volatility（RV），which is used as a proxy of the unobservable log – return volatility. We model the RV dynamics by a simple and effective long – memory process，whose parameters can be easily estimated using historical data. Assuming an exponentially affinest ochastic discount factor，we obtain a fully analytic change of measure. An empirical analys is of Standard and Poor's 500 index options illustrates that our model out performs competing time – varying and stochastic volatility option pricing models.

文章名称：CEO Compensation Contagion：Evidence from an Exogenous Shock

期刊名称：Journal of Financial Economics

作　　者：Frederick L. Bereskin，David C. Cicero

出版期号：2013，107（2）

内容摘要：We examine how Chief Executive Officer（CEO）compensation increased at a subset of firms in response to a governance shock that affected compensation levels at other firms in the economy. We first show that Delaware – incorporated firms with staggered boards and no outside block holders increased CEO compensation following the mid – 1990s Delaware legal cases that strengthened their ability to resist hostile takeovers. Consistent with the Gabaix and Landier（2008）contagion hypothesis，non – Delaware firms subsequently increased CEO compensation when the rulings affected a substantial number of firms in their industries. We further show how these legal developments contributed significantly to the rapid increase in CEO compensation in the late 1990s.

文章名称： CEO Wage Dynamics：Estimates from a Learning Model

期刊名称： Journal of Financial Economics

作　　者： Lucian A. Taylor

出版期号： 2013，108（1）

内容摘要： The level of Chief Executive Officer（CEO）pay responds asymmetrically to good and bad news about the CEO's ability. The average CEO captures approximately half of the surpluses from good news, implying CEOs and shareholders have roughly equal bargaining power. In contrast, the average CEO bears none of the negative surplus from bad news, implying CEOs have downward rigid pay. These estimates are consistent with the optimal contracting benchmark of Harris and Holmstrom（1982）and do not appear to be driven by weak governance. Risk – averse CEOs accept significantly lower compensation in return for the insurance provided by downward rigid pay.

文章名称： Labor Unemployment Risk and Corporate Financing Decisions

期刊名称： Journal of Financial Economics

作　　者： Ashwini K. Agrawal，David A. Matsa

出版期号： 2013，108（2）

内容摘要： This paper presents evidence that firms choose conservative financial policies partly to mitigate workers' exposure to unemployment risk. We exploit changes in state unemployment insurance laws as a source of variation in the costs borne by workers during layoff spells. We find that higher unemployment benefits lead to increased corporate leverage, particularly for labor – intensive and financially constrained firms. We estimate the ex ante, indirect costs of financial distress due to unemployment risk to be about 60 basis points of firm value for a typical BBB – rated firm. The findings suggest that labor market frictions have a significant impact on corporate financing decisions.

文章名称： A New Approach to Predicting Analyst Forecast Errors：Do Investors Overweight Analyst Forecasts?

期刊名称： Journal of Financial Economics

作　　者： Eric C. So

出版期号： 2013，108（3）

内容摘要： I provide evidence that investors systematically overweight analyst forecasts by demonstrating that prices do not fully reflect the predictable component of analyst forecast errors. This evidence conflicts with conclusions in prior research relying on traditional approaches to predicting analyst errors. I highlight estimation bias associated with traditional approaches and develop a new approach that reduces this biasby directly forecasting future earnings. I estimate "characteristic forecasts" using large sample relations to map current firm characteristics into forecasts of future earnings. Contrasting characteristic and analyst forecasts predicts future analyst forecast errors，forecast revisions，and changes in buy/sell recommendations. I document abnormal returns to a strategy that sorts firms based on predicted forecast errors，consistent with investors overweighting analyst forecasts relative to optimal Bayesian weights. Overweighting varies intuitively with characteristics of the information environment and across investor sentiment regimes. Taken together，the evidence suggests that predictable biases in analyst forecasts influence the information content of prices.

文章名称： Exploring the Role Delaware Plays as a Domestic Tax Haven

期刊名称： Journal of Financial Economics

作　　者： Scott D. Dyreng，Bradley P. Lindsey，Jacob R. Thornock

出版期号： 2013，108（3）

内容摘要： Offshore tax havens，such as the Cayman Islands，have been shown to facilitate corporate tax avoidance. However，academic research has overlooked the possibility that the state of Delaware could serve a similar role domestically. We find that tax factors play an important role in determining where to locate subsidiaries and that these factors are economically larger than the legal and governance factors that are typically considered important determinants of incorporation decisions. In addition，the tax savings of placing subsidiaries in the state of Delaware are economically meaningful. For firms that appear to engage in tax strategies involving Delaware，we find a reduction in the state effective tax rate of approximately 1.5 percentage points，which is similar in magnitude to the tax savings of having foreign haven operations. Our results are consistent with Delaware serving as a domestic haven against state corporate taxation.

文章名称：Managerial Attitudes and Corporate Actions

期刊名称：Journal of Financial Economics

作　　者：John R. Graham，Campbell R. Harvey，Manju Puri

出版期号：2013，109（1）

内容摘要：Our paper provides striking evidence based on psychometric tests administered to CEOs that personal（or behavioral）traits such as optimism and managerial risk – aversion are related to corporate financial policies. We also provide evidence consistent with a matching between the behavioral traits of executives and the kinds of companies they join；that is，certain types of firms appear to attract executives with particular psychological profiles. Further，we provide new evidence that behavioral traits help explain compensation structure. Finally，we offer evidence that U. S. CEOs differ from non – U. S. CEOs in terms of their underlying attitudes. CEOs are also significantly more optimistic and risk – tolerant than the lay population.

文章名称：Investment Cycles and Startup Innovation

期刊名称：Journal of Financial Economics

作　　者：Ramana Nanda，Matthew Rhodes – Kropf

出版期号：2013，110（2）

内容摘要：We find that VC – backed firms receiving their initial investment in hot markets are more likely to go bankrupt，but conditional on going public are valued higher on the day of their IPO，have more patents and have more citations to their patents. Our results suggest that VCs invest in riskier and more innovative startups in hot markets（rather than just worse firms）. This is true even for the most experienced VCs. Furthermore，our results suggest that the food of capital in hot markets also plays a causal role in shifting investments to more novel startups by lowering the cost of experimentation for early stage investors and allowing them to make riskier，more novel，investments.

文章名称： R&D and the Incentives from Merger and Acquisition Activity

期刊名称： Review of Financial Studies

作　　者： Gordon M. Phillips, Alexei Zhdanov

出版期号： 2013, 26 (1)

内容摘要： We provide a model and empirical tests showing how an active acquisition market affects firm incentives to innovate and conduct R&D. Our model shows that small firms optimally may decide to innovate more when they can sell out to larger firms. Large firms may find it disadvantageous to engage in an "R&D race" with small firms, as they can obtain access to innovation through acquisition. Our model and evidence also show that the R&D responsiveness of firms increases with demand, competition, and industry mergerand acquisition activity. All of these effects are stronger for smaller firms than for larger firms.

文章名称： Out of the Dark: Hedge Fund Reporting Biases and Commercial Databases

期刊名称： Review of Financial Studies

作　　者： Adam L. Aiken, Christopher P. Clifford, Jesse Ellis

出版期号： 2013, 26 (1)

内容摘要： We examine the potential for selection bias in voluntarily reported hedge fund performance data. We construct a novel set of hedge fund returns that have never been reported to a commercial hedge fund database. These returns allow a direct comparison of performance between funds that choose to report to commercial databases and funds that do not. We find that funds that report their performance to commercial databases significantly outperform non–reporting funds. Our results suggest that the voluntarily reported performance in commercial databases suffers from a selection bias that may exaggerate the average skill of the universe of hedge fund managers.

文章名称：Local Overweighting and Underperformance：Evidence from Limited Partner Private Equity Investments

期刊名称：Review of Financial Studies

作　　者：Yael V. Hochberg，Joshua D. Rauh

出版期号：2013，26（2）

内容摘要：Institutional investors exhibit substantial home – state bias in private equity. This effect is particularly pronounced for public pension fund investments in venture capital and real estate. Public pension funds achieve performance on in – state investments that is 2 – 4 percentage points lower than both their own similar out – of – state investments and similar investments in their state by out – of – state investors. States with political climates characterized by more self – dealing invest a larger share of their portfolio locally. Relative to the performance of the rest of the private equity universe, overweighting and underperformance in local investments reduce public pension fund resources by $1.2 billion per year.

文章名称：Corporate Leverage，Debt Maturity，and Credit Supply：The Role of Credit Default Swaps

期刊名称：Review of Financial Studies

作　　者：Alessio Saretto，Heather E. Tookes

出版期号：2013，26（5）

内容摘要：Does the ability of suppliers of corporate debt capital to hedge risk through credit default swap（CDS）contracts impact firms' capital structures？We find that firms with traded CDS contracts on their debt are able to maintain higher leverage ratios and longer debt maturities. This is especially true during periods in which credit constraints become binding, as would be expected if the ability to hedge helps alleviate frictions on the supply side of credit markets.

文章名称：Capturing Option Anomalies with a Variance – Dependent Pricing Kernel

期刊名称：Review of Financial Studies

作　　者：Peter Christoffersen，Steven Heston，Kris Jacobs

出版期号：2013，26（8）

内容摘要：We develop a GARCH option model with a new pricing kernel allowing for a variance premium. While the pricing kernel is monotonic in the stock return and in variance，its projection onto the stock return is nonmonotonic. A negative variance premium makes it U shaped. We present new semiparametric evidence to confirm this U – shaped relationship between the risk – neutral and physical probability densities. The new pricing kernel substantially improves our ability to reconcile the time – series properties of stock returns with the cross – section of option prices. It provides a unified explanation for the implied volatility puzzle，the overreaction of long – term options to changes in short – term variance，and the fat tails of the risk – neutral return distribution relative to the physical distribution.

文章名称：A Long – Run Risks Explanation of Predictability Puzzles in Bond and Currency Markets

期刊名称：Review of Financial Studies

作　　者：Ravi Bansal，Ivan Shaliastovich

出版期号：2013，26（1）

内容摘要：We show that bond risk – premia rise with uncertainty about expected inflation and fall with uncertainty about expected growth；the magnitude of return predictability using these two uncertainty measuresis similar to that by multiple yields. Motivated by this evidence，we develop and estimate a long – run risks model with time – varying volatilities of expected growth and inflation. The model simultaneously accounts for bond return predictability and violations of uncovered interest parity in currency markets. We find that preference for early resolution of uncertainty，time – varying volatilities，and non – neutral effects of inflation on growth are important to account for these aspects of asset markets.

第三章 金融学学科 2013 年 出版图书精选

第一节

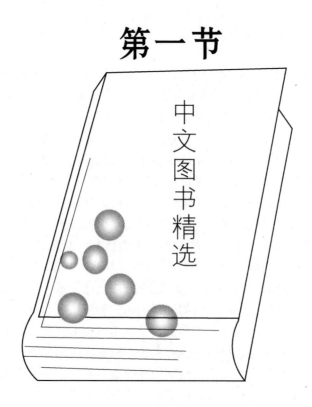

中文图书精选

书　　　名：两次全球大危机的比较研究

作　　　者：刘鹤　主编

出 版 社：中国经济出版社

出版时间：2013 年 2 月

内容提要：

本书通过比较研究两次危机的共同之处，侧重于从政治经济学的角度进行归纳，初步得到 10 点结论，简要描述如下：①两次危机的共同背景都是在重大的技术革命发生之后。②在危机爆发之前，都出现了前所未有的经济繁荣，危机发源地的政府都采取了极其放任自流的经济政策。③收入分配差距过大是危机的前兆。④在公共政策空间被挤压得很小的情况下，发达国家政府所采取的民粹主义政策通常是危机的推手。⑤大众的心理都处于极端的投机状态，不断提出使自己相信可以一夜致富的理由。⑥两次危机都与货币政策相关联。在两次危机之前，最方便的手段是采取更为宽松的货币信贷政策。⑦危机爆发后，决策者总是面临民粹主义、民族主义和经济问题政治意识形态化三大挑战，市场力量不断挑战令人难以信服的政府政策，这使得危机形势更为糟糕。⑧危机的发展有特定的拓展模式，在它完成自我延伸的逻辑之前，不可轻言经济复苏。⑨危机只有发展到最困难的阶段，才有可能倒逼出有效的解决方案，这一解决方案往往是重大的理论创新。⑩危机具有强烈的再分配效应，它将导致大国实力的转移和国际经济秩序的重大变化。

考虑到我国加快推动经济发展方式转变、全面建成小康社会的历史背景，在诸多可以选择的政策建议中，作者主要想提出三点思考：①树立底线思维方法，对危机可能出现的最坏场景做出预案；②把握我国战略机遇期内涵的重大变化，谋求中国利益和全球利益的最大交集。③集中力量办好自己的事，抓好重大课题的务实超前研究。

书　　名：成本冲击、通胀容忍度与宏观政策
作　　者：伍戈，李斌
出 版 社：中国金融出版社
出版时间：2013 年 6 月

内容提要：

本书着重论述了以下有关内容：第一，系统地阐述了成本冲击与各国通胀差异之间的关系。第二，细致地研究了不同成本冲击类型对通胀和通胀容忍度的影响。第三，深入地分析了全球化背景下的成本冲击与中国通胀新趋势。

本书还发现，尽管长期以来中国的货币增长和通货膨胀之间保持着良好的同步关系，但 2010 年下半年以来，货币与通胀的同步关系出现趋势性背离。本书尝试从多个方面（尤其是成本冲击的视角）对这些问题进行剖析。在现阶段，应在货币数量论的基础上，充分考虑政策作用的时滞变化。短期内应密切关注金融危机及其给通胀预期、货币流通速度带来的重要冲击，中长期应高度重视经济结构尤其是劳动力供给等对通胀水平的系统性冲击，注意考察这些结构性变迁对未来通胀水平的影响，以确保货币政策的前瞻性和有效性。

伍戈博士和李斌博士还对中国的实际情况提出了若干政策建议。他们建议，当经济体遭遇供给冲击（国内刘易斯拐点、国际大宗商品价格高企等）时，经济增速可能会有所放缓，同时物价对需求扩张会更加敏感，此时货币政策尤其需要审慎。无论成本冲击型通胀压力如何，抑制国内通胀的首要手段应该是管理好国内货币条件。对于成本推进型通胀，货币政策并不是无可作为，而是依然能发挥至关重要的作用。因此，在成本冲击型通胀特征较为明显的阶段，应仔细甄别成本冲击的具体性质，努力把握好国内货币信贷投放的总量和节奏，避免因刺激性宏观政策形成成本推动与需求拉动相互强化所导致的螺旋式价格上涨。

书　　名：人民币国际化与外汇期货市场建设研究
作　　者：刘文财，朱钧钧，黎琦嘉著　张慎峰编
出　版　社：中国金融出版社
出版时间：2013 年 9 月

内容提要：

推动人民币国际化必须选择更加灵活、富有弹性的汇率制度。2012 年 4 月 16 日，中国人民银行扩大了人民币汇率波动幅度，向着弹性的汇率制度迈出了重要一步。与此同时，汇率波动幅度的扩大，也意味着经济体将面临更大的汇率波动风险，更需要包括外汇期货在内的汇率风险管理工具。

2011 年 4 月，中国金融期货交易所成立了外汇期货开发小组，着手外汇期货的开发研究工作。本书是小组成立以来主要研究成果的汇编，从人民币国际化、汇率制度选择、外汇期货市场三者之间的关系出发，总结了国际外汇衍生品市场，包括场外与场内市场的最新发展状况，揭示了汇率制度改革与外汇衍生品市场发展的内在关系。在此基础上，结合人民币国际化过程中离岸人民币衍生品市场的发展状况分析了对在岸市场定价权的影响，剖析了金砖国家外汇管理体制变革与外汇衍生品市场的关系，提出了符合我国实际情况的外汇期货市场发展的政策建议，具有较高的学术价值。

书　　　名：人民币国际化和产品创新

作　　　者：张光平

出　版　社：中国金融出版社

出版时间：2013 年 10 月

内容提要：

在更新和充实第三版原有内容的基础上，本版还特别扩充了如下主要章节：首先，由于境外人民币市场从 2010 年 8 月启动后三年来发展迅速，成为人民币国际化的最前线和重要组成部分，本版专门增加了境外人民币市场一章，即第 17 章离岸人民币市场。这一章主要对境外人民币资金池的变化，离岸市场人民币债券的发行和交易及国际比较，离岸市场人民币外汇即期、远期、掉期、期权等市场的发展和流动性进行介绍，并与国内市场进行了比较。本章的增加使得对境内外人民币市场的描述结构更为合理、内容更为丰富，并且随着境外人民币市场的进一步发展，本章内容和结构也将更趋完善。其次，本版专门增加了国际贸易和人民币国际化的货币结算一章。对外贸易结算是货币国际化最基本的应用，人民币跨境贸易结算也是人民币国际化进展最快的领域，本版专门增加了第 18 章国际贸易和人民币跨境贸易结算，集中介绍和分析人民币跨境贸易结算方面的成就和存在的问题。本章的增加和第三版增加的国际外汇储备资产构成和人民币成为主要国际储备资产的条件探讨（第三版第 17 章，本版第 19 章）共同构成了人民币国际化两大主要功能，结构更加清晰合理。

书　　名：力挽狂澜

作　　者：【美】威廉·西尔伯（William Silber）　慕相/刘丽娜（译）

出　版　社：上海财经大学出版社

出版时间：2013 年 9 月

内容提要：

保罗·沃尔克是美国历史上最伟大的美联储主席，是对美国和世界经济影响最大的金融泰斗之一。

这位"温柔的金融巨人"身高逾两米。比身高更突出的，是他辉煌传奇的职业生涯：20 世纪 70 年代，应对布雷顿森林体系解体和美元危机；20 世纪 70 ~ 80 年代，在美联储主席任上，成功制服恶性通货膨胀；2009 年，应奥巴马之请再度出山，应对百年一遇的全球金融危机。自 1963 年以来，在半个多世纪的时间里，他被 6 位总统委以重任。

尤其在 20 世纪 80 年代，沃尔克成功驯服高达两位数的通胀"怪兽"，创造了"沃尔克奇迹"，为美国此后的经济繁荣奠定了稳固基础，被誉为"过去 20 年里美国经济活力之父"。

更为宝贵的是，他刚正耿直，坚毅执着，忠于公共利益，不迎合任命他的总统。沃尔克罕见地不谋求聚敛个人财富，放弃投资银行提供的高薪，长期过着算得上是清贫的生活。其高贵、正直和独立的品格备受世人敬重。

阅读一人，如读一史，如读一国。透过西尔伯教授娓娓道来的讲述、精妙入微的刻画，读者能够了解一个真实而完整的金融英雄，如何在风云激荡、复杂莫测的经济金融与政治旋流中，推动一次次重大变革；也能看到半个多世纪以来，美国和世界经济金融的发展历程。同时，沃尔克半个世纪的公职生涯，为我们了解美国经济政策的决策和运作和由表及里看美国，提供了一个极好的切入点。

书　　名：国际金融体系：改革与重建

作　　者：高海红，张明，刘东民，徐奇渊

出 版 社：中国社会科学出版社

出版时间：2013 年 8 月

内容提要：

本书是国家社会科学基金重点项目"二十国集团面临的全球治理问题研究"之成果，也是中国社会科学院世界经济与政治研究所创新工程"国际货币金融体系改革与中国的政策选择"课题研究的成果组成部分。全书由六篇组成。

第一篇以国际金融体系演变与重建为主题，首先回顾国际金融体系演变历程，评价金本位制、布雷顿森林体系下的美元黄金本位、牙买加体系这三个重要发展阶段，其次阐述全球金融危机对现有国际金融体系带来的挑战，最后对中国如何更有效地参与国际多边机制的金融合作提出了政策建议。

第二篇以美元霸权和人民币国际化战略为主题，从美元在国际货币体系中的特殊地位入手，分析美元主导的体系在金融危机形成和全球金融风险累积中的作用；深入分析美元主导的国际货币体系存在的不可持续性，阐述国际货币体系多元化的趋势和实现人民币国际化战略的必要性。

第三篇以国际金融危机和中国的对策为主题，首先回顾浮动汇率制度以来两次主要金融危机爆发的进程，其次对美国次贷危机的成因、演进、应对措施及其与全球金融危机的关系进行了全面的梳理，并且重点分析了欧洲主权债务危机的爆发、抵抗危机的对策和未来的发展，最后提出了有效的应对建议。

第四篇以金融自由化、金融创新和金融监管为主题，首先梳理了金融自由化的概念和阶段，其次分析金融创新的内涵、动因、功能和价值，并重点讨论了金融创新与金融风险之间的关系。本篇还阐述了金融监管、金融稳定和经济效率之间的关系，对后危机时代的金融监管改革和中国的对策进行了系统的分析。

第五篇以人民币汇率水平、制度变迁和中国的经济增长为主题，分别对汇率水平和汇率制度与经济增长的关系进行了理论分析，并且以经验方法探讨包括中国在内的东亚国家汇率制度与经济增长之间的关系，分析这些国家经济增长对实际汇率水平的影响。本篇还对人民币汇率制度的历史演变进行了系统的回顾。

第六篇以东亚区域合作应对金融风险为主题，首先讨论东亚金融合作对国际金融体系改革的意义，并以东亚区域经济金融一体化程度为依据，阐述东亚区域金融合作的基础和条件。本篇重点梳理东盟、中国、日本和韩国之间建立的流动性救助机制——清迈倡议多边机制的发展和演变，讨论这一机制对区域金融稳定的作用。本篇还从政策选择角度提出加强东亚金融合作的路线图，从贸易、直接投资、证券投资以及金融关联度等方面分析中国参与东亚金融合作的潜力。

书　　名：转型时期的金融控制——基于中央银行信贷政策
　　　　　视角的分析
作　　者：高玉泽
出 版 社：中国言实出版社
出版时间：2013 年 10 月

内容提要：

本书基于我国中央银行信贷政策的视角，从政府部门、企业部门、居民部门、金融部门 4 个层面对转型时期的金融控制进行了深入研究，为研究我国近年来的经济转型提供了翔实的资料和独特的视角。本书是作者在其博士论文的基础上，结合多年实践经验补充、续写而成。本书从信贷政策切入，以小见大，通过对我国信贷政策从 20 世纪 90 年代初到 2013 年变化发展的研究，展示了 20 年来我国经济转型期的金融控制的政策变化，并深入探究了其变化的原因。政策主要针对房地产市场、证券市场、消费市场，实施"歧视性"、"排他性"规则。这些规则与西方国家中央银行是一致的，不同之处在于作用范围和方式。2008 年国际金融危机以来，一些规则已被纳入宏观审慎监管范畴。本书的本质即为金融约束论，是针对特定市场，由政府设定租金机会，引导民间部门追逐，在实现市场化配置资源的同时，达到政策意图，实现"鱼和熊掌兼得"。这种金融控制是发展中国家所普遍实施的，虽然各国所处发展阶段不同，所采用的方式、路径、规模、领域大相径庭，但其内在机理大抵如此。分析认为，1998 年以来，我国中央银行信贷政策的主要内容，是实施选择性金融控制，对特定市场、特定主体施加特殊影响，以抑制金融市场的过度繁荣或萧条，促进经济协调、平衡、可持续增长。全书学术色彩突出、理论功底深厚、研究方法扎实、观察视角独特，具有实用价值，且结构严谨、逻辑严密、语言流畅，是一部难得的好书。

该书作为《决策参考》书系中的一本，为政府制定未来工作的目标、选择适当的途径和方法，提供了极有实用价值的参考。

书　　　名：中国金融改革思路（2013～2020）
作　　　者：谢平，邹传伟
出　版　社：中国金融出版社
出版时间：2013 年 4 月

内容提要：

过去 10 年（2003～2012 年），是我国经济高速增长的 10 年。但在金融业中，有许多潜在的金融风险还没有显现出来，制度性隐患正在逐渐积累。与此同时，我国正面临一系列严峻的经济发展约束，如果不再启金融改革，就不利于缓解这些发展约束，不利于达到经济发展目标。

围绕这一背景和思路，《中国金融改革思路（2013～2020）》以 12 个重点领域为经，以 5 项原则为纬。5 项原则为：提高金融服务实体经济的能力，提高市场配置金融资源的效率，提高防范化解金融风险的能力，提高金融对外开放水平，改进金融监管。12 个重点领域包括：国有商业银行改革，政策性金融机构改革，证券市场和证券公司改革，保险业改革，优化农村金融服务，改善小企业金融服务，外汇储备管理的理论逻辑，推进资本项目可兑换，推进汇率市场化，推进利率市场化，建立存款保险机制，加强金融监管。

《中国金融改革思路：2013～2020》一书聚焦中国经济改革，行文流畅，内容翔实，举重若轻地用常见事例将当下经济的很多问题解释清楚，对理解中国金融改革的实质具有重要意义。

书　　　名：资产证券化：中国的实践（第二版）
作　　　者：沈炳熙
出　版　社：北京大学出版社
出版时间：2013 年 11 月

内容提要：

本书是一本理论与实践兼具的入门读物，为从事、研究资产证券化的必读书目。

资产证券化是近 30 年来世界上发展最快的结构性融资方式，以基础资产可预见的现金流作基础，通过发行资产支持证券进行融资，是资产证券化这种融资方式的核心，其开辟了一种既区别于股票融资，又区别于债券融资的新的融资方式，创造了巨大的价值。但是同时资产证券化缺乏制约及监管的快速膨胀，又曾经造成世界范围内金融环境甚至经济环境的巨大波动，成为次贷危机爆发的根本原因。

2005 年 3 月，中国开始信贷资产证券化试点，标志着资产证券化在中国从理论走向实践。8 年来，中国信贷资产证券化经历了曲折的过程，吸取了美国次贷危机的教训，积累了丰富的经验，正在走向一个更加成熟的阶段。中国的信贷资产证券化试点是成功的，已为这项业务成为中国金融机构的常态业务奠定了坚实的基础。本书并不侧重于系统论述资产证券化的基本理论，而是重点阐释中国资产证券化的实践内容。它以中国的资产证券化实践为主线，通过介绍中国资产证券化的背景、剖析试点过程中的重要事件、分析各类试点项目的不同特点和做法，试图向人们说明下列相关问题：中国为什么要进行资产证券化试点？中国是怎样建立资产证券化相关法律制度的？中国的不良贷款证券化与美国的次级按揭贷款证券化区别在哪里？二者为什么不能简单做类比？中国的资产证券化的主体产品为什么是 ABS 而不是 MBS？中国的信贷资产证券化前景究竟如何？

本书不但要记述资产证券化过程中的重大事件、采取的重要举措，更要阐述这些事件的背景、所采取措施的原因和作用。全书分为五个部分：第一部分介绍我国资产证券化的前期准备和试点过程。这部分主要说明我国为什么会提出资产证券化，进行了哪些前期研究，试点阶段的主要做法及经验是什么。第二部分介绍我国为开展资产证券化而进行的制度建设。这部分是全书的重点之一。因为制度建设是资产证券化过程中最重要的一项工作，它要对资产证券化的各个环节、各参与机构的活动进行规范，为证券化的开展提供法律和制度保证。对于从未开展过这项业务的我国金融机构来说，这种制度建设尤其重要。第三部分介绍我国资产证券化实践的几个主要方面，即不同类型资产证券化的开展过程及具体经验。这也是本书的重点，因为它真实地展现了我国资产证券化各个不同的侧面。第四部分是对我国资产证券化未来前景所做的预测。第五部分是附录。作者试图通过上述各部分内容的介绍，把我国资产证券化的经验进行一番总结，给人以某种启示。

书　　名：金融开放进程中人民币汇率若干问题研究
作　　者：中央财经大学中国金融发展研究院
出 版 社：人民出版社
出版时间：2013 年 10 月

内容提要：

《金融开放进程中人民币汇率若干问题研究》由中央财经大学中国金融发展研究院所著。本书分三部分：第一部分探讨了人民币均衡汇率的合适模型和影响均衡汇率的宏观因素，研究了人民币汇率与通货膨胀和出口的联系及中国外汇收支风险预警系统指标体系，介绍了主要新兴市场国家的汇率制度，从宏观角度研究人民币汇率问题，既有广度又有深度；第二部分进行了大量实证分析，研究了人民币汇率波动对行业价值的影响、汇率波动对商品期货价格的影响等问题，从微观的角度研究人民币汇率波动与实体经济的关系；第三部分研究了汇率与投资者情绪传递对股票市场的影响、人民币汇率市场中可以预测股市的信息、泰勒法则基本面对汇率和股价的复合影响等问题，从多个角度分析了汇率与股票市场的关系。三部分内容各有侧重、相辅相成，对中国金融开放进程中人民币汇率的热点和重要的问题进行了分析和探讨。

书　　名：普惠金融：中国农村金融重建中的制度创新与法
　　　　　律框架

作　　者：王曙光等

出 版 社：北京大学出版社

出版时间：2013 年 8 月

内容提要：

最近几年来我国农村金融改革突飞猛进，值得欣慰，但是在农村商业金融，农村政策性金融，农村信用合作社，新型农民合作金融，农村民间金融的改革、规范和发展方面，仍旧存在大量值得研究的问题，改革远远还没有结束，尤其是边远贫困地区和民族地区的农村金融发展还在起步阶段。普惠金融体系要服务于我国现存的 8200 万人的贫困人口，还服务于边远民族地区的农民，要为中国的反贫困做出应有的贡献。

本书基于双重二元金融结构理论和现代农村普惠金融理论，针对我国农村金融改革与发展的现状与趋势，集中探讨我国农村金融体系构建中的制度与法律框架问题。基于对全国十几个省份农村金融机构信贷供给和农户信贷需求的田野调查数据，探讨了我国农村金融体系的制度需求与制度供给特征以及缺陷，对双重二元金融结构和系统性负投资对我国农村经济和农民收入的影响做了实证研究，并对我国农村金融改革的总体制度框架进行了系统的设计；同时，深入探讨了农村合作金融的内部治理结构和经营机制创新、农村民间金融的运作机制和规范化法律体系建设、农村政策性金融的运作模式创新和法律框架、农村小额信贷发展的全球模式及立法监管、大型商业银行支农模式创新，以及新型农村金融体系的金融创新与法律规制等问题，对我国农村金融体系重建中的制度创新与法律框架进行了全方位的解析。

本书在研究方法上注重田野调查方法与理论研究的有机结合、定性研究与定量研究的有机结合、全球经验研究与中国案例研究的有机结合，注重多学科交叉的综合研究工具的运用，在理论和政策层面均具有一定的创新价值。《普惠金融：中国农村金融重建中的制度创新与法律框架》的研究有利于推动金融立法部门在农村金融领域的立法进程，也有利于地方政府制定相应的制度框架和地方法律体系，并有助于从微观上加强农村金融机构自身的风险防范。

书　　名：金融 e 时代
作　　者：万建华
出 版 社：中信出版社
出版时间：2013 年 5 月

内容提要：

随着互联网、移动互联、大数据等新兴技术条件的不断成熟和普及应用，数字化、信息化与金融活动日益交汇融合，数据信息正在成为金融业的基础设施、生存环境乃至存在形式。金融业已经迎来数字化生存的时代。

《金融 e 时代》一书，从信息业与金融业共同的基因——"数字"这一角度切入，全面呈现了驱动金融业发展和金融行业格局改变的重要力量，深刻洞见了商业银行、证券公司、以第三方支付机构为代表的金融服务公司等多个金融业态的发展趋势和演进方向，并且对平台经济、账户体系、虚拟货币、大数据、移动互联网等新兴的金融驱动力做了生动的介绍，为洞察金融未来提供了独特的视角和有价值的思考。

书　　　名：利率市场化突破中国债务困局

作　　　者：邓海清，林虎

出 版 社：社会科学文献出版社

出版时间：2013 年 10 月

内容提要：

当前中国正值转型时期，债务问题和利率市场化推进受到了广泛的关注。当前中国也面临着大量的债务问题，部分产能过剩的行业仍然占用金融资源阻碍经济出清，地方政府对于融资成本不敏感导致债务迅速攀升，经济下行周期企业盈利下滑尚未完全反映为银行的不良资产，房地产周期启动加上金融自由化进程引发居民部门负债隐忧，能否顺利地解决这些问题将决定中国未来数十年的发展路径以及资本市场的命运，这也是我们推出债务问题研究的初衷。而经过数十年发展，利率市场化进程已经进入最后的收官阶段，在这一时间回顾利率市场化的理论研究和国际经验，同时与债务问题结合起来，也具有重要的现实和借鉴意义。

书　　名：系统性金融风险的传导、监管与防范研究
作　　者：王大威
出 版 社：中国金融出版社
出版时间：2013 年 7 月

内容提要：

对于人类金融史上大大小小的历次危机，对于危机理论，从事金融理论研究的人们的研究热情从未减弱过。而对于金融危机发生的原因，尽管仁者见仁，智者见智，但之前的观点均认为金融危机的原因是由单一风险、单一市场引发而来进而大规模扩散的，尚缺乏整体性的梳理和研究。在 20 世纪 20 年代爆发美国"大萧条"后，关于金融理论特别是金融危机理论的研究呈现空前繁荣的局面，特别是凯恩斯主义和古典主义持续数十年的大论战，使得人们对金融危机从发生到传导扩散再到形成危机，直至危机的救助和后续治理进行了深入研究，逐步形成了金融危机研究的系统性理论，并于 20 世纪 80 年代形成系统性风险、系统性金融风险的理论探讨。20 世纪 70 年代末，美国出现经济滞胀，日本、德国的高速发展以及欧洲的整体复苏使得美国世界霸主地位不再稳固，日本也于"广场协议"签订后出现了"失去的十年"，但整体而言，全球经济金融仍然处于繁荣时期。即使是后来的美国网络泡沫的破裂，对全球经济的影响看似也波澜不惊。因此，对于系统性金融风险的研究还仍处于提出阶段，相关防范的宏观审慎监管也由于全球经济金融呈现出看似平静的局面，而并未引起理论界和实务界的重视。在时间转至 2008 年，美国次贷危机爆发进而转化为全球金融海啸后，持续平稳增长、发展数十年的全球经济大厦似有轰然倒塌之势，连曾经的美联储主席格林斯潘也惊呼危机为"百年一遇"，系统性金融危机在这一背景下再次进入理论界和实务界的视野并得到了深入研究。笔者恰逢此时攻读博士，故也将系统性金融风险作为自己博士论文的研究课题进行研究，并发现在系统性金融风险爆发的整个过程中，系统重要性金融机构处于关键性位置。具体对于系统性金融风险的研究思路为：第一步为探寻已有研究成果；第二步为在已有研究成果基础上结合本次危机的具体情况，对系统性金融风险进行理论界定；第三步是探讨金融危机中系统性金融风险爆发的实际情况，从实证角度对系统性金融危机进行研究；第四步是对历次危机中系统重要性金融机构的具体表现进行案例分析，探讨系统性金融风险中位置重要的系统、重要性金融机构在危机中可发挥的作用；第五步为对系统性金融风险的诱因与传播进行归纳性研究；第六步为在全球和各国监管改革已有经验的基础上探寻金融海啸后国际金融改革可资借鉴的研究成果；第七步是对作为应对、防范系统性金融危机重要手段的宏观审慎监管进行研究；第八步为在前面研究的基础上，对系统重要性金融机构风险预警防范体系进行研究。

书　　名：2013 年中国资产管理行业发展报告
作　　者：巴曙松，陈华良，王超等
出 版 社：中国人民大学出版社
出版时间：2013 年 10 月

内容提要：

《2013 年中国资产管理行业发展报告》立足于整个中国资产管理行业的宏观视角，采用把产业发展理论分析和金融机构实务经验有机结合的研究分析框架，在数据分析等传统研究范式的基础上，试图进一步剖析资产管理行业生态系统运作，整体理解资产管理产业链的价值和竞争力重构。这对当前正在进行市场化格局重构的中国资产管理行业而言具有重要的借鉴作用，有助于为正处在"转型困惑期"的资产管理机构寻找转型突破口提供参考。

2013 年，资产管理行业在转型与变革的同时，防范风险逐渐成为监管层与整个业界关注的重点。在"放松管制、放宽限制、防控风险"的政策环境下，分业经营的壁垒逐渐被打破，各类资产管理机构开始在相同的领域展开竞争。本书试图从剖析资产管理行业生态系统运作的角度，来整体理解资产管理产业链的价值和竞争力重构。

2013 年，随着以往分业经营壁垒被逐渐打破，银行、券商、保险、基金、信托、资产管理公司等各类资产机构涌向同一片红海，大资管时代正式来临。新的行业竞争格局压缩了原有制度红利，也为各类机构的混业经营提供了崭新的发展机遇。在利率市场化、人民币国际化的大背景下，整个资产管理行业的产业链不断延伸，跨界竞争与合作更为常态化。

在资产管理行业跨界竞争、创新合作的大潮中，保险资管、信托、公募基金、私募基金、银行和券商在业务层面也已展开针锋相对的竞争。各家机构急切地寻找自己的突围之路，逐步在产品设计、渠道布局、盈利模式创新等方面走出传统业务范畴，从差异化经营和多元化资产组合配置中获取进一步的增长动力。

书　　　名：金融市场波动的多标度分形测度及其应用研究
作　　　者：王鹏
出　版　社：西南财经大学出版社
出版时间：2013 年 7 月

内容提要：

《金融市场波动的多标度分形测度及其应用研究》由王鹏编著。对金融市场波动（volatility）的描述是现代金融理论的核心内容之一。有关波动率大小的测度（measurement）及其动力学机制（dynamics）的刻画，对于资产定价理论的检验、资产组合的选择、衍生产品定价以及金融风险的测度和管理而言，都具有极其重要的理论和现实意义。尽管金融波动率测度及其建模研究在过去几十年里取得了极大进展，涌现出了如 GARCH 类、SV、InRV - ARFIMA 等在金融理论与实务领域都得到广泛应用的众多波动模型，但这些主流的波动率测度模型本身都存在着这样或那样的理论与方法缺陷，并由此导致了理论推论与实证结果的不一致。同时，金融物理学研究中的多标度分形理论（multifractal theory）作为研究金融市场波动复杂性的一种有力工具，能够在很大程度上弥补传统方法对市场复杂波动特征描述的不足。遗憾的是，在目前绝大多数的相关研究中，这一重要方法还只停留在对市场多标度分形特征的实证检验层面。《金融市场波动的多标度分形测度及其应用研究》通过充分提炼金融价格序列多标度分形分析过程中所产生的对定量描述金融波动有益的间接统计信息，提出了一种新的波动率测度方法及其动力学模型，然后进一步考察了其在波动率预测、金融风险管理、衍生产品定价等领域的实际表现。

书　　名：房价波动与金融稳定的理论模型、我国实证及国际比较

作　　者：谭政勋

出 版 社：中国社会科学出版社

出版时间：2013 年 6 月

内容提要：

　　谭政勋所著的《房价波动与金融稳定的理论模型、我国实证及国际比较》围绕金融稳定展开研究。宏观上，货币政策通过商业银行风险承担的货币渠道直接影响金融稳定，同时通过影响房价波动及两者的相互作用来影响金融稳定；微观上，投资者情绪影响证券价格波动和上市银行股价波动，不同银行也会根据自身特征来承担、管理风险并获取收益，这些因素从不同角度影响金融稳定。鉴于上述思路，本书的主体部分（第三章到第十章）分为三个部分，第三章至第六章分析货币政策影响房价波动、房价波动影响金融稳定的作用机制、左右方向及其大小；第七章至第九章则从微观角度建立了投资者情绪、银行特征因素影响银行资产配置和银行稳定的理论模型，并进行实证检验；第十章分析了我国商业银行风险承担的货币渠道及其他因素。总体上，本书分为三大部分：第一章和第二章提出研究背景、意义和基础，第三章到第十章是主体，第十一章是总结和讨论。

书　　　名：资本无疆：跨境并购全景透析

作　　　者：杨桦，李大勇，徐翌成

出 版 社：江苏人民出版社

出版时间：2013 年 8 月

内容提要：

并购重组已在全球范围内风起云涌，波澜壮阔。跨境并购本身已经从单纯的企业经营行为延伸到影响整个国民经济结构的调整和升级，乃至全球经济格局的重要方式。中国要通过市场竞争产生出一批具有国际竞争力的大企业，有必要通过跨境并购在全球范围内配置资源、整合技术和市场，并在全球产业链的高端占有一席之地。杨桦、李大勇、徐翌成编著的《资本无疆：跨境并购全景透析》从法律、战略、策略和实务等方面为中国企业跨境并购提出了应对之策，内容翔实，实为难得的实践指南。

全球化浪潮和中国经济的快速发展为中国企业跨境并购提供了难得的机遇，在全球市场谋求生存和发展，成为跨境并购高潮中的首要战略动力。本书对上市公司跨境并购的制度和实务进行了深入系统的研究，是我国第一本系统性阐述上市公司跨境并购的著作，特别是大量翔实的案例剖析，对中国企业"走出去"实施跨境并购具有非常重要的参考和指导价值。《资本无疆：跨境并购全景透析》结合中国上市公司跨境并购现状、发展特点及趋势，深入分析了我国上市公司跨境并购以及主要欧美国家对外国投资者跨境并购境内企业的各种法律监管制度；对中国上市公司跨境并购的主要模式，操作程序、要点和主要障碍进行系统性分析；同时，借鉴境外成熟资本市场对本国企业跨境并购的监管制度，提出进一步完善我国上市公司跨境并购的政策建议。特别是大量上市公司跨境并购的经典案例为中国企业"走出去"提供了指南和启示。这本有关我国上市公司跨境并购的专著，为推进跨境并购做出了贡献。

书　　名：基于谱聚类的金融时间序列数据挖掘方法研究
作　　者：苏木亚
出 版 社：中国经济出版社
出版时间：2013 年 8 月

内容提要：

数据挖掘是商务智能的核心技术之一。近年来，数据挖掘已经被广泛应用于金融管理、客户关系管理、工作流程管理、风险管理等管理领域，为企业的决策支持、成本控制、组织协同等提供了极大帮助。聚类分析是数据挖掘研究的一个重要组成部分。聚类是把对象的集合分组成为多个簇的过程，使同一个簇中的对象具有较高的相似度，而不同簇的对象差别较大。聚类分析已在股票数据分析、市场细分、生产监管、异常检测等领域发挥重要作用。在聚类分析的众多算法中，谱聚类是基于谱图理论的一类新的聚类方法，具有能够对任意形状的数据进行划分、易于执行等优点。许多文献已经对谱聚类算法的特点进行了深入研究，并提出了一些改进方法。然而，无论从理论层面、算法层面还是实践层面，仍有很多问题有待解决，例如：谱聚类方法中如何确定数据集的既合理又稳定的聚类数目？如何选取包含聚类信息的特征向量组？从矩阵扰动理论角度看多路归一化割谱聚类方法是否合理？利用主成分分析法对单变量时间序列降维的原理是什么？如何利用谱聚类方法对实际的金融时间序列数据进行分析？有鉴于此，苏木亚所著的《基于谱聚类的金融时间序列数据挖掘方法研究》围绕谱聚类方法及其在金融时间序列数据挖掘中的应用做了以下工作：①针对经典谱聚类的聚类数目估计问题，提出了基于稳定性的非唯一聚类数目确定方法。②针对谱聚类方法中选择包含聚类信息的特征向量组问题，提出了谱聚类中自动选择包含聚类信息的特征向量组方法。③以矩阵扰动理论为工具，对多路归一化割谱聚类方法的合理性进行了分析。④针对主成分分析法对单变量时间序列降维原理问题，从线性空间中向量、基向量和系数矩阵间关系角度对其进行解释。⑤针对独立成分分析法对单变量时间序列降维原理展开讨论，考虑了独立成分分析法的含混性对聚类结果的影响。⑥采用多路归一化割谱聚类方法，对欧洲主权债务危机背景下的全球主要股指进行了联动性与稳定性分析。⑦采用多路归一化割谱聚类方法和独立成分分析法对国内开放式基金进行了投资风格识别研究。⑧选用本书提出的基于 Sharpe 系数间隙判断投资风格归属的方法判断各类代表元基金投资风格的具体类型。

书　　名：影子银行体系：自由银行业的回归?
作　　者：周莉萍
出版社：社会科学文献出版社
出版时间：2013 年 5 月

内容提要：

周莉萍所著的《影子银行体系：自由银行业的回归?》的理论讨论集中在影子银行体系的信用创造机制、宏观经济效应以及应对思路。影子银行体系之所以被冠名为"银行"，原因是其本质与商业银行同为私人货币供给。私人货币供给在历史上有过多元化的形式，本书第一章从商品货币讨论至影子银行体系的信用创造，对历史上的私人货币供给演变进行系统回顾和梳理。理论的研究起点界定后，在第二章围绕影子银行体系的本质、特征、运行机制和监管思路等典型问题，对次贷危机之后的影子银行体系研究进行综述，展现新的国际研究进展。第三章给出了全球典型的影子银行体系——美国影子银行体系发展演变的事实和线索，以真实的演变数据重现影子银行体系在美国形成的过程。由此，前三章从理论和实践角度，为影子银行体系研究奠定基础。第四章深入剖析影子银行体系的信用创造功能、机制、内在缺陷，从理论视角回应影子银行体系为什么是一种私人货币供给形式。这种私人货币供给由于其超越传统商业银行体系的规模而富有宏观经济效应。第五章着重讨论影子银行体系对商业银行货币供给机制的冲击、对货币市场的影响以及对中央银行资产负债表的冲击。除此之外，影子银行体系和金融体系的系统性风险形成具有内在联系，第六章通过列举次贷危机中系统性风险的累积与爆发，尝试性讨论了此问题。在此背景下，影子银行体系的监管不可避免地成为理论和实践的热点。第七章梳理了国际社会对影子银行体系的监管思路和概况，通过比较自由银行业时期的银行监管，提出了影子银行体系的监管路径。在激烈的学术讨论背后，体现了不同的思想渊源。影子银行体系本质是商业银行的一种表外创新，而创新背后的思想动力是自由银行业思想。这种思想并未在中央银行产生之后彻底消失，而是以不同的金融创新形式反复回归，影子银行体系便是其中一例。第八章以商业银行特许权价值在自由银行业体系和现代商业银行体系中的演变为线索，提出影子银行体系是古老的自由银行业思想的一种回归。中国已经提前被西方国家认为是有影响的大国，这不仅体现在金融危机中诸多国家对中国声音的期待，也体现在诸多新研究对中国元素的覆盖。在美国影子银行体系出现问题之后，一些国际人士很快开始热议中国的影子银行体系，国内学者中也对影子银行体系有不同的理解。第九章简单梳理了不同的理解，并从金融创新视角界定中国的影子银行体系范畴。在深入剖析其在国内的成因之后，结合中国货币市场发展的需求，提出中国影子银行体系与金融创新的未来方向。

书　　名：金融风险控制论
作　　者：展西亮
出 版 社：经济科学出版社
出版时间：2013 年 8 月

内容提要：

2007 年美国爆发次贷危机，并引发全球金融危机，这次危机为国际金融风险监管与风险控制带来了一系列新的命题。巴塞尔委员会率先于 2009 年提出了针对此次危机中暴露的不足的修订文件集。在国际社会的共同努力下，巴塞尔委员会于 2010 年 12 月 16 日正式发布了《巴塞尔协议Ⅲ》。在金融自由化与全球化大背景下，如何在巴塞尔协议Ⅱ的稳步推进中汲取《巴塞尔协议Ⅲ》的精髓，如何在避免金融风险监管政策与风险控制措施的过度频繁更新的同时，实现国际最新的金融风险监管与风险控制前沿的本土化，将成为摆在世界各国面前的一道亟须解决的难题。全球金融业不仅亟待一场全方位的金融风险监管变革，更面临一场全面风险控制水平国际化和全面升级的挑战。

金融风险对于一国经济的冲击主要表现在微观和宏观两个层面。在微观层面上，金融风险会给一国的经济主体造成经济损失，有时还会威胁到经济主体的生存与发展；金融风险会影响一国投资者（或存款人）的信心与预期；金融风险会降低资金的利用率，在特定情况下还会导致社会资金闲置和浪费。在宏观层面上，金融风险会导致社会投资水平下降，使一国的经济增长速度放缓或者停滞不前，甚至还会导致经济负增长；在对金融风险处置不当的情况下，金融风险很可能引致产业结构的畸形发展；对于开放或正在开放经济的国家，金融风险的存在还会影响本国国际收支平衡，甚至会危及本国经济与社会的安全稳定。

第二节

英文图书精选

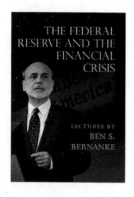

书　　名：The Federal Reserve and the Financial Crisis
作　　者：Ben S. Bernanke
出 版 社：Princeton University Press
出版时间：February 24，2013

内容提要：

从美联储的发展历史看，能够亲历历史上大的金融危机并且参与具体应对的美联储主席并不多，伯南克是其中为数不多的几位之一。作为一位持续跟踪研究大萧条以及金融危机相关问题的金融学家，伯南克在金融危机中得以有机会在其理论研究的基础上直接参与危机应对的决策。从这个意义上说，伯南克如何看待金融危机中的中央银行，如何看待金融危机中的货币政策，就有其独到的价值。在美联储工作期间，伯南克以善于合作、为人坦诚而深受同事的赞赏。他习惯运用其学术背景和对最新数据的缜密分析来解决当下的经济问题，然后用非专业人士也能理解的语言让人们了解他的想法，把复杂的经济问题讲得通俗易懂、简单明了。

《金融的本质》一书，即是伯南克以其擅长的通俗、直接的方式，汇集了他关于美联储在应对金融危机时采取的诸多政策背后的金融思想，以及他的金融理念。该书主要分为4部分，内容贯穿了美联储从1914年成立至此次金融危机期间90余年的历史，既是一本简短的关于美联储的中央银行金融史，也可以说是应对危机的金融政策演变史。

第一部分主要讲述美联储的起源与使命。伯南克认为美联储在大萧条期间并未发挥其应有的作用和履行其应有使命，而这正是导致金融危机恶化为大萧条的关键性因素。本书的第二部分，伯南克讲述了第二次大战后直到最近这次金融危机爆发前的美联储。本书的第三部分和第四部分主要讲述此次金融危机以及美联储的应对措施。这两个部分能让我们充分了解美联储相关政策如何出台及其背后的理念。

书　　名：A Comprehensive Guide to Mergers & Acquisitions：
Managing the Critical Success Factors Across Every
Stage of the M&A Process

作　　者：Y. Weber, SY Tarba, C. Öberg

出 版 社：Pearson Schweiz Ag

出版时间：September 1，2013

内容提要：

本书介绍了覆盖并购全部环节的总体框架，不仅关注并购的各个环节，而且兼顾各环节间最根本的相互联系，阐释了并购相关的行动和程序，以及管理者在计划和执行并购过程中所遇到的主要问题。本书汇集了有关多家公司乃至多个行业的研究成果和相关经验，旨在帮助读者更好地理解并购成功的要素，为企业高管和经理成功实现并购提供全面的指导。韦伯、塔巴和欧伯格针对兼并和收购问题提供了全面的指南。他们将理论与实践相结合，对这一重要商业现象的前期规划、谈判和整合阶段进行了深入探讨。

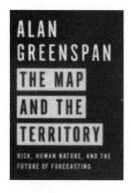

书　　名：The Map and the Territory：Risk，Human Nature，
　　　　　and the Future of Forecasting

作　　者：Alan Greenspan

出 版 社：Penguin Press HC

出版时间：October 22，2013

内容提要：

在这本书中，经过无数大灾大难的格林斯潘把危机的根源归结到人具有动物精神的本性——恐惧与狂热、从众行为、依赖倾向、竞争本性等。该书结合了经济预测的历史、行为经济学家的新发现以及作者辉煌职业生涯的成果，为我们提供了一个有实证支持的清晰图景。

重要的是，《动荡的世界》这本书给我们提供了一个全新的预测理论框架，还深入探讨了为什么生产率是经济成功的终结指标、为什么经济会受到文化的影响等经济发展的根源性问题，并对如何创建一种缓冲手段免遭厄运的冲击、如何预测世界未来面对的重大挑战，都进行了精彩的阐述。格林斯潘认为，有效的经济模型不应当假定绝大多数人的行为都是完全理性的，经济学家未来的挑战在于，用新的数据来建立更有现实预测意义的测量工具。尤其是，新模型必须更准确地反映出"人性中可预测的方面"。对于这场危机的预测，美联储即使拥有最精密的计量经济模型，包括关于世界如何运转的所有最新模型，也还是完全失效了。实际上，没有预测到这场金融危机的人不止是格林斯潘一人，同样一头雾水的还有政府官员、华尔街从业者和专业经济学家。在格林斯潘看来，有效的经济模型不应当假定绝大多数人的行为都是完全理性的，也不应当假定所有的结果都包含在可预测的正常分布曲线当中。经济学家未来的挑战在于，用新的数据来建立更有现实预测意义的测量工具，把预测重点放在那些给金融体系和经济带来最重大危害性的领域。

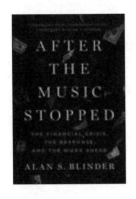

书　　名：After the Music Stopped：The Financial Crisis，The Response，And the Work Ahead

作　　者：Alan S. Blinder

出 版 社：Penguin Press HC

出版时间：January 24，2013

内容提要：

《当音乐停止之后：金融危机、应对策略与未来的世界》是一部解读金融危机最权威、最准确的大师级著作，也是一部影响未来中国经济政策的启示录。作者舍弃了连篇累牍的道理，而是如同一个历史的旁观者，立足于自己的学术研究和独特见解，进行沙盘推演式的复盘和梳理，将金融危机的前因后果向读者娓娓道来，将应对政策分析得丝丝入扣。

布林德教授在他反思和设计的这场时光之旅中，并没有平分笔墨，而是有重点地详述了一些关键事件，其中的亮点包括：雷曼事件、美联储对非常规货币政策的选择，以及美国各界对美国政府、美联储和救助政策的质疑等，让人印象深刻。

布林德教授抱持着美国现代金融监管者的务实心态，以丰富的金融经验、独特的视角、精准的第一手资料与数据，真实地描述了金融危机的全貌和美国政府的救助行动，其中对央行问题资产救助计划的分析尤见功力，而他总结的金融十诫和政策制定者的七步法，对当下中国经济和金融政策的完善与优化将起到很好的启示和借鉴作用。

本书是按照时间顺序来叙述的。本书的核心问题是：我们是怎样遭遇这场灾难的，我们又是如何与之斗争的？决策者们何时做了正确的事情，何时又犯了错误？我们在一切结束前应该继续做些什么？在本书第一部分的介绍性章节后，第二部分将描述和解释危机如何发生。第三部分和第四部分描述政策应对。

书　　名：When the Money Runs Out：The End of Western Affluence

作　　者：Stephen D. King

出 版 社：Yale University Press

出版时间：June 25，2013

内容提要：

对于西方国家来说，这是一个绝望的时代，过去几十年那些铸就经济增长奇迹的魔法都已失效："婴儿潮"渐渐老去，全球化已成强弩之末，新技术的幻想一次次破灭，工资锐减，失业率攀升，而对此，西方国家过去 20 年来唯一的措施就是增发货币，释放流动性。

过剩的流动性带来了资本肆虐的狂飙时代，但却因为次贷危机与欧债危机的爆发戛然而止。此后，美国开启了量化宽松政策，日本开始了安倍经济学政策，但是几年过去，全球经济仍无起色，连新兴市场国家也进入了低速增长的时代。整个世界在流动性的灰烬中摇摇欲坠。

这一切是怎样发生的？我们有什么出路？汇丰银行首席经济学家简世勋用精湛的笔法，在一本小书中向我们言简意赅地展示了我们所处时代的种种经济问题的根源，并进行了思考。本书是一把拨开我们这个高失业率、低增长时代迷雾的钥匙。

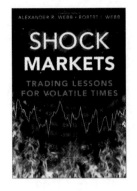

书　　名：Shock Markets：Trading Lessons for Volatile Times
作　　者：Alexander Webb、Robert I. Webb
出 版 社：FT Press
出版时间：April 8，2013

内容提要：

目前世界上 80% 的交易都由极快速的机器完成，来自中国的消息会冲击纽约市场，之后你才能听到消息。这是一个充满市场冲击的年代，黑天鹅事件成为常态，市场崩溃不可避免，波动异常剧烈，什么事都有可能发生。这给我们带来巨大的风险，也带来巨大的潜在收益。一些看起来不着边际的影响因素可能同时深刻冲击到现今高度相关、高速运行的金融市场。《交易真规则》一书将展现这些刺激因素，帮助你制订交易计划，并对当前的市场潮流、热点、泡沫、崩溃和危机做出反应，同时发现其他人尚未意识到的盈利机会。作者通过详尽和实时的分析，揭示交易和投资的经典智慧，展现令人惊奇、鲜有人知的交易关系。

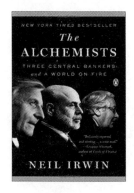

书　　名：The Alchemists：Three Central Bankers and a World on Fire Paperback

作　　者：Neil Irwin

出 版 社：Penguin Books

出版时间：April 4，2013

内容提要：

本书分为4个部分，共19个章节。第一部分回顾了1656～2006年中央银行的发展历史，后三部分详细讲述了三个发达经济体的中央银行（英格兰银行、欧洲中央银行和美联储）在2007～2008年、2009～2010年和2011～2012年的美国金融危机和欧洲债务危机中的具体工作。本书着力甚多的是较为详细地介绍了全球金融危机时期三位央行行长——本·伯南克（美联储主席）、让－克洛德·特里谢（欧洲中央银行行长）、默文·金（英格兰银行行长）的个人历程，这些经历对分析他们在2007年经济危机时如何反应有着重要帮助。

在本书中，作者希望凸显出全球央行权力递增的事实。央行行长们就如书名中的"炼金术士"那般，日益拥有"印钞票"的巨大权力。虽然伯南克应对金融危机的表现明显优于默文·金，但两人都造成了央行资产负债表的过度扩张和权力的增加。而在位于法兰克福的欧洲中央银行总部，则是外的情况。西班牙和意大利已被迫执行了欧洲中央银行的政策，但迄今却仍深陷于衰退之中。在本书末，作者不忘点出央行领袖处理危机的错误，例如英格兰银行提倡紧缩导致英国经济陷入停滞、欧洲中央银行对减息犹豫不决以及美联储默许雷曼兄弟倒闭等，但同时又赞扬他们的成功之处，即能够做到国际通力合作，团结解决全球经济问题。

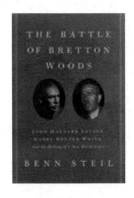

书　　名：The Battle of Bretton Woods
作　　者：Benn Steil
出 版 社：Princeton University Press
出版时间：February 25，2013

内容提要：

一部讲述美元与英镑决斗的著作，居然席卷欧美，口碑销量俱佳，让人吃惊不已。作为早已"作古"的事件，布雷顿森林的往事有何魅力重新吸引当代人的视线呢？

原来，历史再次走到了一个特殊时刻：世界如何重新建立一个国际货币新秩序？人民币有能力挑战美元的主导地位吗？这些问题，人们在回顾布雷顿森林的故事后，都能找到答案。

一方面，当时身为巨大债权国和贸易顺差国的美国，能以一场会议、一纸合约终结英国对世界贸易和金融的控制权，这背后的世界形势、外交风云、政治博弈颇值得探究。而作者把布雷顿森林会议作为连接点，将"一战""二战"、马歇尔计划、国际金融体系、中美问题统统贯通起来，使整部作品相当有深度、有广度、有经济政治战略的高度。

另一方面，《纽约时报》、《华尔街日报》、《金融时报》齐声称道本书的历史细节扣人心弦、充满娱乐性的同时，又左右着历史的方向。代表英国谈判的凯恩斯，虽然思想光耀千古，却在决定性时刻难敌美国谈判代表怀特。更不为人所知的是，一手缔造了布雷顿森林体系的怀特，竟然是苏联情报人员，于是布雷顿森林会议的走向和结果都受到了不可思议的影响，包括国际货币基金组织和世界银行的今日格局。

历史令人着迷又发人深省。今天，美国的许多论调与当年破产的英国如出一辙，而中国则采纳了当年美国人所持的观点。真实的货币战争远比想象得更为复杂、更不可思议。请让我们牢记 1944 年那次伟大尝试失败的原因。

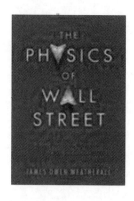

书　　名：The Physics of Wall Street
作　　者：James Owen Weatherall
出 版 社：Houghton Mifflin Harcourt
出版时间：January 2，2013

内容提要：

如果有人问你，谁是世界上最厉害的投资大师？我们多数人可能会回答：沃伦·巴菲特。但是本书的作者告诉我们，不是巴菲特，也不是索罗斯或格罗斯，而是一个你我可能都没有听过名字的家伙，他叫西蒙斯。这位数学家创办了大奖章基金，十年之内增长将近25 倍，每年平均收益率高达40%，而且就在金融海啸席卷全球的 2008 年，大奖章基金仍净赚80%。他到底是如何做到的呢？本书为你权威揭秘。

华尔街如今越来越离不开物理学家，离不开各种复杂和神秘的金融模型。但是，到底谁是将量化投资和数理模型引入华尔街的第一人呢？你一定知道萨缪尔森对经济学的贡献，但是本书的第一个人物，是让萨缪尔森仰止的人——他就是巴施里耶。他对金融的贡献，可以与牛顿对力学的贡献相媲美。他提出的随机游走假说，是有效市场理论的基础，而把市场看成超级大赌场，更是源于他的伟大思想。

从巴施里耶到奥斯本，从索普到布莱克，从索内特到帕卡德，也许你并不是很熟悉这些人的名字，但是你一定会惊叹于他们的研究成果。从生物学的三文鱼问题到地质学的地震研究，再到轮盘赌与混沌理论，他们将各种理论运用于金融市场，从而丰富了量化投资的理论基础，拓宽了研究视角，得出了让人惊叹的一系列结论。

未来金融市场的走势究竟会怎样？量化投资和对冲基金到底路在何方？我们如何避免周期性的金融危机？到底谁该为金融危机负责？金融领域呼吁更大规模的跨学科研究，需要用更宽广的视角研究这一复杂的问题。也许，经济学需要一场新的"曼哈顿计划"。

书　　名：Volatility Trading，+ Website
作　　者：Euan Sinclair
出 版 社：Wiley
出版时间：April 1，2013

内容提要：

《量化投资与对冲基金丛书：波动率交易》作者尤安·辛克莱认为，成功交易的核心是构建一套统一的流程。首先，你必须有一个目标，其次找到较为明确的在统计意义上有优势的交易机会并捕捉相应的盈利机会，最后根据目标来确定交易量的规模。你所做的其他一切事情都必须在这个框架内进行。书中，辛克莱提供了一套用来测算波动率的数量化模型，从而使你能够在每次期权交易中获利。通过简单易懂的方法，他向交易员展示了期权定价、波动率测算、对冲、资金管理和交易评估等方面的基础知识。此外，辛克莱还阐述了交易中涉及心理学的相关内容，包括两个方面，即行为心理学是如何产生有利于交易员的市场条件的，以及是如何让他们误入歧途的。他同时还指出，心理偏差很有可能是为波动率交易员带来优势的背后的驱动力。

辛克莱解释说，你要将自己的目标定义得尽可能清楚明白、简单易懂。如果你不能用一句话来阐述目标，那你可能还不完全清楚自己的目标是什么。这同样适用于基于统计学检验的交易机会。如果你并不明确知道交易机会在哪里，就根本不应该开始交易。作者同时指出，除了要对潜在的交易进行数值分析外，你还应该知道如何识别并评估出隐含波动率处于当前水平的原因，也就是存在盈利机会的原因。同时也意味着这是比时事新闻、行业趋势以及行为心理学更重要的一点。最后，辛克莱强调了交易员必须精准地确定交易量规模的原因。而这意味着要在交易目标的框架下，对每一笔交易的预计收益和风险进行评估。

作者最后总结到，我们要留意那些看上去平常的东西，比如出色的交易执行软件、舒服的办公环境以及充足的睡眠。知识是盈利的根本来源。所以，当其他条件都相同时，知识越渊博的交易员越会取得成功。《量化投资与对冲基金丛书：波动率交易》及附赠的CD - ROM 便能够提供你所需的相关知识。CD - ROM 中包含的电子表格可以用来帮助你预测波动率，并在模拟环境中评估交易。

第四章 金融学学科 2013 年大事记

本报告对 2013 年国内外重大金融事件及相关的重要会议进行盘点、梳理和汇总,并分国内部分和国际部分分别进行阐述。

第一节 国内部分

1. 郭树清:将试点开展合格境内个人投资者制度

2013 年 1 月 4 日,时任中国证监会主席郭树清在亚洲金融论坛上发表题为"建设一个更加开放更加包容的资本市场"的演讲。他表示,目前 QFII 和 RQFII 的投资总量仅占 A 股市场市值的 1.5% ~ 1.6%,未来这个比例应该可以提高 9 ~ 10 倍。在扩大居民发行、交易境外金融工具范围方面,证监会将进一步完善合格境内机构投资者制度安排,试点开展合格境内个人投资者制度(QDII2),适当放宽境内企业境外上市的条件,支持符合条件的内地企业赴境外融资,提高我国经济利用国际资本市场配置资源的能力。

2. 2013 年中国人民银行工作会议

2013 年中国人民银行工作会议于 1 月 10 日至 1 月 11 日上午在北京召开。会议的主要任务是:深入贯彻落实党的十八大、中央经济工作会议和国务院领导同志重要指示精神,总结 2012 年工作,分析当前经济金融形势,部署 2013 年工作。中国人民银行行长周小川在会上做工作报告和会议总结。会议部署了 2013 年人民银行的主要工作:一是继续实施稳健的货币政策,着力提高调控的前瞻性、针对性和灵活性。二是进一步深化金融重点领域改革,提高金融服务实体经济的质量和水平。三是进一步扩大人民币跨境使用,简化跨境贸易人民币结算手续和审核流程。四是坚持市场化取向,推动金融市场规范发展,继续推动债券产品创新,创新利率风险管理工具,稳步推进信贷资产证券化试点。五是加强金融风险监测和排查,牢牢守住不发生系统性、区域性金融风险的底线。六是继续深化外汇管理改革,防范跨境资本流动风险。七是扎实推进金融服务现代化,进一步提升金融服务与管理水平。八是继续参与全球经济金融政策协调和国际金融规则制定,加强区域金融合作。

3. 银监会召开 2013 年全国银行业监管工作会议

2013 年 1 月 14 日,银监会召开 2013 年全国银行业监管工作电视电话会议,贯彻落实党的十八大和中央经济工作会议精神，总结 2012 年工作，回顾银监会建立以来银行监管及银行业改革发展 10 年历程，部署今年重点工作。银监会党委书记、主席尚福林出席会议并讲话。会议明确了 2013 年银行业监管工作重点：切实防范和化解金融风险。守住不发生系统性和区域性风险底线是首要任务，特别注意防控三类风险：一是严防信用违约风险，二是严控表外业务关联风险，三是严管外部风险传染。引导银行业积极支持实体经济发展，深入推动银行业改革转型：一是积极推进体制机制改革，提高银行业金融机构集约经营和服务水平；二是以稳步实施新资本管理办法为契机，推动银行业金融机构完善公司治理、加强内部控制、改进 IT 和绩效考评，科学设定经营目标和考核指标，增强转型发展的内生动力；三是督促银行业金融机构落实消费者权益保护要求，广泛开展金融消费者宣传教育和"送金融知识下乡"活动；四是鼓励审慎开展金融创新，支持银行业创新支持实体经济的金融产品，加快资本工具创新进程；五是探索创新民间资本进入银行业的方式，鼓励民间资本参与发起设立新型银行业金融机构和现有机构的重组改制，加强监管政策的梳理、研究，完善微观审慎与宏观审慎有机结合的监管政策体系。

4. 温家宝在中国人民银行调研时强调，推进金融改革发展，开创金融工作新局面

时任国务院总理温家宝 2013 年 1 月 21 日在中国人民银行调研时强调，推进金融改革发展，开创金融工作新局面。下午 3 时许，温家宝来到中国人民银行，看望调查统计司、货币政策司等司局工作人员，在金融信息中心听取国库业务系统和个人、企业征信系统建设及应用情况介绍。随后，温家宝与中国人民银行、中国银监会、中国证监会、中国保监会及有关金融单位、主要商业银行负责人座谈。温家宝深情回顾了改革开放以来金融业改革发展发生的历史性变化。他说，如果没有一系列具有里程碑意义的金融改革奠定的坚实基础，没有中央采取的一系列加强金融调控、控制金融风险的重大举措，我们很难有今天这样的局面。金融工作取得的重大成就将载入史册。温家宝说，当前和今后一段时期，金融工作面临的国内外环境依然严峻、复杂，必须进一步发挥好货币政策在实现经济持续健康发展、稳定物价和防范金融风险中的关键作用；鼓励以市场为导向的金融创新，发挥各类金融机构作用，加快发展民营金融机构，健全促进宏观经济稳定、支持实体经济发展的现代金融体系；加快发展多层次资本市场，积极培育保险市场；进一步推进金融改革，加强现代金融企业制度建设，稳步推进利率市场化，完善人民币汇率形成机制，扩大人民币在跨境贸易和投资中的使用，逐步实现人民币资本项目可兑换；进一步防范化解金融风险，切实维护金融稳定，确保国家金融安全。温家宝说，伴随金融大发展，一大批金融专才迅速成长，金融业队伍不断壮大、素质明显提高，成为我国经济金融领域的宝贵财富。要进一步加强干部队伍建设，真正造就一批具备现代金融知识，特别是具有创新意识和国际视野的金融干部。

5. 证监会部署 2013 年十大工作重点

2013 年 1 月 22 日，全国证券期货监管工作会议在北京召开。时任中国证监会主席郭树清强调，今后一段时期，证监会将坚持从新兴加转轨的基本实际出发，坚持投资功能和融资功能完全平衡，坚持放松管制和加强监管紧密结合，坚持严格执法和完善法制有机统

一，坚持对内开放和对外开放相互促进，坚持近期举措和长远目标统筹兼顾，加快建设一个更加成熟、更加强大的资本市场，在更大范围和更高水平上发挥直接金融服务全局的作用。郭树清从10个方面对2013年重点工作做出部署：一是加快发展多层次资本市场；二是进一步深化发行和退市制度改革；三是不断促进上市公司质量提升；四是进一步发挥期货市场服务实体经济功能；五是大力培育机构投资者队伍；六是继续引导各类中介机构规范发展；七是继续积极稳妥地推进对外开放；八是持之以恒地做好投资者教育和服务；九是切实改进市场监管和执法；十是进一步营造有利于资本市场创新发展的政策环境。

6. 证监会公布《全国中小企业股份转让系统有限责任公司管理暂行办法》

2013年2月2日，证监会公布《全国中小企业股份转让系统有限责任公司管理暂行办法》（以下简称《暂行办法》），自公布之日起实施。《暂行办法》主要解决三方面问题：一是确立全国中小企业股份转让系统（即"新三板"）、全国中小企业股份转让系统有限责任公司及挂牌公司的法律地位；二是明确全国股份转让系统公司的职能，对其组织结构提出特殊要求，对其履行自律监管职责提出明确要求；三是建立全国股份转让系统的基本监管框架，在明确和突出全国股份转让系统公司自律监管职责的同时，规定中国证监会依法实行统一监管。

7. 周小川：中国政府调结构扩内需政策效果显著

2013年2月16日，中国人民银行行长周小川在G20财长和央行行长会议上强调，中国政府一直致力于调整结构、扩大内需，政策效果显著，为全球再平衡做出了重要贡献。未来全球需求再平衡关键在于有关国家加快结构改革，尤其是劳动力市场改革，提高竞争力，同时出台中期财政调整计划，减少政策不确定性，以启动私人部门需求，恢复增长。

8. 外汇局罕见警示：资本流出和本币贬值风险不可不防

国家外汇管理局在2013年2月28日公布的《2012年中国跨境资金流动监测报告》中罕见地警示了资本流出风险。报告指出，未来一旦风险再次积聚和爆发，新兴市场经济体将被动承受资本流出和本币贬值的压力。对此，不可不察、不可不防。外汇局强调，以控流入作为防风险的保障措施，加强跨境资金流动监测。外汇局罕见地发出警示，"亚洲新兴经济体虽然经济基本面较好，且资本累积长期以FDI为主，但2008年金融危机后持续成为投资热点，积累了大量的国际资本，若发生新一轮资本流出，恐难独善其身"。

9. 进一步完善货币政策传导机制任重道远

2013年4月3日召开的央行货币政策委员会2013年第一季度例会指出，要"优化金融资源配置，着力改进对实体经济的金融服务"。货币政策欲精准落地，需要进一步消除货币政策传导障碍，不断完善货币政策的传导机制。目前来看，我国货币政策传导机制尚面临以下制约因素：首先，由于我国利率并未完全市场化，影响了利率对资源配置的结构调整作用，使金融机构和企业无法完全灵活地选择对利差及利率风险进行控制的方式，进而影响货币政策信号的传导。其次，货币政策时滞减缓了货币政策传导的速度，增加了货币政策宏观调控的风险，使宏观调控的操作更为复杂。最后，我国居民对利率变动不敏感。为确保货币政策传导机制的有效和顺畅，提高中国货币政策传导机制效应，首先，央行应该进一步实现货币调控工具多样化，综合利用再贴现、公开市场业务和存款准备金率等工具，不断促进货币调控工具的市场化，增强央行对商业银行的宏观调控能力，进而提高中央银行的经济决策力度；放宽信贷政策的限制，发挥信贷政策的指导作用，引导贷款投向，促进经济结构优化，改进对中小企业的金融服务质量。其次，建立并规范全国统一、高效、开放的金融市场。再次，完善商业银行内部管理，消除货币政策在商业银行层面上的传导障碍。最后，逐步改善金融生态环境，增强货币政策传导效应。

10. 银监会进一步规范银行理财产品

2013 年 3 月 25 日，中国银监会公布了《关于规范银行理财业务投资运作有关问题的通知》（银监发〔2013〕8 号，下称"8 号文"）。"8 号文"主要规范的是投资非标准化债权资产的理财业务，强调银行应实现理财产品与所投资产一一对应，并对每个理财产品进行独立的投资管理；同时，还要求银行必须明确披露投资非标准化债权资产的理财产品的具体信息，包括交易对手和项目名称、剩余融资期限、到期收益分配等，并对产品存续期内的风险揭示提出时限要求。9 月末，中国银监会批准国内 11 家商业银行开展理财资产管理业务试点和债权直接融资工具的试点（之后扩大到 14 家），各家银行的试点额度在 5 亿 ~ 10 亿元。

11. 博鳌亚洲论坛 2013 年年会

4 月 6 日，博鳌亚洲论坛 2013 年年会开幕，主题是"革新、责任、合作：亚洲寻求共同发展"。中国国家主席习近平将出席论坛开幕式并发表主旨讲话。还有 10 多位亚洲和世界其他地区国家元首、政府首脑以及国际货币基金组织总裁等 8 位国际组织负责人将出席论坛。本届年会围绕主题共安排了 54 场讨论，议题更加多样化，既有多哈、IMF、G20、债务风险、货币政策等全球经济、金融话题，也有亚洲合作、欧盟、非洲、拉美、新兴经济体等区域性话题。

12. 保监会打造第二代偿付能力监管制度体系

2013 年 5 月 14 日，中国保监会发布了《中国第二代偿付能力监管制度体系整体框架》（下称《整体框架》）。《整体框架》作为"偿二代"建设的顶层设计，是指导"偿二代"建设的基础性文件，其明确了"偿二代"的总体目标，确立了"三支柱"框架体系，制定了"偿二代"建设的若干基本技术原则。同时，2013 年也启动了"偿二代"全部 10 多个具体技术标准的研制项目，加紧开展定量测试等技术攻坚工作，确保"偿二代"建设能够如期高质量完成。与第一代偿付能力监管制度体系相比，"偿二代"增加了公司内部偿付能力管理，引入了宏观审慎监管资本要求和调控性资本要求，并建立了资产负债评估原则及风险综合评级制度。同时，与欧美国家的偿付能力监管制度相比，中国版"偿二代"框架更加注重保险公司的资本成本和使用效益，更加注重定性监管对定量监管的协同作用。

13. 李克强在瑞士金融界人士午餐会上发表演讲阐述中国的经济金融政策

2013 年 5 月 24 日，国务院总理李克强在瑞士苏黎世发表题为《携手迈向中瑞务实合作的新未来》的演讲，阐述中国的经济金融政策以及中瑞自贸协定的重要意义。李克强表示，瑞士是重要的国际金融中心，中瑞两国将建立金融对话机制，加强金融领域的合作。在谈到中国的经济金融政策时，李克强指出：第一，我们坚持深化中国金融改革开放；第二，我们主张稳定国际金融经济政策；第三，我们期望改革和完善国际金融体系。

14. 中国人民银行行长周小川出席三十人小组（G30）2013 年春季全会

2013 年 5 月 31 日至 6 月 1 日，G30（三十人小组）第 69 次全会在中国上海召开。G30 理事会主席雅各布·弗兰克、G30 主席特里谢（欧洲中央银行前行长）、中国人民银行行长周小川等 25 位 G30 成员以及 15 位中外特邀嘉宾参加了本次会议。G30 成立于 1978 年，由国际金融领域的知名人士组成，主要宗旨是探讨当前世界经济金融发展中的重大问题，如国际规则的制定、国际金融机构及有关国家当局的经济决策等，并促进成员加强交流、达成共识。目前，G30 正式成员共 31 人。周小川行长于 2005 年应邀成为 G30 成员。这次 G30 会议主要讨论了全球经济金融形势、国际金融监管改革、巴塞尔资本协议Ⅲ等议题。

15. 新《证券投资基金法》实施

经过长达 8 年的酝酿，修订后的《证券投资基金法》（以下简称新《基金法》）于 2013 年 6 月 1 日正式实施。新《基金法》在 4 个方面实现了突破：适当扩大调整范围、构建了非公开募集基金的基本法律框架；对公募基金松绑的同时，发挥市场内在约束功能，提高基金业核心竞争力；改变了"基金公司强势、投资者弱势"的状况，强调投资者权益的保护；突破了"监管滞后"的弊病，实现了政府、行业、市场三位一体的监管。该法规的实施标志着私募基金被纳入监管范围。新《基金法》在加大基金持有人保护力度的同时，首次将非公开募集基金纳入调整范围，私募证券投资基金获得合法地位。同时，新《基金法》也更加重视投资者利益。不过，一直备受争议的私募股权投资基金和风险投资基金（PE/VC）并未纳入新法规。

16. 国务院常务会议：研究部署金融支持经济结构调整和转型升级的政策措施

国务院总理李克强 2013 年 6 月 19 日主持召开国务院常务会议，研究部署金融支持经济结构调整和转型升级的政策措施，决定再取消和下放一批行政审批等事项。会议指出，金融和实体经济密不可分。稳增长、调结构、促转型、惠民生，金融发挥着重要作用。在当前经济运行总体平稳，但也面临不少困难和挑战的情况下，要坚持稳中求进、稳中有为、稳中提质，在保持宏观经济政策稳定性、连续性的同时，逐步有序不停顿地推进改革，优化金融资源配置，用好增量、盘活存量，更有力地支持经济转型升级，更好地服务实体经济发展，更有针对性地促进扩大内需，更扎实地做好金融风险防范。会议研究确定了以下政策措施：一是引导信贷资金支持实体经济；二是加大对"三农"和小微企业等薄弱环节的信贷倾斜；三是支持企业"走出去"；四是助推消费升级；五是加快发展多层次资本市场；六是发挥保险的保障作用；七是推动民间资本进入金融业；八是严密防范风险。

17.《国务院办公厅关于金融支持经济结构调整和转型升级的指导意见》

2013 年 7 月 8 日，国务院制定出台了《国务院办公厅关于金融支持经济结构调整和转型升级的指导意见》（以下简称《意见》）。制定和出台《意见》就是为了深入贯彻党的十八大、中央经济工作会议和国务院常务会议精神，更好地发挥金融对经济结构调整和转型升级的支持作用，推动解决制约经济持续健康发展的结构性问题，真正提高金融服务实体经济的质量和水平。经济结构调整和转型升级是当前经济工作的重中之重。《意见》的指导思想就是把加强和改进金融对实体经济的服务有效聚焦到支持经济结构调整和转型升级。为此，《意见》确立的基本思路就是按照稳中求进、稳中有为、稳中提质的要求，继续执行稳健的货币政策，不因经济增速放缓转向宽松，也不因当前一时货币增长较快而转向紧缩，同时坚持有扶有控、有保有压的原则，着力调整优化金融资源配置，盘活存量资金，用好增量资金，有效推动经济结构调整和转型升级。遵循这一思路，《意见》综合提出了货币、信贷、证券、保险、外汇等多方面政策措施，围绕继续执行稳健货币政策，引导推动重点领域与行业转型和调整，加大对小微企业、"三农"等国民经济薄弱环节的支持，推动消费升级，支持企业"走出去"等经济结构调整和转型升级的重点领域做了具体规定。

18. 证监会就"公募基金参与国债期货交易指引"向社会公开征求意见

2013年7月12日，证监会就《公开募集证券投资基金参与国债期货交易指引》向社会公开征求意见。《指引》共14条，对基金投资国债期货的投资策略、参与程序、比例限制、信息披露、风险管理、内控制度等提出了具体要求：一是在投资策略上以套期保值为主，严格限制投机；二是针对不同类型的基金产品实行分类监管原则；三是按照套期保值、控制风险、循序渐进的思路，严格限制投资比例；四是明确基金管理公司参与国债期货交易的决策制度；五是引导基金管理公司和托管银行以审慎的态度对待基金参与国债期货交易的问题；六是强化基金参与国债期货交易的信息披露工作。

19. 证监会：将放宽创业板IPO财务要求

在2013年7月12日的新闻发布会上，证监会新闻发言人表示，为落实国务院办公厅《关于金融支持经济结构调整和转型升级的指导意见》的要求，中国证监会正在研究修订创业板企业首次公开发行的财务标准，总的思路是在符合《证券法》、《公司法》的基础上，在保持创业板板块特色的同时，适当放宽创业板对创新型、成长型企业的财务指标标准，提高创业板对企业业绩短时波动的容忍度。他表示，目前相关办法正在修改。

20. 利率市场化取得突破性进展

2013年7月20日，中国人民银行决定全面放开金融机构贷款利率管制。一是取消金融机构贷款利率0.7倍的下限，由金融机构根据商业原则自主确定贷款利率水平；二是取消票据贴现利率管制，改变贴现利率在再贴现利率基础上加点确定的方式，由金融机构自主确定；三是对农村信用社贷款利率不再设立上限；四是为继续严格执行差别化的住房信贷政策，促进房地产市场健康发展，个人住房贷款利率浮动区间暂不做调整。10月25日，中国人民银行发起建立的贷款基础利率集中报价和发布机制正式运行。12月8日，人民银行公布《同业存单管理暂行办法》，同业存单由10家市场利率定价自律机制成员单位发行，并选择市场利率定价自律机制核心成员担任做市商。截至12月13日，工商银行等 10 家银行首批同业存单已在全国银行间市场上公开发行，进入交易流通阶段。

21. 证监会：研究新三板全国试点具体方案

2013 年 7 月 26 日证监会新闻发布会上，证监会相关部门负责人表示，证监会会同相关方面，正按照国务院常务会议要求，从制度建设、人员储备、市场推广和组织培训等方面着手，积极做好进一步扩大试点的各项准备工作：一是制度建设，二是人员储备，三是市场推广，四是组织培训。该负责人表示，证监会正在研究制定中小企业股份转让系统试点扩大到全国的具体方案，待方案成熟后将向市场公布。

22. 尚福林：重点管住影子银行三大风险

中国银监会主席尚福林 2013 年 8 月 2 日表示，影子银行产品规模增长，是当前金融风险的一个重要隐忧，银监会要重点管住放大杠杆、期限错配和信用转换三大风险。具体而言，规范小贷公司租赁、典当、网络融资等融资行为，严禁银行提供筹融资便利，管住交叉产品套利，控制资金投向。

23. 金融监管协调部际联席会议制度建立

2013 年 8 月 15 日，国务院批复建立由中国人民银行牵头，银监会、证监会、保监会和外汇局参加的金融监管协调部际联席会议制度。部际联席会议制度的主要职责和任务包括：货币政策与金融监管政策之间的协调；金融监管政策、法律法规之间的协调；维护金融稳定和防范化解区域性、系统性金融风险的协调；交叉性金融产品、跨市场金融创新的协调；金融信息共享和金融业综合统计体系的协调；国务院交办的其他事项。联席会议由人民银行牵头，成员单位包括银监会、证监会、保监会、外汇局，必要时可邀请国家发展改革委、财政部等有关部门参加。

24. 证监会：认真贯彻《国务院办公厅关于金融支持小微企业发展的实施意见》

在 2013 年 8 月 16 日的新闻发布会上，证监会新闻发言人称，证监会将从 7 个方面认真贯彻《国务院办公厅关于金融支持小微企业发展的实施意见》，一如既往地支持小微企业发展。一是完善中小企业板制度安排，适当放宽创业板对创新型、成长型企业的财务准入标准，建立创业板再融资规则体系，形成适合中小微企业特点的"小额、快速、灵活"的融资方式。二是加紧落实中小企业股份转让系统试点扩大至全国的具体实施方案，探索多样化融资工具和机制，探索与商业银行等金融机构的战略合作，为挂牌企业提供股权质押融资、信用贷款等间接融资服务。三是在清理整顿各类交易场所基础上，以修订《证券法》为契机，明确区域性市场作为私募、小众市场的定位，并纳入多层次资本市场体系，探索建立区域性市场规范发展的制度体系，加强区域性市场与多层次资本市场中其他市场的有机联系，继续支持证券公司积极参与区域性市场。四是进一步扩大中小企业私募债试点范围，更好地满足中小微企业的融资需求。五是抓紧推出非上市公众公司定向发行细则，适时出台非上市公众公司并购重组管理办法，支持中小微企业股本融资、股份转让、资产重组等活动。六是稳步推进商品期货品种创新，为中小微企业管理风险、发现价格提供有效工具。七是推动证券期货经营机构规范务实、有序探索创新，开展资产管理和资产证券化等业务，引导私募股权投资基金、风险投资基金重点支持初创期或成长期的小微企业，为中小微企业提供高效、专业、便利的金融服务，推动中小微企业规范运作和健康发展。

25. 上海自贸区建设推动金融改革与创新

2013 年 8 月 22 日，国务院正式批准设立中国（上海）自由贸易试验区。9 月 27 日，国务院正式印发了中国（上海）自由贸易试验区总体方案。在金融改革方面，方案明确在风险可控前提下，可在试验区内对人民币资本项目可兑换、金融市场利率市场化、人民币跨境使用等方面创造条件进行先行先试。同时，推动金融服务业对符合条件的民营资本和外资金融机构全面开放，支持在试验区内设立外资银行和中外合资银行。上海自贸区的建立除了实现其贸易自由化和便利化之外，其试验区内的制度体制创新与金融改革创新也是核心内容。市场化机制的确立及金融服务的创新将为对外贸易的发展提供支持，同时，上海自贸区的金融改革试点也具有向全国推广的借鉴意义。

26. 第七届夏季达沃斯论坛

2013 年 9 月 11～13 日，第七届夏季达沃斯论坛在中国大连召开。本届达沃斯论坛主题为"创新：势在必行"。国务院总理李克强在开幕式上致辞表示，从 2008 年 9 月至 2013 年，国际金融危机爆发已整整 5 年。目前世界经济形势仍错综复杂，受多重因素影响，中国经济增长速度也有所放缓，但经济运行总体是平稳的。当前世界经济复苏艰难曲折，国际社会应该加强宏观经济政策协调，完善应对跨国金融风险的准备，加快全球经济治理改革。

27. 扩大信贷资产证券化试点工作

2013 年 8 月 28 日，国务院常务会议决定进一步扩大信贷资产证券化试点工作。会议确定，要在严格控制风险的基础上，循序渐进、稳步推进试点工作。一要在实行总量控制的前提下，扩大信贷资产证券化试点规模；二要在资产证券化的基础上，将有效信贷向经济发展的薄弱环节和重点领域倾斜；三要充分发挥金融监管协调机制作用，加强证券化业务各环节的审慎监管，及时消除各类风险隐患。11 月 18 日，国家开发银行成功发行了首单 80 亿元的"2013 年第一期开元铁路专项信贷资产支持证券"。

28. 我国首部银行业消费者权益保护规定发布

中国银监会于 2013 年 8 月 30 日发布《银行业消费者权益保护工作指引》，提出了包括"不得在营销产品和服务过程中以任何方式隐瞒风险、夸大收益"、"不得主动提供与银行业消费者风险承受能力不相符合的产品和服务"等 8 项禁止性规定，填补了国内银行业消费者权益保护制度方面的空白。

29. 国债期货正式挂牌上市

经国务院批准、中国证监会批复，国债期货 2013 年 9 月 6 日正式在中国金融期货交易所挂牌上市。由于市场环境不成熟、监管缺位、制度不完善等原因，国债期货于 1995 年被暂停交易。此次重新挂牌上市，是我国多层次资本市场建设取得的重要成果，也适应了当前金融改革深化的需求。时任中国证监会主席肖钢在国债期货上市仪式上指出，要牢牢把握服务实体经济的根本要求，坚持市场化、法治化、国际化的方向，积极推进期货衍生品市场改革创新。要尊重市场首创精神，激活市场创新能力，按照市场规律办事，努力开发适应市场需要的新品种、新工具。

30. 中行首发"跨境人民币指数"

2013年9月20日，中国银行向全球发布"中国银行跨境人民币指数"（CRI），由此成为中国首家独立编制和发布人民币国际化相关指数的银行业金融机构。指数结果显示，2013年第二季度，跨境人民币指数上升至186，较去年同期上升40.91%，比今年一季度小幅回落1.59%，人民币跨境使用活跃程度总体平稳，且保持上升趋势。

31. 互联网金融添安全利器

随着全球信息化的发展，互联网应用已经渗透到了各行各业。互联网金融借助互联网技术、移动通信技术，实现金融资源优化配置和应用普及，互联网金融的出现代表一个新兴金融时代的到来。与此同时，钓鱼网站、网银盗窃等互联网安全事件也层出不穷，不法分子犯罪技术不断提高，犯罪手段花样翻新，作为互联网金融发展重要基础之一的网上支付面临严峻的安全挑战，成为目前社会各界关注的焦点问题。2013年10月16日，中国金融认证中心（CFCA）在北京召开"互联网金融信息安全创新产品发布会"，正式宣布进军互联网金融领域。会上推出了蓝牙USBKEY、可信服务器证书和EV证书、金融支付机构联合反欺诈共享平台三款创新产品。

32. 中国银联联合多方机构打造互联网金融支付安全联盟

2013年10月17日，由中国银联联合多方机构共同发起的互联网金融支付安全联盟在上海宣布成立。中国银联、公安部经济犯罪侦查局、网络安全保卫局，17家全国性商业银行以及9家主要非金融支付机构成为首批成员单位。互联网金融支付安全联盟作为国内互联网支付安全的开放式协作平台，旨在通过完善风险联合防范机制，保障网络支付交易安全，维护消费者利益，促进互联网支付健康、持续、稳定发展。该联盟成立后，参与各方将整合资源和服务优势，在风险信息共享、风险事件协查、风控技术研究、安全支付宣传、公安司法协作等领域开展合作，共同提升互联网支付风险管理水平。

33. 贷款基础利率集中报价和发布机制正式运行

为进一步推进利率市场化，完善金融市场基准利率体系，指导信贷市场产品定价，2013年10月25日，贷款基础利率（Loan Prime Rate，LPR）集中报价和发布机制正式运行。贷款基础利率是商业银行对其最优质客户执行的贷款利率，其他贷款利率可在此基础上加减点生成。贷款基础利率的集中报价和发布机制是在报价行自主报出本行贷款基础利率的基础上，指定发布人对报价进行加权平均计算，形成报价行的贷款基础利率报价平均利率并对外予以公布。运行初期向社会公布1年期贷款基础利率。

34. 中国中小企业贷款证券化不断发展

2013年10月30日穆迪投资者服务公司发布了新的评论《中国中小企业贷款证券化的作用与主要信用风险考虑因素》（Roles and Key Credit Risk Considerations of Chinese SME Securitizations），报告的作者是穆迪副总裁/高级信用评级主任郑志杰和董事总经理胡剑。报告指出，中国政府认识到国内中小企业对经济的重要性，因此积极鼓励发展中小企业贷款证券化市场，以帮助这些企业获得更好的融资渠道。穆迪指出，全球信用危机以来中国首个中小企业抵押贷款证券（CLO）已于7月推出，即阿里巴巴小企业贷款CLO。穆迪认为，该交易产生的背景是国务院提出进一步支持中小企业的各种建议和政策措施，包括改善中小企业运营环境和服务，提供财政支持和引入各种融资渠道等。报告探讨了中国中小企业在经济发展中的重要性，以及中小企业贷款证券化对推动中小企业发展所发挥的作用。

35. 互联网金融获得蓬勃发展

2013年，互联网企业大举进军金融业。同年6月，阿里巴巴集团支付宝与天弘基金合作推出互联网基金产品——余额宝。10月28日，"百度金融中心——理财"平台正式上线，目标是与各金融机构共同定制具有高吸引力的金融产品。10月30日，以"大数据大金融大机遇"为主题的互联网金融全球峰会在北京举行。这次峰会由互联网金融千人会（IFC1000）发起，联合中关村创业投资和股权投资基金协会共同举办。依托IFC1000在全球产学研界的专家资源，参会嘉宾既有来自国外的互联网金融先行者Lending Club联合创始人、ZOPA全球创始人，也有国内传统金融系统的民生电商、平安银行、中国银联，互联网大佬阿里金融、腾讯财付通、京东商城、新浪支付，互联网金融行业的新兴企业融360、翼龙贷、拉卡拉、天使汇等。面对这一挑战，在银行领域，一些大型银行纷纷推出或计划推出电商平台；民生银行、北京银行相继启动直销银行业务。在证券行业，国泰君安证券设立了网络金融部，撤销零售客户部；中信证券、长城证券、平安证券等也着手布局互联网金融。在保险行业，众安在线财产保险公司已经获得保监会的批文，进入正式筹建期，突破国内现有保险营销模式，不设分支机构，完全通过互联网进行销售和理赔。

36. 十八届三中全会指明金融改革方向

2013年11月9~12日，党的十八届三中全会召开，会议通过了《中共中央关于全面深化改革若干重大问题的决定》（下称《决定》），指出"完善金融市场体系"。《决定》关于金融改革的内容十分丰富，涵盖民营银行准入、政策性金融机构改革、多层次资本市场建设、保险制度、普惠金融、金融创新、利率汇率市场化、资本项目可兑换、金融监管、存款保险制度、金融基础设施建设等10多个重大金融领域。对各项改革的推进进度，尤其是利率市场化、资本项目开放等重大领域有了更加明确的表述，充分显示了实施改革的决心。

37. 周小川详解完善金融市场体系，布局对内对外开放

央行行长周小川2013年11月20日在《十八届三中全会辅导读本》发表署名文章《全面深化金融业改革开放　加快完善金融市场体系》一文，此文分为5个章节，分别是构建更具竞争性和包容性的金融服务业、健全多层次资本市场体系、稳步推进汇率和利率市场化改革、加快实现人民币资本项目兑换以及完善金融监管。内容要点：有序扩大人民币汇率浮动区间，增强人民币汇率双向浮动弹性，保持人民币汇率在合理均衡水平上的基本稳定；央行基本退出常态式外汇市场干预，建立以市场供求为基础，有管理的浮动汇率

制度。着力健全市场利率定价自律机制，提高金融机构自主定价能力；做好贷款基础利率报价工作，为信贷产品定价提供参考；近中期，注重培育形成较为完善的市场利率体系，完善央行利率调控框架和利率传导机制。中期，全面实现利率市场化，健全市场化利率宏观调控机制。取消合格境内投资者、合格境外机构投资者的资格和额度审批，将相关投资便利扩大到境内外所有合法机构。逐步允许具备条件的境外公司在境内资本市场发行股票，拓宽居民投资渠道。有序提升个人资本项目交易可兑换程度，进一步提高直接投资者、直接投资者清盘和信贷等的可兑换便利化程度，在有管理的前提下推进衍生金融工具交易可兑换。在鼓励合理创新的同时，限制与实体经济严重脱节的复杂金融衍生品。加快建立存款保险制度，完善金融机构市场化退出机制。

38. 国务院关于开展优先股试点的指导意见

为贯彻落实党的十八大、十八届三中全会精神，深化金融体制改革，支持实体经济发展，依照公司法、证券法相关规定，国务院决定开展优先股试点。开展优先股试点，有利于进一步深化企业股份制改革，为发行人提供灵活的直接融资工具，优化企业财务结构，推动企业兼并重组；有利于丰富证券品种，为投资者提供多元化的投资渠道，提高直接融资比重，促进资本市场稳定发展。为稳妥有序开展优先股试点，2013 年 11 月 30 日，国务院发布关于开展优先股试点的指导意见。主要内容：①优先股股东的权利与义务；②优先股发行与交易；③组织管理和配套政策。中国人民银行行长周小川曾发表署名文章《资本市场的多层次特性》指出：优先股作为一种重要的资本市场工具层次，能发挥独特作用，既能体现国家投入资金的成本，又可保持公司的私人治理，防止国家资本干预企业经营。

39. 新一轮新股发行体制改革启动

2013 年 11 月 30 日，证监会发布《关于进一步推进新股发行体制改革的意见》（下称《意见》），新一轮新股发行体制改革大幕开启。《意见》明确指出，将在坚持市场化、法制化的基本原则下，进一步理顺发行、定价、配售等环节的市场化运行机制，加快实现监管转型，提高信息披露质量，强化市场约束，维护市场公平，促进市场参与各方归位尽责，为实行股票发行注册制奠定基础。

40. 世界银行建议中国制定包容性创新战略

世界银行 2013 年 12 月 11 日发布的新报告《在中国促进包容性创新实现可持续的包容性增长》认为，"包容性创新"有助于扩大贫困弱势人群的基本产品与服务获取，政府可考虑制定在中国促进包容性创新的战略。"包容性创新"是指能为贫困弱势人群提供可持续、广覆盖、质优价廉的产品与服务的任何创新。这份报告是世界银行与国家信息中心共同撰写的，目的是提高对包容性创新的认识，为中国实施和操作包容性创新政策创造条件。报告介绍了包容性创新的概念及其对中国的意义，论述了中国目前包容性创新的现状，提供了国际经验和案例，并提出了供政府参考的政策建议。

41. 第九届中国电子银行年会在京隆重举行

2013 年 12 月 12 日，由中国金融认证中心（CFCA）举办的"第九届中国电子银行年会暨 2013 中国电子银行年度金榜奖颁奖盛典"在北京举行。本次活动发布了《2013 中国电子银行调查报告》，并颁发中国电子银行金榜奖。来自人民银行、银监会、工信部、公安部和清华大学五道口金融学院等领导以及近 50 家商业银行电子银行的负责人出席了本次年会。参会嘉宾就互联网金融、电子银行等话题进行深入交流探讨。《2013 中国电子银行调查报告》针对行业新变化，新增互联网金融、移动支付等方面调查内容。报告显示，中国电子银行业务连续 4 年呈增长趋势，其中，全国个人网银用户比例较 2012 年增长了1.7 个百分点。在企业网银方面，2013 年企业网银用户比例为 63.7%，较去年增长 10 个百分点；平均每家企业网银活动用户使用网上银行替代了 63% 的柜台业务，而在 2009年，这一比例为 50.7%。2013 年，76% 的企业使用网上银行替代了一半以上的柜台业务。与此同时，手机银行业务展现出巨大潜力。2013 年全国地级及以上城市城镇人口中，个人手机银行用户比例为 11.8%，较去年增长近 3 个百分点，连续三年呈增长趋势。P2P 高收益宣传暗藏本金损失风险。近场支付成 2014 年移动支付看点。

42. 国务院办公厅出台中小投资者权益保护意见全面推进资本市场基础建设

2013 年 12 月 27 日，国务院办公厅发布了《关于进一步加强资本市场中小投资者合法权益保护工作的意见》（以下简称《意见》）。《意见》从我国资本市场实际情况出发，以投资者需求和合法权益保障为导向，针对长期以来投资者保护存在的突出问题，构建了资本市场中小投资者权益保护的制度体系，是指导我国资本市场中小投资者权益保护工作和促进资本市场持续健康发展的纲领性文件。证监会新闻发言人表示，《意见》的发布是我国资本市场发展历程中一个重要的里程碑，具有重要的现实意义，必将产生深远的影响。一是有利于维护亿万人民群众切身利益，维护社会公平正义。二是有利于增强市场信心，激发市场活力，鼓励市场创新，加快发展多层次资本市场。三是有利于完善市场功能，由过去重融资转变为投融资并重，丰富市场工具和产品，强化风险分级分类管理，更好适应投资者多元化需求。四是有利于进一步转变政府职能，推进监管转型，由过多的事前审批转向强化事中、事后监管，切实加强执法，强化市场主体责任。

第二节　国外部分

1. 全球走向多币种储备，黄金需求将提高

2013 年 1 月 11 日，全球货币智库——国际货币金融机构官方论坛（OMFIF）受黄金行业市场发展机构——世界黄金协会的委托，在对世界货币体系进行了全面分析后撰写了《黄金、人民币和多币种储备体系》报告，一直以来美元和欧元是全球央行和主权基金所持有的主要官方资产，由于美元和欧元的稳定性存在不确定性，世界正向着多币种储备体系过渡，这一趋势很可能导致黄金需求的攀升。报告探讨了全球经济力量的进一步分散对官方资产管理造成的影响。报告指出："世界正驶向一个持久的多币种储备体系的未知领

域，美元将与包括人民币在内的其他多种货币共同扮演关键角色。黄金在全球货币体系中将越来越多地扮演全新的角色，吸引政策制定者和金融市场从业者的更多关注。"OMFIF认为，伴随着中国的经济崛起，世界经济将逐渐重新洗牌达到再平衡。这个过程不会一蹴而就，也不会一帆风顺。特别需要指出的是，人民币的完全自由兑换很可能是循序渐进的。虽然人民币成为储备货币不太可能立即威胁到美元的地位，但"在这个充满变数的过渡阶段，储备持有者将在相对广泛的资产类别和投资领域分散其投资"。

2. 新一期《全球经济展望》报告

2013 年 1 月 15 日，世界银行在新一期《全球经济展望》报告中，将全球经济增速预期下调 0.6 个百分点至 2.4%。在这份报告中，世行预测今年全球经济增长 2.4%，低于去年 6 月预测的 3%，但略高于 2012 年 2.3% 的全球经济增长率。报告还将 2014 年经济增速预估从去年 6 月预测的 3.3% 下调至 3.1%。世行认为，在全球金融危机爆发 4 年之后，世界经济依旧脆弱，高收入国家增长乏力，发展中国家需要将重点放在提升经济增长潜力，同时强化缓冲机制以应对来自欧元区和美国财政政策的外溢风险。

3. 《2013 年世界经济形势与展望》发布

2013 年 1 月 18 日联合国发布《2013 年世界经济形势与展望》，其预测世界经济增长在 2013 年很可能会继续保持低迷，预计 2013 年全球经济将增长 2.4%，且在未来两年面临再度衰退的风险。联合国经济与社会事务部当天在纽约联合国总部举行了该报告的发布会。报告说，世界经济增长继 2012 年大幅走弱后，在未来两年很可能会继续保持低迷。预计 2013 年全球经济将增长 2.4%，2014 年预计增长 3.2%，与半年前的年中展望报告相比做出了较大的下调。

4. 欧盟财长会议

2013 年 1 月 22 日，首次欧盟财长会议在布鲁塞尔召开，会议批准了德国、法国等 11 个欧元区成员国引进金融交易税，但包括英国在内的几个国家仍持反对态度。会议进一步落实了多项欧债危机救助计划，包括批准向希腊拨付下一笔规模为 92 亿欧元的援款；讨论了援助塞浦路斯事宜，具体援助协议有望于 3 月达成；葡萄牙和爱尔兰两国财长申请延长援助贷款偿还期限。此外，此次财长会批准任命荷兰财政大臣杰伦·戴塞尔布卢姆为欧元集团新任主席。

5. 第四十三届世界经济论坛年会

2013 年 1 月 23 日，第 43 届达沃斯经济论坛在瑞士东部小镇达沃斯举行，为期 5 天的会议吸引了来自百余个国家的 2500 多名客人与会，其中包括近 50 位国家元首和政府首脑，以及全球商界领袖、国际组织代表、专家学者。本届论坛以"为持久发展注入活力"为主题，旨在推动、促进全球和地区经济以及行业结构的转型。在这一主题下，与会代表围绕"如何在逆境中引领、重建经济活力和增强社会恢复能力"方面展开研讨。在当前全球经济危机阴霾未散、西方经济体增长乏力和发展中国家面临经济转型的背景下，主权债务危机的管理、失业率居高不下、不断加大的贫富差距以及全球地区局势动荡等一系列因素仍然困扰全球经济持久稳定发展，寻求未来世界经济重拾活力成为全球各界精英讨论的焦点。

6. 国际货币基金组织（IMF）发布更新版的《世界经济展望报告》

2013 年 1 月 23 日，国际货币基金组织（IMF）发布更新版的《世界经济展望报告》，将全球经济今明两年的预测增速分别下调至 3.5% 和 4.1%，比去年 10 月份公布的预测值分别下调 0.1 个百分点，并警示全球经济复苏仍然面临显著风险。中国今明两年的增长率分别为 8.2% 和 8.5%，与去年 10 月的预测持平。

7. 金融稳定理事会在瑞士召开全体会议

2013 年 1 月 28 日，金融稳定理事会在瑞士苏黎世召开全体会议。此次会议是 FSB 组建成协会类法人机构的成立大会，来自成员经济体及国际机构的近 70 位高层代表与会。会议重点讨论了全球脆弱性问题，审议了当前金融改革，包括场外衍生品、处置框架、影子银行、风险治理和会计趋同改革的最新进展，并对 2013 年相关改革的工作目标和重点做出了重要部署。

8. 欧盟重启中期预算谈判

2013 年 2 月 7 日，为期两天的欧盟领导人特别峰会在布鲁塞尔召开，会议主要议题是重启 2014~2020 年欧盟中期预算谈判。目前主要成员国分歧明显，以英国、德国为代表的富国要求削减预算，以法国、意大利为代表的南欧与东欧国家则反对削减支出，特别是农业补贴和用于支持落后地区发展的"凝聚基金"的预算。经过近 24 个小时的激烈谈判，欧盟各国领导人在布鲁塞尔就 2014~2020 年中期预算达成一致，预算总额约为 9600 亿欧元，与此前 7 年的预算额相比削减大约 3%。

9. G20 联合声明：避免货币竞相贬值抵制贸易保护

二十国集团（G20）财长和央行行长会议 2013 年 2 月 15~16 日在莫斯科举行。中国人民银行行长周小川在会议上强调，中国政府一直致力于调整结构、扩大内需，政策效果显著，为全球再平衡做出了重要贡献。未来全球需求再平衡关键在于有关国家加快结构改革，尤其是劳动力市场改革，提高竞争力，同时出台中期财政调整计划，减少政策不确定性，以启动私人部门需求，恢复增长。对于各界广泛关注的"汇率战争"问题，会后联合公报称，各国要推进市场决定的汇率体制，坚决抵制竞争性贬值，反对各种形式的保护主义。公报称，全球经济面临的尾部风险下降，金融市场形势有所改善，但全球增长仍然疲弱。路透社 16 日称，不公平的货币竞争是重要议题之一，日本尤其受关注，该国经济刺激政策导致日元自去年 11 月以来已大幅贬值 20%。

10. 穆迪下调对英国的主权信用评级

2013 年 2 月 22 日，国际三大信用评级机构之一的穆迪下调对英国的主权信用评级，由原来的最高级"3A"下调至"AA1"，评级展望定位"稳定"。这是英国 35 年以来首次失去国际权威评级机构的最高信用评级。穆迪表示，英国中期经济增长前景为持续疲软，预计会持续到 2016~2020 年。且中期增长疲软将给英国政府带来挑战。除此之外，政府债务水平保持在高位且持续增加，这将导致政府财政应对冲击的能力下降，英国政府很难在 2016 年之前完成减赤目标。截至去年底，英国主权债务规模相当于国内生产总值的 68% 。

11. 金砖国家领导人第五次会晤

金砖国家领导人第五次会晤 2013 年 3 月 27 日在南非德班举行。中国国家主席习近平、南非总统祖马、巴西总统罗塞芙、俄罗斯总统普京、印度总理辛格出席。五国领导人围绕本次会晤主题"致力于发展、一体化和工业化的伙伴关系"发表看法和主张。习近平同与会领导人就加强金砖国家伙伴关系、深化金砖国家与非洲合作以及共同关心的国际和地区问题深入交换意见。习近平指出,金砖国家领导人会晤首次在非洲大陆举行,期间还将举办首次金砖国家同非洲领导人对话会,意义重大,期待着同其他金砖国家领导人和非洲领导人共商合作大计,将发展中国家团结合作提高到新的水平。金砖五国此次会晤决定建立金砖国家开发银行,筹备建立金砖国家外汇储备库,并成立工商理事会。

12. 五大国际金融机构呼吁加强全球发展协调

华盛顿时间 2013 年 2 月 26 日,非洲开发银行、欧洲重建和发展银行、美洲开发银行、国际货币基金组织和世界银行集团领导人承诺加强合作以支持发展与增长。各国际金融机构领导人强调需要协调努力以实现 2015 年的千年发展目标,这些目标旨在终结贫困与饥饿、增加教育和医疗保健的可及性、改善性别平等和确保环境可持续性。

13. 亚洲债券市场资本流入加大资产价格的泡沫风险

2013 年 3 月 18 日,亚洲开发银行发布最新一期《亚洲债券监测》称,2012 年新兴东亚地区本币债券市场继续增长,这表明,投资者对该地区快速增长的各经济体仍感兴趣,但同时也加大了出现资产价格泡沫的风险。亚行区域经济一体化办公室高级经济学家黄天喜(Thiam Hee Ng)称,"新兴东亚地区比过去更具经济弹性,但各国政府仍需警惕,防止资本流入激增过度推高资产价格,同时应针对美国和欧洲经济回暖后的资本回流做好准备。"

14. 亚洲必须改变资源消耗方式

亚行在其 2013 年 4 月 8 日发布的《2013 年亚洲发展展望》主题章节中称,亚洲正沿着一条危险而不可持续的能源路径前进,如果这条路径得不到重大改变,将导致环境灾难以及穷国和富国在获取能源方面的巨大差距。亚行首席经济学家李昌镛(Changyong Rhee)说:"预计到 2035 年,亚洲的能源消耗将占全球能源消耗的 50% 以上,如果亚洲国家的能源路径没有重大转变的话,届时其二氧化碳排放量将翻倍。亚洲必须限制不断增长的能源需求,同时需要具备创新能力和决心来探索清洁能源,决策者们也需要努力设法解决燃料补贴和区域能源市场一体化等困难的政治议题。该报告预测,到 2035 年,如果亚洲仅扩大其资源获取来源而不从根本上改变其资源消耗方式,其石油消费量将翻倍,天然气消费量将增至三倍,煤炭消费量将上升 81%,这将会导致成本昂贵,给环境带来毁灭性影响。

15. 惠誉将中国长期本币信用评级从 AA – 调降至 A +

2013 年 4 月 9 日,国际评级机构惠誉将中国的长期本币信用评级从 AA – 调降至 A +,确认中国长期外币 IDR 仍为 A +,短期外币 IDR 仍为 F1,国家信用限额仍为 A +,评级展望稳定。惠誉认为，此次本币 IDR 评级决定的关键因素有：①中国金融稳定的风险增加。②2012 年中国地方政府债务再次增加。③与 A 类评级中等水平相比，中国政府财政收入更低，波动性更高。

16. G20 财长和央行行长会议举行

2013 年 4 月 18~19 日，二十国集团（G20）财长和央行行长会议在美国华盛顿举行，就当前全球经济形势、G20 "强劲、可持续、平衡增长框架"、国际金融架构改革、金融部门改革以及长期投资融资等议题进行了讨论，并发表了联合公报。G20 本年度轮值主席国俄罗斯财长西卢阿诺夫主持会议。中国人民银行行长周小川和财政部部长楼继伟出席了会议。

17. 亚洲开发银行第 46 届年会召开

2013 年 5 月 2 日，亚洲开发银行（亚行）第 46 届理事会年会在印度国家首都地区大诺伊达的印度博览中心开幕。有 5000 多名代表参加本次年会，包括政府高官、商界领袖以及来自媒体、学术界、民间团体和开发机构的代表。亚太地区的高级官员将和其他代表共同讨论一系列有关该地区可持续增长和发展的核心议题，包括创造就业机会、基础设施融资以及促进更深层次的区域合作。今年的理事研讨会以 "亚洲超越世界工厂：为变化的世界增长蓄力" 为主题，将探讨该地区经济转型问题，即如何从工厂驱动的制造业走向生产价值链的高端，寻找新的增长点，同时避免陷入中等收入陷阱。

18. 欧央行降息 25 基点对负利率持开放态度

在 2013 年 5 月 2 日举行货币政策会议后，欧洲央行宣布将欧元区主要再融资操作利率（基准利率）降低 25 个基点至 0.5% 这一纪录最低水平，同时将隔夜贷款利率降低 50 个基点至 1.00%，维持隔夜存款利率 0 不变。这是欧洲央行 10 个月以来首次降息。更重要的是，面对 "负利率" 的可能性，欧洲央行行长德拉吉表示欧洲央行已经 "在技术上准备好了"。此言一出，欧元兑美元立刻跌破 1.31。欧洲央行此次议息会议在斯洛伐克首都布拉迪斯拉法举行。德拉吉在新闻发布会上表示，"降息决定符合中期内较低的潜在物价压力"，与此同时，疲软的经济形势已延续至今年春天。他表示，降息应该能够 "帮助支持今年的复苏前景"。

19. 伯南克证词要点：过早收紧政策风险太大

2013 年 5 月 22 日，美联储主席伯南克向国会联合经济委员会发表证词，阐述联储对经济前景和政策的看法。他在书面证词中明确表示，过早收紧政策将导致经济复苏放缓或终结的巨大风险。美股闻讯大幅攀升，道指涨幅超过百点。

20. 日本股市 "打摆子"

2013 年 5 月 23 日当天日经平均股价指数以 14483.98 点报收，单日狂泻 1143.28 点，跌幅达 7.32%，创下 2000 年 4 月以来的最大单日跌幅。当天股指上下振幅更是高达 1458 点，而且在东京证券交易所主板市场全部 1712 只股票中，微涨的有 17 只，不变的有 4 只，下跌的达 1691 只，占 98%。振荡幅度之大，波及面之广，均属罕见。这也被认为是去年 11 月中旬开始的以日元贬值和股市上扬为主要特征的 "安倍经济学行情" 开始步入调整局面的标志。

21. 穆迪 5 年来首次上调美银行业前景展望

评级机构穆迪 2013 年 5 月 28 日宣布将美国银行业前景展望从"负面"上调至"稳定"，理由是经济形势持续改善，银行资产负债表更加强健。这是自 2008 年金融危机以来穆迪首次上调美国银行业的前景展望。穆迪认为，未来 12～18 个月，美国持续的经济增长和就业市场的好转有助于巩固银行资产负债表。在不良贷款损失持续下降以及增强对潜在损失的应对能力后，银行业已经有能力更好地应对未来可能的经济下滑。

22. 标准普尔上调美国评级展望从"负面"至"稳定"

2013 年 6 月 10 日，标准普尔将美国主权信用评级展望从"负面"上调至"稳定"，给美国经济投出了一张信任票，这将缓解美国国会达成减赤协议的压力。标准普尔称，美国的经济弹性和货币信誉支持更高的评级展望，短期内下调美国评级的几率已不到 1/3。标准普尔维持美国 AA＋评级不变，比最高评级低了一档。穆迪和惠誉均维持对美国的 AAA 评级不变，但给出的评级展望都是负面的。

23. 世界银行最新发布的《全球经济展望》报告

2013 年 6 月 12 日，世界银行在最新发布的《全球经济展望》报告中预计，今年全球经济将增长 2.2%，此预期较该机构 1 月的预期下调了 0.2 个百分点。报告表示，尽管欧元区经济继续衰退，但来自发达经济体的风险已经缓解，增长趋向坚挺。报告预计全球 GDP 今年增长 2.2%，2014 年增长 3.0%，2015 年增长 3.3%；高收入国家经济在 2013 年增长 1.2%，欧元区经济今年衰退程度大于此前预测，经济将下滑 0.6%，而明年将增长 0.9%。

24. 意大利政府推出刺激经济一揽子计划

意大利政府 6 月 15 日晚宣布推出刺激经济一揽子计划，计划将增加就业作为重点。意大利总理莱塔在政府内阁会议后宣布，政府将实施刺激经济和增加就业的一揽子计划，包括增加基础设施投资、对中小企业实施贷款优惠、简化司法程序等措施。根据计划，政府将实施一项金额约 30 亿欧元的基础设施投资计划，创造约 3 万个就业岗位，同时投资 1000 万欧元用于加固和维修全国的校舍，并提高大学和研究机构聘请教师和研究员数量，增加奖学金发放数量。

25. 美国和欧盟启动自贸协定谈判

八国集团峰会 6 月 17 日在英国北爱尔兰厄恩湖开幕，会议当天取得一项重要成果：美国和欧盟宣布正式启动自由贸易协定谈判。欧盟委员会主席巴罗佐和美国总统奥巴马当天共同宣布，美欧将正式启动"跨大西洋贸易与投资伙伴关系协定"谈判。这项协定预计将分别为欧盟和美国带来 1190 亿欧元和 950 亿欧元的贸易收入。如果这项协定最终达成，将是全世界规模最大的自由贸易协定。

26. 美联储政策声明：依据就业和通胀数据调整 QE

2013 年 6 月 20 日凌晨，美国联邦公开市场委员会（以下简称 FOMC）发布了利率政策声明。FOMC 决定维持资产购买计划的规模不变，并表示将在就业市场或通胀前景发生变化时提高或降低资产购买计划的步速，以维持合适的政策融通性。在此次会议上，FO-MC 决定将基准利率维持不变，符合市场广泛预期；同时继续预计 FOMC 很可能至少在失业率仍旧维持在 6.5% 上方、通胀率在未来一两年时间里较 FOMC 的 2% 长期目标高出不超过 0.5 个百分点，以及长期通胀预期仍旧十分稳定的条件下维持极低利率。FOMC 同时决定维持资产购买计划的规模不变，并表示将在就业市场或通胀前景发生变化时提高或降低资产购买计划的步速，以维持合适的政策融通性。

27. 欧盟初定银行业"自救"方案

2013 年 6 月 27 日凌晨，欧盟财长们达成协议，在未来对陷入危机的银行救助中，银行股东、债券持有者以及一些大额储户需要承担损失。按照协议，2018 年后的银行救助中，银行股东将首先承担损失，接着是债券持有者和大额储户。受到存款保险保护的、储蓄额在 10 万欧元以下储户不会受到损失。不在存款保险中的个人和小公司将得不到保护。

28. 第五轮中美战略与经济对话

第五轮中美战略与经济对话，当地时间 2013 年 7 月 11 日在美国华盛顿闭幕。通过"扩大贸易与投资合作"、能源安全及气候变化等专题会议，双方力争在载重汽车减排、智能电网、碳捕集利用和封存、温室气体数据、建筑和工业能效五大重点领域开展合作。此次对话由中国国家主席习近平特别代表、国务院副总理汪洋和国务委员杨洁篪，同美国总统奥巴马特别代表、国务卿克里和财政部部长雅各布·卢共同主持。经济对话实现新的突破，中美双方同意，以准入前国民待遇和负面清单为基础开展中美双边投资协定实质性谈判，加强包括金融机构监管执行、跨境监管、影子银行、场外衍生品、会计准则国际趋同、《美国海外账户税收合规法案》等领域的合作。

29. 国际大型证券交易所竞相合并

2013 年 7 月 16 日，日本交易所集团（JPX）旗下的东京证券交易所和大阪证券交易所正式合并，将两家上市公司全部并入东京证券交易所。交易合并完成后，东京证券交易所上市公司数量从 2323 家增加到 3423 家，从世界第七位跃居世界第三位，仅次于印度孟买证券交易所和加拿大 TMX 集团，超过伦敦证券交易所。上市公司的股价总额和交易金额也均列世界第三。经过美国证券交易委员会在内的一系列监管机构以及欧盟委员会的批准，2013 年 11 月，全球领先的市场和结算机构运营商洲际交易所（ICE）完成了收购纽约证券交易所母公司纽约泛欧交易所集团的交易，建立起一个庞大的全球交易所巨头。此次交易涉及金额约为 82 亿美元，根据协议，洲际交易所将把纽约泛欧交易所旗下伦敦期货市场业务、美国股市业务与自身主打能源衍生品交易的市场相结合，并计划将纽约泛欧交易所旗下欧洲股市部门分拆成一个独立的新公司。合并后的公司总部有两个，分别设在亚特兰大和纽约。

30. IMF 认为中国能够应对经济挑战但需加快转型

国际货币基金组织（IMF）2013 年 7 月 17 日表示，尽管中国经济上半年小幅放缓，但预计全年经济增速仍可达 7.8%，中国有能力应对内外挑战，但须加快经济转型。国际货币基金组织近期结束了与中国的"第四条款磋商"并在当天发布了磋商报告。国际货币基金组织预测，中国今年实际国内生产总值（GDP）将增长 7.8%，明年增速为 7.7%，与其最新公布的《世界经济展望报告》一致，但比 4 月的预测值分别下降了 0.3 和 0.6 个百分点。报告指出，中国在经济再平衡方面取得了长足进展，经常项目顺差占 GDP 的比重与金融危机前相比显著降低，但内部失衡问题依然显著，主要是私人消费占 GDP 比重基本未变，表明中国向消费驱动增长模式的重大转型仍未完成。当前的首要任务是加快经济增长方式转变，这已体现在中国新一届政府最近出台的一系列政策当中。报告认为，随着全球经济温和复苏和社会融资强劲增长的效果逐步显现，今年下半年中国经济增长将适度提速。而通胀水平近来处于下降通道，今明两年有望保持在 3% 左右。

31. 世行 2013 年投入近 530 亿美元支持发展中国家

华盛顿时间 2013 年 7 月 18 日世行宣布，在 6 月 30 日截止的 2013 财年，世界银行集团为帮助促进发展中国家的经济增长、增进共同繁荣和消除极度贫困，共承诺贷款、赠款、股权投资和担保 526 亿美元。尽管全球经济环境困难重重，但世行对其面向最贫困国家的基金国际开发协会（IDA）的资金承诺额达历史最高，对私营部门融资的投资和政治风险担保额也创出新高。IDA 融资居历史最高，对撒哈拉以南非洲项目支持达历史最高，IFC 和 MIGA 融资与担保额创纪录。

32. 亚洲维持经济增势面临挑战

亚洲开发银行 2013 年 7 月 16 日新发布的《亚洲发展展望补充》称，由于主要工业经济体的需求持续低迷，加上中国经济增速放缓，亚洲发展中国家前景堪忧。《补充》将 45 个发展中成员体 2013 年和 2014 年的增长预期分别调低至 6.3% 和 6.4%。2013 年 4 月，亚行对该地区 2013 年和 2014 年的增长预测分别为 6.6% 和 6.7%。亚行首席经济学家李昌镛（Changyong Rhee）表示，贸易下滑和投资规模缩小是中国经济平衡增长道路上的组成部分，而其增速放缓所引发的连锁反应无疑让该地区担忧。但我们也看到，很多亚洲发展中国家的经济活动更为低迷。

33. 二十国集团（G20）财长和央行行长会议

2013 年 7 月 19~20 日，二十国集团（G20）财长和央行行长会议在俄罗斯莫斯科举行。会议主要就全球经济形势、"强劲、可持续、平衡增长框架"、国际金融构架改革、投资融资、金融监管、国际税收合作、能源和大宗商品等问题进行了讨论。中国人民银行行长周小川发言时强调，要重视长期资金的供给问题；要通过金融市场有效解决资金供给与需求的期限错配问题。会后发表的联合公报敦促各国审慎调整货币政策，加强与其他国家的沟通与协调。

34. 2013 年第二季度全球黄金消费需求大幅攀升 53%

2013 年 8 月 15 日，世界黄金协会（World Gold Council）最新的 2013 年 4~6 月的第二季度《黄金需求趋势报告》显示，近期金价的下跌极大地刺激了黄金需求。尤其是在目前全球最大的黄金消费市场——中国与印度，消费者对黄金需求较之去年同期均有显著提升。全球范围内，2013 年第二季度金饰总需求量上升了 37%，由去年同期的 421 公吨攀升至 576 公吨，达到了自 2008 年第三季度以来的最高水平。中国的需求量同比上升

54%，印度则上升51%。而全球其他地区对金饰的需求量也显著增加，如中东地区上升33%，而土耳其上升38%。

35. 美联储将对大型金融机构征收年费

2013年8月16日，美国联邦储备委员会宣布，已经完成了4月起草的相关规则的最终版本，将对在美国运营的总资产超过500亿美元的大型银行控股公司、存贷款机构以及被认为具有系统重要性的非银行金融机构收取年度费用，用于补贴其实施金融监管的成本。

36. 投资机构面临严重的信任危机

2013年8月16日，根据CFA协会和爱德曼公司进行的投资者信任调查（CFA Institute/Edelman Investor Trust Study），世界各地投资者对投资界缺乏信心，认为业界仍需积极恢复行业信誉。调查结果显示只有53%的投资者相信投资机构的行为正确。就投资者对投资行业的信任度而言，散户投资者（51%）相比机构投资者（61%）为低；而美国（44%）及英国（39%）的投资者均较中国香港投资者（68%）为低。投资者对投资行业缺乏信心却并未体现在资本市场中，大概每4个投资者中，有3个对自己在资本市场获取合理回报的能力表示乐观。不过，只有19%的投资者"强烈同意"他们有这样的机会，反映投资者并未有十足的信心。

37. 欧洲央行获权限监管区内银行

2013年9月12日，欧洲议会高票通过设立欧盟单一银行业监管机构，授予欧洲央行权力监督欧元区内约6000家银行，同时赋予欧洲央行更大权力，主要是为欧元区银行建立单一架构及后盾，同时设立关闭陷入困境银行的机制，保障储户存款。该机制将从2014年9月开始运作。

38. 中国承诺出资30亿美元与IFC联合投资新兴市场

北京时间2013年9月18日，世界银行集团成员机构国际金融公司（IFC）宣布，中国承诺投入30亿美元与IFC联合投资支持新兴市场的私营部门发展。此笔资金将在未来6年中用于IFC安排的中长期贷款组合中，专门支持新兴市场中的企业融资。这标志着IFC已同时启动了一个全新的资金动员模式——联合贷款组合管理计划（The Managed Co-lendin Portfolio Program）。投资者可通过该项目与IFC联合投资于新兴市场贷款组合，主要信贷决策也授权给IFC执行。

39. 新兴东亚地区的本币债券风险不断增加

东京时间2013年9月26日，亚洲开发银行（亚行）最新发布的《亚洲债券监测》季度报告显示，新兴东亚地区的本币债券市场依然在持续扩张，但由于美国紧缩的货币政策预期、亚洲经济增速放缓以及持续的资本外流，未来风险在加剧。报告还指出，该区域的大多数政府已经错过了以低成本对重要基础设施建设进行融资的机会。这将会进一步限制经济增长，未来仍将需要继续减少贫困。亚行预测，在2010~2020年，亚洲需要对基础设施至少投资8万亿美元以维持经济增长。

40. IFC 在东亚太平洋地区的投资创历史新高

世界银行集团 2013 年 9 月 26 日宣布，2013 财年，世界银行集团成员机构 IFC 在东亚及太平洋地区的投资创历史新高，主要用于支持新兴市场中的企业发展。在截至 6 月 30 日的这一财政年度中，IFC 对亚太地区的 83 个项目提供了高达 34 亿美元的贷款和股权投资，较上年增长了约 15%，其中包括对 7 个南南合作项目的 2.18 亿美元投资。IFC 还为东亚及太平洋地区的 85 个项目提供了价值 1.54 亿美元的咨询服务，成效显著。IFC 在中国的战略重点之一即协助企业和银行进行可持续的海外投资。2013 财年，IFC 对华总投资超过 10 亿美元。

41. 亚太经济合作组织第二十一次领导人非正式会议

经合组织领导人第二十一次非正式会议于 2013 年 10 月 7 日在印尼巴厘岛正式举行，来自 21 个成员国和地区的领导人参加会议，就如何在世界经济不景气的背景下，建立一个更加强劲而富有活力的亚太地区进行讨论。此次会议主题为"活力亚太，全球引擎"，将主要聚焦以下三个方面：努力实现茂物目标；在发展过程中着眼于社会公正、环境保护，实现公平和可持续的经济增长；推动各成员互联互通。中国国家主席习近平出席并发表题为《发挥亚太引领作用，维护和发展开放型世界经济》的重要讲话。

42. 欧洲银行单一监管机制设立

2013 年 10 月，欧洲理事会正式批准设立欧洲银行单一监管机制，这标志着单一监管机制及其内容框架最终确立，欧洲银行联盟建设也迈出最重要一步。预计欧洲央行将于 2014 年 10 月正式承担银行监管职能。在单一监管机制中，欧洲央行将直接监管系统重要性银行，并对银行监管负总责；货币政策与银行监管严格分离，欧洲央行银行监管内部结构主要包括欧洲央行监管委员会、欧洲央行理事会和协调小组三部分。欧洲央行银行监管事务将对欧洲议会及欧洲理事会负责。

43. 国际货币基金组织和世界银行 2013 秋季年会

2013 年 10 月 11 日，国际货币基金组织和世界银行 2013 秋季年会在华盛顿召开，会议为期 3 天，来自 188 个成员国的财政部长和央行行长将共同讨论世界经济面临的问题。美国政府关于提高债务上限的僵局、美联储未来货币政策以及新兴国家和发展中国家经济增速放缓等将是此次年会的重要议题。

44. 诺贝尔经济学奖揭晓三名美国经济学家获奖

2013 年"瑞典国家银行纪念阿尔弗雷德·诺贝尔经济学奖"在当地时间 10 月 14 日揭晓，美国经济学家尤金·法马、拉尔斯·皮特·汉森以及罗伯特·J. 席勒获奖。诺贝尔官方网站消息称，该奖用以表彰他们对"资产价格的经验主义分析"做出的贡献。尤金·法马生于马萨诸塞州波士顿，专长于现代投资组合理论与资产定价理论，因提出"有效市场假说"闻名，现任教于芝加哥大学布斯商学院。拉尔斯·皮特·汉森是芝加哥大学的一位经济学家。他最主要的贡献在于发现了在经济和金融研究中极为重要的广义矩方法。罗伯特·J. 席勒是美国经济学家、学者、畅销书作家，目前担任耶鲁大学亚瑟·奥肯教席，也是耶鲁管理学院金融国际中心成员。他被视为是新兴凯恩斯学派成员之一，曾获 1996 年经济学萨缪尔森奖（Paul A. Samuelson Award）、2009 年德意志银行奖（Deutsche Bank Prize）。

45. 受主权债务危机影响美国政府停摆

由于美国民主、共和两党围绕政府预算和调高公共债务上限议题未能达成协议，新财年的财政预算资金没有着落，当地时间 2013 年 10 月 1 日，白宫下令除军队、边防、公共安全、邮局、警察之外的非核心机构关闭。这也是美国政府 17 年来发生的又一次关门停业事件。美国国会参众两院 10 月 16 日晚分别投票通过议案，给予联邦政府临时拨款，同时调高其公共债务上限。根据这一议案，联邦政府各部门将获得预算运营到 2014 年 1 月 15 日，同时把财政部发行国债的权限延长至 2014 年 2 月 7 日。美国总统奥巴马在 10 月 17 日凌晨签署议案，正式结束了美国联邦政府持续 16 天的关门风波，暂时平息了国际市场对美国可能出现债务违约风险的担忧。

46. 欧盟峰会三大议题护航欧洲经济复苏

2013 年 10 月 24～25 日，欧盟领导人峰会在布鲁塞尔举行。此次会议召开之时恰逢欧元区经济经历漫长衰退后显露复苏迹象之时，确保并延续经济复苏势头是欧盟领导人的首要任务。为促进经济复苏，此次峰会的三大核心议题是建立"单一数字市场"、进一步推进银行业联盟的建立、改善中小企业融资和就业。

47. 欧洲央行年内两次降息促经济

继 2013 年 5 月 2 日降息 25 个基点之后，欧洲央行 11 月 7 日在例行议息会议后宣布将主要再融资利率与隔夜贷款利率同时降低 25 个基点至 0.25% 与 0.75%。这是该行 2013 年第二次降息，欧元区主要利率再创历史最低水平。通货膨胀风险和欧元走强成为欧洲央行降息最主要的原因。当前欧元区低通胀率与高汇率、高失业率交织。欧洲央行行长德拉吉指出，降息主要是由于欧元区中期面临日益减弱的物价上涨压力，欧洲可能要面对较长时期的低通胀情形。

48. 美国股市屡创历史新高

2013 年 11 月 21 日，美股道琼斯指数收报 16009.99 点，创下历史新高，这也是 2013 年以来该指数创下的第 40 个历史新高。纳斯达克指数于 11 月 26 日首次突破 13 年来高点，收于 4000 点上方。12 月 9 日，标准普尔 500 指数在上月首破 1800 点后再创新高，收涨至 1808 点。至此，美股已成为 2013 年除日本外全球表现最为强劲的主要股市，年度升幅创 10 年来新高。美股屡创历史新高，与美国经济增长和企业盈利放缓的不利环境背道而驰，主要得益于美企资产负债表改善、派息增加、股份回购、零利率以及资金从债市转投股市等利好因素支持。

49. 亚洲应强化经济和金融体系

2013 年 11 月 25 日，亚行最新发布的《亚洲债券监测》呼吁，新兴东亚地区国家应借助美国推迟货币政策正常化这一契机，加强其经济和金融体系。本报告由亚行区域经济一体化办公室编写，该办公室主任伊万·J. 阿齐兹（Iwan J. Azis）表示："美国逐步延迟削减购债规模，这为该地区额外争取到一点时间，以确保其经济和金融体系能适应未来可能出现的市场波动。该报告还发出预警，当美国最终缩减其资产购买计划，并试图解决政府债务上限问题时，新兴东亚地区仍然容易受到投资者情绪转变的影响。资本流动的波动也为决策人进行经济管理增加了难度，而流动性紧缩也会拉低资产价格，尤其在房地产行业，从而不利于那些持有大量股份的金融公司的运营。

50. 日本央行推出超大规模货币宽松政策

2013 年 4 月 3 日，日本央行召开了新行长黑田东彦就任后的首次金融货币政策会议。会议根据日本首相安倍晋三提出的经济政策，推出了以"用两年左右时间达成 2% 的通胀目标和将资金供应规模扩大至目前两倍"的新金融政策，俗称"安倍经济学"。日本央行还宣布，用基础货币量取代无担保隔夜拆借利率作为央行货币市场操作的主体目标，两年内将基础货币量扩大一倍，2014 年底达到 270 万亿日元（约合 2.83 万亿美元）。此外，日本央行决定，将更长期限的国债纳入收购对象以压低长期利率，同时扩大购买风险资产。12 月 2 日上午，日本央行行长黑田东彦表示没有对大规模货币宽松政策提出期限，并且表示，若有必要可能在 2015 年以后继续实施 2013 年 4 月推出的大规模货币宽松政策。

51. 比特币炒作事件挑战金融监管

比特币源于 2009 年中本聪发表的一篇论文，该论文中介绍了一种网上支付系统。隔年，该模式被现实化，比特币由此诞生。作为一种网络虚拟货币，2009 年诞生之初，比特币的身价极其低廉，仅 5 美分左右。但之后随着影响力提升，并在投机者的炒作下，比特币价格一路从年初的 20 美元疯长至 1200 美元。12 月初，法国中央银行公布了一份研究报告，警告比特币存在风险。12 月 3 日，中国人民银行等五部委也出台《关于防范比特币风险的通知》，否认比特币合法，禁止金融机构支持比特币交易，为此中国内地最大的搜索引擎百度也关闭了刚敞开不久的比特币大门——百度加速乐宣布停止接受比特币支付。相关规定出台后，比特币价格在 48 小时内暴跌 500 多美元。

52. 欧盟处罚 8 家参与利率操纵大银行

2013 年 12 月 4 日，欧盟委员会决定，将对 8 家参与联合操纵金融市场拆借利率（即借贷价格）的大银行开出约 17.1 亿欧元的罚单，为欧盟有史以来针对此类案件处以的最高金额的罚款。其中，德意志银行成为受罚金额最高的银行，需要支付 7.25 亿欧元。法国兴业银行、苏格兰皇家银行和摩根大通等多家银行也被处以不同程度的罚金。此次罚款主要是针对金融机构在 2005 年 9 月至 2010 年期间的操纵行为，而目前至少还有 4 家金融机构面临欧盟的调查，欧盟未来可能还有更多类似的处罚决定公布。

53. 美联储在 QE 退出问题上举棋不定

2013 年 5 月以来，美联储一直在为 QE 退出而蓄势，这使得市场对于 9 月美联储货币会议启动缩减购债计划早有充分预期——早前亚洲金融市场动荡、美元大涨、美国国债收益率上升都反映了这样的判断。然而，在 9 月的议息会议上，一向政策透明的美联储并未按常规出牌，反而宣布维持每月 850 亿美元的购债规模不变，显示美联储 QE 退出时间与路径仍有待确认。此举一出，全球商品市场剧烈震荡，美元下跌，各种大宗商品、非美货币和股市大涨，特别是曾受重创的新兴市场经济体反应最为积极。12 月 19 日，美联储终于对外宣布，维持联邦基金利率区间在 0～0.25% 不变，每月削减 100 亿美元 QE。其中将每月长期国债购买规模削减 50 亿美元至 400 亿美元；将每月抵押贷款支持证券（MBS）购买规模削减 50 亿美元至 350 亿美元。

54. 标准普尔下调欧盟信用评级

美国信用评级公司标准普尔 2013 年 12 月 20 日将欧盟的长期信贷评级从最高等级的 AAA 降至 AA＋，预期展望从"负面"调至"稳定"。欧盟的财政预算主要来自成员国交纳的资金，而不是通过发行债券筹集资金。因此，标准普尔主要是基于欧盟成员国的主权信用来评估欧盟的主权信用级别的。标准普尔在陈述下调欧盟信用评级的理由时表示，欧盟成员国之间对保持预算平衡问题的讨论越来越困难。欧盟成员国之间缺乏凝聚力和存在分歧，特别是在讨论预算的过程中更为突出，这就加大了欧盟的信用风险。

55. 新兴经济体金融市场剧烈动荡

2013 年 5 月下旬以来，新兴市场经济体普遍遭遇资本流出。新兴市场投资基金研究公司（EPFR）数据显示，第三季度，新兴市场股票基金流出资金为 121 亿美元，连续两个季度资金净流出；新兴市场债券基金资金流出规模也达 174 亿美元。与此同时，印度、印度尼西亚等部分亚洲新兴市场经济体金融市场出现剧烈震荡：一是货币贬值，二是股市下跌，三是债券收益率攀升，四是外汇储备下降。2013 年以来，市场对美联储年内退出 QE 的预期逐步增强，美元套利交易成本上升，美元资产的吸引力也显著增强。部分新兴市场经济体增速开始放缓，印度、印度尼西亚 2013 年前两个季度实际 GDP 增速均较上年同期明显回落，巴西被下调信用评级。

第五章 金融学学科 2013 年文献索引

第一节 中文期刊文献索引

[1] 周小川.宏观调控的经济描述与工程描述——在首届"金融街论坛"上的讲话[J].金融研究，2013（1）.

[2] 赵进文，张敬思.人民币汇率、短期国际资本流动与股票价格——基于汇改后数据的再检验[J].金融研究，2013（1）.

[3] 曾耿明，牛霖琳.中国实际利率与通胀预期的期限结构——基于无套利宏观金融模型的研究[J].金融研究，2013（1）.

[4] 张小宇，刘金全，刘慧悦.货币政策与股票收益率的非线性影响机制研究[J].金融研究，2013（1）.

[5] 沈可，章元.中国的城市化为什么长期滞后于工业化？——资本密集型投资倾向视角的解释[J].金融研究，2013（1）.

[6] 朱英姿，许丹.官员晋升压力、金融市场化与房价增长[J].金融研究，2013（1）.

[7] 张迎斌，刘志新，柏满迎，罗淇耀.我国社会基本养老保险的均衡体系与最优替代率研究——基于跨期叠代模型的实证分析[J].金融研究，2013（1）.

[8] 曹廷求，朱博文.银行治理影响货币政策传导的银行贷款渠道吗？——来自中国银行业的证据[J].金融研究，2013（1）.

[9] 杨天宇，钟宇平.中国银行业的集中度、竞争度与银行风险[J].金融研究，2013（1）.

[10] 简泽.银行债权治理、管理者偏好与国有企业的绩效[J].金融研究，2013（1）.

[11] 余明桂，李文贵，潘红波.管理者过度自信与企业风险承担[J].金融研究，2013（1）.

[12] 王玉涛，陈晓，薛健.限售股减持：利润平滑还是投资收益最大？[J].金融研究，2013（1）.

[13] 李广子，刘力．社会目标、雇员规模与民营化定价 [J]．金融研究，2013 (1)．

[14] 山立威，申宇．基金营销与资金流动：来自中国开放式基金的经验证据 [J]．金融研究，2013 (1)．

[15] 陈超，甘露润．银行风险管理、贷款信息披露与并购宣告市场反应 [J]．金融研究，2013 (1)．

[16] 池光胜．人口老龄化与实际有效汇率的实证研究——基于全球 187 个国家 30 年数据的面板分析 [J]．金融研究，2013 (2)．

[17] 李实，赵人伟，高霞．中国离退休人员收入分配中的横向与纵向失衡分析 [J]．金融研究，2013 (2)．

[18] 郑志刚，殷慧峰，胡波．我国非上市公司治理机制有效性的检验——来自我国制造业大中型企业的证据 [J]．金融研究，2013 (2)．

[19] 毛其淋．要素市场扭曲与中国工业企业生产率——基于贸易自由化视角的分析 [J]．金融研究，2013 (2)．

[20] 金智．社会规范、财务报告质量与权益资本成本 [J]．金融研究，2013 (2)．

[21] 何石军，黄桂田．中国社会的代际收入流动性趋势：2000～2009 [J]．金融研究，2013 (2)．

[22] 郭新强，汪伟，杨坤．刚性储蓄、货币政策与中国居民消费动态 [J]．金融研究，2013 (2)．

[23] 张天舒，黄俊．区域经济集中、经济增长与收入差距 [J]．金融研究，2013 (2)．

[24] 刘涛．汇率偏好、游说竞争及中国主要产业部门的汇率政策影响力评估 [J]．金融研究，2013 (2)．

[25] 肖卫国，刘杰，赵圣伟．中国货币结构与经济产出——基于 1952～2010 年宏观数据的实证检验 [J]．金融研究，2013 (2)．

[26] 张红，李洋．房地产市场对货币政策传导效应的区域差异研究——基于 GVAR 模型的实证分析 [J]．金融研究，2013 (2)．

[27] 李汇东，唐跃军，左晶晶．用自己的钱还是用别人的钱创新？——基于中国上市公司融资结构与公司创新的研究 [J]．金融研究，2013 (2)．

[28] 夏凡，姚志勇．评级高估与低估：论国际信用评级机构"顺周期"行为 [J]．金融研究，2013 (2)．

[29] 赵子乐，黄少安．二元社会养老保障体系下的转移支付 [J]．金融研究，2013 (2)．

[30] 陈刚．通货膨胀的社会福利成本——以居民幸福感为度量衡的实证研究 [J]．金融研究，2013 (2)．

[31] 王云清，朱启贵，谈正达．中国房地产市场波动研究——基于贝叶斯估计的两

部门 DSGE 模型［J］.金融研究，2013（3）.

　　［32］薛爽，洪昀，陈昕.股权性质、政治关系与地方政府拉闸限电——来自有色金属行业的经验证据［J］.金融研究，2013（3）.

　　［33］周黎安，赵鹰妍，李力雄.资源错配与政治周期［J］.金融研究，2013（3）.

　　［34］吕朝凤，黄梅波，陈燕鸿.政府支出、流动性冲击与中国实际经济周期［J］.金融研究，2013（3）.

　　［35］杜莉，沈建光，潘春阳.房价上升对城镇居民平均消费倾向的影响——基于上海市入户调查数据的实证研究［J］.金融研究，2013（3）.

　　［36］刘贵生，高士成.我国财政支出调控效果的实证分析——基于财政政策与货币政策综合分析的视角［J］.金融研究，2013（3）.

　　［37］彭方平，连玉君，赵慧敏.经济增长与我国通货膨胀容忍度——来自企业层面的经验证据［J］.金融研究，2013（3）.

　　［38］杜兴强，赖少娟，杜颖洁."发审委"联系、潜规则与 IPO 市场的资源配置效率［J］.金融研究，2013（3）.

　　［39］李健，陈传明.企业家政治关联、所有制与企业债务期限结构——基于转型经济制度背景的实证研究［J］.金融研究，2013（3）.

　　［40］史永东，丁伟，袁绍锋.市场互联、风险溢出与金融稳定——基于股票市场与债券市场溢出效应分析的视角［J］.金融研究，2013（3）.

　　［41］曾雪云，徐经长.公允价值计量、金融投资行为与公司资本结构［J］.金融研究，2013（3）.

　　［42］张雪春，徐忠，秦朵.民间借贷利率与民间资本的出路：温州案例［J］.金融研究，2013（3）.

　　［43］郭娜.政府？市场？谁更有效——中小企业融资难解决机制有效性研究［J］.金融研究，2013（3）.

　　［44］郭峰，洪占卿.贸易开放、地区市场规模与中国省际通胀波动［J］.金融研究，2013（3）.

　　［45］李维安，徐业坤.政治身份的避税效应［J］.金融研究，2013（3）.

　　［46］余辉，余剑.我国金融状况指数构建及其对货币政策传导效应的启示——基于时变参数状态空间模型的研究［J］.金融研究，2013（4）.

　　［47］刘希颖，林伯强.改革能源定价机制以保障可持续发展——以煤电联动政策为例［J］.金融研究，2013（4）.

　　［48］李培功，徐淑美.媒体的公司治理作用——共识与分歧［J］.金融研究，2013（4）.

　　［49］潘敏，张依茹.股权结构会影响商业银行信贷行为的周期性特征吗？——来自中国银行业的经验证据［J］.金融研究，2013（4）.

　　［50］郝项超.商业银行所有权改革对贷款定价决策的影响研究［J］.金融研究，

2013（4）.

　　［51］张宗新，王海亮．投资者情绪、主观信念调整与市场波动［J］.金融研究，2013（4）.

　　［52］杨墨竹.ETF 资金流、市场收益与投资者情绪——来自 A 股市场的经验证据［J］.金融研究，2013（4）.

　　［53］方红星，施继坤，张广宝．产权性质、信息质量与公司债定价——来自中国资本市场的经验证据［J］.金融研究，2013（4）.

　　［54］赵龙凯，陆子昱，王致远．众里寻"股"千百度——股票收益率与百度搜索量关系的实证探究［J］.金融研究，2013（4）.

　　［55］甘犁，尹志超，贾男，徐舒，马双．中国家庭资产状况及住房需求分析［J］.金融研究，2013（4）.

　　［56］牛晓健，裘翔．利率与银行风险承担——基于中国上市银行的实证研究［J］.金融研究，2013（4）.

　　［57］钱先航，曹春方．信用环境影响银行贷款组合吗——基于城市商业银行的实证研究［J］.金融研究，2013（4）.

　　［58］马君潞，郭牧炫，李泽广．银行竞争、代理成本与借款期限结构——来自中国上市公司的经验证据［J］.金融研究，2013（4）.

　　［59］宫晓琳，杨淑振．量化分析宏观金融风险的非线性演变速度与机制［J］.金融研究，2013（4）.

　　［60］邵新建，薛熠，江萍，赵映雪，郑文才．投资者情绪、承销商定价与 IPO 新股回报率［J］.金融研究，2013（4）.

　　［61］钟春平，陈三攀，徐长生．结构变迁、要素相对价格及农户行为——农业补贴的理论模型与微观经验证据［J］.金融研究，2013（5）.

　　［62］纪志宏．存贷比地区差异研究——基于商业银行分行数据的研究［J］.金融研究，2013（5）.

　　［63］康立，龚六堂，陈永伟．金融摩擦、银行净资产与经济波动的行业间传导［J］.金融研究，2013（5）.

　　［64］邹传伟．对 Basel Ⅲ 逆周期资本缓冲效果的实证分析［J］.金融研究，2013（5）.

　　［65］范从来，刘绍保，刘德溯．中国资产短缺影响因素研究——理论及经验证据［J］.金融研究，2013（5）.

　　［66］戴静，张建华．金融所有制歧视、所有制结构与创新产出——来自中国地区工业部门的证据［J］.金融研究，2013（5）.

　　［67］罗进辉．"国进民退"：好消息还是坏消息［J］.金融研究，2013（5）.

　　［68］中国金融40人论坛课题组，蔡洪滨，李波，林赞，伍戈，徐林，席钰，袁力，周诚君．土地制度改革与新型城镇化［J］.金融研究，2013（5）.

［69］刘伟，李连发．地方政府融资平台举债的理论分析［J］．金融研究，2013（5）．

［70］于文超，何勤英．投资者保护、政治联系与资本配置效率［J］．金融研究，2013（5）．

［71］唐东波．市场规模、交易成本与垂直专业化分工——来自中国工业行业的证据［J］．金融研究，2013（5）．

［72］赵德昭，许和连．外商直接投资、适度财政分权与农村剩余劳动力转移——基于经济因素和体制变革的双重合力视角［J］．金融研究，2013（5）．

［73］张敏，王成方，刘慧龙．冗员负担与国有企业的高管激励［J］．金融研究，2013（5）．

［74］周小川．分析物价趋势的指标选择［J］．金融研究，2013（5）．

［75］马理，黄宪，代军勋．银行资本约束下的货币政策传导机制研究［J］．金融研究，2013（5）．

［76］徐国祥，杨振建．人民币分别与发达市场和新兴市场货币汇率波动传导效应研究——基于多元 BEKK－MGARCH 模型的波动传导测试［J］．金融研究，2013（6）．

［77］陈沁，宋铮．城市化将如何应对老龄化？——从中国城乡人口流动到养老基金平衡的视角［J］．金融研究，2013（6）．

［78］孙祁祥，肖志光．社会保障制度改革与中国经济内外再平衡［J］．金融研究，2013（6）．

［79］李青原，王红建．货币政策、资产可抵押性、现金流与公司投资——来自中国制造业上市公司的经验证据［J］．金融研究，2013（6）．

［80］孙俊．货币政策转向与非对称效应研究［J］．金融研究，2013（6）．

［81］江伟，曾业勤．金融发展、产权性质与商业信用的信号传递作用［J］．金融研究，2013（6）．

［82］文东伟．FDI、出口开放与中国省区产业增长［J］．金融研究，2013（6）．

［83］李春涛，胡宏兵，谭亮．中国上市银行透明度研究——分析师盈利预测和市场同步性的证据［J］．金融研究，2013（6）．

［84］柯孔林，冯宗宪．中国商业银行全要素生产率增长及其收敛性研究——基于GML 指数的实证分析［J］．金融研究，2013（6）．

［85］陈东，刘金东．农村信贷对农村居民消费的影响——基于状态空间模型和中介效应检验的长期动态分析［J］．金融研究，2013（6）．

［86］陆正飞，王鹏．同业竞争、盈余管理与控股股东利益输送［J］．金融研究，2013（6）．

［87］张晓玫，潘玲．我国银行业市场结构与中小企业关系型贷款［J］．金融研究，2013（6）．

［88］顾焕章，汪泉，吴建军．信贷资金支持科技型企业的路径分析与江苏实践

［J］. 金融研究, 2013（6）.

　　［89］张成思, 朱越腾, 芦哲. 对外开放对金融发展的抑制效应之谜［J］. 金融研究, 2013（6）.

　　［90］蔡庆丰, 杨侃. 是谁在"捕风捉影": 机构投资者 VS 证券分析师——基于 A 股信息交易者信息偏好的实证研究［J］. 金融研究, 2013（6）.

　　［91］王皓. 合资模式对市场势力来源的影响: 以中国轿车行业为例［J］. 金融研究, 2013（8）.

　　［92］王小龙, 唐龙. 养老双轨制、家庭异质性与城镇居民消费不足［J］. 金融研究, 2013（8）.

　　［93］项后军, 许磊. 汇改后的人民币汇率传递、出口商品价格与依市定价（PTM）行为研究［J］. 金融研究, 2013（8）.

　　［94］范言慧, 席丹, 边江泽. 不同部门的 FDI 流入与人民币实际汇率［J］. 金融研究, 2013（8）.

　　［95］赵留彦, 黄桂田. 交易成本与长期购买力平价: 近代中国的经验证据［J］. 金融研究, 2013（8）.

　　［96］马勇, 陈雨露. 宏观审慎政策的协调与搭配: 基于中国的模拟分析［J］. 金融研究, 2013（8）.

　　［97］孙国峰, 孙碧波. 人民币均衡汇率测算: 基于 DSGE 模型的实证研究［J］. 金融研究, 2013（8）.

　　［98］张强, 乔煜峰, 张宝. 中国货币政策的银行风险承担渠道存在吗?［J］. 金融研究, 2013（8）.

　　［99］覃一冬. 空间集聚与中国省际经济增长的实证分析: 1991～2010 年［J］. 金融研究, 2013（8）.

　　［100］史宇鹏, 顾全林. 知识产权保护、异质性企业与创新: 来自中国制造业的证据［J］. 金融研究, 2013（8）.

　　［101］黄福广, 彭涛, 田利辉. 风险资本对创业企业投资行为的影响［J］. 金融研究, 2013（8）.

　　［102］王君斌, 郭新强, 王宇. 中国货币政策的工具选取、宏观效应与规则设计［J］. 金融研究, 2013（8）.

　　［103］徐荟竹, 曹媛媛, 杜海均. 货币国际化进程中黄金的作用［J］. 金融研究, 2013（8）.

　　［104］王雄元, 张春强. 声誉机制、信用评级与中期票据融资成本［J］. 金融研究, 2013（8）.

　　［105］饶品贵, 岳衡, 罗炜. 投资银行政治联系与公司增发［J］. 金融研究, 2013（8）.

　　［106］林伯强, 杜克锐. 我国能源生产率增长的动力何在——基于距离函数的分解

[J]. 金融研究, 2013 (9).

[107] 郭云南, 张琳弋, 姚洋. 宗族网络、融资与农民自主创业 [J]. 金融研究, 2013 (9).

[108] 徐丽鹤, 袁燕. 收入阶层、社会资本与农户私人借贷利率 [J]. 金融研究, 2013 (9).

[109] 张龙耀, 张海宁. 金融约束与家庭创业——中国的城乡差异 [J]. 金融研究, 2013 (9).

[110] 郑挺国, 尚玉皇. 基于金融指标对中国 GDP 的混频预测分析 [J]. 金融研究, 2013 (9).

[111] 罗忠洲, 屈小粲. 我国通货膨胀指数的修正与预测研究 [J]. 金融研究, 2013 (9).

[112] 中国人民银行营业管理部课题组, 李宏瑾. 中央银行利率引导——理论、经验分析与中国的政策选择 [J]. 金融研究, 2013 (9).

[113] 梁琪, 李政, 郝项超. 我国系统重要性金融机构的识别与监管——基于系统性风险指数 SRISK 方法的分析 [J]. 金融研究, 2013 (9).

[114] 巴曙松, 居姗, 朱元倩. 我国银行业系统性违约风险研究——基于 Systemic-CCA 方法的分析 [J]. 金融研究, 2013 (9).

[115] 潘慧峰, 班乘炜. 复杂衍生品定价是否公平——基于深南电案例的分析 [J]. 金融研究, 2013 (9).

[116] 钱雪松, 袁梦婷, 孔东民. 股权关联影响了企业间信贷价格吗? ——基于我国上市公司委托贷款数据的经验分析 [J]. 金融研究, 2013 (9).

[117] 张峥, 吴偎立, 黄志勇. IPO 的行业效应——从竞争和关注的角度 [J]. 金融研究, 2013 (9).

[118] 许闲, 申宇. "求人" 还是 "靠己" 全国社保基金股市投资效率研究 [J]. 金融研究, 2013 (9).

[119] 杨熠, 林仁文, 金洪飞. 信贷市场扭曲与中国货币政策的有效性——引入非市场化因素的随机动态一般均衡分析 [J]. 金融研究, 2013 (9).

[120] 江春, 苏志伟. 金融发展如何促进经济增长——一个文献综述 [J]. 金融研究, 2013 (9).

[121] 邹亚生, 魏薇. 碳排放核证减排量 (CER) 现货价格影响因素研究 [J]. 金融研究, 2013 (10).

[122] 丁继红, 应美玲, 杜在超. 我国农村家庭消费行为研究——基于健康风险与医疗保障视角的分析 [J]. 金融研究, 2013 (10).

[123] 朱新蓉, 李虹含. 货币政策传导的企业资产负债表渠道有效吗? ——基于 2007~2013 中国数据的实证检验 [J]. 金融研究, 2013 (10).

[124] 谭之博, 赵岳. 银行集中度、企业规模与信贷紧缩 [J]. 金融研究, 2013

（10）．

[125] 胡德宝，苏基溶．政府消费、贸易条件、生产率与人民币汇率——基于巴拉萨—萨缪尔森效应的扩展研究［J］．金融研究，2013（10）．

[126] 龙少波，陈璋．部门间工资不完全追赶对中国结构性通胀的影响［J］．金融研究，2013（10）．

[127] 曹伟，申宇．人民币汇率传递、行业进口价格与通货膨胀：1996～2011［J］．金融研究，2013（10）．

[128] 战明华，蒋婧梅．金融市场化改革是否弱化了银行信贷渠道的效应［J］．金融研究，2013（10）．

[129] 李子联，朱江丽．中国的收入分配与贸易模式——机理与证据［J］．金融研究，2013（10）．

[130] 王兵，於露瑾，杨雨石．碳排放约束下中国工业行业能源效率的测度与分解［J］．金融研究，2013（10）．

[131] 胡昌生，池阳春．投资者情绪、资产估值与股票市场波动［J］．金融研究，2013（10）．

[132] 周林洁，邱汛．政治关联、所有权性质与高管变更［J］．金融研究，2013（10）．

[133] 谢平，刘海二．ICT、移动支付与电子货币［J］．金融研究，2013（10）．

[134] 伍戈，杨凝．离岸市场发展对本国货币政策的影响——一个综述［J］．金融研究，2013（10）．

[135] 俞红海，刘烨，李心丹．询价制度改革与中国股市IPO"三高"问题——基于网下机构投资者报价视角的研究［J］．金融研究，2013（10）．

[136] 阎庆民，谢翀达，骆絮飞．银行业金融机构信息科技风险监管指标与资本计量研究［J］．金融研究，2013（11）．

[137] 戴金平，陈汉鹏．中国的利率调节、信贷指导与经济波动——基于动态随机一般均衡模型的分析［J］．金融研究，2013（11）．

[138] 陈伟，牛霖琳．基于贝叶斯模型平均方法的中国通货膨胀的建模及预测［J］．金融研究，2013（11）．

[139] 陆前进，卢庆杰，李治国．银行信贷、外汇储备和中国的实际汇率——基于中国2000～2011年数据的实证研究［J］．金融研究，2013（11）．

[140] 熊海芳，王志强．利率平滑与央行政策偏好的非对称性——中国的证据［J］．金融研究，2013（11）．

[141] 孙会霞，陈金明，陈运森．银行信贷配置、信用风险定价与企业融资效率［J］．金融研究，2013（11）．

[142] 陈德球，刘经纬，董志勇．社会破产成本、企业债务违约与信贷资金配置效率［J］．金融研究，2013（11）．

［143］范小云，方意，王道平．我国银行系统性风险的动态特征及系统重要性银行甄别——基于 CCA 与 DAG 相结合的分析［J］.金融研究，2013（11）．

［144］余靖雯，郑少武，龚六堂．政府生产性支出、国企改制与民间投资——来自省际面板数据的实证分析［J］.金融研究，2013（11）．

［145］庞贞燕，刘磊．期货市场能够稳定农产品价格波动吗？——基于离散小波变换和 GARCH 模型的实证研究［J］.金融研究，2013（11）．

［146］李永，王砚萍，孟祥月．要素市场扭曲是否抑制了国际技术溢出［J］.金融研究，2013（11）．

［147］程展兴，剡亮亮．非同步交易、信息传导与市场效率——基于我国股指期货与现货的研究［J］.金融研究，2013（11）．

［148］贺国生，谢锋，肖瑶．国有、民营控股公司股价对"好"信息的不同反应分析［J］.金融研究，2013（11）．

［149］王正位，朱武祥，赵冬青，马菁蕴．管理层乐观与可转债融资——模型与福记食品案例研究［J］.金融研究，2013（11）．

［150］莫泰山，朱启兵．为什么基金投资人的投资回报低于基金行业的平均回报——基于"聪明的钱"效应实证检验的解释［J］.金融研究，2013（11）．

［151］石阳，李曜．中国艺术品投资收益——整体特征与杰作效应［J］.金融研究，2013（12）．

［152］万良勇．法治环境与企业投资效率——基于中国上市公司的实证研究［J］.金融研究，2013（12）．

［153］赵秋运，张建武．中国劳动收入份额的变化趋势及其驱动机制新解——基于国际贸易和最低工资的视角［J］.金融研究，2013（12）．

［154］徐伟呈，范爱军．人民币汇率变动对就业和工资的影响——基于中国制造业细分行业的实证研究［J］.金融研究，2013（12）．

［155］邢春冰，李春顶．技术进步、计算机使用与劳动收入占比——来自中国工业企业数据的证据［J］.金融研究，2013（12）．

［156］王均坦，耿欣，彭江波．市场风险约束下城市商业银行的最优规模研究［J］.金融研究，2013（12）．

［157］田拓，马勇．中国的短期跨境资金流动——波动性测度及影响因素分析［J］.金融研究，2013（12）．

［158］周方召，刘文革．宏观视角下的企业家精神差异化配置与经济增长——一个文献述评［J］.金融研究，2013（12）．

［159］叶宁华，包群．信贷配给、所有制差异与企业存活期限［J］.金融研究，2013（12）．

［160］苏冬蔚，熊家财．大股东掏空与 CEO 薪酬契约［J］.金融研究，2013（12）．

［161］林虎，孙博，刘力．换手率波动、转售期权与股票横截面收益率［J］.金融研

究，2013（12）．

[162] 吴盼文，曹协和，肖毅，李兴发，鄢斗，卢孔标，郭凯，丁攀，徐璐，王守贞．我国政府性债务扩张对金融稳定的影响——基于隐性债务视角 [J]．金融研究，2013（12）．

[163] 吴晓灵．金融市场化改革中的商业银行资产负债管理 [J]．金融研究，2013（12）．

[164] 毛洪涛，何熙琼，张福华．转型经济体制下我国商业银行改革对银行效率的影响——来自1999~2010年的经验证据 [J]．金融研究，2013（12）．

[165] 刘冲，盘宇章．银行间市场与金融稳定——理论与证据 [J]．金融研究，2013（12）．

[166] 张欣，崔日明．基于非对称随机波动模型的人民币汇率波动特征研究 [J]．国际金融研究，2013（1）．

[167] 黄宪，熊启跃．银行资本缓冲、信贷行为与宏观经济波动——来自中国银行业的经验证据 [J]．国际金融研究，2013（1）．

[168] 谢太峰，王子博．中国经济周期拐点预测——基于潜在经济增长率与经验判断 [J]．国际金融研究，2013（1）．

[169] 张婷，于瑾，吕东锴．新兴市场投资者情绪与价值溢价异象——基于中国内地、香港和台湾地区的比较分析 [J]．国际金融研究，2013（1）．

[170] 李礼辉．复苏困境重重前行难言轻松——2012年全球经济与国际金融回顾和展望 [J]．国际金融研究，2013（1）．

[171] 于维生，张志远．国际金融监管的博弈解析与中国政策选择 [J]．国际金融研究，2013（1）．

[172] 李成，李玉良，王婷．宏观审慎监管视角的金融监管目标实现程度的实证分析 [J]．国际金融研究，2013（1）．

[173] 彭韶兵，周婧．银行业反洗钱内部控制效率评价指数研究 [J]．国际金融研究，2013（1）．

[174] 刘莉亚，程天笑，关益众，刘晓磊．资本管制对资本流动波动性的影响分析 [J]．国际金融研究，2013（2）．

[175] 朱超，林博，张林杰．全球视角下的人口结构变迁与国际资本流动 [J]．国际金融研究，2013（2）．

[176] 郭立甫，黄强，高铁梅．中国外汇风险的识别和动态预警研究 [J]．国际金融研究，2013（2）．

[177] 陈静．量化宽松货币政策的传导机制与政策效果研究——基于央行资产负债表的跨国分析 [J]．国际金融研究，2013（2）．

[178] 严兵，张禹，王振磊．中国系统重要性银行评估——基于14家上市银行数据的研究 [J]．国际金融研究，2013（2）．

［179］顾海峰．银保协作下商业银行信用风险的传导及管控机制研究——基于系统科学的分析视阈［J］．国际金融研究，2013（2）．

［180］李富有，罗莹．人民币汇率传递的物价效应分析——基于引入虚拟变量的 ARDL 模型的实证研究［J］．国际金融研究，2013（2）．

［181］郭凯，艾洪德，郑重．通胀惯性、混合菲利普斯曲线与中国通胀动态特征［J］．国际金融研究，2013（2）．

［182］武力超．金融危机前后金融体系结构变化和制度因素分析［J］．国际金融研究，2013（2）．

［183］范爱军，卞学字．跨期消费平滑模型与中国国际资本流动性度量——兼析汇率因素的影响［J］．国际金融研究，2013（3）．

［184］周先平，李标，冀志斌．人民币计价结算背景下汇率制度选择研究——基于汇率变动时变传递效应的视角［J］．国际金融研究，2013（3）．

［185］马理，杨嘉懿，段中元．美联储扭曲操作货币政策运行机理研究［J］．国际金融研究，2013（3）．

［186］刘骞文．全球经常账户失衡调整困局：基于货币政策的探讨［J］．国际金融研究，2013（3）．

［187］高国华．逆周期资本监管框架下的宏观系统性风险度量与风险识别研究［J］．国际金融研究，2013（3）．

［188］杨楠，方茜．黄金抗美元贬值避险能力的动态分析［J］．国际金融研究，2013（3）．

［189］刘信群，刘江涛．杠杆率、流动性与经营绩效——中国上市商业银行 2004～2011 年面板数据分析［J］．国际金融研究，2013（3）．

［190］李亮．欧债危机中欧央行货币政策应对和实施效果［J］．国际金融研究，2013（3）．

［191］禹钟华，祁洞之．对全球金融监管的逻辑分析与历史分析［J］．国际金融研究，2013（3）．

［192］赵冉冉．人民币国际化背景下我国推动人民币加入 SDR 的动机及路径［J］．国际金融研究，2013（3）．

［193］赵留彦，赵岩，陈瑛．金融交易与货币流通速度的波动［J］．国际金融研究，2013（4）．

［194］冀志斌，宋清华．银行高管薪酬与货币政策信贷传导效率——基于中国数据的分析［J］．国际金融研究，2013（4）．

［195］张志文，白钦先．汇率波动性与本币国际化：澳大利亚元的经验研究［J］．国际金融研究，2013（4）．

［196］刘飞，吴卫锋，王开科．我国黄金期货市场定价效率与价格发现功能测算——基于 5 分钟高频数据的实证研究［J］．国际金融研究，2013（4）．

[197] 张晓玫，李梦渝. 银行业市场结构与资产风险研究［J］.国际金融研究，2013 （4）.

[198] 陆晓明. 从泰勒规则到伊文思规则——美联储利率决策框架的演变及未来发展［J］.国际金融研究，2013 （4）.

[199] 刘胜会. 美国储贷协会危机对我国利率市场化的政策启示［J］.国际金融研究，2013 （4）.

[200] 王晓，李佳. 金融稳定目标下货币政策与宏观审慎监管之间的关系：一个文献综述［J］.国际金融研究，2013 （4）.

[201] 高婧. 反洗钱信息共享的国际比较与借鉴［J］.国际金融研究，2013 （4）.

[202] 周先平，李标. 境内外人民币即期汇率的联动关系——基于 VAR – MVGARCH 的实证分析［J］.国际金融研究，2013 （5）.

[203] 邱兆祥，史明坤，安世友. 人民币资本账户逐步开放的顺周期性问题研究［J］.国际金融研究，2013 （5）.

[204] 杨娇辉，王曦. 市场分割下东北亚货币的跨货币溢出效应与汇率预测［J］.国际金融研究，2013 （5）.

[205] 张桥云，王宁. 我国商业银行存款利率浮动幅度影响因素实证研究——基于全国 124 家银行的数据［J］.国际金融研究，2013 （5）.

[206] 汪翀，喻志刚，苏健，张川. 多重约束下商业银行资产组合管理研究——以××银行为例［J］.国际金融研究，2013 （5）.

[207] 吴念鲁，任康钰. 对外汇储备本质的探讨——对外债权与国民财富的辨析［J］.国际金融研究，2013 （5）.

[208] 靳玉英，周兵. 新兴市场国家金融风险传染性研究［J］.国际金融研究，2013 （5）.

[209] 邢天才，孙进，鄢莉莉. 经济周期战略对商业银行盈利能力的影响［J］.国际金融研究，2013 （5）.

[210] 陈守东，王妍，唐亚晖. 我国金融不稳定性及其对宏观经济非对称影响分析［J］.国际金融研究，2013 （6）.

[211] 许祥云，朱钧钧，郭朋. 国际金融市场动荡和人民币 NDF 汇率的动态关系分析［J］.国际金融研究，2013 （6）.

[212] 易宪容. "安倍经济学" 效果及影响的理论分析［J］.国际金融研究，2013 （6）.

[213] 杜春越，韩立岩. 家庭资产配置的国际比较研究［J］.国际金融研究，2013 （6）.

[214] 徐明棋. 欧债危机的理论评述与观点辨析［J］.国际金融研究，2013 （6）.

[215] 王永利. 必须客观准确地看待货币总量［J］.国际金融研究，2013 （6）.

[216] 冯宗宪，李祥发，李悦. 风险联动视角下的中美货币政策考察［J］.国际金融

研究，2013（6）.

［217］张晓明，李金耘，贾骏阳. 中美交叉上市与权益资本成本研究——基于美国股票交易所上市的 A 股公司数据［J］.国际金融研究，2013（6）.

［218］杨农，匡桦. 隐性约束、有限理性与非正规金融的扩张边界［J］.国际金融研究，2013（6）.

［219］杜莉，张云. 我国碳排放总量控制交易的分配机制设计——基于欧盟排放交易体系的经验［J］.国际金融研究，2013（7）.

［220］于文华，魏宇，黄寰. 次贷危机对跨国资产投资组合 VaR 的影响研究［J］.国际金融研究，2013（7）.

［221］白晓燕，唐晶星. 汇改后人民币汇率形成机制的动态演进［J］.国际金融研究，2013（7）.

［222］黄志刚，郑良玉. 中国经常账户盈余下降是周期性的吗？［J］.国际金融研究，2013（7）.

［223］王琼. 中国银行业一级资本变动对贷款变动的非同质效应［J］.国际金融研究，2013（7）.

［224］吴恒煜，胡锡亮，吕江林. 我国银行业系统性风险研究——基于拓展的未定权益分析法［J］.国际金融研究，2013（7）.

［225］李永宁，黄明皓，郭玉清，郑润祥. 通货膨胀期限与责任：短期或中长期？可变或固定？政府或央行？［J］.国际金融研究，2013（7）.

［226］伍桂，何帆. 非常规货币政策的传导机制与实践效果：文献综述［J］.国际金融研究，2013（7）.

［227］郭利华，李海霞. 上海金融服务外包发展竞争力分析［J］.国际金融研究，2013（7）.

［228］赵丽，高强. 国外公司债券定价模型研究评述［J］.国际金融研究，2013（8）.

［229］金中夏，李宏瑾，洪浩. 实际利率、实际工资与经济结构调整［J］.国际金融研究，2013（8）.

［230］李自磊，张云. 美国量化宽松政策是否影响了中国的通货膨胀？——基于SVAR 模型的实证研究［J］.国际金融研究，2013（8）.

［231］徐晟，韩建飞，曾李慧. 境内外人民币远期市场联动关系与波动溢出效应研究——基于交易品种、政策区间的多维演进分析［J］.国际金融研究，2013（8）.

［232］高杰英，杜正中. 中长期经济背景下国际银行信贷规模比较与实证［J］.国际金融研究，2013（8）.

［233］陈天阳，谭玉. IMF 份额与投票权改革的困境及对策［J］.国际金融研究，2013（8）.

［234］王遥，王鑫. OECD 国家的城市低碳融资工具创新及对中国的启示［J］.国际

金融研究，2013（8）．

[235] 杨继梅，齐绍洲．欧洲银行业联盟初探［J］.国际金融研究，2013（8）．

[236] 李广子，曾刚．管理创新与中小银行转型——新昌农村合作银行经济资本管理案例分析［J］.国际金融研究，2013（8）．

[237] 徐超．"太大而不能倒"理论：起源、发展及争论［J］.国际金融研究，2013（8）．

[238] 邓创，席旭文．中美货币政策外溢效应的时变特征研究［J］.国际金融研究，2013（9）．

[239] 邹宏元，罗大为．中国分行业名义有效汇率研究［J］.国际金融研究，2013（9）．

[240] 沈军，包小玲．中国对非洲直接投资的影响因素——基于金融发展与国家风险因素的实证研究［J］.国际金融研究，2013（9）．

[241] 刘晓欣，王飞．中国微观银行特征的货币政策风险承担渠道检验——基于我国银行业的实证研究［J］.国际金融研究，2013（9）．

[242] 王永利．巨额国家外汇储备：饱受争议，却获益无限［J］.国际金融研究，2013（9）．

[243] 边卫红，陆晓明，高玉伟，陶川．美国量化宽松货币政策调整的影响及对策［J］.国际金融研究，2013（9）．

[244] 鲍银胜，刘国平．购买力平价理论在国际经济发展中的运用缺陷及其改进对策［J］.国际金融研究，2013（9）．

[245] 陈颖，纪晓峰．流动性风险管理新工具的背景与影响：基于危机视角的考察［J］.国际金融研究，2013（9）．

[246] 刘林，朱孟楠．货币供给、广义货币流通速度与物价水平——基于非线性LSTVAR模型对我国数据的实证研究［J］.国际金融研究，2013（10）．

[247] 赵文哲，董丽霞．人口结构、储蓄与经济增长——基于跨国面板向量自回归方法的研究［J］.国际金融研究，2013（10）．

[248] 禹钟华，祁洞之．大国博弈中的国际货币体系演化——兼论中西博弈理念及其文化渊源［J］.国际金融研究，2013（10）．

[249] 吴卫星，吕学梁．中国城镇家庭资产配置及国际比较——基于微观数据的分析［J］.国际金融研究，2013（10）．

[250] 朱波，卢露．中国逆周期缓冲资本调整指标研究——基于金融体系脆弱时期的实证分析［J］.国际金融研究，2013（10）．

[251] 张怀清．宽松货币政策与新兴市场经济体的政策选择［J］.国际金融研究，2013（10）．

[252] 周铭山，王春伟，黄世海．国有控股公司控制权转移对投资绩效的影响——基于投资支出—股票收益关系的视角［J］.国际金融研究，2013（10）．

［253］王达．美国主导下的现行国际金融监管框架：演进、缺陷与重构［J］.国际金融研究，2013（10）．

［254］李建军，甄峰，崔西强．人民币国际化发展现状、程度测度及展望评估［J］.国际金融研究，2013（10）．

［255］蒙震，李金金，曾圣钧．国际货币规律探索视角下的人民币国际化研究［J］.国际金融研究，2013（10）．

［256］卞志村，高洁超．基于NKPC框架的我国通货膨胀动态机制分析［J］.国际金融研究，2013（11）．

［257］马勇．基于金融稳定的货币政策框架：理论与实证分析［J］.国际金融研究，2013（11）．

［258］马理，段中元，杨嘉懿．后金融危机时期公开市场操作的新动态与文献述评［J］.国际金融研究，2013（11）．

［259］刘莉亚，王照飞，程天笑．美国国债投资行为的动因分析［J］.国际金融研究，2013（11）．

［260］王宇哲，张明．美国长期国债市场上主要外国投资者的投资行为比较［J］.国际金融研究，2013（11）．

［261］隋建利，刘金全，闫超．现行汇率机制下人民币汇率收益率及波动率中有双长期记忆性吗？［J］.国际金融研究，2013（11）．

［262］张璟，刘晓辉．中国货币升值的早期预警系统：基于信号法的研究［J］.国际金融研究，2013（11）．

［263］徐璐，钱雪松．信贷热潮对银行脆弱性的影响——基于中国的理论与实证研究［J］.国际金融研究，2013（11）．

［264］潘慧峰，石智超，唐晶莹．非商业持仓与石油市场收益率的关系研究［J］.国际金融研究，2013（12）．

［265］毛泽盛，周军荣，李鹏鹏．李嘉图制度还是非李嘉图制度——中国物价水平决定的政策与根源研究［J］.国际金融研究，2013（12）．

［266］贾丽平．比特币的理论、实践与影响［J］.国际金融研究，2013（12）．

［267］扈文秀，王锦华，黄胤英．美联储量化宽松货币政策实施效果及对中国的启示——基于托宾Q理论的货币政策传导机制视角［J］.国际金融研究，2013（12）．

［268］胡再勇，刘曙光．外部政治压力影响人民币对美元汇率吗？［J］.国际金融研究，2013（12）．

［269］周舟．从欧元区各国的比较看欧债危机根源［J］.国际金融研究，2013（12）．

［270］郭伟，刘扬．后危机时代欧盟与法国金融监管的新变化及启示［J］.国际金融研究，2013（12）．

［271］安辉，谷宇，钟红云．我国外部流动性冲击风险预警体系研究［J］.国际金融

研究，2013（12）．

[272] 隋聪，邢天才．基于非完全利率市场化的中国银行业贷款定价研究 [J]．国际金融研究，2013（12）．

[273] 鞠晓生，卢荻，虞义华．融资约束、营运资本管理与企业创新可持续性 [J]．经济研究，2013（1）：4-16．

[274] 李树，陈刚．环境管制与生产率增长——以 APPCL2000 的修订为例 [J]．经济研究，2013（1）：17-31．

[275] 饶品贵，姜国华．货币政策对银行信贷与商业信用互动关系影响研究 [J]．经济研究，2013（1）：69-82，150．

[276] 陈斌开，杨汝岱．土地供给、住房价格与中国城镇居民储蓄 [J]．经济研究，2013（1）：110-122．

[277] 姚洋，张牧扬．官员绩效与晋升锦标赛——来自城市数据的证据 [J]．经济研究，2013（1）：137-150．

[278] 邵帅，杨莉莉，黄涛．能源回弹效应的理论模型与中国经验 [J]．经济研究，2013（2）：96-109．

[279] 陈雨露．中国新型城镇化建设中的金融支持 [J]．经济研究，2013（2）：10-12．

[280] 施锡铨，孙修勇．考虑绩效因素的社会财富分配 [J]．经济研究，2013（2）：12-29．

[281] 孔东民，刘莎莎，王亚男．市场竞争、产权与政府补贴 [J]．经济研究，2013（2）：55-67．

[282] 饶品贵，石孟卿，姜国华，陈冬华．宏观经济政策与微观企业行为互动关系研究——首届"宏观经济政策与微观企业行为"学术研讨会综述 [J]．经济研究，2013（2）：150-154．

[283] 樊纲，吕焱．经济发展阶段与国民储蓄率提高：刘易斯模型的扩展与应用 [J]．经济研究，2013（3）：19-29．

[284] 胡永刚，郭长林．财政政策规则、预期与居民消费——基于经济波动的视角 [J]．经济研究，2013（3）：96-107．

[285] 方红生，张军．攫取之手、援助之手与中国税收超 GDP 增长 [J]．经济研究，2013（3）：108-121．

[286] 宋马林，王舒鸿．环境规制、技术进步与经济增长 [J]．经济研究，2013（3）：122-134．

[287] 龚强，张一林，余建宇．激励、信息与食品安全规制 [J]．经济研究，2013（3）：135-147．

[288] 龚关，胡关亮．中国制造业资源配置效率与全要素生产率 [J]．经济研究，2013（4）：4-15，29．

［289］毛其淋，盛斌．中国制造业企业的进入退出与生产率动态演化［J］.经济研究，2013（4）：16－29.

［290］黄燕萍，刘榆，吴一群，李文溥．中国地区经济增长差异：基于分级教育的效应［J］.经济研究，2013（4）：94－105.

［291］鲁万波，仇婷婷，杜磊．中国不同经济增长阶段碳排放影响因素研究［J］.经济研究，2013（4）：106－118.

［292］潘杰，雷晓燕，刘国恩．医疗保险促进健康吗？——基于中国城镇居民基本医疗保险的实证分析［J］.经济研究，2013（4）：130－142，156.

［293］董敏杰，梁泳梅.1978－2010年的中国经济增长来源：一个非参数分解框架［J］.经济研究，2013（5）：17－32.

［294］万广华．城镇化与不均等：分析方法和中国案例［J］.经济研究，2013（5）：73－86.

［295］盖庆恩，朱喜，史清华．劳动力市场扭曲、结构转变和中国劳动生产率［J］.经济研究，2013（5）：87－97，110.

［296］范良聪，刘璐，梁捷．第三方的惩罚需求：一个实验研究［J］.经济研究，2013（5）：98－97，111.

［297］沈越．论古典经济学的市民性质——马克思市民理论再探讨［J］.经济研究，2013（5）：141－153.

［298］丰雷，蒋妍，叶剑平．诱致性制度变迁还是强制性制度变迁？——中国农村土地调整的制度演进及地区差异研究［J］.经济研究，2013（6）：4－18，57.

［299］黄玖立，李坤望．吃喝、腐败与企业订单［J］.经济研究，2013（6）：71－84.

［300］李志远，余淼杰．生产率、信贷约束与企业出口：基于中国企业层面的分析［J］.经济研究，2013（6）：85－99.

［301］高波，王文莉，李祥．预期、收入差距与中国城市房价租金"剪刀差"之谜［J］.经济研究，2013（6）：110－112，126.

［302］陈宇峰，贵斌威，陈启清．技术偏向与中国劳动收入份额的再考察［J］.经济研究，2013（6）：113－126.

［303］裴长洪．进口贸易结构与经济增长：规律与启示［J］.经济研究，2013（7）：4－19.

［304］李海峥，贾娜，张晓蓓，Barbara Fraumeni.中国人力资本的区域分布及发展动态［J］.经济研究，2013（7）：49－62.

［305］马草原，李成．国有经济效率、增长目标硬约束与货币政策超调［J］.经济研究，2013（7）：76－89，160.

［306］曾建光，伍利娜，王立彦．中国式拆迁、投资者保护诉求与应计盈余质量——基于制度经济学与Internet治理的证据［J］.经济研究，2013（7）：90－103.

[307] 封进. 中国城镇职工社会保险制度的参与激励 [J]. 经济研究，2013（7）：104 - 117.

[308] 魏下海，董志强，黄玖立. 工会是否改善劳动收入份额？——理论分析与来自中国民营企业的经验证据 [J]. 经济研究，2013（8）：16 - 28.

[309] 程令国，张晔，刘志彪. "新农保"改变了中国农村居民的养老模式吗？[J]. 经济研究，2013（8）：42 - 54.

[310] 陈华帅，曾毅. "新农保"使谁受益：老人还是子女？[J]. 经济研究，2013（8）：55 - 67，160.

[311] 贺聪，项燕彪，陈一稀. 我国均衡利率的估算 [J]. 经济研究，2013（8）：107 - 119.

[312] 王锋，冯根福，吴丽华. 中国经济增长中碳强度下降的省区贡献分解 [J]. 经济研究，2013（8）：143 - 155.

[313] 张德荣. "中等收入陷阱"发生机理与中国经济增长的阶段性动力 [J]. 经济研究，2013（9）：17 - 29.

[314] 陈冬华，胡晓莉，梁上坤，新夫. 宗教传统与公司治理 [J]. 经济研究，2013（9）：71 - 84.

[315] 余明桂，李文贵，潘红波. 民营化、产权保护与企业风险承担 [J]. 经济研究，2013（9）：112 - 124.

[316] 林伯强，杜克锐. 要素市场扭曲对能源效率的影响 [J]. 经济研究，2013（9）：125 - 136.

[317] 中国经济增长前沿课题组，张平，刘霞辉，袁富华. 中国经济转型的结构性特征、风险与效率提升路径 [J]. 经济研究，2013（9）：149 - 155.

[318] 中国经济增长前沿课题组，张平，刘霞辉，袁富华. 中国经济转型的结构性特征、风险与效率提升路径 [J]. 经济研究，2013（10）：4 - 17，28.

[319] 姚东旻，颜建晔，尹烨昇. 存款保险制度还是央行直接救市？——一个动态博弈的视角 [J]. 经济研究，2013（10）：43 - 54.

[320] 陈德球，魏刚，肖泽忠. 法律制度效率、金融深化与家族控制权偏好 [J]. 经济研究，2013（10）：55 - 68.

[321] 李新春，陈斌. 企业群体性败德行为与管制失效——对产品质量安全与监管的制度分析 [J]. 经济研究，2013（10）：98 - 111，123.

[322] 张杰，陈志远，刘元春. 中国出口国内附加值的测算与变化机制 [J]. 经济研究，2013（10）：124 - 137.

[323] 蔡昉. 理解中国经济发展的过去、现在和将来——基于一个贯通的增长理论框架 [J]. 经济研究，2013（11）：4 - 16，55.

[324] 陈继勇，袁威，肖卫国. 流动性、资产价格波动的隐含信息和货币政策选择——基于中国股票市场与房地产市场的实证分析 [J]. 经济研究，2013（11）：43 - 55.

［325］田利辉，张伟．政治关联影响我国上市公司长期绩效的三大效应［J］．经济研究，2013（11）：71－86.

［326］邢春冰，贾淑艳，李实．教育回报率的地区差异及其对劳动力流动的影响［J］．经济研究，2013（11）：114－151.

［327］周亚虹，宗庆庆，陈曦明．财政分权体制下地市级政府教育支出的标尺竞争［J］．经济研究，2013（11）：127－139，160.

［328］杨继生，徐娟，吴相俊．经济增长与环境和社会健康成本［J］．经济研究，2013（12）：17－29.

［329］黄茂兴，林寿富．污染损害、环境管理与经济可持续增长——基于五部门内生经济增长模型的分析［J］．经济研究，2013（12）：30－41.

［330］包群，邵敏，杨大利．环境管制抑制了污染排放吗？［J］．经济研究，2013（12）：42－54.

［331］马弘，乔雪，徐嫄．中国制造业的就业创造与就业消失［J］．经济研究，2013（12）：68－80.

［332］李善民，李昶．跨国并购还是绿地投资？——FDI进入模式选择的影响因素研究［J］．经济研究，2013（12）：134－147.

［333］赵东霞，李赖志．独生子女时代我国养老产业发展的SWOT分析［J］．财经问题研究，2013（1）：30－34.

［334］乔桂明，吴刘杰．多维视角下我国商业银行盈利模式转型思考［J］．财经问题研究，2013（1）：48－52.

［335］解维敏，唐清泉．公司治理与风险承担——来自中国上市公司的经验证据［J］．财经问题研究，2013（1）：91－97.

［336］王艳婷，罗永泰．企业社会责任、员工认同与企业价值相关性研究［J］．财经问题研究，2013（1）：98－103.

［337］孙巍，赵奚．市场结构对企业研发行为的影响研究——1996～2009年我国制造业数据实证分析［J］．财经问题研究，2013（1）：112－116.

［338］董昕．中国农民工住房问题的历史与现状［J］．财经问题研究，2013（1）：117－123.

［339］高铁梅，杨程，谷宇．央行干预视角下人民币汇率波动的影响因素研究——基于中美两国经济的实证分析［J］．财经问题研究，2013（2）.

［340］白雪梅，臧微．信用风险对中国商业银行成本效率的影响［J］．财经问题研究，2013（2）：45－53.

［341］刘鹤翚．我国证券公司盈利模式创新研究［J］．财经问题研究，2013（2）：74－49.

［342］赵楠．中国地区能源回弹效应测度及集聚性研究［J］．财经问题研究，2013（2）：109－114.

［343］戴文涛，王茜，谭有超．企业内部控制评价概念框架构建［J］.财经问题研究，2013（2）：115－122.

［344］刘丽艳．计量经济学局限性研究［J］.财经问题研究，2013（3）：3－14.

［345］王立国，周雨．体制性产能过剩：内部成本外部化视角下的解析［J］.财经问题研究，2013（3）：27－35.

［346］匡小平，刘颖．制度变迁、税权配置与地方税体系改革［J］.财经问题研究，2013（3）：77－81.

［347］易毅．我国农民工市民化进程中的利益关系分析［J］.财经问题研究，2013（3）：82－86.

［348］唐国平，李龙会．股权结构、产权性质与企业环保投资——来自中国 A 股上市公司的经验证据［J］.财经问题研究，2013（3）：93－100.

［349］王元京，张潇文．城镇基础设施和公共服务设施投融资模式研究［J］.财经问题研究，2013（4）：35－41.

［350］沈冰，郭粤，傅李洋．中国股票市场内幕交易影响因素的实证研究［J］.财经问题研究，2013（4）：54－61.

［351］李晶，井崇任．促进高端装备制造业发展的财政税收政策研究［J］.财经问题研究，2013（4）：68－76.

［352］陈艳利，李新彦．监管情境下的央企控股上市公司关联交易——基于中国资本市场的经验分析［J］.财经问题研究，2013（4）：90－98.

［353］林炳坤，吕庆华．双钻石模型视角下闽台创意农业合作研究［J］.财经问题研究，2013（4）：114－119.

［354］梁启东，刘晋莉．辽宁装备制造业发展研究［J］.财经问题研究，2013（5）：40－44.

［355］李建人．“营改增”的进行时与未来时［J］.财经问题研究，2013（5）：78－84.

［356］宋晶，孟德芳．企业工资决定：因素、机制及完善对策研究［J］.财经问题研究，2013（5）：103－108.

［357］郭秀珍．环境保护与企业环境会计信息披露——基于公司治理结构的上市公司经验数据分析［J］.财经问题研究，2013（5）：116－121.

［358］刘永泽，高嵩．终极控制人性质视角下的盈余管理差异研究［J］.财经问题研究，2013（5）：122－128.

［359］李晓华．后危机时代我国产能过剩研究［J］.财经问题研究，2013（6）：3－11.

［360］甘露润，张淑慧．公司治理、分析师关注与股票市场信息含量［J］.财经问题研究，2013（6）：58－65.

［361］杨小玲，陈昆．农村金融深化对农民收入差距影响的实证研究［J］.财经问题

研究，2013（6）：106－111.

［362］付业勤，杨文森，郑向敏. 我国政府旅游网站发展水平的空间分异研究［J］. 财经问题研究，2013（6）：133－139.

［363］赵霞，姜秋爽. 体验经济时代休闲旅游的多元发展趋势［J］. 财经问题研究，2013（6）：140－145.

［364］王恩山，戴小勇. 媒体监督、法律制度与代理成本［J］. 财经问题研究，2013（7）：12－18.

［365］万丛颖，张楠楠. 大股东的治理与掏空——基于股权结构调节效应的分析［J］. 财经问题研究，2013（7）：42－49.

［366］王琼，张悠. 跨境贸易人民币结算影响因素的经验分析——基于国际计价结算货币选择的视角［J］. 财经问题研究，2013（7）：50－56.

［367］孙光国，杨金凤. 高质量的内部控制能提高会计信息透明度吗？［J］. 财经问题研究，2013（7）：77－86.

［368］穆琳. 我国主体功能区生态补偿机制创新研究［J］. 财经问题研究，2013（7）：103－108.

［369］刘伟，李星星. 中国高新技术产业技术创新效率的区域差异分析——基于三阶段 DEA 模型与 Bootstrap 方法［J］. 财经问题研究，2013（8）：20－28.

［370］孙宁华，姚燕. 财政支出倾向、金融市场失衡与城乡收入差距［J］. 财经问题研究，2013（8）：41－49.

［371］彭健. 土地财政转型视角下的地方税体系优化［J］. 财经问题研究，2013（8）：77－83.

［372］池国华，杨金. 高质量内部控制能够改善公司价值创造效果吗？——基于沪市 A 股上市公司的实证研究［J］. 财经问题研究，2013（8）：94－101.

［373］白宝光，孙振. 非对称信息条件下企业质量成本决策问题研究［J］. 财经问题研究，2013（8）：102－107.

［374］罗若愚，张龙鹏. 西部地区产业结构变动中的经济增长研究［J］. 财经问题研究，2013（9）：30－36.

［375］陈国辉，黄秋菊. 交叉上市公司的内部控制信息披露研究——基于我国 A + H 股上市公司 2011 年数据［J］. 财经问题研究，2013（9）：76－81.

［376］白艳莉. 心理契约破裂对员工工作行为的影响——组织犬儒主义的中介作用［J］. 财经问题研究，2013（9）：90－98.

［377］蓝庆新，彭一然，冯科. 城市生态文明建设评价指标体系构建及评价方法研究——基于北上广深四城市的实证分析［J］. 财经问题研究，2013（9）：98－106.

［378］马得懿. 美国无居民海岛集中管理机制及中国的选择［J］. 财经问题研究，2013（9）：115－122.

［379］余劲松. 收入分配、财富积累与城镇居民财产性收入——一个研究假说及其

验证 [J]. 财经问题研究, 2013 (10): 11–17.

[380] 宋维佳. 工资水平与外商直接投资区位变动研究 [J]. 财经问题研究, 2013 (10): 48–54.

[381] 盖国凤, 丁莉. 基于 PPP 模式的保障性住房建设体系 [J]. 财经问题研究, 2013 (10): 97–102.

[382] 姜参, 赵宏霞. B2C 网络商店形象、消费者感知与购买行为 [J]. 财经问题研究, 2013 (10): 116–122.

[383] 张艳. 怀旧倾向对老龄消费者品牌偏好的影响——以中华老字号品牌为例 [J]. 财经问题研究, 2013 (10): 123–128.

[384] 胡建华. 逆周期资本缓冲能否消除我国商业银行顺周期行为? [J]. 财经问题研究, 2013 (11): 48–54.

[385] 孔繁彬. 中国经济增长与金融发展关系的错位研究——基于机构部门视角 [J]. 财经问题研究, 2013 (11): 55–60.

[386] 李璐媚. 人民币债权债务的风险收益问题研究 [J]. 财经问题研究, 2013 (11): 61–65.

[387] 王书朦. 通货膨胀对股票收益率波动的非线性效应 [J]. 财经问题研究, 2013 (11): 66–62.

[388] 谷成, 周大鹏. 不确定风险条件下的个人税收遵从行为研究 [J]. 财经问题研究, 2013 (11): 73–78.

[389] 秦化清. 社会融资总量能否作为制定货币政策规则的依据? [J]. 财经问题研究, 2013 (12): 46–50.

[390] 周志波, 刘建徽, 田婷. 我国金融业增值税改革模式研究 [J]. 财经问题研究, 2013 (12): 51–55.

[391] 刘朋, 邓然. 银保合作服务实体经济发展模式研究 [J]. 财经问题研究, 2013 (12): 56–61.

[392] 孙刚, 张宇. 投机人主观决策行为过程分析 [J]. 财经问题研究, 2013 (12): 62–68.

[393] 吴旭东, 王秀文. 地方政府财政自给能力的实证分析 [J]. 财经问题研究, 2013 (12): 69–74.

[394] 刘荣, 崔琳琳. 金融稳定视角下国际影子银行监管改革框架研究 [J]. 财经问题研究, 2013 (S1): 31–35.

[395] 耿毅. 国家开发银行改革发展管理战略分析 [J]. 财经问题研究, 2013 (S1): 36–40.

[396] 杨亦可. 金融全球化趋势下我国银行业监管体制改革 [J]. 财经问题研究, 2013 (S1): 41–44.

[397] 许滨. 浅谈股指期货对我国股票市场的影响 [J]. 财经问题研究, 2013 (S1):

45 - 48.

［398］俞光明．对冲套利交易策略研究［J］.财经问题研究，2013（S1）：49 - 52.

［399］吕炜，王伟同．从均等化、一体化到市民化——市民化改革的逻辑梳理与政策解读［J］.经济学动态，2013（1）：40 - 45.

［400］林楠．货币博弈下人民币实际汇率动态与政策空间研究［J］.经济学动态，2013（1）：53 - 58.

［401］杨振，陈甬军．外资进入、市场选择与劳动要素配置——基于微观数据对制造业的研究［J］.经济学动态，2013（1）：73 - 79.

［402］马宇，杜萌．对资源诅咒传导机制的实证研究——基于技术创新的视角［J］.经济学动态，2013（1）：88 - 93.

［403］吴友群，王立勇，廖信林．对中国2012年经济增长率预测准确性的评析［J］.经济学动态，2013（2）：33 - 38.

［404］李实，万海远．提高我国基尼系数估算的可信度——与《中国家庭金融调查报告》作者商榷［J］.经济学动态，2013（2）：43 - 49.

［405］彭刚，苑生龙．对外直接投资发展周期定位与总体模型——人均样本下的中国特征及国际比较［J］.经济学动态，2013（2）：60 - 66.

［406］霍学文．推动上市公司全产业链发展体系建设研究［J］.经济学动态，2013（2）：78 - 80.

［407］李金华．经济学论文模型泛化现象解析与思辨［J］.经济学动态，2013（3）：23 - 28.

［408］覃毅．我国资产膨胀型通胀传导机制分析——对经济增长和通货膨胀两难冲突的解释［J］.经济学动态，2013（3）：36 - 41.

［409］王月，李云山．资本积累、利润率下降趋势与经济周期——国外马克思主义经济学研究的述评［J］.经济学动态，2013（3）：53 - 59.

［410］刘灿，韩文龙．货币政策动态传导的微观机制——基于30个中国工业两位数行业数据的实证研究［J］.经济学动态，2013（3）：64 - 70.

［411］闫坤，杨谨夫．我国税收分享和转移支付制度效应研究［J］.经济学动态，2013（4）：31 - 36.

［412］江春，王青林，苏志伟．中国货币政策与汇率政策的冲突：基于收入分配的新视角［J］.经济学动态，2013（4）：48 - 57.

［413］黄薇，洪俊杰，邹亚生．金融业效率分析研究与展望［J］.经济学动态，2013（4）：72 - 80.

［414］李建伟．美国的经济政策取向与经济发展前景［J］.经济学动态，2013（4）：99 - 111.

［415］刘扬，梁峰．居民收入比重为何下降——基于收入和支出的双重视角［J］.经济学动态，2013（5）：48 - 53.

［416］邱兆祥，吴志坚，许坤．后危机时代我国利率市场化问题探析——基于央行非对称降息视角［J］．经济学动态，2013（5）：74－80．

［417］李钢，梁泳梅，刘畅．中国经济学的学术国际影响力研究——基于对 Econlit 数据库的统计分析［J］．经济学动态，2013（5）：103－108．

［418］汪良军．反腐的实验经济学研究［J］．经济学动态，2013（5）：109－121．

［419］纪韶，饶旻．城市群农村劳动力净迁移率与区域经济发展互为影响因素研究——对全国第六次人口普查长表数据的分析［J］．经济学动态，2013（6）：39－46．

［420］朱军．开放经济中的外部冲击与财政协调政策——动态随机一般均衡的视角［J］．经济学动态，2013（6）：73－79．

［421］汪小勤，陈俊．我国资本外逃规模估算研究：1982～2011［J］．经济学动态，2013（6）：87－93．

［422］宋小川．经济学学术期刊的演变趋势［J］．经济学动态，2013（6）：100－107．

［423］方迎风，邹薇．能力投资、健康冲击与贫困脆弱性［J］．经济学动态，2013（7）：36－50．

［424］蒋南平．马克思主义经济学在中国社会主义实践中的运用及经验总结［J］．经济学动态，2013（7）：70－79．

［425］董小君．从"热钱"到"钱荒"：形势逆转的原因、影响及应对之策［J］．经济学动态，2013（7）：94－98．

［426］吴恒煜，胡锡亮，吕江林．金融摩擦的宏观经济效应研究进展［J］．经济学动态，2013（7）：107－122．

［427］白永秀，吴航．中国经济增长速度的演变趋势及相关对策［J］．经济学动态，2013（8）：49－55．

［428］刘澜飚，沈鑫，郭步超．互联网金融发展及其对传统金融模式的影响探讨［J］．经济学动态，2013（8）：73－83．

［429］文建东，潘亚柳．动态随机一般均衡方法的形成与发展［J］．经济学动态，2013（8）：104－111．

［430］胡怀国．功能性收入分配与规模性收入分配：一种解说［J］．经济学动态，2013（8）：137－153．

［431］陈岩，张斌．基于所有权视角的企业创新理论框架与体系［J］．经济学动态，2013（9）：50－59．

［432］陈爱民．宏观经济学总供给理论与经济增长：观察与思考［J］．经济学动态，2013（9）：111－118．

［433］任力，梁晶晶．环境宏观经济学的兴起与发展［J］．经济学动态，2013（9）：129－143．

［434］任志成，巫强，杨帆．国际贸易利益测算问题研究动态［J］．经济学动态，

2013（9）：144 – 152.

［435］靳卫萍．从收入分配改革到现代国民财富分配体系的建立［J］.经济学动态，2013（10）：29 – 35.

［436］徐振宇．社会网络分析在经济学领域的应用进展［J］.经济学动态，2013（10）：61 – 72.

［437］徐维祥，陈斌．创新集群创新绩效影响机制研究［J］.经济学动态，2013（10）：89 – 95.

［438］张锐，丁尔丁，何平．经济研究中的文化因素：历史轨迹与现实回归［J］.经济学动态，2013（10）：110 – 123.

［439］胡乐明，刘刚．再生产结构与资本主义经济周期的演化路径［J］.经济学动态，2013（11）：29 – 39.

［440］彭文慧．社会资本、产业集聚与区域工业劳动生产率空间差异［J］.经济学动态，2013（11）：52 – 57.

［441］王博，刘澜飚．金融渠道对中国外部失衡调整的影响研究［J］.经济学动态，2013（11）：82 – 87.

［442］邹红，喻开志，李奥蕾．消费不平等问题研究进展［J］.经济学动态，2013（11）：118 – 126.

［443］兰日旭．中国经济崛起与重构国际经济新秩序的策略选择探析——基于国际经济秩序变迁的视角［J］.经济学动态，2013（12）：31 – 38.

［444］邱杨茜．基于主权国利益视角下我国主权财富基金的发展问题探讨［J］.经济学动态，2013（12）：59 – 71.

［445］吴大新．市场边界、国家治理能力与社会秩序——对亚当·斯密经济自由思想的再解读［J］.经济学动态，2013（12）：132 – 140.

［446］陈劲松，张剑渝，张斌．社会资本对交易费用的作用：理论、机制和效果——基于机会主义行为治理视角的研究述评［J］.经济学动态，2013（12）：87 – 90.

［447］陈纯槿，李实．城镇劳动力市场结构变迁与收入不平等：1989 ~ 2009［J］.管理世界，2013（1）：45 – 55，187.

［448］王子成，赵忠．农民工迁移模式的动态选择：外出、回流还是再迁移［J］.管理世界，2013（1）：78 – 88.

［449］周省时．政府战略绩效管理与战略规划关系探讨及对领导干部考核的启示［J］.管理世界，2013（1）：176 – 177.

［450］邵帅，范美婷，杨莉莉．资源产业依赖如何影响经济发展效率？——有条件资源诅咒假说的检验及解释［J］.管理世界，2013（2）：32 – 63.

［451］钱忠好，牟燕．土地市场化是否必然导致城乡居民收入差距扩大——基于中国23个省（自治区、直辖市）面板数据的检验［J］.管理世界，2013（2）：78 – 89，187 – 188.

［452］徐明东，田素华．转型经济改革与企业投资的资本成本敏感性——基于中国国有工业企业的微观证据［J］.管理世界，2013（2）：125－135，171.

［453］饶品贵，姜国华．货币政策、信贷资源配置与企业业绩［J］.管理世界，2013（3）：12－22，47，187.

［454］颜色，朱国钟．"房奴效应"还是"财富效应"？——房价上涨对国民消费影响的一个理论分析［J］.管理世界，2013（3）：34－47.

［455］郭云南，姚洋．宗族网络与农村劳动力流动［J］.管理世界，2013（3）：69－81，187－188.

［456］李志远．任务离岸外包的组织形式：中国的经验［J］.管理世界，2013（4）：16－32，187.

［457］冯旭南，李心愉．参与成本、基金业绩与投资者选择［J］.管理世界，2013（4）：48－58.

［458］曾爱民，张纯，魏志华．金融危机冲击、财务柔性储备与企业投资行为——来自中国上市公司的经验证据［J］.管理世界，2013（4）：107－134，188.

［459］吕捷，林宇洁．国际玉米价格波动特性及其对中国粮食安全影响［J］.管理世界，2013（5）：76－87.

［460］马连福，王元芳，沈小秀．国有企业党组织治理、冗余雇员与高管薪酬契约［J］.管理世界，2013（5）：100－115，130.

［461］徐业坤，钱先航，李维安．政治不确定性、政治关联与民营企业投资——来自市委书记更替的证据［J］.管理世界，2013（5）：116－130.

［462］陆正飞，韩非池．宏观经济政策如何影响公司现金持有的经济效应？——基于产品市场和资本市场两重角度的研究［J］.管理世界，2013（6）：43－60.

［463］郑思齐，万广华，孙伟增，罗党论．公众诉求与城市环境治理［J］.管理世界，2013（6）：72－84.

［464］盛丹，王永进．产业集聚、信贷资源配置效率与企业的融资成本——来自世界银行调查数据和中国工业企业数据的证据［J］.管理世界，2013（6）：85－98.

［465］许年行，于上尧，伊志宏．机构投资者羊群行为与股价崩盘风险［J］.管理世界，2013（7）：31－43.

［466］孔东民，刘莎莎，应千伟．公司行为中的媒体角色：激浊扬清还是推波助澜？［J］.管理世界，2013（7）：145－162.

［467］张敏，马黎珺，张雯．企业慈善捐赠的政企纽带效应——基于我国上市公司的经验证据［J］.管理世界，2013（7）：163－171.

［468］范剑勇，冯猛．中国制造业出口企业生产率悖论之谜：基于出口密度差别上的检验［J］.管理世界，2013（8）：16－29.

［469］杨仁发．产业集聚与地区工资差距——基于我国269个城市的实证研究［J］.管理世界，2013（8）：41－52.

[470] 张继德，纪佃波，孙永波. 企业内部控制有效性影响因素的实证研究 [J]. 管理世界，2013（8）：179-180.

[471] 王春超，周先波. 社会资本能影响农民工收入吗？——基于有序响应收入模型的估计和检验 [J]. 管理世界，2013（9）：55-68，101，187.

[472] 钱文荣，李宝值. 初衷达成度、公平感知度对农民工留城意愿的影响及其代际差异——基于长江三角洲16城市的调研数据 [J]. 管理世界，2013（9）：89-101.

[473] 张建君. 竞争—承诺—服从：中国企业慈善捐款的动机 [J]. 管理世界，2013（9）：118-129，143.

[474] 师博，沈坤荣. 政府干预、经济集聚与能源效率 [J]. 管理世界，2013（10）：6-18，187.

[475] 陆亚东，孙金云. 中国企业成长战略新视角：复合基础观的概念、内涵与方法 [J]. 管理世界，2013（10）：106-117，141，187-188.

[476] 陈凌，王昊. 家族涉入、政治联系与制度环境——以中国民营企业为例 [J]. 管理世界，2013（10）：130-141.

[477] 毛新述，孟杰. 内部控制与诉讼风险 [J]. 管理世界，2013（11）：155-165.

[478] 艾林，曹国华. 商业银行盈余管理与经营绩效 [J]. 管理世界，2013（11）：174-175.

[479] 冯虹，汪昕宇，陈雄鹰. 农民工城市就业待遇与其行为失范的关系研究——基于北京农民工调查的实证分析 [J]. 管理世界，2013（11）：178-179.

[480] 刘丹，闫长乐. 协同创新网络结构与机理研究 [J]. 管理世界，2013（12）：1-4.

[481] 宋凌云，王贤彬. 重点产业政策、资源重置与产业生产率 [J]. 管理世界，2013（12）：63-77.

[482] 蔡莉，单标安. 中国情境下的创业研究：回顾与展望 [J]. 管理世界，2013（12）：160-169.

[483] 洪银兴. 论创新驱动经济发展战略 [J]. 经济学家，2013（1）：5-11.

[484] 吴振球，王建军. 地方政府竞争与经济增长方式转变：1998-2010——基于中国省级面板数据的经验研究 [J]. 经济学家，2013（1）：38-47.

[485] 王鹏，张剑波. 外商直接投资、官产学研合作与区域创新产出——基于我国十三省市面板数据的实证研究 [J]. 经济学家，2013（1）：58-66.

[486] 吴义爽. 行为基础观、行为转型与战略创业主导的中国集群升级 [J]. 经济学家，2013（2）：50-57.

[487] 闫彦明，何丽，田田. 国际金融中心形成与演化的动力模式研究 [J]. 经济学家，2013（2）：58-65.

[488] 刘丹鹭. 进入管制与中国服务业生产率——基于行业面板的实证研究 [J]. 经济学家，2013（2）：84-92.

［489］赵德起．"制度瓶颈"的形成机理、突破路径及治理体系构建的理论研究［J］.经济学家，2013（3）：5－11.

［490］张圣兵．企业承担社会责任的性质和原因［J］.经济学家，2013（3）：49－52.

［491］王钰．应用 AHP 方法对产业国际竞争力评价的研究——1995～2010 年中国制造业低碳经济的验证［J］.经济学家，2013（3）：61－68.

［492］沈毅，穆怀中．新型农村社会养老保险对农村居民消费的乘数效应研究［J］.经济学家，2013（4）：32－36.

［493］刘纪显，张宗益，张印．碳期货与能源股价的关系及对我国的政策启示——以欧盟为例［J］.经济学家，2013（4）：43－55.

［494］周莉萍．城市化与产业关系：理论演进与述评［J］.经济学家，2013（4）：94－99.

［495］胡岳岷，刘元胜．中国粮食安全：价值维度与战略选择［J］.经济学家，2013（5）：50－56.

［496］柳欣，刘磊，吕元祥．我国货币市场基准利率的比较研究［J］.经济学家，2013（5）：65－74.

［497］徐淑芳，彭馨漫．微型金融机构使命偏移问题研究［J］.经济学家，2013（5）：86－94.

［498］高强，刘同山，孔祥智．家庭农场的制度解析：特征、发生机制与效应［J］.经济学家，2013（6）：48－56.

［499］吕晓兰，姚先国．农民工职业流动类型与收入效应的性别差异分析［J］.经济学家，2013（6）：57－68.

［500］李普亮，贾卫丽．税收负担挤出了居民消费吗？——基于中国省际面板数据的实证研究［J］.经济学家，2013（6）：94－104.

［501］苏丽锋．我国新时期个人就业质量研究——基于调查数据的比较分析［J］.经济学家，2013（7）：41－51.

［502］黄亮雄，才国伟，韩永辉．我国省区财富结构及其发展模式研究［J］.经济学家，2013（7）：52－61.

［503］王颂吉，白永秀．城市偏向理论研究述评［J］.经济学家，2013（7）：95－102.

［504］蒲德祥，傅红春．经济学的重新解读：基于幸福经济学视角［J］.经济学家，2013（8）：17－28.

［505］沈坤荣，滕永乐．"结构性"减速下的中国经济增长［J］.经济学家，2013（8）：29－38.

［506］王秋石，王一新．中国居民消费率真的这么低么？——中国真实居民消费率研究与估算［J］.经济学家，2013（8）：39－48.

［507］赵新宇，范欣，姜扬．收入、预期与公众主观幸福感——基于中国问卷调查数据的实证研究［J］．经济学家，2013（9）：15－23.

［508］李怀，邓韬．制度变迁的主体理论创新及其相关反应研究［J］．经济学家，2013（9）：34－42.

［509］彭代彦，吴翔．中国农业技术效率与全要素生产率研究——基于农村劳动力结构变化的视角［J］．经济学家，2013（9）：68－76.

［510］陈国进，李威，周洁．人口结构与房价关系研究——基于代际交叠模型和我国省际面板的分析［J］．经济学家，2013（10）：40－47.

［511］张景华．新型城镇化进程中的税收政策研究［J］．经济学家，2013（10）：55－61.

［512］吴彬，徐旭初．合作社治理结构：一个新的分析框架［J］．经济学家，2013（10）：79－88.

［513］王媛．我国地方政府经营城市的战略转变——基于地级市面板数据的经验证据［J］．经济学家，2013（11）：76－85.

［514］黄振华，万丹．农民的城镇定居意愿及其特征分析——基于全国30个省267个村4980位农民的调查［J］．经济学家，2013（11）：86－93.

［515］刘刚，杜曙光，李翔．全球价值链中非生产劳动的"竞争力"——马克思主义经济学与西方竞争力理论的比较研究［J］．经济学家，2013（11）：94－101.

［516］洪银兴．深化改革推动新阶段的经济发展［J］．经济学家，2013（12）：7－9.

［517］张晓玫，罗鹏．中长期信贷、国有经济与全要素生产率——基于省级面板数据的IV－2SLS实证研究［J］．经济学家，2013（12）：42－50.

［518］杜书云，万宇艳．中国工业结构调整的碳减排战略研究——基于12个行业的面板协整分析［J］．经济学家，2013（12）：51－56.

［519］郭庆旺．消费函数的收入阶层假说［J］．经济理论与经济管理，2013（1）：5－9.

［520］田霖．金融包容：新型危机背景下金融地理学视阈的新拓展［J］．经济理论与经济管理，2013（1）：69－78.

［521］查建平，唐方方，郑浩生．什么因素多大程度上影响到工业碳排放绩效——来自中国（2003~2010年）省级工业面板数据的证据［J］．经济理论与经济管理，2013（1）：79－95.

［522］郭熙保，李通屏，袁蓓．人口老龄化对中国经济的持久性影响及其对策建议［J］．经济理论与经济管理，2013（2）：43－50.

［523］况伟大．FDI与房价［J］．经济理论与经济管理，2013（2）：51－58.

［524］张雪梅．西部地区生态效率测度及动态分析——基于2000~2010年省际数据［J］．经济理论与经济管理，2013（2）：78－85.

［525］杨穗，高琴，李实．中国社会福利和收入再分配：1988~2007年［J］．经济理

论与经济管理，2013（3）：29-38.

[526] 刘刚，刘静．动态能力对企业绩效影响的实证研究——基于环境动态性的视角 [J]．经济理论与经济管理，2013（3）：83-94.

[527] 龚军姣．政治关联与城市公用事业民营企业成长——基于首家公交民营企业案例研究 [J]．经济理论与经济管理，2013（3）：95-104.

[528] 冼国明，程娅昊．多种要素扭曲是否推动了中国企业出口 [J]．经济理论与经济管理，2013（4）：23-32.

[529] 崔日明，王磊．中国能源消耗国际转移的实证研究——基于对进出口产品内涵能源的四维度估算 [J]．经济理论与经济管理，2013（4）：59-68.

[530] 谢世清，何彬．国际供应链金融三种典型模式分析 [J]．经济理论与经济管理，2013（4）：80-86.

[531] 贾根良．迎接第三次工业革命的关键在于发展模式的革命——我国光伏产业和机器人产业的案例研究与反思 [J]．经济理论与经济管理，2013（5）：13-22.

[532] 赵彦云．宏观经济统计分析发展的基本问题 [J]．经济理论与经济管理，2013（5）：23-34.

[533] 刘志友，孟德锋，卢亚娟．微型金融机构的效率权衡：财务效率与社会效率——以江苏省小额贷款公司为例 [J]．经济理论与经济管理，2013（5）：102-112.

[534] 孙敬水，黄秋虹．中国城乡居民收入差距主要影响因素及其贡献率研究——基于全国31个省份6937份家庭户问卷调查数据分析 [J]．经济理论与经济管理，2013（6）：5-20.

[535] 许祥云．不同环境下的政府支出乘数研究评述 [J]．经济理论与经济管理，2013（6）：54-61.

[536] 肖兴志，李少林．环境规制对产业升级路径的动态影响研究 [J]．经济理论与经济管理，2013（6）：102-112.

[537] 陈昆，李志斌．财政压力、货币超发与明代宝钞制度 [J]．经济理论与经济管理，2013（7）：25-38.

[538] 阮素梅，杨善林，张琛．管理层激励、资本结构与上市公司价值创造 [J]．经济理论与经济管理，2013（7）：70-80.

[539] 谢莉娟．流通商主导供应链模式及其实现——相似流通渠道比较转化视角 [J]．经济理论与经济管理，2013（7）：103-112.

[540] 刘文勇，杨光．以城乡互动推进就地就近城镇化发展分析 [J]．经济理论与经济管理，2013（8）：17-23.

[541] 杨继东，刘诚．高管权威影响公司绩效波动吗 [J]．经济理论与经济管理，2013（8）：72-83.

[542] 张瑞君，李小荣，许年行．货币薪酬能激励高管承担风险吗 [J]．经济理论与经济管理，2013（8）：84-100.

［543］王晋斌．人民币汇率制度选择的政治经济学［J］.经济理论与经济管理，2013（9）：22－30.

［544］张学勇，盖明昱．技术分析与超额收益率研究进展［J］.经济理论与经济管理，2013（9）：41－50.

［545］肖争艳，郭豫媚，潘璐．企业规模与货币政策的非对称效应［J］.经济理论与经济管理，2013（9）：74－86.

［546］刘长庚，田龙鹏，陈彬，戴克明．农村金融排斥与城乡收入差距——基于我国省级面板数据模型的实证研究［J］.经济理论与经济管理，2013（10）：17－27.

［547］周立群，李伟华．中国经济发展指标和碳排放指标的统一性分析［J］.经济理论与经济管理，2013（10）：28－37.

［548］孙玉栋，吴哲方．我国国债适度规模的实证分析［J］.经济理论与经济管理，2013（10）：50－60.

［549］董艳梅．中央转移支付对欠发达地区的财力均等化效应研究［J］.经济理论与经济管理，2013（10）：61－70.

［550］江静．中国企业储蓄率——来自企业的微观证据［J］.经济理论与经济管理，2013（10）：83－92.

［551］赵伟，钟建军．劳动成本与进口中间产品质量——来自多国（地区）产品—行业层面的证据［J］.经济理论与经济管理，2013（11）：30－41.

［552］郭瑜．人口老龄化对中国劳动力供给的影响［J］.经济理论与经济管理，2013（11）：49－58.

［553］刘昊．地方政府债务理论：国内外研究比较与国内研究展望［J］.经济理论与经济管理，2013（11）：59－70.

［554］黄先海，刘毅群．1985－2010年间中国制造业要素配置扭曲变动的解析——资本结构变动与技术进步的影响分析［J］.经济理论与经济管理，2013（11）：90－101.

［555］朱春玲，陈晓龙．高绩效工作系统、知识共享与员工创造力关系的实证研究［J］.经济理论与经济管理，2013（11）：102－112.

［556］王芳．人民币汇率改革评析［J］.经济理论与经济管理，2013（12）：35－42.

［557］张晶，Ramu Govindasamy，张利痒．"文化适应"对消费者购买行为的影响［J］.经济理论与经济管理，2013（12）：43－55.

［558］池仁勇，张宓之．集聚模式、变迁诱因与行业成长性——基于浙江制造业的实证分析［J］.经济理论与经济管理，2013（12）：56－67.

［559］陶爱萍，李丽霞．促进抑或阻碍——技术标准影响国际贸易的理论机制及实证分析［J］.经济理论与经济管理，2013（12）：91－100.

［560］胡安俊，刘元春．中国区域经济重心漂移与均衡化走势［J］.经济理论与经济管理，2013（12）：101－109.

［561］张红，杨飞．房价、房地产开发投资与通货膨胀互动关系的研究［J］.经济问

题，2013（1）：49-52，96.

　　[562] 庞加兰，毛史梦. 我国房地产价格与通货膨胀相关性的实证分析 [J]. 经济问题，2013（1）：53-56，77.

　　[563] 易志刚，易中懿. 保险金融集团综合经营共生模式的机理研究——基于国际视角的分析 [J]. 经济问题，2013（1）：62-66.

　　[564] 秦彬，肖坤. 中国上市公司多元化经营与公司业绩之间关系的实证分析 [J]. 经济问题，2013（1）：82-86.

　　[565] 余家凤，孔令成，龚五堂. 粮食产量与粮价波动关系的再研究 [J]. 经济问题，2013（1）：108-111.

　　[566] 张中华，林众，雷鹏. 货币政策对房价动态冲击效果研究——基于供求关系视角 [J]. 经济问题，2013（2）：4-8.

　　[567] 郑佳佳. 低碳经济视角下中国发展模式转型研究 [J]. 经济问题，2013（2）：26-30.

　　[568] 谢波. 税收收入、产业结构和经济增长关系的实证检验 [J]. 经济问题，2013（2）：42-45.

　　[569] 李阳，党兴华. 中部地区都市圈创新网络空间优化路径研究 [J]. 经济问题，2013（2）：90-93.

　　[570] 王娟，孔玉生，侯青. 中国对东盟投资与贸易的引力模型分析 [J]. 经济问题，2013（2）：114-118.

　　[571] 张培源. 中国股票市场与宏观经济波动溢出效应研究 [J]. 经济问题，2013（3）：46-50，68.

　　[572] 宋智文，凌江怀. 高技术产业金融支持实证研究——基于省际面板数据的分析 [J]. 经济问题，2013（3）：75-80.

　　[573] 杨海恩. 基于 AHP 的中国石油企业海外投资环境评价 [J]. 经济问题，2013（3）：81-84.

　　[574] 聂洲. 我国动漫产业发展策略探析 [J]. 经济问题，2013（3）：89-92.

　　[575] 逯云凤. 中小企业信息化建设研究 [J]. 经济问题，2013（3）：93-96.

　　[576] 马利军，李东霖. 产权、政府、开放性与中国经济增长——基于 1952~2010 年数据的实证研究 [J]. 经济问题，2013（4）：12-16.

　　[577] 宋静. 不同所有制结构中资本积累与就业的影响分析 [J]. 经济问题，2013（4）：39-42.

　　[578] 袁宁. 农户对粮食直接补贴政策的评价研究——基于豫东平原地区的农户调查资料 [J]. 经济问题，2013（4）：75-78.

　　[579] 周建波. 资源型经济何以成功转型——转型成功国家的转型战略和启示 [J]. 经济问题，2013（4）：84-88.

　　[580] 韦欣. 区域经济发展背景下的人力资本优化配置研究——以北部湾经济区为

例 [J]. 经济问题, 2013 (4): 108 – 111.

[581] 陈慧. 中国城市水务管理体制改革述评 [J]. 经济问题, 2013 (5): 15 – 19.

[582] 陈刚, 邵慰. "国五条" 能降低高房价吗？——基于政策效应的经济学分析 [J]. 经济问题, 2013 (5): 20 – 23.

[583] 姜玉砚. 产业结构有序度的测度、优化调整及预测——基于山西 2001~2011 年数据的分析 [J]. 经济问题, 2013 (5): 24 – 27.

[584] 姚惠泽, 田泽, 张丽艳. 结构转型与外资规模是否影响了居民的劳动收入 [J]. 经济问题, 2013 (5): 28 – 31, 48.

[585] 张红霞, 安玉发. 食品生产企业食品安全风险来源及防范策略——基于食品安全事件的内容分析 [J]. 经济问题, 2013 (5): 73 – 76.

[586] 丁一兵, 钟阳. 货币国际化中国际贸易与债券市场发展的作用——基于非平衡面板数据的实证研究 [J]. 经济问题, 2013 (5): 85 – 89.

[587] 伍吉云, 肖凤. 新医改下医疗服务质量控制体系运行效益研究 [J]. 经济问题, 2013 (5): 109 – 112.

[588] 朱锋, 董晓晨. 机会型创业者创业意愿影响因素分析 [J]. 经济问题, 2013 (6): 40 – 43.

[589] 蔡晓慧, 余静文. DeSoto 效应、人力资本与城乡收入差距 [J]. 经济问题, 2013 (6): 44 – 49, 58.

[590] 谭菊华. 经济增长、产业发展与劳动就业：来自中国的证据检验 [J]. 经济问题, 2013 (6): 55 – 58.

[591] 魏宝香. 关于提升净现值在项目投资评价中运用的研究 [J]. 经济问题, 2013 (6): 95 – 98.

[592] 刘晔. 生态乡村建设模式与途径分析 [J]. 经济问题, 2013 (6): 117 – 120.

[593] 李晓红, 郭蓉. "区域自我发展能力" 的经济学界定及经验含义 [J]. 经济问题, 2013 (7): 14 – 18.

[594] 郑春芳. 我国碳减排制度选择国际贸易的视角 [J]. 经济问题, 2013 (7): 34 – 38.

[595] 李镔, 汤子隆, 许珊珊, 任晓怡. 我国金融产业集聚研究——基于空间统计学的研究方法 [J]. 经济问题, 2013 (7): 56 – 60.

[596] 汪莹, 周艳, 齐飞. 基于并购重组的煤炭企业集团管控模式之选择与构建——以 A 煤业集团公司为案例 [J]. 经济问题, 2013 (7): 71 – 73, 89.

[597] 杜俊慧, 王文寅, 苏贵影. 基于主成分分析的山西高校科技创新能力评价 [J]. 经济问题, 2013 (7): 111 – 114.

[598] 刘志伟. 城市房价、劳动力流动与第三产业发展——基于全国性面板数据的实证分析 [J]. 经济问题, 2013 (8): 44 – 47.

[599] 单顺安. 环境税决策的因徒困境 [J]. 经济问题, 2013 (8): 68 – 72.

［600］吕文岱，徐士琴．基于银行视角的中小企业贷款博弈模型［J］．经济问题，2013（8）：78－82.

［601］赵洁．我国旅游产业区域竞争力差异统计研究——基于层次判断矩阵的实证分析［J］．经济问题，2013（8）：120－124.

［602］叶萍，雷霆．新疆城乡最低生活保障制度运行分析［J］．经济问题，2013（8）：125－129.

［603］马宏．社会资本、金融发展与经济增长——基于中国东中西部省际数据的实证检验比较［J］．经济问题，2013（9）：32－35.

［604］刘自敏，杨丹．农民专业合作社对农业分工的影响——来自中国六省农户调查的证据［J］．经济问题，2013（9）：106－110.

［605］张学春，张友祥．吉林省资源型城市可持续发展机制探讨［J］．经济问题，2013（9）：111－114.

［606］尚连山．山西省煤矿塌陷区和棚户区改造中的问题与对策［J］．经济问题，2013（9）：122－124.

［607］陈学法．"三化"并进的核心：农民市民化［J］．经济问题，2013（10）：4－8.

［608］史巧玉．产业生态化研究进展及其引申［J］．经济问题，2013（10）：9－14.

［609］赵君，袁永友．我国航空运输服务贸易壁垒的经济效应研究［J］．经济问题，2013（10）：75－80.

［610］姚正海，杨保华，叶青．基于区域产业转型升级的创新人才培养问题研究［J］．经济问题，2013（10）：87－90.

［611］彭鹏．基于供给理论的减税与全要素生产率关系研究［J］．经济问题，2013（11）：30－34.

［612］霍晓英．城市化进程中社会组织发展与创新选择——基于制度经济学视角［J］．经济问题，2013（11）：35－38.

［613］范新英，张所地，冯江茹．房地产价格泡沫测度及区域差异性研究——以中国35个大中城市为例［J］．经济问题，2013（11）：48－53.

［614］李辉文．中国公共债务与财政可持续性分析——基于结构突变BP法的实证结果［J］．经济问题，2013（11）：86－89.

［615］刘金林．基于经济增长视角的政府债务合理规模研究：来自OECD的证据［J］．经济问题，2013（12）：25－30，66.

［616］姬世东，吴昊，王铮．贸易开放、城市化发展和二氧化碳排放——基于中国城市面板数据的边限协整检验分析［J］．经济问题，2013（12）：31－35.

［617］沈映春，吴文静．产学研在技术交易合作模式下的信号博弈研究［J］．经济问题，2013（12）：63－66.

［618］史红亮，张正华．城市边缘区土地置换对农民财产性收入的影响分析［J］．经济问题，2013（12）：84－89.

第二节　英文期刊文献索引

［1］Tomas Philippon, Philippon Schonabl. Efficient Recapitalization ［J］. The Journal of Finance, 2013, 68（1）: 1 – 42.

［2］Esther Eiling. Industry – Specific Human Capital, Idiosyncratic Risk, and the Cross – Section of Expected Stock Returns ［J］. The Journal of Finance, 2013, 68（1）: 43 – 84.

［3］Jennifer Conrad, Robert F. Dittmar, Eric Ghysels. Ex Ante Skewness and Expected Stock Returns ［J］. The Journal of Finance, 2013, 68（1）: 85 – 124.

［4］Matthew Spiegel, Heather Tookes. Dynamic Competition, Valuation, and Merger Activity ［J］. The Journal of Finance, 2013, 68（1）: 125 – 172.

［5］Utpal Bhattacharya, Jung H. Lee, Vwronika K. Pool. Conflicting Family Values in Mutual Fund Families ［J］. The Journal of Finance, 2013, 68（1）: 173 – 200.

［6］Susan E. K. Chiristoffersen, Richard Evans, David K. Musito. What Do Consumers' Fund Flows Maximize? Evidence from Their Brokers' Incentives ［J］. The Journal of Finance, 2013, 68（1）: 201 – 235.

［7］Stefano Dellavigna, Joshua M. Pollet. Capital Budgeting versus Market Timing: An Evaluation Using Demographics ［J］. The Journal of Finance, 2013, 68（1）: 237 – 270.

［8］Gilles Hilary, Charles Hsu. Analyst Forecast Consistency ［J］. The Journal of Finance, 2013, 68（1）: 271 – 297.

［9］Thieery Foucault, Ohad Kadan, Eugene Kandel. Liquidity Cycles and Make/Take Fees in Electronic Markets ［J］. The Journal of Finance, 2013, 68（1）: 299 – 341.

［10］Alessandro Beber, Marco Pagano. Short – Selling Bans Around the World: Evidence from the 2007 – 09 Crisis ［J］. The Journal of Finance, 2013, 68（1）: 343 – 381.

［11］Ran Duchin, Denis Sosyura. Divisional Managers and Internal Capital Markets ［J］. The Journal of Finance, 2013, 68（2）: 387 – 429.

［12］Francesca Cornell, Zbigniew Kominek, Alexander Ljungqvist. Monitoring Managers: Does It Matter? ［J］. The Journal of Finance, 2013, 68（2）: 431 – 481.

［13］Markus K. Brunnermeier, Martin Oehmke. The Maturity Rat Race ［J］. The Journal of Finance, 2013, 68（2）: 483 – 521.

［14］Joseph Chen, Harrison Hong, Wenxi Jiang, Jeffrey D. Kubik. Outsourcing Mutual Fund Management: Firm Boundaries, Incentives, and Performance ［J］. The Journal of Finance, 2013, 68（2）: 523 – 558.

［15］Adam C. Kolasinski, Adam V. Reed, Matthew C. Ringgenberg. A Multiple Lender

Approach to Understanding Supply and Search in the Equity Lending Market [J]. The Journal of Finance, 2013, 68 (2): 559 – 595.

[16] Andrew J. Patton, Tarun Ramadorai. On the High – Frequency Dynamics of Hedge Fund Risk Exposures [J]. The Journal of Finance, 2013, 68 (2): 597 – 635.

[17] Shehal Banerjee, Jeremy J. graveline. The Cost of Short – Selling Liquid Securities [J]. The Journal of Finance, 2013, 68 (2): 37 – 664.

[18] Elena Asparouhov, Hendrik Bessembinder, Ivalina Kalcheva. Noisy Prices and Inference Regarding Returns [J]. The Journal of Finance, 2013, 68 (2): 665 – 714.

[19] Burcu Duygan – Bump, Patrick Parkinson, Eric Rosengren, Gustavo A. Suarez, Paul Willen. How Effective Were the Federal Reserve Emergency Liquidity Facilities? Evidence from the Asset – Backed Commercial Paper Money Market Mutual Fund Liquidity [J]. The Journal of Finance, 2013, 68 (2): 715 – 737.

[20] Vikas Agarwal, Wei Jiang, Yuehua Tang, Baozhong Yang. Uncovering Hedge Fund Skill from the Portfolio Holdings They Hide [J]. The Journal of Finance, 2013, 68 (2): 739 – 783.

[21] Juhani T. Linnainmaa. Reverse Survivorship Bias [J]. The Journal of Finance, 2013, 68 (3): 789 – 813.

[22] Daniel Covitz, Nellie Liang, Gustavo A. Suarez. The Evolution of a Financial Crisis: Collapse of the Asset – Backed Commercial Paper Market [J]. The Journal of Finance, 2013, 68 (3): 815 – 848.

[23] Igor Makarov, Guillaume Plantin. Equilibrium Subprime Lending [J]. The Journal of Finance, 2013, 68 (3): 849 – 879.

[24] Vikrant Vig. Access to Collateral, Corporate Debt Structure: Evidence from a Natural Experiment [J]. The Journal of Finance, 2013, 68 (3): 881 – 928.

[25] Clifford S. Asness, Tobias J. Moskowitz, Lasse Heje Pedersen. Value and Momentum Everywhere [J]. The Journal of Finance, 2013, 68 (3): 929 – 985.

[26] Jessica A. Wachter. Can Time – Varying Risk of Rare Disasters Explain Aggregate Stock Market Volatility? [J]. The Journal of Finance, 2013, 68 (3): 987 – 1035.

[27] George M. Korniotis, Alok Kumar. State – Level Business Cycles and Local Return Predictability [J]. The Journal of Finance, 2013, 68 (3): 1037 – 1096.

[28] Julian Atanassov. Do Hostile Takeovers Stifle Innovation? Evidence from Antitakeover Legislation and Corporate Patenting [J]. The Journal of Finance, 2013, 68 (3): 1097 – 1131.

[29] David Blake, Alberto G. Rossi, Allan Timmermann, Ian Tonks, Russ Wermers. Decentralized Investment Management: Evidence from the Pension Fund Industry [J]. The Journal of Finance, 2013, 68 (3): 1133 – 1178.

［30］Sebnem Kalemli – Ozcan, Elias Papaioannou, José – Luis Peydró. Financial Regula-
tion, Financial Globalization, and the Synchronization of Economic ［J］. The Journal of Fi-
nance, 2013, 68 (3): 1179 – 1228.

［31］Eric K. Kelley, Paul C. Tetlock. How Wise Are Crowds? Insights from Retail Orders
and Stock Returns ［J］. The Journal of Finance, 2013, 68 (3): 1229 – 1265.

［32］Diego García. Sentiment during Recessions ［J］. The Journal of Finance, 2013, 68
(3): 1267 – 1300.

［33］Sheridan Titman. Financial Markets and Investment Externalities ［J］. The Journal of
Finance, 2013, 68 (4): 1307 – 1329.

［34］Nicola Gennaioli, Andrei Shleifer, Robert W. Vishny. A Model of Shadow Banking
［J］. The Journal of Finance, 2013, 68 (4): 1331 – 1363.

［35］Andrea L. Eisfeldt, Dimitris Papanikolaou. Organization Capital and the Cross – Sec-
tion of Expected Returns ［J］. The Journal of Finance, 2013, 68 (4): 1365 – 1406.

［36］François Derrien, Ambrus Kecskés. The Real Effects of Financial Shocks: Evidence
from Exogenous Changes in Analyst Coverage ［J］. The Journal of Finance, 2013, 68 (4):
1407 – 1440.

［37］Maxim Mironov. Taxes, Theft, and Firm Performance ［J］. The Journal of Finance,
2013, 68 (4): 1441 – 1472.

［38］Luigi Guiso, Paola Sapienza, Luigi Zingales. The Determinants of Attitudes toward
Strategic Default on Mortgages ［J］. The Journal of Finance, 2013, 68 (4): 1473 – 1515.

［39］James R. Brown, Gustav Martinsson, Bruce C. Petersen. Law, Stock Markets, and
Innovation ［J］. The Journal of Finance, 2013, 68 (4): 1517 – 1549.

［40］Mark J. Garmaise, Gabriel Natividad. Cheap Credit, Lending Operations, and Inter-
national Politics: The Case of Global Microfinance ［J］. The Journal of Finance, 2013, 68
(4): 1551 – 1576.

［41］Markus Glaser, Florencio Lopez – De – Silanes, Zacharias Sautner. Opening the
Black Box: Internal Capital Markets and Managerial Power ［J］. The Journal of Finance, 2013,
68 (4): 1577 – 1631.

［42］David E. Rapach, Jack K. Strauss, Guofu Zhou. International Stock Return Predicta-
bility: What Is the Role of the United States? ［J］. The Journal of Finance, 2013, 68 (4):
1633 – 1662.

［43］João F. Cocco. Evidence on the Benefits of Alternative Mortgage Products ［J］. The
Journal of Finance, 2013, 68 (4): 1663 – 1690.

［44］Bryan Kelly, Seth Pruitt. Market Expectations in the Cross – Section of Present Values
［J］. The Journal of Finance, 2013, 68 (5): 1721 – 1756.

［45］Andrew Ellul, Vijay Yerramilli. Stronger Risk Controls, Lower Risk: Evidence from

U. S. Bank Holding Companies [J]. The Journal of Finance, 2013, 68 (5): 1757 – 1803.

[46] Loriano Mancini, Angelo Ranaldo, Jan Wrampelmeyer. Liquidity in the Foreign Exchange Market: Measurement, Commonality, and Risk Premiums [J]. The Journal of Finance, 2013, 68 (5): 1805 – 1841.

[47] Itamar Drechsler. Uncertainty, Time – Varying Fear, and Asset Prices [J]. The Journal of Finance, 2013, 68 (5): 1843 – 1889.

[48] Steven N. Kaplan, Tobias J. Moskowitz, Berk A. Sensoy. The Effects of Stock Lending on Security Prices: An Experiment [J]. The Journal of Finance, 2013, 68 (5): 1891 – 1936.

[49] Bruce Ian Carlin, Shimon Kogan, Richard Lowery. Trading Complex Assets [J]. The Journal of Finance, 2013, 68 (5): 1937 – 1960.

[50] Rebecca N. Hann, Maria Ogneva, Oguzhan Ozbas. Corporate Diversification and the Cost of Capital [J]. The Journal of Finance, 2013, 68 (5): 1961 – 1999.

[51] Melanie Cao, Rong Wang. Optimal CEO Compensation with Search: Theory and Empirical Evidence [J]. The Journal of Finance, 2013, 68 (5): 2001 – 2058.

[52] Viral V. Acharya, Heitor Almeida, Murillo Campello. Aggregate Risk and the Choice between Cash and Lines of Credit [J]. The Journal of Finance, 2013, 68 (5): 2059 – 2116.

[53] Paolo Colla, Filippo Ippolito, Kai Li. Debt Specialization [J]. The Journal of Finance, 2013, 68 (5): 2117 – 2141.

[54] Francisco PéRez – GonzáLez, Hayong Yun. Risk Management and Firm Value: Evidence from Weather Derivatives [J]. The Journal of Finance, 2013, 68 (5): 2143 – 2176.

[55] Vojislav Maksimovic, Gordon Phillips, Liu Yang. Private and Public Merger Waves [J]. The Journal of Finance, 2013, 68 (5): 2177 – 2217.

[56] Ulf Axelson, Tim Jenkinson, Per Strömberg, Michael S. Weisbach. Borrow Cheap, Buy High? The Determinants of Leverage and Pricing in Buyouts [J]. The Journal of Finance, 2013, 68 (6): 2223 – 2267.

[57] Tarek A. Hassan. Country Size, Currency Unions, and International Asset Returns [J]. The Journal of Finance, 2013, 68 (6): 2269 – 2308.

[58] Nicolae Gârleanu, Lasse Heje Pedersen. Dynamic Trading with Predictable Returns and Transaction Costs [J]. The Journal of Finance, 2013, 68 (6): 2309 – 2340.

[59] Grace Xing Hu, Jun Pan, Jiang Wang. Noise as Information for Illiquidity [J]. The Journal of Finance, 2013, 68 (6): 2341 – 2382.

[60] Itzhak Ben – David, Francesco Franzoni, Augustin Landier, Rabih. Do Hedge Funds Manipulate Stock Prices? [J]. The Journal of Finance, 2013, 68 (6): 2383 – 2434.

[61] Aysun Alp. Structural Shifts in Credit Rating Standards [J]. The Journal of Finance, 2013, 68 (6): 2435 – 2470.

［62］I. Serdar Dinc，Isil Erel. Economic Nationalism in Mergers and Acquisitions ［J］. The Journal of Finance，2013，68（6）：2471 –2514.

［63］Sreedhar T. Bharath，Sudarshan Jayaraman，Venky Nagar. Exit as Governance：An Empirical Analysis ［J］. The Journal of Finance，2013，68（6）：2515 –2547.

［64］Ricardo J. Caballero，Alp Simsek. Fire Sales in a Model of Complexity ［J］. The Journal of Finance，2013，68（6）：2549 –2587.

［65］Oliver Boguth，Lars – Alexander Kuehn. Consumption Volatility Risk ［J］. The Journal of Finance，2013，68（6）：2589 –2615.

［66］Raymond Kan，Cesare Robotti，Jay Shanken. Pricing Model Performance and the Two – Pass Cross – Sectional Regression Methodology ［J］. The Journal of Finance，2013，68（6）：2617 –2649.

［67］Riccardo Colacito，Mariano M. Croce. International Asset Pricing with Recursive Preferences ［J］. The Journal of Finance，2013，68（6）：2651 –2686.

［68］Bo Becker，Marcus Jacob，Martin Jacob. Payout Taxes and the Allocation of Investment ［J］. Journal of Financial Economics，2013，107（1）：1 –24.

［69］Christine A. Parlour，Andrew Winton. Laying off Credit Risk：Loan Sales Versus Credit default Swaps ［J］. Journal of Financial Economics，2013，107（1）：25 –45.

［70］Bo Young Chang，Peter Christoffersen，Kris Jacobs. Market Skewness Risk and the Cross Section of Stock Returns ［J］. Journal of Financial Economics，2013，107（1）：46 –68.

［71］Ran Duchin，Breno Schmidt. Riding the Merger Wave：Uncertainty，Reduced Monitoring，and Bad Acquisitions ［J］. Journal of Financial Economics，2013，107（1）：69 –98.

［72］Murillo Campello，John R. Graham. Do Stock Prices Influence Corporate Decisions？Evidence from the Technology Bubble ［J］. Journal of Financial Economics，2013，107（1）：89 –110.

［73］Semyon Malamud，Huaxia Rui，Andrew Whinston. Optimal Incentives and Securitization of Defaultable Assets ［J］. Journal of Financial Economics，2013，107（1）：111 –135.

［74］Sunil Wahal，M. Deniz Yavuz. Style Investing，Comovement and Return Predictability ［J］. Journal of Financial Economics，2013，107（1）：136 –154.

［75］Paul Asquith，Andrea S. Au，Thomas Covert，Parag A. Pathak. The Market for Borrowing Corporate Bonds ［J］. Journal of Financial Economics，2013，107（1）：155 –182.

［76］Yuanzhi Li. A Nonlinear Wealth Transfer from Shareholders to Creditors Around Chapter 11 Filing ［J］. Journal of Financial Economics，2013，107（1）：183 –198.

［77］Gang Li，Chu Zhang. Diagnosing Affine Models of Options Pricing：Evidence from VIX ［J］. Journal of Financial Economics，2013，107（1）：199 –219.

［78］Sophie Shive，Hayong Yun. Are Mutual Funds Sitting Ducks？［J］. Journal of Financial Economics，2013，107（1）：220 –237.

［79］ Zhiguo He, Wei Xiong. Delegated Asset Management, Investment Mandates, and Capital Immobility ［J］. Journal of Financial Economics, 2013, 107 (2): 239 - 258.

［80］ Dmitriy Muravyev, Neil D. Pearson, John Paul Broussard. Is There Price Discovery in Equity Options? ［J］. Journal of Financial Economics, 2013, 107 (2): 259 - 283.

［81］ Fulvio Corsi, Nicola Fusari, Davide La Vecchia. Realizing Smiles: Options Pricing with Realized Volatility ［J］. Journal of Financial Economics, 2013, 107 (2): 284 - 304.

［82］ Frederico Belo, Vito D. Gala, Jun Li. Government Spending, Political Cycles, and the Cross Section of Stock Returns ［J］. Journal of Financial Economics, 2013, 107 (2): 305 - 324.

［83］ Hengjie Ai, Dana Kiku. Growth to Value: Option Exercise and the Cross Section of Equity Returns ［J］. Journal of Financial Economics, 2013, 107 (2): 325 - 349.

［84］ Marc Arnold, Alexander F. Wagner, Ramona Westermann. Growth Options, Macroeconomic Conditions, and the Cross Section of Credit Risk ［J］. Journal of Financial Economics, 2013, 107 (2): 350 - 385.

［85］ Frederick Dongchuhl Oh. Contagion of a Liquidity Crisis between Two Firms ［J］. Journal of Financial Economics, 2013, 107 (2): 386 - 400.

［86］ Tarun Ramadorai. Capacity Constraints, Investor Information, and Hedge Fund Returns ［J］. Journal of Financial Economics, 2013, 107 (2): 401 - 416.

［87］ Ashwini K. Agrawal. The Impact of Investor Protection Law on Corporate Policy and Performance: Evidence from the Blue Sky Laws ［J］. Journal of Financial Economics, 2013, 107 (2): 417 - 435.

［88］ Konstantinos Tzioumis, Matthew Gee. Nonlinear Incentives and Mortgage Officers' Decisions ［J］. Journal of Financial Economics, 2013, 107 (2): 436 - 453.

［89］ Taylor D. Nadauld, Shane M. Sherlund. The Impact of Securitization on the Expansion of Subprime Credit ［J］. Journal of Financial Economics, 2013, 107 (2): 454 - 476.

［90］ Frederick L. Bereskin, David C. Cicero. CEO Compensation Contagion: Evidence from an Exogenous Shock ［J］. Journal of Financial Economics, 2013, 107 (2): 477 - 493.

［91］ Richard W. Carney, Travers Barclay Child. Changes to the Ownership and Control of East Asian Corporations between 1996 and 2008: The Primacy of Politics ［J］. Journal of Financial Economics, 2013, 107 (2): 494 - 513.

［92］ Viral V. Acharya, Philipp Schnabl, Gustavo Suarez. Securitization without Risk Transfer ［J］. Journal of Financial Economics, 2013, 107 (3): 515 - 536.

［93］ Wayne Ferson, Suresh Nallareddy, Biqin Xie. The "Out - of - sample" Performance of Long Run Risk Models ［J］. Journal of Financial Economics, 2013, 107 (3): 537 - 556.

［94］ Christopher S. Jones, Selale Tuzel. Inventory Investment and the Cost of Capital ［J］.

Journal of Financial Economics, 2013, 107 (3): 557 –579.

［95］ Valery Polkovnichenko, Feng Zhao. Probability Weighting Functions Implied in Options prices ［J］. Journal of Financial Economics, 2013, 107 (3): 580 –609.

［96］ Nickolay Gantchev. The Costs of Shareholder Activism: Evidence from a Sequential Decision Model ［J］. Journal of Financial Economics, 2013, 107 (3): 610 –631.

［97］ David Hirshleifer, Po – Hsuan Hsu, Dongmei Li. Innovative Efficiency and Stock Returns ［J］. Journal of Financial Economics, 2013, 107 (3): 632 –654.

［98］ Umit Ozmel, David T. Robinson, Toby E. Stuart. Strategic Alliances, Venture Capital, and Exit Decisions in Early Stage High – tech Firms ［J］. Journal of Financial Economics, 2013, 107 (3): 655 –670.

［99］ Andriy Bodnaruk, Massimo Massa, Andrei Simonov. Alliances and Corporate Governance ［J］. Journal of Financial Economics, 2013, 107 (3): 671 –693.

［100］ Chris Mayer, Tomasz Piskorski, Alexei Tchistyi. The Inefficiency of Refinancing: Why Prepayment Penalties are Good for Risky Borrowers ［J］. Journal of Financial Economics, 2013, 107 (3): 694 –714.

［101］ Yan Li, Liyan Yang. Prospect Theory, the Disposition Effect, and Asset Prices ［J］. Journal of Financial Economics, 2013, 107 (3): 715 –739.

［102］ Jack Favilukis. Inequality, Stock Market Participation, and the Equity Premium ［J］. Journal of Financial Economics, 2013, 107 (3): 740 –759.

［103］ Yosef Bonaparte, Alok Kumar. Political Activism, Information Costs, and Stock Market Participation ［J］. Journal of Financial Economics, 2013, 107 (3): 760 –786.

［104］ Robert Novy – Marx. The Other Side of Value: The Gross Profitability Premium ［J］. Journal of Financial Economics, 2013, 108 (1): 1 –28.

［105］ Amir E. Khandani, Andrew W. Lo, Robert C. Merton. Systemic Risk and the Refinancing Ratchet Effect ［J］. Journal of Financial Economics, 2013, 108 (1): 29 –45.

［106］ Christian C. Opp, Marcus M. Opp, Milton Harris. Rating Agencies in the Face of Regulation ［J］. Journal of Financial Economics, 2013, 108 (1): 46 –61.

［107］ Heski Bar – Isaac, Joel Shapiro. Ratings Quality over the Business Cycle ［J］. Journal of Financial Economics, 2013, 108 (1): 62 –78.

［108］ Lucian A. Taylor. CEO Wage Dynamics: Estimates from a Learning Model ［J］. Journal of Financial Economics, 2013, 108 (1): 79 –98.

［109］ Nihat Aktas, Eric de Bodt, Richard Roll. Learning from Repetitive Acquisitions: Evidence from the Time between Deals ［J］. Journal of Financial Economics, 2013, 108 (1): 99 –117.

［110］ Brad M. Barber, Emmanuel T. De George, Reuven Lehavy, Brett Trueman. The Earnings Announcement Premium Around the Globe ［J］. Journal of Financial Economics, 2013,

108 (1): 118 – 138.

[111] Doron Avramov, Tarun Chordia, Gergana Jostova, Alexander Philipov. Anomalies and Financial Distress [J]. Journal of Financial Economics, 2013, 108 (1): 139 – 159.

[112] Ana M. Albuquerque, Gus De Franco, Rodrigo S. Verdi. Peer Choice in CEO Compensation [J]. Journal of Financial Economics, 2013, 108 (1): 160 – 181.

[113] Cláudia Custódio, Miguel A. Ferreira, Luís Laureano. Why are US Firms Using more short – term Debt? [J]. Journal of Financial Economics, 2013, 108 (1): 182 – 212.

[114] Indraneel Chakraborty, Nickolay Gantchev. Does Shareholder Coordination Matter? Evidence from Private Placements [J]. Journal of Financial Economics, 2013, 108 (1): 213 – 230.

[115] Jie Cao, Bing Han. Cross Section of Option Returns and Idiosyncratic Stock Volatility [J]. Journal of Financial Economics, 2013, 108 (1): 231 – 249.

[116] Soojin Yim. The Acquisitiveness of Youth: CEO Age and Acquisition Behavior [J]. Journal of Financial Economics, 2013, 108 (1): 250 – 273.

[117] Ronen Israel, Tobias J. Moskowitz. The Role of Shorting, Firm Size, and Time on Market Anomalies [J]. Journal of Financial Economics, 2013, 108 (2): 275 – 301.

[118] Jesse Blocher, Adam V. Reed, Edward D. Van Wesep. Connecting Two Markets: An Equilibrium Framework for Shorts, Longs, and Stock Loans [J]. Journal of Financial Economics, 2013, 108 (2): 301 – 322.

[119] Lucian A. Bebchuk, Alma Cohen, Charles C. Y. Wang. Learning and the Disappearing Association between Governance and Returns [J]. Journal of Financial Economics, 2013, 108 (2): 323 – 348.

[120] Miriam Schwartz – Ziv, Michael S. Weisbach. What Do Boards Really Do? Evidence from Minutes of Board Meetings [J]. Journal of Financial Economics, 2013, 108 (2): 349 – 366.

[121] Javier Mencía, Enrique Sentana. Valuation of VIX Derivatives [J]. Journal of Financial Economics, 2013, 108 (2): 367 – 391.

[122] Harald Hau, Sandy Lai. Real Effects of Stock Underpricing [J]. Journal of Financial Economics, 2013, 108 (2): 392 – 408.

[123] Tim Bollerslev, Daniela Osterrieder, Natalia Sizova, George Tauchen. Risk and Return: Long – run Relations, Fractional Cointegration, and Return Predictability [J]. Journal of Financial Economics, 2013, 108 (2): 409 – 424.

[124] Stefania D'Amico, Thomas B. King. Flow and Stock Effects of Large – scale Treasury Purchases: Evidence on the Importance of Local Supply [J]. Journal of Financial Economics, 2013, 108 (2): 425 – 448.

[125] Ashwini K. Agrawal, David A. Matsa. Labor Unemployment Risk and Corporate Fi-

nancing Decisions [J]. Journal of Financial Economics, 2013, 108 (2): 449 – 470.

[126] Cláudia Custódio, Miguel A. Ferreira, Pedro Matos. Generalists Versus Specialists: Lifetime Work Experience and Chief Executive Officer pay [J]. Journal of Financial Economics, 2013, 108 (2): 471 – 492.

[127] Robert Marquez, Rajdeep Singh. The Economics of Club Bidding and Value Creation [J]. Journal of Financial Economics, 2013, 108 (2): 493 – 505.

[128] Matthew Spiegel, Hong Zhang. Mutual Fund Risk and Market Share – adjusted Fund Flows [J]. Journal of Financial Economics, 2013, 108 (2): 506 – 528.

[129] Akiko Watanabe, Yan Xu, Tong Yao, Tong Yu. The Asset Growth Effect: Insights From International Equity Markets [J]. Journal of Financial Economics, 2013, 108 (2): 529 – 563.

[130] Samuel G. Hanson, Adi Sunderam. Are There too Many Safe Securities? Securitization and the Incentives for Information Production [J]. Journal of Financial Economics, 2013, 108 (3): 565 – 584.

[131] Rik G. P. Frehen, William N. Goetzmann, K. Geert Rouwenhorst. New Evidence on the First Financial Bubble [J]. Journal of Financial Economics, 2013, 108 (3): 585 – 607.

[132] Oldrich Alfons Vasicek. General Equilibrium with Heterogeneous Participants and Discrete Consumption Times [J]. Journal of Financial Economics, 2013, 108 (3): 608 – 614.

[133] Eric C. So. A new Approach to Predicting Analyst Forecast Errors: Do Investors Overweight Analyst Forecasts? [J]. Journal of Financial Economics, 2013, 108 (3): 615 – 640.

[134] Narjess Boubakri, Jean – Claude Cosset, Walid Saffar. The role of State and Foreign Owners in Corporate Risk – taking: Evidence From Privatization [J]. Journal of Financial Economics, 2013, 108 (3): 641 – 658.

[135] Henrik Cronqvist, Rüdiger Fahlenbrach. CEO Contract Design: How do Strong Principals do it? [J]. Journal of Financial Economics, 2013, 108 (3): 659 – 674.

[136] James A. Chyz, Winnie Siu Ching Leung, Oliver Zhen Li, Oliver Meng Rui. Labor Unions and tax Aggressiveness [J]. Journal of Financial Economics, 2013, 108 (3): 675 – 698.

[137] Ayelen Banegas, Ben Gillen, Allan Timmermann, Russ Wermers. The Cross Section of Conditional Mutual Fund Performance in European Stock Markets [J]. Journal of Financial Economics, 2013, 108 (3): 699 – 726.

[138] Steven Ongena, Alexander Popov, Gregory F. Udell. "When the cat's away the Mice Will Play": Does Regulation at Home Affect Bank Risk – taking Abroad? [J]. Journal of Financial Economics, 2013, 108 (3): 727 – 750.

［139］Scott D. Dyreng, Bradley P. Lindsey, Jacob R. Thornock. Exploring the role Delaware Plays as a Domestic tax Haven ［J］. Journal of Financial Economics, 2013, 108 (3): 751 – 772.

［140］Amber Anand, Paul Irvine, Andy Puckett, Kumar Venkataraman. Institutional Trading and Stock Resiliency: Evidence from the 2007 – 2009 Financial Crisis ［J］. Journal of Financial Economics, 2013, 108 (3): 773 – 797.

［141］Jan Bena, Hernán Ortiz – Molina. Pyramidal Ownership and the Creation of new Firms ［J］. Journal of Financial Economics, 2013, 108 (3): 798 – 821.

［142］Jiekun Huang, Darren J. Kisgen. Gender and corporate finance: Are Male Executives Overconfident Relative to Female Executives? ［J］. Journal of Financial Economics, 2013, 108 (3): 822 – 839.

［143］Vikas Mehrotra, Randall Morck, Jungwook Shim, Yupana Wiwattanakantang. Adoptive Expectations: Rising Sons in Japanese Family Firms ［J］. Journal of Financial Economics, 2013, 108 (3).

［144］Ilya A. Strebulaev, Baozhong Yang. The Mystery of Zero – leverage Firms ［J］. Journal of Financial Economics, 2013, 109 (1): 1 – 23.

［145］Fangjian Fu, Leming Lin, Micah S. Officer. Acquisitions Driven by Stock Overvaluation: Are they Good Deals? ［J］. Journal of Financial Economics, 2013, 109 (1): 24 – 39.

［146］Patrick Bolton, Hui Chen, Neng Wang. Market Timing, Investment, and Risk Management ［J］. Journal of Financial Economics, 2013, 109 (1): 40 – 62.

［147］Laura Field, Michelle Lowry, Anahit Mkrtchyan. Are Busy Boards Detrimental? ［J］. Journal of Financial Economics, 2013, 109 (1): 63 – 82.

［148］Hendrik Bessembinder, Feng Zhang. Firm Characteristics and Long – run Stock Returns After Corporate Events ［J］. Journal of Financial Economics, 2013, 109 (1): 83 – 102.

［149］John R. Graham, Campbell R. Harvey, Manju Puri. Managerial Attitudes and Corporate Actions ［J］. Journal of Financial Economics, 2013, 109 (1): 103 – 121.

［150］Xavier Boutin, Giacinta Cestone, Chiara Fumagalli, Giovanni Pica, Nicolas Serrano – Velarde. The Deep – pocket Effect of Internal Capital Markets ［J］. Journal of Financial Economics, 2013, 109 (1): 122 – 145.

［151］Allen N. Berger, Christa H. S. Bouwman. How Does Capital Affect Bank Performance During Financial Crises? ［J］. Journal of Financial Economics, 2013, 109 (1): 146 – 176.

［152］Archana Jain, Pankaj K. Jain, Thomas H. McInish, Michael McKenzie. Worldwide Reach of Short Selling Regulations ［J］. Journal of Financial Economics, 2013, 109 (1): 177 – 197.

［153］Antonio Doblas – Madrid, Raoul Minetti. Sharing Information in the Credit Market:

Contract – level Evidence from U. S. Firms ［J］. Journal of Financial Economics, 2013, 109 (1): 198 – 223.

［154］ Yacine Aït – Sahalia, Jianqing Fan, Yingying Li. The Leverage Effect Puzzle: Disentangling Sources of Bias at High Frequency ［J］. Journal of Financial Economics, 2013, 109 (1): 224 – 249.

［155］ Xiaoyang Li. Productivity, Restructuring, and the Gains From Takeovers ［J］. Journal of Financial Economics, 2013, 109 (1): 250 – 271.

［156］ Emilia Garcia – Appendini, Judit Montoriol – Garriga. Firms as Liquidity Providers: Evidence From the 2007 – 2008 Financial Crisis ［J］. Journal of Financial Economics, 2013, 109 (1): 272 – 291.

［157］ Urban J. Jermann. A Production – based Model for the Term Structure ［J］. Journal of Financial Economics, 2013, 109 (2): 293 – 306.

［158］ Tim Loughran, Bill McDonald. IPO First – day Returns, Offer Price Revisions, Volatility, and form S – 1 Language ［J］. Journal of Financial Economics, 2013, 109 (2): 307 – 326.

［159］ Christopher S. Armstrong, David F. Larcker, Gaizka Ormazabal, Daniel J. Taylor. The Relation Between Equity Incentives and Misreporting: The Role of Risk – taking Incentives ［J］. Journal of Financial Economics, 2013, 109 (2): 327 – 350.

［160］ Andrea L. Eisfeldt, Camelia M. Kuhnen. CEO Turnover in a Competitive Assignment Framework ［J］. Journal of Financial Economics, 2013, 109 (2): 351 – 372.

［161］ Christopher A. Parsons, Edward D. Van Wesep. The Timing of Pay ［J］. Journal of Financial Economics, 2013, 109 (2): 373 – 397.

［162］ Rustom M. Irani, David Oesch. Monitoring and Corporate Disclosure: Evidence From a Natural Experiment ［J］. Journal of Financial Economics, 2013, 109 (2): 398 – 418.

［163］ Jess Cornaggia. Does Risk Management Matter? Evidence From the U. S. Agricultural Industry ［J］. Journal of Financial Economics, 2013, 109 (2): 419 – 440.

［164］ Viral V. Acharya, Lars A. Lochstoer, Tarun Ramadorai. Limits to Arbitrage and Hedging: Evidence from Commodity Markets ［J］. Journal of Financial Economics, 2013, 109 (2): 441 – 465.

［165］ Adriano A. Rampini, S. Viswanathan. Collateral and Capital Structure ［J］. Journal of Financial Economics, 2013, 109 (2): 466 – 492.

［166］ Charles Cao, Yong Chen, Bing Liang, Andrew W. Lo. Can Hedge Funds Time Market Liquidity? ［J］. Journal of Financial Economics, 2013, 109 (2): 493 – 516.

［167］ Chen Lin, Yue Ma, Paul Malatesta, Yuhai Xuan. Corporate Ownership Structure and the Choice Between Bank Debt and Public Debt ［J］. Journal of Financial Economics, 2013, 109 (2): 517 – 534.

［168］ Gustavo Manso. Feedback Effects of Credit Ratings ［J］. Journal of Financial Economics, 2013, 109 （2）: 535 – 548.

［169］ Leming Lin, Mark J. Flannery. Do Personal Taxes Affect Capital Structure? Evidence From the 2003 tax cut ［J］. Journal of Financial Economics, 2013, 109 （2）: 549 – 565.

［170］ Itay Goldstein, Emre Ozdenoren, Kathy Yuan. Trading Frenzies and Their Impact on Real Investment ［J］. Journal of Financial Economics, 2013, 109 （2）: 566 – 582.

［171］ Geert Bekaert, Campbell R. Harvey, Christian T. Lundblad, Stephan Siegel. The European Union, the Euro, and Equity Market Integration ［J］. Journal of Financial Economics, 2013, 109 （3）: 583 – 603.

［172］ Scott Joslin, Anh Le, Kenneth J. Singleton. Why Gaussian Macro – finance Term Structure Models Are （Nearly） Unconstrained Factor – VARs ［J］. Journal of Financial Economics, 2013, 109 （3）: 604 – 622.

［173］ Huasheng Gao, Jarrad Harford, Kai Li. Determinants of Corporate Cash Policy: Lnsights From Private Firms ［J］. Journal of Financial Economics, 2013, 109 （3）: 623 – 639.

［174］ Samuel M. Hartzmark, David H. Solomon. The Dividend Month Premium ［J］. Journal of Financial Economics, 2013, 109 （3）: 640 – 660.

［175］ Borja Larrain, Francisco Urzúa I. Controlling Shareholders and Market Timing in Share Issuance ［J］. Journal of Financial Economics, 2013, 109 （3）: 661 – 681.

［176］ Brad Badertscher, Nemit Shroff, Hal D. White. Externalities of Public Firm Presence: Evidence from Private Firms' Investment Decisions ［J］. Journal of Financial Economics, 2013, 109 （3）: 682 – 706.

［177］ Damir Filipović, Anders B. Trolle. The Term Structure of Interbank Risk ［J］. Journal of Financial Economics, 2013, 109 （3）: 707 – 733.

［178］ Daniel Edelman, William Fung, David A. Hsieh. Exploring Uncharted Territories of the Hedge Fund Lndustry: Empirical Characteristics of Mega Hedge Fund Firms ［J］. Journal of Financial Economics, 2013, 109 （3）: 734 – 758.

［179］ Sudheer Chava, Alexander Oettl, Ajay Subramanian, Krishnamurthy V. Subramanian. Banking Deregulation and Innovation ［J］. Journal of Financial Economics, 2013, 109 （3）: 759 – 774.

［180］ Hervé Roche, Stathis Tompaidis, Chunyu Yang. Why Does Junior Put All His Eggs in one Basket? A Potential Rational Explanation for Holding Concentrated Portfolios ［J］. Journal of Financial Economics, 2013, 109 （3）: 775 – 796.

［181］ Sabrina Buti, Barbara Rindi. Undisclosed Orders and Optimal Submission Strategies in a Limit Order Market ［J］. Journal of Financial Economics, 2013, 109 （3）: 797 – 812.

［182］ T. Clifton Green, Russell Jame. Company Name Fluency, Investor Recognition, and Firm Value [J]. Journal of Financial Economics, 2013, 109 (3): 813 –834.

[183] Mario Daniele Amore, Cédric Schneider, Alminas Žaldokas. Credit Supply and Corporate Innovation [J]. Journal of Financial Economics, 2013, 109 (3): 835 –855.

[184] Jie (Jack) He, Xuan Tian. The Dark Side of Analyst Coverage: The Case of Innovation [J]. Journal of Financial Economics, 2013, 109 (3): 856 –878.

[185] Baixiao Liu, John J. McConnell. The Role of the Media in Corporate Governance: Do the Media Influence Managers' Capital Allocation Decisions? [J]. Journal of Financial Economics, 2013, 110 (1): 1 –17.

[186] Jarrad Harford, Robert J. Schonlau. Does the Director Labor Market Offer ex Post Settling – up for CEOs? The Case of Acquisitions [J]. Journal of Financial Economics, 2013, 110 (1): 18 –36.

[187] Chen Lin, Micah S. Officer, Rui Wang, Hong Zou. Directors' and Officers' Liability Insurance and Loan Spreads [J]. Journal of Financial Economics, 2013, 110 (1): 37 –60.

[188] Anand M. Vijh, Ke Yang. Anand M. Vijh, Ke Yang [J]. Journal of Financial Economics, 2013, 110 (1): 61 –86.

[189] Xin Deng, Jun – koo Kang, Buen Sin Low. Corporate Social Responsibility and Stakeholder Value Maximization: Evidence from Mergers [J]. Journal of Financial Economics, 2013, 110 (1): 87 –109.

[190] Tobias Adrian, Richard K. Crump, Emanuel Moench. Pricing the Term Structure With Linear Regressions [J]. Journal of Financial Economics, 2013, 110 (1): 110 –138.

[191] Gurdip Bakshi, George Panayotov. Predictability of Currency Carry Trades and Asset Pricing Implications [J]. Journal of Financial Economics, 2013, 110 (1): 139 –163.

[192] Fan Yang. Investment Shocks and the Commodity Basis Spread [J]. Journal of Financial Economics, 2013, 110 (1): 164 –184.

[193] Massimo Massa, Ayako Yasuda, Lei Zhang. Supply Uncertainty of the Bond Investor Base and the Leverage of the Firm [J]. Journal of Financial Economics, 2013, 110 (1): 185 –214.

[194] Janis Berzins, Crocker H. Liu, Charles Trzcinka. Asset Management and Investment Banking [J]. Journal of Financial Economics, 2013, 110 (1): 215 –231.

[195] Yelena Larkin. Brand Perception, Cash Flow Stability, and Financial Policy [J]. Journal of Financial Economics, 2013, 110 (1): 232 –253.

[196] Nishant Dass, Vikram Nanda, Qinghai Wang. Allocation of Decision Rights and the Investment Strategy of Mutual Funds [J]. Journal of Financial Economics, 2013, 110 (1): 254 –277.

[197] David Hirshleifer, G. William Schwert, Kenneth J. Singleton. Joint Editorial [J].

Journal of Financial Economics, 2013, 110 (2): 279.

[198] Kathleen M. Kahle, René M. Stulz. Access to Capital, Investment, and the Financial Crisis [J]. Journal of Financial Economics, 2013, 110 (2): 280 – 299.

[199] Yingcong Lan, Neng Wang, Jinqiang Yang. The Economics of Hedge Funds [J]. Journal of Financial Economics, 2013, 110 (2): 300 – 323.

[200] John Beshears. The Performance of Corporate Alliances: Evidence From Oil and Gas Drilling in the Gulf of Mexico [J]. Journal of Financial Economics, 2013, 110 (2): 324 – 346.

[201] Gil Aharoni, Bruce Grundy, Qi Zeng. Stock Returns and the Miller Modigliani Valuation Formula: Revisiting the Fama French analysis [J]. Journal of Financial Economics, 2013, 110 (2): 347 – 357.

[202] Viral V. Acharya, Yakov Amihud, Sreedhar T. Bharath. Liquidity Risk of Corporate bond Returns: Conditional Approach [J]. Journal of Financial Economics, 2013, 110 (2): 358 – 386.

[203] Mario Daniele Amore, Morten Bennedsen. The Value of Local Political Connections in A low – Corruption Environment [J]. Journal of Financial Economics, 2013, 110 (2): 387 – 402.

[204] Ramana Nanda, Matthew Rhodes – Kropf. Investment Cycles and Startup Innovation [J]. Journal of Financial Economics, 2013, 110 (2): 403 – 418.

[205] Yan Li, David T. Ng, Bhaskaran Swaminathan. Predicting Market Returns Using Aggregate Implied Cost of Capital [J]. Journal of Financial Economics, 2013, 110 (2): 419 – 436.

[206] Amrita Nain, Tong Yao. Mutual Fund Skill and the Performance of Corporate Acquirers [J]. Journal of Financial Economics, 2013, 110 (2): 437 – 456.

[207] John M. Maheu, Thomas H. McCurdy, Xiaofei Zhao. Do Jumps Contribute to the Dynamics of the Equity Premium? [J]. Journal of Financial Economics, 2013, 110 (2): 457 – 477.

[208] Thomas J. Chemmanur, Yingmei Cheng, Tianming Zhang. Human Capital, Capital Structure, and Employee pay: An Empirical Analysis [J]. Journal of Financial Economics, 2013, 110 (2): 478 – 502.

[209] Jules van Binsbergen, Wouter Hueskes, Ralph Koijen, Evert Vrugt. Equity Yields [J]. Journal of Financial Economics, 2013, 110 (3): 503 – 519.

[210] L'uboš Pástor, Pietro Veronesi. Political Uncertainty and Risk Premia [J]. Journal of Financial Economics, 2013, 110 (3): 520 – 545.

[211] Craig Doidge, G. Andrew Karolyi, René M. Stulz. The U. S. left Behind? Financial Globalization and the Rise of IPOs Outside the U. S. [J]. Journal of Financial Economics,

2013, 110 (3): 546 – 573.

［212］ Lauren Cohen, Karl Diether, Christopher Malloy. Legislating Stock Prices ［J］. Journal of Financial Economics, 2013, 110 (3): 574 – 595.

［213］ Harrison Hong, David Sraer. Quiet Bubbles ［J］. Journal of Financial Economics, 2013, 110 (3): 596 – 606.

［214］ Jonathan M. Karpoff, Gemma Lee, Ronald W. Masulis. Contracting Under Asymmetric Information: Evidence from Lockup Agreements in Seasoned Equity Offerings ［J］. Journal of Financial Economics, 2013, 110 (3): 607 – 626.

［215］ Alma Cohen, Charles C. Y. Wang. How do Staggered Boards Affect Shareholder Value? Evidence From a Natural Experiment ［J］. Journal of Financial Economics, 2013, 110 (3): 627 – 641.

［216］ Alan D. Morrison, Lucy White. Reputational Contagion and Optimal Regulatory Forbearance ［J］. Journal of Financial Economics, 2013, 110 (3): 642 – 658.

［217］ Lilian H. Chan, Kevin C. W. Chen, Tai – Yuan Chen. The Effects of Firm – Initiated Clawback Provisions on Bank Loan Contracting ［J］. Journal of Financial Economics, 2013, 110 (3): 659 – 679.

［218］ James Dow. Boards, CEO Entrenchment, and the Cost of Capital ［J］. Journal of Financial Economics, 2013, 110 (3): 680 – 695.

［219］ Yuriy Kitsul, Jonathan H. Wright. The Economics of Options – Implied Inflation Probability Density Functions ［J］. Journal of Financial Economics, 2013, 110 (3): 696 – 711.

［220］ Narasimhan Jegadeesh, Di Wu. Word power: A New Approach for Content Analysis ［J］. Journal of Financial Economics, 2013, 110 (3): 712 – 729.

［221］ Du Du. General Equilibrium Pricing of Currency and Currency Options ［J］. Journal of Financial Economics, 2013, 110 (3) .

［222］ Ravi Bansal, Ivan Shaliastovich. A Long – Run Risks Explanation of Predictability Puzzles in Bond and Currency Markets ［J］. Review of Financial Studies, 2013, 26 (1): 1 – 33.

［223］ Gordon M. Phillips, Alexei Zhdanov. R&D and the Incentives from Merger and Acquisition Activity ［J］. Review of Financial Studies, 2013, 26 (1): 34 – 78.

［224］ Joseph Engelberg, Pengjie Gao, Christopher A. Parsons. The Price of a CEO's Rolodex ［J］. Review of Financial Studies, 2013, 26 (1): 79 – 114.

［225］ Christopher S. Jones, Selale Tuzel. New Orders and Asset Prices ［J］. Review of Financial Studies, 2013, 26 (1): 115 – 157.

［226］ Christopher S. Armstrong, Snehal Banerjee, Carlos Corona. Factor – Loading Uncertainty and Expected Returns ［J］. Review of Financial Studies, 2013, 26 (1): 158 – 207.

［227］ Adam L. Aiken, Christopher P. Clifford, Jesse Ellis. Out of the Dark: Hedge Fund Reporting Biases and Commercial Databases ［J］. Review of Financial Studies, 2013, 26（1）: 208 - 243.

［228］ Ralph De Haas, Neeltje Van Horen. Running for the Exit? International Bank Lending During a Financial Crisis ［J］. Review of Financial Studies, 2013, 26（1）: 244 - 285.

［229］ Ekkehart Boehmer, Juan（Julie）Wu. Short Selling and the Price Discovery Process ［J］. Review of Financial Studies, 2013, 26（2）: 287 - 322.

［230］ Nuno Fernandes, Miguel A. Ferreira, Pedro Matos, Kevin J. Murphy. Are U. S. CEOs Paid More? New International Evidence ［J］. Review of Financial Studies, 2013, 26（2）: 323 - 367.

［231］ Viral V. Acharya, Oliver F. Gottschalg, Moritz Hahn, Conor Kehoe. Corporate Governance and Value Creation: Evidence from Private Equity ［J］. Review of Financial Studies, 2013, 26（2）: 368 - 402.

［232］ Yael V. Hochberg, Joshua D. Rauh. Local Overweighting and Underperformance: Evidence from Limited Partner Private Equity Investments ［J］. Review of Financial Studies, 2013, 26（2）: 403 - 451.

［233］ Rafael Repullo, Javier Suarez. The Procyclical Effects of Bank Capital Regulation ［J］. Review of Financial Studies, 2013, 26（2）: 452 - 490.

［234］ Hengjie Ai, Mariano Massimiliano Croce, Kai Li. Toward a Quantitative General Equilibrium Asset Pricing Model with Intangible Capital ［J］. Review of Financial Studies, 2013, 26（2）: 491 - 530.

［235］ Francisco Gomes, Alexander Michaelides, Valery Polkovnichenko. Fiscal Policy and Asset Prices with Incomplete Markets ［J］. Review of Financial Studies, 2013, 26（2）: 531 - 566.

［236］ C. Edward Fee, Charles J. Hadlock, Joshua R. Pierce. Managers with and without Style: Evidence Using Exogenous Variation ［J］. Review of Financial Studies, 2013, 26（3）: 567 - 601.

［237］ Nicola Gennaioli, Stefano Rossi. Contractual Resolutions of Financial Distress ［J］. Review of Financial Studies, 2013, 26（3）: 602 - 634.

［238］ Lauren Cohen, Karl Diether, Christopher Malloy. Misvaluing Innovation ［J］. Review of Financial Studies, 2013, 26（3）: 635 - 666.

［239］ Yakov Amihud, Ruslan Goyenko. Mutual Fund's R2 as Predictor of Performance ［J］. Review of Financial Studies, 2013, 26（3）: 667 - 694.

［240］ Kathryn Barraclough, David T. Robinson, Tom Smith, Robert E. Whaley. Using Option Prices to Infer Overpayments and Synergies in M&A Transactions ［J］. Review of Financial Studies, 2013, 26（3）: 695 - 722.

[241] Jonathan E. Ingersoll, Jr., Lawrence J. Jin. Realization Utility with Reference – Dependent Preferences [J]. Review of Financial Studies, 2013, 26 (3): 723 – 767.

[242] Mikhail Chernov, Alexander S. Gorbenko, Igor Makarov. CDS Auctions [J]. Review of Financial Studies, 2013, 26 (3): 768 – 805.

[243] Michael Faulkender, Jun Yang. Is Disclosure an Effective Cleansing Mechanism? The Dynamics of Compensation Peer Benchmarking [J]. Review of Financial Studies, 2013, 26 (3): 806 – 839.

[244] Long Chen, Zhi Da, Xinlei Zhao. What Drives Stock Price Movements? [J]. Review of Financial Studies, 2013, 26 (4): 841 – 876.

[245] Lu Han. Understanding the Puzzling Risk – Return Relationship for Housing [J]. Review of Financial Studies, 2013, 26 (4): 877 – 928.

[246] Ron Kaniel, Péter Kondor. The Delegated Lucas Tree [J]. Review of Financial Studies, 2013, 26 (4): 929 – 984.

[247] Jonathan B. Cohn, Uday Rajan. Optimal Corporate Governance in the Presence of an Activist Investor [J]. Review of Financial Studies, 2013, 26 (4): 985 – 1020.

[248] Paige Parker Ouimet. What Motivates Minority Acquisitions? The Trade – Offs between a Partial Equity Stake and Complete Integration [J]. Review of Financial Studies, 2013, 26 (4): 1021 – 1047.

[249] Jun Liu, Allan Timmermann. Optimal Convergence Trade Strategies [J]. Review of Financial Studies, 2013, 26 (4): 1048 – 1086.

[250] Dimitri Vayanos, Paul Woolley. An Institutional Theory of Momentum and Reversal [J]. Review of Financial Studies, 2013, 26 (5): 1087 – 1145.

[251] Iulian Obreja. Book – to – Market Equity, Financial Leverage, and the Cross – Section of Stock Returns [J]. Review of Financial Studies, 2013, 26 (5): 1146 – 1189.

[252] Alessio Saretto, Heather E. Tookes. Corporate Leverage, Debt Maturity, and Credit Supply: The Role of Credit Default Swaps [J]. Review of Financial Studies, 2013, 26 (5): 1190 – 1247.

[253] Ali Hortaçsu, Gregor Matvos, Chad Syverson, Sriram Venkataraman. Indirect Costs of Financial Distress in Durable Goods Industries: The Case of Auto Manufacturers [J]. Review of Financial Studies, 2013, 26 (5): 1248 – 1290.

[254] Adam Zawadowski. Entangled Financial Systems [J]. Review of Financial Studies, 2013, 26 (5): 1291 – 1323.

[255] Jaime Casassus, Peng Liu, Ke Tang. Economic Linkages, Relative Scarcity, and Commodity Futures Returns [J]. Review of Financial Studies, 2013, 26 (5): 1324 – 1362.

[256] Ekkehart Boehmer, Charles M. Jones, Xiaoyan Zhang. Shackling Short Sellers: The 2008 Shorting Ban [J]. Review of Financial Studies, 2013, 26 (6): 1363 – 1400.

[257] Kelly Shue. Executive Networks and Firm Policies: Evidence from the Random Assignment of MBA Peers [J]. Review of Financial Studies, 2013, 26 (6): 1401 – 1442.

[258] Alex Edmans, Vivian W. Fang, Emanuel Zur. The Effect of Liquidity on Governance [J]. Review of Financial Studies, 2013, 26 (6): 1443 – 1482.

[259] Robin Greenwood, Samuel G. Hanson. Issuer Quality and Corporate Bond Returns [J]. Review of Financial Studies, 2013, 26 (6): 1483 – 1525.

[260] Viral V. Acharya, Raghuram G. Rajan. Sovereign Debt, Government Myopia, and the Financial Sector [J]. Review of Financial Studies, 2013, 26 (6): 1526 – 1560.

[261] Anzhela Knyazeva, Diana Knyazeva, Ronald W. Masulis. The Supply of Corporate Directors and Board Independence [J]. Review of Financial Studies, 2013, 26 (6): 1561 – 1605.

[262] Cristina Cella, Andrew Ellul, Mariassunta Giannetti. Investors' Horizons and the Amplification of Market Shocks [J]. Review of Financial Studies, 2013, 26 (7): 1607 – 1648.

[263] Gergana Jostova, Stanislava Nikolova, Alexander Philipov, Christof W. Stahel. Momentum in Corporate Bond Returns [J]. Review of Financial Studies, 2013, 26 (7): 1649 – 1693.

[264] Francesca Carrieri, Ines Chaieb, Vihang Errunza. Do Implicit Barriers Matter for Globalization? [J]. Review of Financial Studies, 2013, 26 (7): 1694 – 1739.

[265] Larry G. Epstein, Shaolin Ji. Ambiguous Volatility and Asset Pricing in Continuous Time [J]. Review of Financial Studies, 2013, 26 (7): 1740 – 1786.

[266] Martin R. Goetz, Luc Laeven, Ross Levine. Identifying the Valuation Effects and Agency Costs of Corporate Diversification: Evidence from the Geographic Diversification of U. S. Banks [J]. Review of Financial Studies, 2013, 26 (7): 1787 – 1823.

[267] Anna Bassi, Riccardo Colacito, Paolo Fulghieri. 'O Sole Mio An Experimental Analysis of Weather and Risk Attitudes in Financial Decisions [J]. Review of Financial Studies, 2013, 26 (7): 1824 – 1852.

[268] Michael Ewens, Charles M. Jones, Matthew Rhodes – Kropf. The Price of Diversifiable Risk in Venture Capital and Private Equity [J]. Review of Financial Studies, 2013, 26 (8): 1854 – 1889.

[269] Dong Lou, Hongjun Yan, Jinfan Zhang. Anticipated and Repeated Shocks in Liquid Markets [J]. Review of Financial Studies, 2013, 26 (8): 1891 – 1912.

[270] Stéphane Guibaud, Yves Nosbusch, Dimitri Vayanos. Bond Market Clienteles, the Yield Curve, and the Optimal Maturity Structure of Government Debt [J]. Review of Financial Studies, 2013, 26 (8): 1914 – 1961.

[271] Peter Christoffersen, Steven Heston, Kris Jacobs. Capturing Option Anomalies with

a Variance – Dependent Pricing Kernel [J]. Review of Financial Studies, 2013, 26 (8): 1963 – 2006.

[272] Cláudia Custódio, Daniel Metzger. How Do CEOs Matter? The Effect of Industry Expertise on Acquisition Returns [J]. Review of Financial Studies, 2013, 26 (8): 2008 – 2047.

[273] Hitesh Doshi, Jan Ericsson, Kris Jacobs, Stuart M. Turnbull. Pricing Credit Default Swaps with Observable Covariates [J]. Review of Financial Studies, 2013, 26 (8): 2049 – 2094.

[274] Alex Boulatov, Thomas J. George. Hidden and Displayed Liquidity in Securities Markets with Informed Liquidity Providers [J]. Review of Financial Studies, 2013, 26 (8): 2096 – 2137.

[275] Lily Fang, Victoria Ivashina, Josh Lerner. Combining Banking with Private Equity Investing [J]. Review of Financial Studies, 2013, 26 (9): 2139 – 2173.

[276] Roman Kozhan, Anthony Neuberger, Paul Schneider. The Skew Risk Premium in the Equity Index Market [J]. Review of Financial Studies, 2013, 26 (9): 2147 – 2203.

[277] Bruce Ian Carlin, Simon Gervais, Gustavo Manso. Libertarian Paternalism, Information Production, and Financial Decision Making [J]. Review of Financial Studies, 2013, 26 (9): 2204 – 2228.

[278] Jess Cornaggia, Kimberly J. Cornaggia. Estimating the Costs of Issuer – Paid Credit Ratings [J]. Review of Financial Studies, 2013, 26 (9): 2229 – 2269.

[279] John M. Griffin, Jordan Nickerson, Dragon Yongjun Tang. Rating Shopping or Catering? An Examination of the Response to Competitive Pressure for CDO Credit Ratings [J]. Review of Financial Studies, 2013, 26 (9): 2270 – 2310.

[280] Marcel Fischer, Michael Z. Stamos. Optimal Life Cycle Portfolio Choice with Housing Market Cycles [J]. Review of Financial Studies, 2013, 26 (9): 2311 – 2352.

[281] Sule Alan, Gyongyi Loranth. Subprime Consumer Credit Demand: Evidence from a Lender's Pricing Experiment [J]. Review of Financial Studies, 2013, 26 (9): 2353 – 2374.

[282] Gabriel Natividad. Financial Capacity and Discontinuous Investment: Evidence from Emerging Market Multibusiness Firms [J]. Review of Financial Studies, 2013, 26 (9): 2375 – 2410.

[283] Josh Lerner, Ulrike Malmendier. With a Little Help from My (Random) Friends: Success and Failure in Post – Business School Entrepreneurship [J]. Review of Financial Studies, 2013, 26 (10): 2411 – 2452.

[284] Sheng Huang, Anjan V. Thakor. Investor Heterogeneity, Investor – Management Disagreement and Share Repurchases [J]. Review of Financial Studies, 2013, 26 (10): 2453 – 2491.

［285］Jérôme Detemple, Marcel Rindisbacher. A Structural Model of Dynamic Market Timing ［J］. Review of Financial Studies, 2013, 26 (10): 2492 – 2547.

［286］Mark J. Garmaise. The Attractions and Perils of Flexible Mortgage Lending ［J］. Review of Financial Studies, 2013, 26 (10): 2548 – 2582.

［287］Karl V. Lins, Paolo Volpin, Hannes F. Wagner. Does Family Control Matter? International Evidence from the 2008 – 2009 Financial Crisis ［J］. Review of Financial Studies, 2013, 26 (10): 2583 – 2619.

［288］Keiichi Hori, Hiroshi Osano. Managerial Incentives and the Role of Advisors in the Continuous – Time Agency Model ［J］. Review of Financial Studies, 2013, 26 (10): 2620 – 2647.

［289］Michaël Dewally, Louis H. Ederington, Chitru S. Fernando. Determinants of Trader Profits in Commodity Futures Markets ［J］. Review of Financial Studies, 2013, 26 (10): 2648 – 2683.

［290］David Hirshleifer, G. William Schwert, Kenneth J. Singleton. Joint Editorial ［J］. Review of Financial Studies, 2013, 26 (11): 2685 – 2686.

［291］Avanidhar Subrahmanyam, Sheridan Titman. Financial Market Shocks and the Macroeconomy ［J］. Review of Financial Studies, 2013, 26 (11): 2687 – 2717.

［292］Leonid Kogan, Dimitris Papanikolaou. Firm Characteristics and Stock Returns: The Role of Investment – Specific Shocks ［J］. Review of Financial Studies, 2013, 26 (11): 2718 – 2759.

［293］David T. Robinson, Berk A. Sensoy. Do Private Equity Fund Managers Earn Their Fees? Compensation, Ownership, and Cash Flow Performance ［J］. Review of Financial Studies, 2013, 26 (11): 2760 – 2797.

［294］Gregor Matvos. Estimating the Benefits of Contractual Completeness ［J］. Review of Financial Studies, 2013, 26 (11): 2798 – 2844.

［295］Jaewon Choi. What Drives the Value Premium?: The Role of Asset Risk and Leverage ［J］. Review of Financial Studies, 2013, 26 (11): 2845 – 2875.

［296］Fulvio Ortu, Andrea Tamoni, Claudio Tebaldi. Long – Run Risk and the Persistence of Consumption Shocks ［J］. Review of Financial Studies, 2013, 26 (11): 2876 – 2915.

［297］Cristian Tiu, Uzi Yoeli. Asset Pricing with Endogenous Disasters ［J］. Review of Financial Studies, 2013, 26 (11): 2916 – 2960.

［298］Robert Marquez, M. Deniz Yavuz. Specialization, Productivity, and Financing Constraints ［J］. Review of Financial Studies, 2013, 26 (11): 2961 – 2984.

［299］Andrew Ang, Assaf A. Shtauber, Paul C. Tetlock. Asset Pricing in the Dark: The Cross – Section of OTC Stocks ［J］. Review of Financial Studies, 2013, 26 (12): 2985 – 3028.

［300］Frederico Belo, Chen Xue, Lu Zhang. A Supply Approach to Valuation ［J］. Review of Financial Studies, 2013, 26 (12): 3029 – 3067.

[301] Jack Bao, Jun Pan. Bond Illiquidity and Excess Volatility [J]. Review of Financial Studies, 2013, 26 (12): 3068 – 3103.

[302] Georgy Chabakauri. Dynamic Equilibrium with Two Stocks, Heterogeneous Investors, and Portfolio Constraints [J]. Review of Financial Studies, 2013, 26 (12): 3104 – 3141.

[303] Albert Banal – Estañol, Marco Ottaviani, Andrew Winton. The Flip Side of Financial Synergies: Coinsurance Versus Risk Contamination [J]. Review of Financial Studies, 2013, 26 (12): 3142 – 3181.

[304] Ingolf Dittmann, Ernst Maug, Oliver G. Spalt. Indexing Executive Compensation Contracts [J]. Review of Financial Studies, 2013, 26 (12): 3182 – 3224.

[305] Lewis Gaul, Pinar Uysal. Can Equity Volatility Explain the Global Loan Pricing Puzzle? [J]. Review of Financial Studies, 2013, 26 (12): 3225 – 3265.

[306] Vincent P. Crawford, Miguel A. Costa – Gomes, Nagore Iriberri. Structural Models of Nonequilibrium Strategic Thinking: Theory, Evidence, and Applications [J]. Journal of Economic Literature, 2013, 51 (1): 5 – 62.

[307] Nicolas Coeurdacier, Hélène Rey. Home Bias in Open Economy Financial Macroeconomics [J]. Journal of Economic Literature, 2013, 51 (1): 63 – 115.

[308] W. Bentley MacLeod. On Economics: A Review of Why Nations Fail by D. Acemoglu and J. Robinson and Pillars of Prosperity by T. Besley and T. Persson [J]. Journal of Economic Literature, 2013, 51 (1): 116 – 143.

[309] David Card, Stefano DellaVigna. Nine Facts about Top Journals in Economics [J]. Journal of Economic Literature, 2013, 51 (1): 144 – 161.

[310] Daniel S. Hamermesh. Six Decades of Top Economics Publishing: Who and How? [J]. Journal of Economic Literature, 2013, 51 (1): 162 – 172.

[311] David I. Stern. Uncertainty Measures for Economics Journal Impact Factors [J]. Journal of Economic Literature, 2013, 51 (1): 173 – 189.

[312] Enrico Spolaore, Romain Wacziarg. How Deep Are the Roots of Economic Development? [J]. Journal of Economic Literature, 2013, 51 (2): 325 – 369.

[313] Richard J. Murnane. U. S. High School Graduation Rates: Patterns and Explanations [J]. Journal of Economic Literature, 2013, 51 (2): 370 – 422.

[314] Kym Anderson, Gordon Rausser, Johan Swinnen. Political Economy of Public Policies: Insights from Distortions to Agricultural and Food Markets [J]. Journal of Economic Literature, 2013, 51 (2): 423 – 477.

[315] Timothy Besley. What's the Good of the Market? An Essay on Michael Sandel's What Money Can't Buy [J]. Journal of Economic Literature, 2013, 51 (2): 478 – 495.

［316］Ronald M. Harstad, Reinhard Selten. Bounded – Rationality Models: Tasks to Become Intellectually Competitive ［J］. Journal of Economic Literature, 2013, 51 (2): 496 – 511.

［317］Vincent P. Crawford. Boundedly Rational versus Optimization – Based Models of Strategic Thinking and Learning in Games ［J］. Journal of Economic Literature, 2013, 51 (2): 512 – 527.

［318］Matthew Rabin. Incorporating Limited Rationality into Economics ［J］. Journal of Economic Literature, 2013, 51 (2): 528 – 543.

［319］Joshua Graff Zivin, Matthew Neidell. Environment, Health, and Human Capital ［J］. Journal of Economic Literature, 2013, 51 (3): 689 – 730.

［320］Siqi Zheng, Matthew E. Kahn. Understanding China's Urban Pollution Dynamics ［J］. Journal of Economic Literature, 2013, 51 (3): 731 – 772.

［321］Clifford Winston. On the Performance of the U. S. Transportation System: Caution Ahead ［J］. Journal of Economic Literature, 2013, 51 (3): 773 – 824.

［322］Edward Glaeser. A Review of Enrico Moretti's The New Geography of Jobs ［J］. Journal of Economic Literature, 2013, 51 (3): 825 – 837.

［323］Nicholas Stern. The Structure of Economic Modeling of the Potential Impacts of Climate Change: Grafting Gross Underestimation of Risk onto Already Narrow Science Models ［J］. Journal of Economic Literature, 2013, 51 (3): 838 – 859.

［324］Robert S. Pindyck. Climate Change Policy: What Do the Models Tell Us? ［J］. Journal of Economic Literature, 2013, 51 (3): 860 – 872.

［325］Martin L. Weitzman. Tail – Hedge Discounting and the Social Cost of Carbon ［J］. Journal of Economic Literature, 2013, 51 (3): 873 – 882.

［326］Nicolai V. Kuminoff, V. Kerry Smith, Christopher Timmins. The New Economics of Equilibrium Sorting and Policy Evaluation Using Housing Markets ［J］. Journal of Economic Literature, 2013, 51 (4): 1007 – 1062.

［327］Barbara Rossi. Exchange Rate Predictability ［J］. Journal of Economic Literature, 2013, 51 (4): 1063 – 1119.

［328］Serena Ng, Jonathan H. Wright. Facts and Challenges from the Great Recession for Forecasting and Macroeconomic Modeling ［J］. Journal of Economic Literature, 2013, 51 (4): 1120 – 1154.

［329］Colin F. Camerer. A Review Essay about Foundations of Neuroeconomic Analysis by Paul Glimcher ［J］. Journal of Economic Literature, 2013, 51 (4): 1155 – 1182.

后　记

　　一部著作的完成需要许多人的默默奉献，闪耀着的是集体的智慧，其中铭刻着许多艰辛的付出，凝结着许多辛勤的劳动和汗水。

　　本书在编写过程中，借鉴和参考了大量的文献和作品，从中得到了不少启悟，也汲取了其中的智慧精华，谨向各位专家表示崇高的敬意——因为有了大家的努力，才有了这本书的诞生。凡被本书选用的材料，我们都将按相关规定向原作者支付稿酬，但因为有的作者通信地址不详或者变更，尚未取得联系。敬请您见到本书后及时函告您的详细信息，我们会尽快处理相关事宜。

　　由于编写时间仓促以及编者水平有限，书中不足之处在所难免，诚请广大读者指正，特驰惠意。